suhrkamp taschenbuch 305

[illegible]
Juli 81

Gion Condrau wurde 1919 in Disentis in der Schweiz geboren, studierte in Fribourg, Bern und Zürich Medizin und nach dem ärztlichen Doktorat Philosophie und Soziologie in Zürich. Er habilitierte sich an der Medizinischen Fakultät in Zürich und an der Philosophischen Fakultät in Fribourg.

1967 wurde er Professor in Fribourg. Er erhielt einen Lehrauftrag für Medizinische Psychologie in Fribourg und für Psychosomatische Medizin in Zürich. Bisher erschienene Werke: *Daseinsanalytische Psychotherapie,* 1963; *Psychosomatik der Frauenheilkunde,* 1965; *Medizinische Psychologie,* 1968; *Einführung in die Psychotherapie,* 1970; *Aufbruch in die Freiheit,* 1972, u.a.

Angst und Schuld sind Grundphänomene menschlichen Daseins und als solche verantwortlich für einen großen Bereich menschlicher Verhaltensweisen. Die Angst ist zur »Krankheit« unseres Jahrhunderts geworden. Die Begegnung des Menschen mit der Angst führt ihn an die Frage nach dem Sinn seines Lebens. Damit eröffnet sie ihm den Blick für die Übernahme seiner Verantwortlichkeit und seiner existentiellen Schuldhaftigkeit. In der Ablehnung und Verdrängung dieser »Schuld« sieht der Verfasser den Hauptgrund jeder neurotischen Erkrankung. Es muß das Anliegen der Psychotherapie sein, den Menschen zu befähigen, seine Schuldhaftigkeit anzuerkennen, sich selbst und damit der Welt gegenüber ehrlicher zu werden, zu Reife und Verantwortung zu gelangen.

Die Bedeutung des vorliegenden Werkes liegt darin, daß die Auseinandersetzung um die Probleme von Angst und Schuld die Psychotherapie auch vor Fragen philosophischer, moraltheologischer und rechtlicher Natur bringt. So dürfte das Buch nicht nur dem Psychotherapeuten ein wertvoller Beitrag zur Neurosenlehre sein, sondern auch dem Moraltheologen und Seelsorger Einblick in das Wesen des psychotherapeutischen Menschenverständnisses geben. Es bietet darüber hinaus Psychiatern, Psychologen, Pädagogen, aber auch jedem aufgeschlossenen Laien Einblick in den Urgrund menschlicher Verhaltensweisen.

Gion Condrau

Angst und Schuld als Grundprobleme der Psychotherapie

Philosophische und psychotherapeutische Betrachtungen zu Grundfragen menschlicher Existenz

Mit einem Geleitwort von Medard Boss

Suhrkamp

Erweiterte und überarbeitete
Fassung der erstmals 1962
erschienenen Ausgabe.

suhrkamp taschenbuch 305
Erste Auflage 1976

Suhrkamp Taschenbuch Verlag
Satz: IBV Lichtsatz KG, Berlin
Druck: Ebner, Ulm · Printed in Germany.
Umschlag nach Entwürfen
von Willy Fleckhaus und Rolf Staudt

Inhalt

Vorwort zur ersten Auflage

Angst und Schuld sind Grundphänomene menschlichen Daseins. Insofern sie jedem Menschen begegnen und jeder Mensch sie ausstehen muß, mußte ihr Einfluß auf die Entwicklung von Kultur, Religion und menschlicher Gemeinschaft von ausschlaggebender Bedeutung sein. Die Angst ist längst nicht mehr ein Problem des einzelnen: sie ist zur »Krankheit« unseres Jahrhunderts geworden. Sie äußert sich nicht nur im Leben des Individuums, sondern im Kollektiv, in der Gesellschaft. Angst und Schuld wurden zum Gegenstand künstlerischer und dichterischer Essays, aber auch zum Thema wissenschaftlicher und philosophischer Spekulationen. Einen neuen Weg, das Problem von Angst und Schuld zu erhellen, besitzen Psychologie und Psychotherapie in der unmittelbaren Auseinandersetzung mit dem kranken Menschen.

Die Psychoanalyse hat seit Sigmund Freud dem Angstproblem ihre besondere Aufmerksamkeit gewidmet, da die Angst bei der Neurosebildung eine wesentliche Rolle spielt. Neben der Angst gehört aber auch das Problem der Schuld zu den eindrücklichsten und aufschlußreichsten Erlebnissen jeder psychotherapeutischen Behandlung, wobei diese Begegnung auf einem wesentlich anderen Boden stattfindet als etwa jenem der öffentlichen Meinung, der Moral oder des Gesetzes. Die Auseinandersetzung des Menschen mit dem Problem der Schuld spiegelt weitgehend dessen innere Einstellung zur eigenen Schuldhaftigkeit wider, wobei sie im wesentlichen von der Angst beeinflußt wird, daß auf Schuld unausweichlich Strafe und Sühne folgen muß. Wenn nun die Psychotherapie den Schuldigen weder richtet noch bestraft, so stellt sie sich scheinbar in Widerspruch zu den Normen der öffentlichen Meinung, der Moraltheologie oder des Gesetzes; scheinbar deshalb, weil die Akzentsetzung eine verschiedene ist. Zwar gelang es der naturwissenschaftlich orientierten Psychoanalyse nicht, das eigentliche Wesen des schuldigen Menschen aufzudecken. Sie beschäftigte sich in erster Linie mit den Schuldgefühlen und negierte die Entsprechung solcher »Gefühle« einer »wirklichen« Schuld. Erst nachdem die Psychotherapie ihr theoretisches Gefüge philosophisch neu orientierte, gelangte sie zu einem Menschenverständnis, in dem Angst und Schuld eine neue Deutung, aber auch ihre *volle Daseinsberechtigung erhielten. Angst gründet letztlich in der Schuld, das eigene Dasein nicht zu jener vollen und reifen Entfaltung gebracht zu haben, zu der wir angesichts unseres In-der-Welt-Seins aufgerufen sind. Die existentielle Schuld deckt sich nicht immer mit der »theologischen« oder »juristischen« Schuld. Beispielsweise liegt für den skrupelhaften anankastischen Zwangsneurotiker seine Schuld nicht auf der von ihm behaupteten Ebene, sondern in seinem Bestreben, etwas wesenhaft zu ihm Gehörendes wie eben die Fähigkeit des Schuldig-werden-Könnens von sich fernzuhalten.*

Wenn wir von der Angst und von der Schuld sagen, es handle sich um Grundprobleme der Psychotherapie, dann meinen wir nichts anderes, als daß es dabei um Grundprobleme des Menschen schlechthin gehe. Angst und Schuld gehören dermaßen zur »Weltanschauung« eines jeden Menschen, daß wir bei der Besprechung ihrer psychotherapeutischen Problematik es nicht unterlassen durften, auch ihre moral-theologischen und rechtlichen Aspekte zu beleuchten. Der den Psychotherapeuten aufsuchende Kranke steht ja nicht als ein isoliertes Wesen in einer zufällig in bestimmter Weise gearteten Welt; er ist vielmehr verhaftet in der Geschichtlichkeit seines Daseins, wobei nicht selten seine eigene und eigentliche Reifung als Mensch eine Auseinandersetzung mit dieser Geschichtlichkeit verlangt. Fordern wir vom Menschen diese Auseinandersetzung, so ist es auch unsere Aufgabe, den christlich-abendländischen Boden, auf dem wir stehen, immer wieder neu zu bedenken. Dazu soll die vorliegende Arbeit ihren bescheidenen Beitrag liefern.

Zürich, im Herbst 1962 Gion Condrau

Vorwort
zur zweiten Auflage

Die günstige Aufnahme, die dieses Buch bei der ersten Auflage sowohl von seiten der Kritiker wie von seiten der Leserschaft erhielt, führte dazu, daß es in kürzester Zeit vergriffen war. Da der Autor sich in der Folge jedoch fast ausschließlich mit neuen Projekten von Lehrbüchern über Psychotherapie und Psychosomatik befaßte, mußte die längst fällige, zeitraubende Überarbeitung und Neuherausgabe dieses Werkes zurückgestellt werden. Ich bin deshalb dem Suhrkamp Verlag außerordentlich zu Dank verpflichtet, daß er meine Ideen zur aufgeworfenen Daseins-Problematik nicht in Vergessenheit geraten ließ.

Die Neuausgabe des Buches wurde erheblich umgestellt, korrigiert und vor allem kasuistisch erweitert. So konnte ich zur besseren Illustration auch Fälle heranziehen, die ich bereits in früheren, jetzt vergriffenen Werken dargestellt hatte, die aber in ausgezeichneter Weise gerade die Problematik von Angst und Schuld aufweisen. Wesentliche Arbeiten, die zum Thema nach dem Erscheinen der Erstausgabe bekannt wurden, habe ich in einem Nachwort zu erfassen versucht. Meinem Freund und Lehrer, Prof. Medard Boss, möchte ich herzlich für sein Geleitwort danken.

Herrliberg, Juli 1975 Gion Condrau

Geleitwort

Gerade die staunenswerten Errungenschaften der modernen naturwissenschaftlichen Medizin haben mehr und mehr an den Tag gebracht, daß eine sehr große Zahl leiblicher und seelischer Krankheiten übrigbleibt, die weder aus der Perspektive einer materialistischen Naturwissenschaft zureichend verstanden noch mit den durch eine solche Wissenschaft zur Verfügung gestellten Behandlungsmethoden mit befriedigendem Erfolg angegangen werden können. Deshalb kommt heute der Seelenheilkunde, der Psychotherapie, auf dem gesamten Gebiete der Medizin eine immer größere Bedeutung zu. Innerhalb dieser Psychotherapie aber drängen sich in zunehmendem Maße Probleme in den Vordergrund, die noch vor kurzem gar nicht der Medizin, sondern der Philosophie zuzugehören schienen. Ein Psychotherapeut, der diesen Namen zu Recht tragen will, muß heutzutage insbesondere die Phänomene Angst und Schuld, Freiheit und Unfreiheit, Verantwortung und menschliche Reife in den Mittelpunkt seiner Überlegungen stellen. Diesen grundlegenden Problemen hat Gion Condrau eine eingehende Untersuchung gewidmet.

Der Autor weist zunächst auf den ubiquitären Charakter der Angst- und Schuldphänomene hin. Er zeigt, wie sie nicht nur das alltägliche Leben des gesunden Einzelindividuums durchherrschen, sondern sich auch bis in die äußersten Verzweigungen der gesamtmenschlichen kulturellen Gebilde, insbesondere der juristischen und moraltheologischen Bereiche hinein erstrecken. Schon bei der Erfüllung dieser Aufgabe kommt dem Autor sehr zustatten, daß er nicht nur eine naturwissenschaftlich-medizinische Ausbildung genoß, sondern sich auch eine geisteswissenschaftlich-geschichtliche Bildung aneignete. Condrau vermag überzeugend die Unzulänglichkeit der biologischen und der psychoanalytischen Erklärungsversuche in bezug auf die beiden wichtigen menschlichen Grundphänomene Angst und Schuld nachzuweisen. Angst, die ein Begreifen von Gefährlichkeit, und Schuld, die ein Wissen um ein »Manko« zur Voraussetzung haben, können als solche – so sagt der Autor mit vollem Recht – unmöglich aus chemisch-physikalischen Körperprozessen noch aus angenommenen Trieben oder aus Libidoenergie abgeleitet und auf sie ursächlich zurückgeführt werden, weil weder etwas chemisch-physikalisches noch eine angenommene Libidoenergie je ein Verstehen und Begreifen von irgend etwas, zum Beispiel von Gefährlichkeit oder Manko, aus sich heraus zu bewirken vermögen. Indessen ist Condrau bei dieser dringend notwendigen Kritik aller biologisch-psychoanalytischen Angst- und Schulderklärungsversuche weit davon entfernt, den Wert der zeitlich während des Erscheinens von Angst und Schuldgefühlen naturwissenschaftlich feststellbaren körperlichen Prozesse herabmindern zu wollen. Vielmehr betont er eigens die Notwendigkeit entsprechender Forschungen und deren praktisch-therapeutische Nützlichkeit. Er stellt nur die äußerst wichtige Unterscheidung heraus, daß die naturwissenschaftlich erreichbaren Tatbestände lediglich eine zwar notwendige, aber nie die zureichende Bedingung für das Auftretenkönnen psychischer Angst- und Schuldphänomene sind.

Der Autor führt uns nach der Ortsbestimmung der bisherigen Betrachtungsweisen in eine neue wissenschaftliche Untersuchungsmethode ein, die er die daseinsanalytische nennt. Der Hauptteil des Buches ist dem Nachweis gewidmet, daß diese Methode einem Verständnis psychischer Phänomene, insbesondere der Angst- und Schulderscheinungen, viel näherzukommen vermag als das biologisch-psychoanalytische Erklären der unmittelbar gegebenen Phänomene durch hinter ihnen bloß angenommene »dynamische« Ursachen. Sein Vertrautsein mit den philosophischen Entwicklungsrichtungen der Neuzeit erlaubt es ihm, den Durchbruch der daseinsanalytischen oder phänomenologischen Wissenschaft über die Zwischenstufen eines »Antropologischen Subjektivismus«, einer »personalen Psychologie« und des sogenannten »Existentialismus« zu veranschaulichen. Mit gutem Grund kritisiert er an diesen Vorstufen der daseinsanalytischen Menschenkunde die völlige Ungeklärtheit ihrer Grundvorstellungen, insbesondere die wissenschaftliche Verschwommenheit der Begriffe »Psyche«, »Subjekt«, »Person« und »Existenz«.

Condrau vermag deutlich den Unterschied der psychoanalytisch-naturwissenschaftlichen Erklärungsversuche von Angst- und Schuldphänomenen gegenüber dem phänomenologischen Ausweisen und Beschreiben herauszuarbeiten. Von letzterem sagt er sachgemäß, daß dieses »nur« die unmittelbar von den Phänomenen selbst her sichtbar werdenden Bedeutungsinhalte immer differenzierter zu artikulieren versuchen wolle. Er beginnt mit der phänomenologischen Untersuchung des menschlichen Existierens schlechthin. Der Daseinsanalytik entsprechend sagt er, dieses sei zunächst einmal unmittelbar und unbestreitbar dadurch gekennzeichnet, daß der Mench sich immer schon in einer Welt lebend vorfindet, das heißt seiner Grundnatur nach weltoffen, verstehend-offenständigen Wesens ist. Mit Recht betont Condrau, daß dieser tragende Wesenszug des Menschen weder von etwas anderem abzuleiten ist noch von irgendwelchen angenommenen Voraussetzungen aus ursächlich bewiesen werden müßte, sondern nur unmittelbar als das Konkreteste alles Konkreten gesehen werden kann. Von dieser Grundeinsicht aus gewinnt Condrau leicht ein angemessenes Verständnis der Angst. Er übernimmt die daseinsanalytische Feststellung, daß sich der Mensch in jeder Angst letztlich um seine Existenz und zugleich vor seinem Existieren in der Welt ängstigt. Auch den Grund aller »normalen« und pathologischen Schuldgefühle sieht Condrau der Daseinsanalytik gemäß im wesensmäßigen »Schuldigsein« des Menschen im Sinne eines unentrinnbaren Zurückbleibens hinter dem Vollzug aller ihm gegebenen welterschließenden Lebensmöglichkeiten. Condrau versäumt auch nicht, den aus den daseinsanalytischen Einsichten erkennbar werdenden entscheidenden Sinn des Menschenlebens zu erwähnen, der gerade aus diesem so verstandenen Schuldigsein sich erhellt. Dieser gründet, wie der Autor ausgezeichnet zusammenfaßt, in einem In-Anspruch-genommen-Sein des Menschenwesens als Weltoffenheit, die dem, was ist, allererst sein Erscheinen ermöglicht.

Für den Arzt im besonderen sind Condraus Feststellungen wichtig, daß diese daseinsanalytisch gesehenen Wesenszüge des Menschen alles andere als abstrakte Spekulationen sind; daß sie vielmehr unmittelbar und entscheidend die Praxis der Psychotherapie beeinflussen. Die Einsicht in diese Wesenszüge schafft zum Beispiel auch in der psychoanalytischen Praxis eine ganz andere mitmenschliche Atmosphäre und gibt dieser Therapie vor allem auch in bezug auf die Behandlung der Schuldphänomene ein ganz neues Ziel. Last but not least zeigt Condrau bei der Besprechung der Angst- und Schuldphänomene auch deren Gegenmacht, das mitmenschliche Vertrauen, das er mit Recht als das tragende Therapeutikum aller Psychotherapie, auch aller von den »Körperärzten« angewandten larvierten Psychotherapie, kennzeichnet. Nichts jedoch könnte besser die in diesem Buch hervorgehobene Notwendigkeit einer Ergänzung der naturwissenschaftlichen Erklärungsmethoden durch das phänomenologisch-daseinsanalytische Auslegen der unmittelbaren Bedeutungsgehalte normalpsychologischer und psychopathologischer Phänomene schlagender belegen als Condraus Hinweis darauf, daß das biologische und psychoanalytische Erklären nicht einmal einen Begriff besitzt, der dieses entscheidendste aller Psychotherapeutika, das Vertrauen, zureichend zu nennen wüßte.

Die einzige Betrachtung, der ich in diesem Buche nicht zu folgen vermag, betrifft Condraus Ansicht, alle Angst sei im Grunde Schuldangst, sei also aus dem Nichterfüllen aller wesentlichen Lebensmöglichkeiten zu verstehen. Indessen ist auch dieser fragliche Punkt keineswegs als ein Mangel anzusehen. Eher ist auch er geeignet, die Diskussion über das Wesen der psychologischen Grundphänomene in fruchtbarer Weise anzuregen.

Das Buch, erstmals 1962 erschienen, hat bis auf den heutigen Tag nichts von seiner grundlegenden Bedeutung und Aktualität eingebüßt. Die neue, überarbeitete und erweiterte Auflage trägt auch neueren Arbeiten und Referaten über das Thema Rechnung. Dem Suhrkamp Verlag ist zu danken, daß er dieses bedeutsame Werk Condraus, das längst vergriffen war, wieder einer breiten Öffentlichkeit zugänglich macht.

Medard Boss

Erstes Kapitel

Die Angst im menschlichen Dasein

1. Die Verhaftung menschlichen und tierischen Lebens mit der Angst

Angst und Schuld begegnen uns, wo immer wir Menschen antreffen, als an deren Erleben und Fühlen maßgeblich beteiligt; sie sind weitgehend verantwortlich für das menschliche Tun und Handeln. Angst und Schuld gehören so sehr zum Menschsein, daß wir ihnen nicht nur täglich begegnen – auch dann, wenn sie verborgen gehalten werden – vielmehr uns überdies mit ihnen als menschliche Problematik auseinandersetzen müssen. Dies vor allem deshalb, weil *wir* durch diese Phänomene *selbst* angesprochen werden. Schon für den Alltag bedeutsam, treten sie aber besonders dort in Erscheinung, wo der Mensch nicht mehr über Angst- und Schuldgefühle wie über andere Emotionen verfügen kann, sondern wo er vollständig von ihnen beherrscht wird – in der Krankheit.

Grundsätzlich scheint es müßig, ja unmöglich, Schuld und Angst als Grundphänomene menschlichen Daseins gesondert und voneinander getrennt zu besprechen. Daher werden wir es nicht vermeiden können, im Abschnitt über die Angst auch die Schuld miteinzubeziehen, oder umgekehrt bei der Diskussion der Schuld uns mit der Angst zu befassen. Trotzdem scheint es uns wichtig, methodisch wenigstens zunächst beide getrennt einer Betrachtung zu unterziehen. Wenn wir die Angst vorausnehmen, dann deshalb, weil sie im psychotherapeutischen Geschehen meistens das Vordergründige, unmittelbar uns Entgegentretende, oft das primäre Anliegen des Kranken darstellt. Die Angst führt, in offener oder versteckter Form, wohl die meisten Menschen zum Psychotherapeuten. Viel häufiger als Schuldgefühle, die mit großem Erfolg verdrängt werden können, treiben Ängste den Menschen in jenen Zustand der Verzweiflung, der für sein persönliches, familiäres und soziales Wohlergehen bedrohlich wird, die Stellung im Leben und im Beruf bis zum totalen Versagen erschüttert. Angsterfüllte Menschen sind unglücklich, unsicher, abhängig.

Ihre Vitalität, ihre Energie, ihr Mut, ja ihr ganzes körperliches und seelisches Gleichgewicht sind beeinträchtigt. Die Angst lastet auf dem Menschen wie eine schwere Bürde, die er nicht einfach abwerfen kann, der er nicht entrinnt.

Die Angst zählt trotz mannigfacher Erscheinungsformen und Ursachen zu jenen Phänomenen, die keiner definitorischen Erklärung bedürfen, sondern sich von selbst verstehen. Jeder Mensch weiß, was ich meine, wenn ich ihm sage: ich habe Angst. Sie gehört zum gefühlsmäßigen Erleben, sie ist nie intellektuell oder geistig, auch nie ein nur körperlicher Vorgang, trotz leiblicher Begleiterscheinungen und Äußerungsmöglichkeiten. Sind wir genötigt, beim Schuldproblem zwischen sogenannter »objektiver Schuld« und einem rein persönlichen, sogenannten »subjektiven Schuld*gefühl*« zu unterscheiden, so fällt eine solche Differenzierung bei der Angst weg. Sie ist immer Angst*gefühl*. Auch dann, wenn wir von *Furcht* sprechen und damit eine aus einer Gefahrensituation heraus verstehbare und »objektivierbare« Angst meinen (auf die fragliche Berechtigung einer solchen Unterscheidung werden wir später zurückkommen), kann sie niemals etwas anderes sein als ein gefühlsmäßiges und vom jeweilig betroffenen *Menschen* abhängiges Erleben. Gewiß mag die äußere Gefahrensituation die Angstintensität beeinflussen. Wir wissen dies von plötzlich hereinbrechenden, den Menschen überraschenden Schreckerlebnissen her. Ein Lawinenniedergang oder ein Bergrutsch im Gebirge kann beim Mutigsten Angst-Reaktionen hervorrufen. Auch die Begegnung mit einer Schlange, einem mächtigen Raubtier oder einem wildgewordenen Stier vermag Angst auszulösen, und zwar so unmittelbar und elementar, daß man beim Fehlen derselben zur Annahme geneigt sein könnte, ein angstloser Mensch sei krank. Man sprach von »angstfreien« oder »furchtlosen« Psychopathen und meinte damit Menschen, denen die Angst ebenso fremd zu sein schien wie gewissen Leuten etwa Zahnschmerzen. Die Frage, ob es tatsächlich angstfreie Menschen gibt, bleibe dahingestellt. Jedenfalls dürfte es sich bei den »angstfreien Psychopathen« eher um Menschen handeln, die ihre Angst so vollständig verdrängen können, daß sie manifest nicht mehr in Erscheinung tritt.

Nun ist die Angst, wie bereits bemerkt, nicht etwa an das Vorhandensein einer augenscheinlichen äußeren Gefahrensituation gebunden. Es gibt ängstliche Menschen, die keiner Begegnung mit einer Giftschlange oder einem wilden Stier bedürfen, um in Panik zu geraten. Zahme Haustiere, wie Katzen oder Hunde, harmlose Kleintierchen des Feldes und Waldes jagen ihnen Angst ein. Man denke an die bekannten Käfer- und Mäuseängste. Dabei würden es solche Menschen, so unsinnig ihre Angst erscheinen mag, empört von sich weisen, als »abnormal« oder »krank« beurteilt zu werden oder auf Grund solcher Ängstlichkeit den Psychotherapeuten aufzusuchen. Wir begegnen in der psychotherapeutischen Praxis freilich noch ganz anderen, oft grotesk und widersinnig scheinenden Formen der Angst. Es gibt Menschen, die einfach von einem »unerklärlichen Angstgefühl« gepeinigt sind, andere, die sich »vor den Menschen ängstigen« oder »vor der Zukunft«. Häufiger sind die sogenannten *Phobien,* das heißt jene Angstzustände, die sich an gewisse Gegenstände geheftet haben und immer wiederkehren, Ängste, die an bestimmte Orte oder Zeiten gebunden sind. Wir werden ihnen bei der Besprechung der Freudschen Auffassung der Angst wieder begegnen. Am bekanntesten ist wohl die Angst vieler Menschen in überfüllten Räumen *(Claustrophobie)* oder die Angst, einen freien Platz zu überqueren *(Agoraphobie).* In der ärztlichen Sprechstunde wird häufig die sogenannte *Erythrophobie,* die Angst vor dem Erröten (auch Errötungssucht genannt) angetroffen, meistens in Beziehung stehend mit der Verdrängung sexueller Impulse.[1] Auch die Ängstlichkeit mancher Menschen hinsichtlich ihrer Gesundheit *(Hypochondrie)* oder vor schwerer Krankheit, beispielsweise vor dem Irresein, vor einem Gehirntumor oder vor Krebs *(Carcinophobie)* gehört hierher. Schließlich kennt jeder Psychiater jene Angst, die scheinbar völlig grundlos den Menschen packt und in die Psychose treibt, die Angst vor bösen Feinden, vor überirdischen, böswilligen Mächten. Ein schizophrener Patient konnte nicht dazu gebracht werden, in sein Bett zu steigen, weil er in wahnhafter Angst glaubte, es befinde sich ein Nest voll giftiger Schlangen darin. Doch ist auch in der *Psychose* die Angst keineswegs »grundlos« oder »unsinnig«, bloß weil wir ihren verborgenen Sinn nicht sofort entziffern können. Es gibt auch *neurotische* Ängste[2], deren Sinn nicht ohne Dechiffrierung offenbar wird. Es sei hier beispielsweise auf den von Sequin-Hess beschriebenen und beinahe als psychotherapeutische Kuriosität imponierenden Fall einer *Aichmophobie* [Angst vor spitzen Gegenständen] hingewiesen.[3] Bleuler[4] nennt überdies die *Mysophobie* (»délir du toucher«), die *Keraunophobie* (Angst, vom Blitz erschlagen zu werden), die *Nyktophobie* und schließlich die Angst vor der Angst, die *Phobophobie.* Freud bemerkt dazu, die ganze Reihe dieser Phobien in prunkender griechischer Namengebung klinge »wie die Aufzählung der zehn ägyptischen Plagen, nur daß ihre Anzahl weit über die Zehn hinausgeht«.[5] Als Objekte oder Inhalte einer Phobie zählt er auf: Finsternis, freie Luft, offene Plätze, Katzen, Spinnen, Raupen, Schlangen, Mäuse, Gewitter, scharfe Spitzen, Blut, geschlossene Räume, Menschengedränge, Einsamkeit, Überschreiten von Brücken, See- und Eisenbahnfahrt usw.[6]

Angst wirkt ansteckend. Sie ist nicht nur ein *individuelles* Phänomen, sondern auch von hoher Bedeutung für die Menschheit als *Kollektiv.* Die Angst kann sich ganzer Menschengruppen bemächtigen, bestimmend werden für wirtschaftliche und soziale Maßnahmen, für militärische und politische Handlungen. Sie spielt eine nicht zu unterschätzende Rolle bei der Entstehung und Gestaltung der Religionen und vor allem in der religiösen Welt des Einzelnen. Die Bedeutung der Angst vor allem Unbekannten, Unheimlichen, Bedrohlichen kommt besonders deutlich bei den primitiven Religionen zum Ausdruck. Es sei an die verschiedenen Tabu-Vorschriften erinnert, an Menschenopfer und an die von Geisterglauben und dunkler Magie bestimmten juristischen und medizinischen Vorstellungen, die alle in einen religiösen Mantel gehüllt werden. Der Angst im Christentum hat Pfister[7] ausführliche Studien gewidmet.

Es gibt zwei für die Angst typische »Abfuhrmöglichkeiten«, nämlich die Kollektivierung und die Flucht. Eigenartigerweise erfährt die Angst in der *Kollektivierung* nicht eine Verminderung, sondern eher eine Verstärkung. Während in den meisten menschlichen Leidensmöglichkeiten nach dem volkstümlichen Grundsatz »geteiltes Leid ist halbes Leid« in der Begegnung mit dem Mitmenschen eine Entspannung oder Entlastung eintritt, trifft dies bei ängstlichen Menschen nicht zu. Im Gegenteil: die Angst wird erhöht. Das gilt noch mehr für die sich einer Masse bemächtigende Angst: sie führt zur Panik, Massenhysterie, unter geschickter strategischer Ausnützung zu Revolutionen und Kriegen. Dabei spielt es keine wesentliche Rolle, ob der Angst eine Realität, das heißt eine Entsprechung in einer drohenden Gefahrensituation zugrunde liegt oder ob es sich um eine »realitätsfremde« (neurotische) Angst handelt. Die kollektiven Angstreaktionen der Menschheit vor dem Unvertrauten an der Schwelle zum Weltraum finden ihren Ausdruck in zahllosen Büchern, Zeitschriften und Filmen. Das Unbekannte wirkt oft angsterzeugend.[8] In der Unvertrautheit mit dem Unbekannten liegt wohl die tiefe Angst, das stetige Mißtrauen und schließlich der Haß mitbegründet, den ganze Völker gegeneinander hegen. Daß dieser Haß als potentielle Kriegsgefahr die Angst noch steigert, schließt den Circulus vitiosus. Besonders häufig stößt man in der Welt der Politik auf Phänomene der kollektiven Angst. Schwarz wies darauf hin, daß *Aggression als Mittel der Angstabwehr* eine »beim Einzelnen wie bei Gruppen sattsam bekannte Maßnahme« sei.[9] Die individuelle und kollektive Angst führt zur Grausamkeit und zum Terror.

Auf die Beziehungen von Aggressivität und Angst werden wir bei Besprechung der psychoanalytischen Erklärungsversuche noch zurückkommen. Es sei hier nur vorweggenommen, daß nicht nur in der großen Politik, sondern auch in kleineren Gemeinschaften Aggressivität und Angst häufig gekoppelt vorkommen und einander gegenseitig bedingen. E. L. Herbert hat beispielsweise nachgewiesen, daß »das sadomasochistische Verhalten mancher Lehrer eine Angstabwehr« darstelle, denn ihr Verhalten zeige alle Symptome eines Angstzustandes.[10]

Was Malaparte in einem Roman über Angst und Grausamkeit bei den Deutschen schrieb, gilt ebenso für alle Völker, denen die *Macht* als Werkzeug ihrer Angst zur Verfügung steht: »Was den Deutschen zur Grausamkeit, zu den mit aller Kälte ausgeführten, wissenschaftlich ausgeklügelt grausamen Handlungen führt, ist die Angst vor den Unterdrückten, den Wehrlosen, den Schwachen, den Kranken; die Angst vor den Alten, den Frauen, den Kindern, die Angst vor den Juden.«[11] Angst erzeugt Terror, aber der Terror erzeugt auch wieder Angst, und so ist es nicht verwunderlich, daß sich die Beherrscher gewisser Staatsformen, die einer freien Entfaltung des Menschseins die zwangsweise Kollektivierung entgegenstellen, zur Angsterzeugung des Terrors bedienen. Man denke an die Französische Revolution, an das deutsche Volk, das sich durch nationalsozialistische Schreckgespenster in Angst versetzen ließ, »die den Schlüssel zu den fürchterlichsten Grausamkeiten abgab, welche die Welt je gesehen hat«[12], oder an die Angst in der Russischen Revolution, wie sie von Iljin beschrieben wurde: »Die erste Quelle des Terrors ist die Furcht in der Seele des Teroristen selbst. Er versucht einzuschüchtern, weil und in welchem Maße er selbst Angst hat; ...im kalt geführten System des Terrors gibt es dann aufbrausende Wellen der Wut, die in der Angst ihre Quelle hat. Diese Angst aber entsteht ihrerseits aus dem sicheren Gefühl, etwas über alle Maßen Entsetzliches und absolut Unverzeihliches begangen zu haben: die Schiffe im Rücken sind verbrannt; es gibt weder Bekehrung noch Besinnung noch Evolution noch Pardon; es gibt kein Umschwenken; man sieht sich gezwungen, weiter vorzudringen, sich durchzusetzen, auszuharren und Blut auf Blut fließen zu lassen. Gefahr bringt Unruhe und Angst; die Angst wird durch ein neues Einschüchtern beruhigt«.[13] Der Terror als Mittel der Angsterzeugung bleibt freilich nicht das Vorrecht einzelner Staaten. Auch verbrecherische Organisationen, politische Extremisten, sogar religiöse Kultgemeinschaften bedienen sich seiner. »Volkshysterische« Angstausbrüche konnten wir im Osten und Westen Europas in den Aufregungen des Kalten Krieges beobachten; sie zeigten sich u. a. bei den Schul- und Integrationsskandalen in den Südstaaten der USA. Diese Angst bildet ein Krankheitssymptom des modernen Menschen. Daß sie in unserem Zeitalter ungeheuerlich an Ausmaß und Intensität zugenommen hat, ist wohl teilweise auf ihre durch die moderne Übermittlungstechnik möglich gewordene rasche Kollektivierung zurückzuführen. Schwarz sieht vor allem zufolge der Entwicklung von Naturwissenschaft und Technik in drei Bereichen angsterzeugende Faktoren für das Kollektiv: in der Möglichkeit der Spaltung des Atomkerns, in der Überwindung von Raum und Zeit einschließlich des Vorstoßes in den Weltraum und schließlich in dem Fortschritt der medizinischen Hygiene, die zu einer »Periode explosiver Vermehrung der Bevölkerung der Erde«[14] führt.

Wenn wir von der Kollektivierung der Angst als der einen Möglichkeit ihrer Abfuhr sprechen, so sind wir uns bewußt, damit die Angst nicht aus dem individuellen Erleben zu entfernen. Die Angst – auch im Kollektiv – wird immer vom einzelnen getragen. Dort, wo sie von diesem überwunden wird, kann sie nicht ins Kollektiv ausweichen. Deshalb bleibt die Angst als Massenphänomen letztlich stets ein Phänomen des Einzelmenschen.

Unserem Anliegen näher kommt die zweite Form der Angst-Abfuhr: *die Flucht vor der Angst.* Es ist eine natürliche Tendenz des Menschen, sich vor der Gefahr in Sicherheit zu bringen, ob diese nun realer oder irrealer Natur ist. Angst treibt also zunächst zur Flucht. Sollten wir nicht selbst auf diese Ausweichmöglichkeit kommen, so brauchen wir nur die Tiere zu beobachten. Fast alle sind dauernd Bedrohungen ausgesetzt, die Angst gehört bei ihnen fast notwendig zum Lebensalltag. »Überblickt man das Tierreich, dann stellt sich heraus, daß überall und stets Bedrohung herrscht. Es gibt sozusagen kein Tier ohne Feind; jedes muß daher dauernd auf der Hut sein. Das erste, was die Natur verlangt, ist, sich fürchten zu lernen.«[15] Das Tier erhält sich am Leben »durch rechtzeitige und zweckmäßige Flucht«. Den Zustand des ewigen Auf-dem-qui-vive-Seins, wie er für das gesamte Tierleben so bezeichnend ist, darf man wohl mit »chronischer Furcht oder vielleicht mit dauernder Angst vergleichen«. In Analogie zur Angst des Tieres wies Freud dort, wo er von der Realangst (als »Reaktion auf die Wahrnehmung einer äußeren Gefahr«) spricht, darauf hin, daß diese eine Äußerung des Selbsterhaltungstriebes und »mit dem Fluchtreflex verbunden« sei. »Das geschreckte Tier ängstigt sich und flieht, aber das Zweckmäßige daran ist die »Flucht«, nicht das »sich ängstigen.«[16] Die Angst kann indessen so stark werden, daß sie nicht einmal mehr die Flucht »erlaubt«, die Angst wirkt dann lähmend und führt unter Umständen zum Totstellreflex. Diesen Totstellreflex sehen wir nicht nur bei Tieren, sondern auch bei Menschen. Oder die Angst kann – wenn die Möglichkeit der Flucht versperrt ist – eine Aggression hervorrufen, im Grunde nichts anderes als eine verhinderte Flucht, also Notwehr. Flucht, Totstellreflex und Aggression als Folgen der Angst finden wir bei Menschen wie bei Tieren. Braun beschreibt Anzeichen von Fluchtreaktionen bei Herzkranken: rasende Beschleunigung von Puls und Atmung oder Muskelparalyse.[17] Staehelin hat Fluchttendenzen bei Geisteskranken nachgewiesen.[18]

Es wäre allerdings falsch, anzunehmen, die Beobachtung der Angst bei Tieren würde uns in der Erkenntnis des *Wesens der Angst* beim Menschen weiterhelfen. Nie kann Höherentwickeltes vom Primitiven, Niederorganisierten her verstanden werden. Wenn beispielsweise Hediger die Ansicht vertritt, daß das wesentliche Kriterium der Menschwerdung durch die Beherrschung des Feuers und ineins durch »die Befreiung aus dem ursprünglichen Zustand der ständigen Bedrohung durch überlegene Tier-

Feinde« gebildet werde und daß damit »recht eigentlich die Grundlage für die Entstehung einer Kultur gegeben sei«[19], dann dokumentiert sich darin eine Umkehrung der tatsächlichen Verhältnisse. Nicht von der Angst des Tieres her können wir die Angst beim Menschen erfassen, sondern wir können höchstens von diesem her das Verhalten des Tieres deuten. Es gibt zweifellos Menschen, die sich in ihrer Angst keine anderen Verhaltensmöglichkeiten angeeignet haben, als wir sie eben im Tierreich antreffen. Und doch gehört es gerade zum Wesen des Menschen, daß er dank seines Menschseins fähig ist, der Angst anders zu begegnen als das Tier. Nicht durch die Tatsache, daß er die (tierische) Angst vor Bedrohung verloren hat, wurde er zum Träger von Kultur, sondern weil er je schon Mensch ist und die Möglichkeit der Kultur in sich trägt, ist es ihm gelungen, die Angst zu überwinden.

Trotzdem gibt uns die »Angst« beim Tier – mit ihrer Ausweichmöglichkeit in die Flucht – erstaunlich viele Ansatzmöglichkeiten für Vergleiche mit der Angst des neurotischen Menschen. Wie verwandt menschliches Angst-haben mit dem der freilebenden Tiere in ihren Ausdrucksweisen ist, zeigen besonders eindrücklich Tierfabeln. Wir denken an jene Geschichte Tolstois, die von Hediger als eine treffliche Wiedergabe tierischen Angsterlebens bezeichnet wird: Ein Einsiedler kommt mit verschiedenen Tieren des Waldes ins Gespräch, wobei die Frage sich darum dreht, woher denn alles Leiden in der Welt komme. Der Rabe macht den Hunger dafür verantwortlich, die Taube die Liebe und die Schlange das Böse. Der Hirsch aber gab folgende Erklärung: »Weder vom Hunger noch von der Liebe noch von der Bösartigkeit, einzig von der Angst kommt alles Leiden in die Welt. Brauchte man keine Angst zu haben, wie schön wäre es auf der Welt! Beine haben wir flinke und Kraft im Übermaß. Ein kleines Tier wehrt man mit dem Geweih ab, einem großen kann man entfliehen. Aber nein, die Angst läßt einen nicht los. Knistert ein Zweiglein im Walde, geht ein Rascheln durch die Blätter, schon überfällt dich ein Zittern, das Herz springt dir fast aus dem Leibe, und du fliehst so schnell du kannst. Rennt dir ein Hase über den Weg, flattert ein Vogel vorbei, ein dürrer Ast bricht ab, schon wähnst du einen Verfolger hinter dir und gerätst dabei wirklich in Gefahr. Oder du willst einem Hund entweichen und fällst einem Jäger in die Falle. Häufig erschrickst du und fliehst, ohne den

Weg zu beachten, und stürzest dabei von einem Abhang zu Tode. Selbst im Schlaf wachst du noch mit einem Auge, horchst immer vor dich hin und zitterst vor Angst. Nie und nirgends findest du Ruhe. Alles Leid kommt von der Angst.«[20]

Der letzte Satz dieser Fabel scheint sich nicht nur im Tierreich zu bestätigen. Wenn wir an die Situation denken, in die der moderne Mensch hineingestellt ist, sind wir versucht zu sagen, daß auch das Leben des 20. Jahrhunderts – vielleicht aller Jahrhunderte? – von Angst durchsetzt ist. Auf die Angst als Triebfeder und Machtfaktor der *Politik* haben wir bereits hingewiesen. Neben Schwarz haben ihr u. a. auch Schmid[21], Dürrenmatt[22] und Daim[23] eingehende Betrachtungen gewidmet. Schmid beschreibt die Angst des Europäers in dessen Stellung zwischen Ost und West, Dürrenmatt erklärt das Wesen der politischen Existenzangst durch die Furcht der Massen vor einem Krieg, und Daim bringt (zwar nicht dem Wortlaut nach, wohl aber sinngemäß) die Angst der Menschheit in Zusammenhang mit dem Kastenwesen und der sich darin äußernden ödipalen Schuldhaftigkeit. Salvador de Madariaga[24] spricht von einem Zeitalter der Angst und meint, wir litten an einer Angst mit doppelter Wurzel: »an dem Übel unseres Jahrhunderts, das dieses gleichzeitig leer und inhaltsschwer, kalt und rührend erscheinen läßt, wie jene rosa- und aschfarbenen Landschaften, vor die Picasso in seiner großen Zeit seine Akrobaten stellte«. Anschaulich schildert aber vor allem Hesse im »Glasperlenspiel« die Angst unserer Zeitgenossen.[25]

Die Problematik der Angst findet sich nicht nur in politischen, soziologischen, psychologischen, theologischen oder dichterisch-literarischen Schriften, nicht nur in philosophischen Abhandlungen und Wörterbüchern, sondern in ganz eindrücklicher Weise in der Erfahrung des täglichen Lebens. Die Angst schreit uns aus den Schlagzeilen der Presse entgegen, sie lacht uns nervös an auf Sportplätzen, in Parteiversammlungen und auf Cocktail Parties. Eine amerikanische Zeitung[26] hat unter dem Titel »Guilt and Anxiety« dem Problem von Schuld und Angst eine Sondernummer gewidmet. Die Meldungen über Mord, Selbstmord, Raub, Diebstahl, Sittlichkeitsverbrechen, Alkoholismus, Verkehrsunfälle, Ehescheidungen – sie alle sind irgendwie der Ausdruck der menschlichen Angst. Auch die Kleinigkeiten und Kleinlichkeiten des Alltags verraten Angst: ein zu weicher oder zu harter Händedruck, das nervöse Kettenrauchen von Zigaretten, ein vergessenes Rendez-vous, das Stocken mitten im Satz, Stottern, ja alle Arten von Fehlleistungen. Störring spricht von »larvierten Angstzuständen« und beschreibt in Anlehnung an Hecker auch Sehnsucht, Heimweh, Schwindel, ja sogar Heißhunger als »leichte Grade der Angst«.[27] Er verweist darauf, daß man am frühesten versuchte, »durch eine Schilderung der körperlichen Begleiterscheinungen die Angstzustände nach ihrer Intensität zu unterscheiden«. Als Belege dafür werden Darwin[28], Mosso[29] und Hoche[30] genannt. Störring unterscheidet in den »höheren Graden« zwei verschiedene Angstzustände, »eine Angst mit Lähmung...« und eine Angst mit motorischen Entladungen, wie sie sich uns in der äußersten Furcht, in der »Raserei«, darstellt. Zu der Angst ohne motorische Entladungen muß man auch die ratlos-gespannte Angst rechnen, wie man sie in erster Linie bei Schizophrenen sieht. Es ist schwer, mit Sicherheit anzugeben, welche Angst die stärkere ist, die mit oder die ohne motorische Entladungen. Nach außen imponieren die Angstzustände, die mit psychomotorischer Erregung einhergehen (etwa viele Angstzustände von Epileptikern oder von Patienten in agitierter Depression), als besonders hochgradig. Dies sind aber wahrscheinlich nicht die stärksten. Durch die motorischen Entladungen findet sehr wahrscheinlich eine weitgehende Ablenkung vom Angstzustand statt, man spricht auch, wie wir weiter unten ausführen werden, mit Recht davon, daß ein Angstzustand »ins Motorische« abreagiert werden kann. Viel schlimmer und quälender muß es sein, wenn das Individuum von der Angst wie gelähmt ist und, um mit Goldstein zu reden, nur noch Angst ist.[31] Die Amerikaner sprechen von einer »social anxiety«, von einem »desperate need for contact« als Ausdruck der Ängstlichkeit. Bekannt ist die Angst vor dem Altwerden, Angst vor dem Dickwerden, Angst vor beruflichem Versagen, Angst, sich zu blamieren, Angst vor Heirat und allen lebenswichtigen Entscheidungen. Zbinden nennt dazu noch die Angst vor der Berufswahl, die »Furcht heutiger Menschen vor Bindung und Verantwortung überhaupt«, Angst vor Krankheit und Angst vor Armut. »An die Stelle der Naturängste sind die Zivilisationsängste getreten.« »Die Ängste des heutigen Menschen scheinen sich im Zeitalter des rationalen Denkens, der Technik, der allgemeinen Schulung aus den Heilformeln des aufgeklärten Sinnes, aus den klugen Deutungen der Psychologie und Seelenheillehren ebensowenig zu machen wie bei den Primitiven aus den Zaubersprüchen der Medizinmänner und Beschwörer. So hat statt einer Austilgung im Grunde nur eine Verlagerung der Ängste stattgefunden, eine Wandlung in den Formen, in den Masken und Fratzen, nicht aber eine Verringerung ihrer Zahl und ihrer oft lähmenden Macht.«[32]

Die christliche Überlieferung faßte die Angst als ein menschliches Problem auf, das mit dem Sündenfall in die Welt gekommen ist und zum Menschsein gehört. Die »Jenseitsangst«, die Sorge um das ewige Seelenheil mag im Mittelalter – und in der Neuzeit – der tiefere Grund mancher asketischer Buße oder Wallfahrt gewesen sein. »Von einer qualvollen Furcht vor Tod und Weltende besessen, trachteten sie danach, bei jeder Gelegenheit Buße zu tun und dadurch eine Angst zu überwinden, welche die heutige Angst vor den Schrecken eines Atomkrieges noch weit übertraf.«[33] Als im Zeitalter der Aufklärung das Christentum seiner Monopolstellung im Denken des abendländischen Menschen verlustig ging, wurde der Mensch weitgehend auf sich selbst zurückverwiesen. Die Vernunft ersetzte den Glauben, so daß Spinoza schreiben konnte, die Furcht entstamme einer Schwäche des Geistes. Als auch die Vernunft versagte, mußte man künstlich Gottheiten schaffen. Aber letztlich führt alles zurück zur »Urangst« (Niebuhr) des Menschen, von der Kierkegaard sagt, sie habe mehr Torturen zur Verfügung als ein Großinquisitor.

2. Die Angst im abendländisch-christlichen Kulturkreis

Die Angst bildet ein allgemein-menschliches Problem. Sie ist weder für eine Menschengruppe noch für ein bestimmtes Volk oder eine besondere Zeitepoche spezifisch. Wenn wir uns hier darauf beschränken, kurz die abendländisch-christliche Begegnung mit der Angst zu beleuchten, dann erweist sich diese Einschränkung aus verschiedenen Gründen als notwendig. Eine umfassende Beschreibung der Angst in der menschlichen Gesellschaft würde umfangreiche soziologische und philosophische, religionspsychologische und historische Erwägungen voraussetzen. Dies ist nicht der Sinn unseres Vorhabens. Wir wollen weder die Angst in ihrer rein philosophischen Bedeutung erörtern noch in das Gebiet der Theologie eindringen. Insofern aber sowohl philosophische wie theologische Voraussetzungen nötig sind, um uns das psychologische Verständnis der Angst näherzubringen, können wir nicht darauf verzichten, in aller Bescheidenheit auch dort anzufragen. Letztlich ist der Mensch nicht ein weltunabhängiges Wesen, sondern immer eingebettet in seine Herkunft und Tradition. Der Mensch lebt historisch – das heißt seine Vergangenheit wirkt in ihm –, und er lebt gegenwärtig. Daher scheint es uns wichtig, dem Problem der Angst und Schuld und den Versuchen ihrer Überwindung im christlichen Denken, dem wir und ein großer Teil unserer Patienten verpflichtet sind, unsere Aufmerksamkeit zu schenken. Uns beschäftigt vor allem die Frage, in welchem Maße die menschliche Angst im christlichen Denken einen Widerhall gefunden hat und wie dieses den Weg zu ihrer Bewältigung aufweist. Der Psychotherapeut muß in seiner Begegnung mit christlichen Patienten um jene Kräfte des Glaubens wissen, die sowohl angsterzeugend als auch angstauflösend wirken. Inwiefern die Angst selbst an der Entstehung und Gestaltung religiöser Formen und Gesetze beteiligt ist, scheint uns eine Frage, die wir den Religionsphilosophen und -psychologen überlassen müssen.

Die christlichen Religionen enthalten, besonders in ihren moraltheologischen und sittlich-ethischen Grundformen, sowohl Motive angsterzeugender wie angstlösender Natur. Im zweifachen Aspekt Gottes als Fascinosum und Tremendum sind die zwei Möglichkeiten der Angstbeseitigung und Angsterweckung vorgezeichnet; Gott ist nach den Worten des Neuen Testamentes nicht nur ein gütiger, vergebender, liebender Vater, sondern auch ein »furchtbarer Gott«, um ein Wort Pfisters zu zitieren. Er verstößt die Ungläubigen in die Finsternis; »dort wird Heulen und Zähneknirschen sein« (Mt. 8, 12). Eine derartige Gottesvorstellung muß Furcht erregen. Die Strafe der ewigen Höllenpein stammt nicht aus der Liebe, sondern aus einer von ihr abgelösten, ihr übergeordneten Gerechtigkeit, die Gott nicht mehr als absolute Güte gegen jeden einzelnen anerkennt und Besserung nicht als Zweck der Strafe ansieht. Dem drohenden Gott entspricht der Satan und sein Reich. Gottesreich und Satansreich ringen um die Herrschaft, wenn auch von einem eigentlichen, streng durchgeführten metaphysischen Dualismus nicht geredet werden muß.[34]

Die Psychotherapie erbringt uns immer wieder die Erkenntnis, daß hinter dem sichtbaren neurotischen Krankheitsgeschehen die Sehnsucht nach einer volleren Entfaltung der menschlichen

Seinsmöglichkeiten verborgen liegt. Im Bemühen, diese zu erweitern, stößt der Mensch in Bezirke vor, die seiner unmittelbaren persönlichen Erfahrung unerreichbar oder zumindest fremd erscheinen. So sieht sich der Psychotherapeut vor Probleme gestellt, die im wesentlichen weltanschaulicher oder religiöser Natur sind. Nicht selten wird jedoch die religiöse Auseinandersetzung mit einem Unbehagen sowohl von seiten des Psychotherapeuten wie des Patienten angegangen; diese Tatsache findet wohl ihre Erklärung in der bisherigen Abhängigkeit von den kirchlichen Dogmen und der vermeintlichen Machtlosigkeit ihnen gegenüber – letztlich aber hauptsächlich in der oft neurotisierten, irrigen Deutung mißverstandener theologischer Gehalte. So ist es denn nicht verwunderlich, wenn im Verlaufe einer Psychotherapie die Auseinandersetzung mit Gott und dem Teufel, die Probleme um Himmel und Hölle zur »Schlüsselstellung« analytischer Anstrengungen werden.[35]

Rudin behandelte in kritischer Beleuchtung die Aspekte unseres heutigen, zum Teil neurotisch verbogenen Gottesbildes[36], wobei sich die Erkenntnis herausschälte, daß die *Gründe,* die zu einer Neurotisierung führten, einerseits in der individuellen oder gemeinschaftlichen Übermittlung eines *einseitig verstümmelten Gottesbildes* – vorwiegend in früher Jugend – liegen, andererseits in einer *Diskrepanz zwischen »übermitteltem« und »persönlich erfahrenem« Gottesbild,* wesentlich aber im Sinne der Jungschen Psychologie in einer »Abschnürung des Individuallebens und auch der bewußten Kollektivsituationen vom archetypischen Wurzelboden, im Fehlen eines lebendigen Kontaktes zwischen dem bewußten Gottesbild und dem unbewußten Archetyp Gottes«.

Wird nun das Gottesbild infolge neurotischer Prozesse verzerrt, erschüttert, so dürfen wir erst recht nicht übersehen, daß die gleichen psychischen Vorgänge sogar *das Gottesbild zerstören und vernichten* können. Dabei wird ja nicht »Gott« aus der Welt geschafft, sondern lediglich sein »Bild«, und zwar insofern, als es zur inneren Welt dieses Menschen gehörte und seinem Dasein Sinn und Erfüllung gab. Gott wird zwar erlebt, aber nur in der Negation, nicht im Mit- und Beieinandersein, vielmehr ausschließlich im Fern- und Auseinandersein. Dieses Gotteserlebnis, das wir psychologisch zu erfassen versuchen, kennen wir bereits von theologischer Seite als den *Begriff der Hölle:* ein

Zustand »der Seele nach dem Tode, die zur Strafe für ihre Sünden von der Anschauung Gottes ausgeschlossen ist«. Beruht das neurotisierte Gottesbild im wesentlichen auf einem Irrtum, der dem gestörten Menschen eine starke, wenn auch oft täuschende Hoffnung auf ein Paradies gewährt, so fällt beim Erlebnis der Hölle diese Aussicht radikal weg, um einer trostlosen, ungeheuren Hoffnungslosigkeit Platz zu machen – denn »von diesem Land der Toten gibt es kein Zurück«.[37] Ex inferno nulla redemptio! Allerdings wird dieses Ausgeschlossensein von der Anschauung Gottes nicht freiwillig und bewußt vollzogen, wie etwa beim rationalen Gottesleugner und Atheisten, sondern der Neurotiker erlebt seine Entfremdung und Entfernung von Gott als eine seinen Schuldgefühlen entsprechende Strafe, die ihm auferlegt wurde und gegen die er nichts unternehmen kann. Er ist in Ewigkeit verdammt. Und die Verdammten tragen die Hölle mit sich herum.«[38]

Zutiefst lebt jeder Neurotiker in einer Hölle – in einem Zustand des Ausgeschlossenseins von der Glückseligkeit –, wobei die Nichterfüllung seiner Daseinsmöglichkeiten, die mangelhafte Verwirklichung seines Selbst den Eintritt ins Paradies unmöglich machen. Nicht nur im Einzelnen kann ein solcher »Höllenbegriff« schwerste Angstzustände hervorrufen. Die Kulturgeschichte des christlichen Abendlandes mit der im Mittelalter herrschenden Bedrohung durch Hexenprozesse und Inquisitionen gibt ein anschauliches Bild von der Kollektivierung der »teuflischen« Angst. Wer würde nicht angesichts der »Höllenszenen« christlicher Kirchenkunst erschauern? Die Darstellungen der Hölle sollen Angst *erzeugen,* sind aber auch aus ihr *entstanden.* Wir finden in Zeichnungen angstneurotischer Patienten die gleichen dämonenhaften Gestalten und Tierfratzen, ohne vom ausgesprochenen Höllenthema angeregt worden zu sein *(Abb. 1 bis 3).* Die junge Frau, von der die Zeichnungen stammen, war sich keineswegs einer Schuld im moraltheologischen Sinne bewußt, und doch wurde sie in ihren Träumen und Wachphantasien von jenen Monstren verfolgt, die in der Phantasmagorie mittelalterlicher Maler und Dichter die Hölle bevölkern. *Abb. 4 und 5* stammen von einer anderen Kranken, der alles Triebhaft-Männliche nur in der Gestalt wilder Teufel begegnen konnte. *Abb. 6* ist der ängstliche Ausdruck eines 17jährigen Mädchens, das im Pubertätsalter von einem arabischen Hausangestellten vergewaltigt wurde. Es dürfte kaum einem Zufall entspringen, daß die Gestalten der Hölle in Bild und Phantasie jenen verzerrten Ausdrucksmöglichkeiten einer entmenschlichten Triebhaftigkeit gleichen, vor der sich gerade Angstneurotiker in besonderem Maße fürchten. Die Angst führt zu Hilflosigkeit, Hilflosigkeit aber zu Hoffnungslosigkeit.

> Denn hier aus der Zahl der Meinen
> Bist fortan du ausgestoßen.
> Steig' zu der verlorenen Nacht
> Nieder nun, wo deine stolzen
> Lüste dich in Ewigkeit
> Zwischen Furcht und Qualen foltern.
>
> (Calderon: Das große Welttheater)

Nun ist gerade die religiöse Angst, insbesondere die Angst vor der ewigen Strafe, untrennbar verbunden mit dem Schuldproblem.[39] Die Hölle, das Fegfeuer, die von Christus angedrohten Strafen, das Weltgericht besitzen nur für den Schuldigen die Qualität des Furchtbaren. Jener, welcher der Gottessohnschaft nicht verlustig gegangen, braucht sich nicht zu fürchten. Ausdrücklich erwähnt das Neue Testament die schwersten Strafen für den Ungläubigen. Unglaube ist Auflehnung gegen Gott, Aberkennung der Schuldmöglichkeit, ist aber auch fehlende Liebe. Es fällt nicht schwer – man denke an die Skrupulanten –, die Angst der »Gesetzesbrecher« vor der Höllenstrafe zu durchschauen. Die Hölle entspricht einem Strafbedürfnis und dieses einer Schuld, die weit tiefer reicht als die offensichtliche Sündhaftigkeit! Bereits Abraham a Santa Clara wußte, daß ein Prediger auf der Kanzel die Zuhörer mehr fesselt, wenn er über die Hölle spricht als über die Nächstenliebe oder den Himmel.

Der gläubige Mensch findet in den Worten Christi und der Kirche genügend Hoffnung und Trost, um seiner Angst wirksam zu begegnen. Wie wäre sonst wohl Christus als Erlösergott zu verstehen? Auch die »Gerechtigkeit« bildet nur einen Teil jener Liebe Gottes zu den Menschen, ohne die eine wirkliche Erlösung nicht möglich geworden wäre. Liebe und Güte kennzeichnen den christlichen Gottesbegriff – was nur der verstehen kann, der selbst Liebe und Güte kennt. »Gerechtigkeit und Heiligkeit sind ... nur als Attribute der Liebe zu verstehen.«[40] Das Gleichnis

Abbildung 1

Abbildung 2

Abbildung 3

Abbildung 4

Abbildung 6

vom verlorenen Sohn prägt uns deutlich ein, wie Gottes Gnade dem reumütigen Sünder vergibt, ohne von ihm Strafe zu verlangen (Luk. 15, 11-32). Gott ist nicht mehr »der den Sünder verzehrende, sondern der den Sünder suchende Gott«, der rettende und barmherzige Heilspender. »Vorbei ist es mit der Stimmung dumpf-asketischer Furcht vor dem Zornestag Gottes.«[41] Der Mensch wird durch Jesu Gotteserkenntnis zur Würde des Gotteskindes erhoben, ja, sofern er friedfertig ist (Mt. 5, 9) und seine Feinde liebt (Mt. 5, 45), sogar zum Sohne Gottes. Der Zöllner und Sünder, der Verachteten und Ausgespieenen nimmt sich Jesus als Sendbote ganz besonders an. Darum ist für den, der den Vater im Himmel kennt, keine Möglichkeit peinlichen Sorgens mehr vorhanden. Gottes ist die Fürsorge für alle seine Geschöpfe, darum muß alle Angst, die sich in Gram und trüben Zukunftsgedanken betätigt, erlöschen.[42]

Christus ist kein »Gesetzesgott«. Es gibt nur ein Grundgebot: Gott lieben von ganzem Herzen und den Nächsten wie sich selbst (Mk. 12, 30). Diese Erkenntnis hat auch namhafte katholische Psychotherapeuten zur ethisch wichtigen Forderung veranlaßt, es sei der Nachdruck in der katholischen Christenlehre vom sechsten Gebot wieder auf das erste zu verlagern.[43] Von Wichtigkeit für die Angstbefreiung erweist sich auch das Christuswort »Liebe Deinen Nächsten *wie Dich selbst!*«. Damit ist die Aufforderung zur Selbstliebe gegeben – nicht im narzißtischen Sinne des In-sich-selbst-verliebt-Seins, sondern im Sinne der echten Sorge um sich selbst, des Sich-selbst-zugetan-Seins, des Sich-Bemühens-um-sich-selbst. Immer wieder erfährt der Psychotherapeut die Relevanz dieser Forderung: niemals kann ein sich selbst verleugnender Mensch seinen Mitmenschen mit jener Liebe und Offenheit begegnen, die letztlich das Menschsein als solches erst ausmacht und das Leben lebenswert gestaltet. Der Mangel an Liebesfähigkeit ist es, der den Menschen in erster Linie in Angst – und damit in die Neurose treibt. Daher fordert die göttliche Ordnung nicht als erstes die Bestrafung des Schuldigen, sondern die Vergebung der Schuld. Petrus fragte Christus: »Herr, wie oft muß ich meinem Bruder verzeihen, wenn er wider mich gesündigt hat? Etwa bis zu siebenmal?«, und Jesus sprach zu ihm: »Nein, ich sage dir, nicht bis zu siebenmal, vielmehr siebenmalsiebzigmal« (Mt. 18, 21 und Mt. 18, 22). Christus verlangt auch vom Menschen jene Bereitschaft zu verzeihen, die er im Gleichnis des

Königs und seines Knechtes anzeigt: »Hättest nicht auch du dich deines Knechtes erbarmen müssen, wie ich mich deiner erbarmt habe?« (Mt. 18, 33) und »so wird auch mein himmlischer Vater mit euch verfahren, wenn nicht ein jeder seinem Bruder von ganzem Herzen verzeiht« (Mt. 18, 35). Jeder Kenner neurotischer Erkrankungen weiß, welch schwere Leiden entstehen können, wenn die aktive Leistung des Verzeihens nicht vollzogen wird. Ist die Pflicht des Vergebens schon im Vaterunser »Vergib uns unsere Schulden, wie auch wir vergeben unseren Schuldigern« (Mt. 6, 12, Lk. II, 4) enthalten, so ergibt sich aus dem Liebesgebot Christi das (als psychotherapeutische Forderung neu entdeckte) Verbot des Verurteilens: Richtet nicht, auf daß ihr nicht gerichtet werdet! (Mt. 7, 1). Das Neue Testament gibt manche Hinweise, wie Christus selbst durch Wort und Tat die Angst des Menschen durch den Erlösungsglauben überwunden hat. Die Erlösung jedoch gründet in der Liebe, weshalb es im 1. Johannesbrief heißen kann: »Furcht gibt es bei der Liebe nicht; denn ist die Liebe ganz vollendet, dann wird die Furcht verdrängt. Die Furcht hat Strafe in sich, und darum ist, wer fürchtet, in der Liebe noch nicht vollendet« (1. Joh. 4, 18).

Es ist unmöglich, die Angst im Christentum zu verstehen, wenn man sich nicht den entscheidenden Einfluß des Apostels Paulus vergegenwärtigt, durch den die Urgemeinde und später die ganze Kirche allgemein bis auf den heutigen Tag in wesentlichen Punkten bestimmt wurde. Paulus mußte einen langen Weg zurücklegen, bis er selbst zur Überwindung jener Angst gelangte, die ihn als Verfolger des Christentums maßgeblich bestimmte. »Auf dem Hintergrund seiner religiösen Angst« – schreibt Pfister – »mußte seine Frömmigkeit fanatischen Charakter annehmen, wie jede Reaktionswirkung, das heißt im Bewußtsein auftretende Vorstellung, Gefühlserregung oder Willensäußerung, die eine im Unbewußten steckende, entgegengesetzte und peinliche Regung verdeckt... Wer das Gesetz, sein einziges, durch die Überlieferung des Volkes geheiligtes Angstbeschwichtigungsmittel, angriff, mußte daher seine Wut herausfordern.« Er litt »unter Angst vor Gottes Zorn... er fühlte sich als den Unfreien, rettungslos Gefangenen«, während die Christen frei waren von Angst und von einem Enthusiasmus beseelt, »der selbst das Grauen des Todes verklärte«.[44]

So gilt für Saulus als Christenverfolger wohl das gleiche Gesetz, das wir bereits bei der Besprechung der Beziehungen zwischen Angst und Haß, der Grausamkeit, formuliert haben. Obgleich feststeht, daß die Angst bei Paulus nach dem Damaskuserlebnis noch fortlebte und ihn nie ganz verließ, so hat er als Apostel den Wandel in seiner Gottesanschauung vom Tremendum zum Fascinosum vollzogen und dadurch die Angst im wesentlichen überwunden. Über die jüdische Denkweise hinausgehend, beruht die Christusmystik des hl. Paulus auf der Liebe; sie führt zur Kindschaft Gottes und zugleich zur Entsühnung, Schuldvergebung und Erlösung.

Nun darf die Liebe des Paulus nicht im heute gebräuchlichen menschenbezogenen Sinne verstanden werden. Sie meint vielmehr die *Agape,* ein biblisches Wort, das in keine andere Sprache adäquat übersetzt werden konnte. Auch das lateinische Caritas, woraus sich das französische charité oder das englische charity ableiten lassen, erfüllt den Sinn der Agape nicht. »Die Mystik von Liebe und Eros besteht, angefangen mit Tristan und Isolde bis zur Romantik des 19. und 20. Jahrhunderts, in einer Religion, in der sich der Eros mit Todesverlangen und Verzweiflung vermischt: ›die Weise von Liebe und Tod...‹. Die christliche Agape hingegen ist nicht götzendienerisch; sie stellt keinen Versuch einer Anbetung des Geschöpflichen dar; sie mündet nicht im Nichts; sie ist Leben und Hoffnung. Sie ist eine Liebe, die sich freihält von jedem Zaubertrank, jeder Magie, jeder Hörigkeit, jeder Verzweiflung. Sie ist eine Liebe, die nicht zerstört, sondern erschafft, die nicht Trauer, sondern Freude und Frieden hervorruft.«[45] Pfister schreibt, zwischen Paulus und Christus bestehe aber doch ein Unterschied: während Christus eine bedingungslose Schuldvergebung predige, walte die Gnade Gottes im paulinischen Glauben nicht mehr so mächtig. Paulus verlange Sühneleistung – er verlange das Opfer und bleibe damit wesentlich der jüdischen religiösen Vorstellungswelt verhaftet. Er mache »aus dem gütigen, gnädigen himmlischen Vater Jesu einen in strafrechtlichen Kategorien denkenden strengen Gott«.[46] Auch seine Prädestinationslehre – die später bei Calvin überbetont wurde – sei nicht dazu angetan, angstlösend zu wirken. Dieser Auffassung Pfisters vermögen wir nicht zu folgen. Zunächst ist die Schuldvergebung auch bei Christus nicht »bedingungslos«, und andererseits ist es gerade Paulus, der in besonderem Maße die *Liebe* und die *Gnade* vor das *Gesetz* stellte, wie beispielsweise der Galaterbrief beweist. Gewiß existiert bei Paulus »eine ganze Menge unheimlicher Mächte des Bösen« wie auch »der Tod, das Gesetz, das Fleisch eher dem finsteren Reich des Bösen zuzurechnen sind«[47], gewiß erscheint der Mensch nach paulinischer Auffassung als eine »verworfene Kreatur«, a priori sündhaft. Er ist »Sündenfleisch« (Röm. 8, 3), »Sündenleib« (Röm. 7, 24), aber durch die Taufe wird er von seinen Sünden gereinigt. Im Glauben offenbart sich die Liebe, in ihr hat die Angst keinen Platz. Die Taufe bedeutet nach Aufnahme in die Gemeinschaft der Christen Geborgenheit und Sicherheit. Eine noch intensivere Angstabwehr geschieht durch die Communio – die liebende Vereinigung mit Gott selbst. In ihr – im christlichen Abendmahl – ist Gott kein Rex tremendae majestatis, kein Gott der Furcht, sondern ausschließlich Gott der Liebe. Somit darf wohl kaum von einem *wesentlichen* Unterschied zwischen Christus und Paulus gesprochen werden. Paulus warnt denn auch vor dem ungültigen Sakramentenempfang: »Wer deshalb unwürdig das Brot ißt oder den Kelch des Herrn trinkt, vergeht sich am Leibe und Blute des Herrn« (1. Kor. II, 27). Wie sehr gerade diese Worte des Apostels bei neurotischen Menschen angstfördernd wirken können, wissen Psychotherapeuten und Seelsorger zur Genüge aus ihrer Begegnung mit Skrupulanten. Nun darf man im Hinblick auf Paulus, der in seiner dialektischen Art so viel Widersprüchliches in sich vereinigt, nie einer einseitigen Betrachtungsweise verfallen. Wie wir wissen, hat seine Einstellung zur Ehe Anlaß gegeben, die moralischen Grundsätze der paulinischen Ethik in Bausch und Bogen zu verurteilen. Pfister schreibt sogar, nur die persönliche Abneigung des Apostels gegen die Ehe »konnte eine solche Ungeheuerlichkeit eingeben«.[48] Es dürfte indessen wohl wichtig sein, festzustellen, daß ethische und moralische Gesetze und Wertungen immer auch ein Spiegelbild der Zeitepoche und der jeweiligen Kultur eines Volkes sind.

Der vom »Dorn im Fleisch« geplagte Saulus wurde zum triebfeindlichen Paulus. Und doch wies gerade Paulus auch dem in seiner Gesetzesschuld angstgequälten Christen den Weg: »Der Buchstabe tötet, der Geist aber macht lebendig« (2. Kor. 3, 6). Das von Paulus gegeißelte »Buchstaben-Christentum« hat sich bis in unsere Zeit erhalten, wie beispielsweise Rudin nachgewiesen hat. Es findet sich bei jenen Menschen, deren Idee Gottes *einseitig* nur den einen Aspekt, einen Glaubenssatz, umfaßt: Gott ist der »absolute Herrscher«, ein »Willkürgott«, ein unmenschlicher Tyrann, »der ebenso kaltblütig die einen Menschen zu ewiger Verdammnis vorherbestimmt, wie er andere völlig grundlos als seine Lieblinge behandelt: der Rex tremendae majestatis«. Er verharrt in unerreichbarer Ferne, oder aber er ist nur Güte, ein jovialer Biedermann, oder dann wieder ein korrekter Vertragspartner. In eine zweite Gruppe gehören die *moralisierten* Gottesbilder: der starre Gesetzesgott, der »ganz kleinliche Buchhaltergott, der pedantisch und griesgrämig über den Lebensbüchern der Menschen sitzt, der Soll und Haben einträgt und eine unbarmherzige Bilanz zieht: Liber scriptus proferetur, in quo totum continetur, unde mundus judicetur...« Im *säkularisierten* Gottesbild wird die göttliche Vollmacht auf den Staat oder an einen Führer übertragen, die Wissenschaft verabsolutiert und vergötzt. In der vierten und fünften Gruppe befinden sich jene Menschen, deren Gottesbild *magisiert* oder *dämonisiert* ist. Es wird unheimlich, unberechenbar, abgründig und hinterhältig. »Züge der Grausamkeit und der Bosheit leuchten gespenstisch mit.«[49]

Was Rudin über das neurotisierte, krankhafte Gottesbild sagt, richtet sich vor allem an die Adresse katholischer Menschen. Die Annahme wäre aber falsch, daß *nur* oder *hauptsächlich* bei diesen die Angstgefühle aus religiöser Schuld entsprängen. Selbst Pfister, der in wohl wesentlicher Verkennung katholischen Denkens die angstbildende und -fördernde Rolle der Kirche überbewertet (»fehlt dem Katholizismus die Angstbasis, so fehlt ihm eine seiner Hauptwurzeln, und er kann nicht leben«)[50], gibt zu, daß die Angst beim Protestanten, dem so viele angsterregende »Zwangsmechanismen« und Dogmen fremd bleiben, ebenso häufig vorkommt. Jeder Psychotherapeut kann dies bestätigen. Angstneurosen treten bei katholischen Menschen nicht häufiger auf als bei nichtkatholischen, wie es auch eine protestantische (puritanische) Ethik gibt, welche die katholische an Strenge und Bedrohung noch übertrifft. Wenn wir die persönliche Begegnung mit der Angst für viele Aussagen katholischer Kirchenlehrer verantwortlich machen können, so gilt dies im selben Ausmaße von den Reformatoren.

Von Luther wissen wir, daß die Angst seine Jugendzeit, ja sein ganzes Leben hindurch wie ein Schatten begleitete. »Ich wurde von Kindheit an so gewöhnt, daß ich erschrecken und erblassen mußte, wenn ich den Namen Christus hörte; denn ich war nicht anders unterrichtet, als daß ich ihn für einen gestrengen und zornigen Richter hielt.«[51] Luther war ein Skrupulant, und das Wesentliche am Skrupulanten ist neben dem zwangsneurotischen Verhalten die *Angst.*[52] Erst durch das Turmerlebnis im Kloster zu Wittenberg gelang ihm die Angstbeschwichtigung durch die Erkenntnis, daß nicht des Menschen Werke, sein Tun und Handeln die Gnade Gottes einbringe, sondern allein der Glaube. Daß es Luther aber trotzdem nicht glückte, die in ihm wohnende Angst vor Gott gänzlich zu bannen, und wie sehr auch seine Lehrmeinung davon beeinflußt wurde, offenbart sich deutlich in den Zeugnissen seiner Zeitgenossen. Luther lebte in einer Welt von Dämonen, Hexen und Teufeln. Bei Zwingli bezog sich die Angst auf die jenseitigen Strafen. Die größte Angstwirkung innerhalb der protestantischen Kirche hat jedoch wohl die Prädestinationslehre ausgeübt, die wir bei Luther und Zwingli, am ausgeprägtesten aber bei Calvin finden. »Den wenigen Auserwählten, die Gott liebt, steht die gesamte, um diese wenigen verminderte Menschheit gegenüber, die er vor Erschaffung der Welt zur ewigen Verdammnis und Höllenpein vorausbestimmt und von Ewigkeit her nicht väterlich geliebt, sondern, wie die Gestalt des Esau beweist, gehaßt hat« (Pfister). Wo anders sollte eine solche Verwerfungslehre ihre tiefste Ursache haben als in einem uneingestandenen Angst- und Schuldgefühl?

Aus der Angst vor der Strafe erklärt sich zugleich die Bereitwilligkeit des Schuldbekenntnisses – gilt doch jedes Bekenntnis als eine Möglichkeit, sich die Liebe desjenigen wieder zu sichern, den man beleidigt hat, und dadurch die Strafe zu mildern. Das Confiteor ego te absolvo wurde zu einem Grundpfeiler christlicher Angstbekämpfung. Andererseits werden wir bei der Besprechung der Schuld noch sehen, daß Schuldbekenntnis und Schuld einander nicht zu entsprechen brauchen. Nur aus der Angst heraus sind jene Schuldbekenntnisse zu verstehen, die etwa den Skrupulanten fast täglich in den Beichtstuhl treiben, oder jene grotesken »Geständnisse« in den politischen Prozessen autoritärer Staaten.

Bei der Betrachtung angsterzeugender Motive im Christentum wurde jedoch dessen wesenhafter Kern noch nicht hervorgehoben: nämlich die Angst*überwindung.* Sie wird in zweifacher Hinsicht gewährleistet: erstens im *Glauben* an den allwissenden und alles verstehenden Gott, der nicht nur Schöpfer, sondern auch

Erlöser ist; zweitens aber in der *Geborgenheit* durch die christliche Gemeinschaft. In ihr hat die Angst keinen Platz. (Wir sehen Ähnliches in der psychotherapeutischen Praxis. Selbst schwerste Angstneurotiker verlieren ihr Symptom, sobald sie sich beim Analytiker geborgen fühlen, oft lange bevor die Angst überhaupt »analysiert« worden ist.) Die Geborgenheit der christlichen Gemeinschaft wird noch untermauert durch ein System von Sicherungen, das in hierarchischer Form die Angstabwehr gewährleistet. Bildet bereits die Familie eine Hort, eingebettet in die christliche Lebensführung, so setzt sich die letztere fort in der gleichsinnigen Schule und religiös-weltanschaulichen Erziehung. Die elterliche Gewalt und Geborgenheit findet ihre Fortsetzung in der Pfarrei, in der Diözese und schließlich beim kirchlichen Oberhaupt, dem »Heiligen Vater«. Doch hat gerade diese traditionelle Verwurzelung des abendländischen Menschen in der christlichen Glaubensgemeinschaft in unserer Zeit manche Erschütterung erfahren. Inwiefern die Angst des atheistischen Menschen eine Angst vor dem Nichts oder eine Schuldangst darstellt, müsste im Einzelfall abgeklärt werden. Zweifellos zeitigt aber das Heraustreten aus der christlichen Gemeinschaft einen Zustand der Entbundenheit, welcher seinerseits wieder Unberechenbarkeit und Unsicherheit mit sich bringt. »Das Schicksal des gottlos gewordenen Menschen um den babylonischen Turm muß sich notwendig wiederholen.«[53] Die Menschen werden sich selbst unheimlich, das gegenseitige Vertrauen schwindet, die Anarchie ruft nach gewaltsamen Maßnahmen. Bisher einem gütigen Gotte, ist der Mensch nun im »säkularisierten« Verhalten zu seinem Schutze einem weltlichen Träger der Macht ausgeliefert. An die Stelle verbindender Zwischenglieder wie in der kirchlichen Hierarchie tritt ein ausgedehntes Polizeisystem, an die Stelle des Klerus die Partei. Der Jenseitsglaube wird ersetzt durch die »paradiesische« Diesseitigkeit des dialektischen Materialismus, der Staat verdrängt die Kirche, die Hölle wird zum Konzentrationslager oder zur Zwangsarbeit. Hinsichtlich der Angst des Menschen hat sich nichts Wesentliches geändert. Den gottlosen Menschen ängstigen die gleichen »Gründe« wie den gottesfürchtigen. Er verfügt aber auch über die selben Möglichkeiten der Angstbewältigung. Sofern er die Vorschriften und Gebote des Staates einhält, braucht er sich nicht zu fürchten. Dies gilt nicht nur für autoritäre Staatsformen. In jedem Staat erkauft sich der Bürger die Befreiung von Angst durch einen Verlust an persönlicher Freiheit.

Darin liegt jene Tragik, die in Jean Pauls Vision[54] in erschreckender Weise zum Ausdruck kommt: daß die Menschen allein sind, isoliert.

Thielicke weist auf den Prozeß der »Deshumanisation« hin, wie er in den bisherigen Kulturabläufen nicht anzutreffen war, und Jaspers bestätigt die Angst um eine solche Menschheit, die in ihrem »Entwicklungsprozeß« vom Lebendigen zum Unlebendigen fortschreite: »... jetzt steht uns vielleicht ein solcher neuer Abfallprozeß bevor, die Entstehung einer neuen Tierart auf dem Wege der erstarrten Technik als ihrer Daseinsform, und herausbilden wird sich ein neues Menschsein, von dem her gesehen diese Masse wie eine andere Spezies, ein bloß Lebendiges, nicht mehr Menschliches, aussehen würde.«[55]

Es ist die Ungewißheit über die Weiterentwicklung, über den Ausgang, über das Ende, welche Angst erzeugt. Der Frage nach dem Sinn des Lebens wird ausgewichen, oder sie wird gar nicht mehr gestellt. »Der Gipfel nihilistischer Skepsis und damit zugleich der Angst besteht gar nicht darin, daß man die Frage nach dem Sinn des Lebens mit einem hoffnungslosen: ›kein Sinn!‹ beantwortet, sondern daß man die Frage vor lauter Hoffnungslosigkeit gar nicht mehr stellt.« Damit wird die Sinnlosigkeit nicht etwa überwunden, sondern dumpf bejaht und als etwas Unabänderliches akzeptiert. Darin erblicken wir die größte Gefahr der Kollektivierung des Menschen: in jener Vermassung und Abstumpfung, die zwar die Angst neutralisiert, aber auch die Sinn-Suche, das Mensch-Sein erdrosselt. Die Neutralisation der Angst bewirkt keine »Aufhebung«, kein »Erledigen« derselben – es kann sich nur um eine Verdrängung handeln. An die Stelle des Menschen tritt der Funktionär oder der kollektive Mitläufer. Angst kann nur dort hochkommen, wo noch Übergangsstadien zwischen bürgerlicher Tradition und kollektiver Lebensform bestehen. »Sobald die Entselbstung fortgeschritten ist und damit die persönliche Konfrontation mit dem Sinn aufhört, entfällt auch die Angst. Denn das Tier und erst recht der Bürger des Termitenstaates können keine Angst haben, weil sie die Frage nach dem Telos nicht stellen und sie darum auch die etwaige Verfehlung des Telos nicht quälen kann.«[56]

Es gibt nun zweifellos Menschen, die sich, um dieser Angst zu entgehen, aus opportunistischen Gründen eine Religion, einen Glauben »zulegen«. Ist es nicht so, daß die christliche Religion im Wort des Johannes-Evangeliums: »In der Welt habt ihr Angst, aber seid getrost, ich habe die Welt überwunden« die Befreiung von ihr verspricht? Allein, ein »Glaube«, der nichts anderes will als Angstbekämpfung, bleibt ein unechter Glaube. Ein solcher unechter Glaube vermag indessen die Angst nicht zu bannen, sondern schafft einen Circulus vitiosus, der angstverschärfend wirkt. Was aber ist »echter« und was »unechter« Glaube? Jeder Psychotherapeut weiß, daß jene Menschen, die mehr aus Angst glauben als aus Liebe, Legion sind. Die Schuld dafür ist nicht nur beim einzelnen zu suchen. Auch in der christlichen Erziehung, im Beichtstuhl und auf der Kanzel wird manches gepredigt, das angsterzeugend wirkt. Wenn aber die Furcht vor Gott etwas Gutes, Notwendiges und Gottgewolltes sein soll, dann nur insofern, als sie »Ehrfurcht« ist, was soviel besagt wie freiwillige Unterwerfung, Ehrerbietung, Anerkennung, Verehrung. Die echte Furcht Gottes ist immer Ehrfurcht. Niemals kann sie sinnlose Angst sein, eine Angst, die das Gegenteil von Ehrfurcht bedeutet, nämlich Mißtrauen und Terror. Selbst H. K. von Balthasar, der gewiß nicht »psychotherapeutisch« orientiert ist, fragt, ob nicht das Neue Testament selbst das Zwielicht zwischen Furcht und Hoffnung verstärke und endgültig mache: die Verheißung wie die Drohung? »Verliert der Christ sich nicht, wenn er ernst macht mit Sünde und mit Erlösung, in eine ausgangslose Dialektik, in welcher jedes Mehr an Gnade ein Mehr an Unwürdigkeit, ja an Schuld hervortreibt und in diesem Dickicht Religion zum eigentlichen Inferno wird? Und hat nicht gerade hier die schonungsloseste Psychoanalyse ein leichtes Spiel?«[57] Während Balthasar auf die erste Frage – vom theologischen Gesichtspunkt aus – ausgezeichnet Antwort gibt, liegt es an uns, nachzuweisen, daß auch die »schonungsloseste Psychoanalyse« (an anderer Stelle spricht Balthasar vom »giftigen Gegengift, der Psychotherapie«[58]) einem echten Christentum nicht Abbruch tun will, ja gar nicht kann. Gewiß, die Psychotherapie ist keiner Religion verpflichtet. Es gibt ebensowenig eine »katholische« oder »protestantische« Psychotherapie, wie es etwa eine »christliche« oder »mohammedanische« Medizin geben kann. Aber eines wird im psychotherapeutischen Prozeß klar ans Licht befördert, gleichsam aus einer komplexen Erlebniswelt herausgeschält: die Echtheit jeden religiösen Erlebnisses, gleich welcher Art die »theologische« Struktur des Menschen ist.

Zu Beginn seiner Schrift »Von der Angst unserer Zeit« führt X. von Hornstein jenes Märchen der Gebrüder Grimm »Von einem, der auszog, das Fürchten zu lernen« an, mit dem erklärenden Hinweis, die Furcht sei etwas Urmenschliches, und es gebe keinen Menschen, der ihr nicht ausgeliefert sei. Soll nun aber aus der Tatsache, daß alle Menschen irgendwie die Befindlichkeit der Furcht erleben, folgen, Furcht und Angst gehörten wesenhaft zum Menschen, verhülfen ihm erst zu seinem Menschsein? Andere Autoren, die so gerne den Existenzphilosophen nihilistische Tendenzen, Sinn- und Hoffnungslosigkeit vorwerfen, weil sie die Angst fundamentalontologisch als eine »Grundbefindlichkeit des Daseins« sehen, bejahen »psychologisch« die Angst in ebenso starker Art und Weise. Die Todesangst Christi am Kreuz wird zum Vorbild genommen, an dem sich das Angsterlebnis des Christen immer wieder bestätigen kann als ein echt christliches Erfordernis, »weil das ewige Heil bei Gott, nicht aber beim Menschen gesichert ist«.[59] »Seit dem Tage, an dem Adam die Furcht vor Gott seiner Sünden wegen befiel, liegt der Mensch in den Fängen der Angst und fürchtet den Tod jedesmal, wenn Gott ihm unter irgendeiner Form entgegentritt.« Eine wenig tröstliche Gottesbeziehung, wenn wir bedenken, daß kein Mensch schuld- und sündenfrei vor Gott dasteht! Auch v. Balthasar spricht von jener »im Menschen immer vorhandenen Angst« vor der Offenbarung. Das Wort Gottes sei nicht in die Welt gekommen, um den irdischen Menschen vor Leiden und vor Tod zu bewahren, aber noch weniger, »um ihm die Angst einfach hinwegzunehmen oder zu ersparen, wie dies eine Philosophie und Lebensweisheit wie die stoische zu tun versucht, wie es sogar zuletzt die klarere oder verborgenere Absicht jeder Philosophie und Lebensweisheit und jedes innerweltlichen Humanismus ist: dem Menschen einen Standort zu zeigen, von wo aus er mit diesen drei dunklen Mächten fertig wird«.[60] v. Balthasar spricht von einer »neutralen« Angst, die dem Dasein als solchem anhaftet: »seiner mit der Nichtigkeit des Vor und Nach es durchnichtenden ›Eitelkeit‹, wie sie für die Guten und die Bösen, die zu Gott Gewendeten und die von Gott Abgewendeten gleicherweise zutrifft«.[61] Balthasar unterscheidet dann jedoch streng zwischen der Angst der Bösen und der Angst der Guten, jener *vor* der zu erwartenden Strafe, dieser *um* die versprochene Erlösung, wobei für den Katholiken infolge der teilnehmenden Aneignung der Erlösung am Kreuze »der Weg der Sündenangst zu einer erlösenden Angst ein wirklicher Weg« sei.[62] Erst Mounier tritt dem christlichen Pessimismus entgegen, obwohl auch er noch von einem »tragischen« Optimismus spricht. Für ihn ist die Apokalypse nicht ein Gesang des Schrekkens, sondern ein Hymnus des Triumphs, »die Verkündigung des schließlichen Sieges der Gerechten und der trunkene Gesang vom Endreich der Fülle«.[63]

Bevor wir uns dem psychotherapeutischen Begriff von Schuld und Angst zuwenden, gilt es noch jenes Philosophen zu gedenken, dessen Auseinandersetzung mit der Angst zu einem hervorragenden persönlichen und christlichen Bekenntnis wurde und sowohl für die Philosophie wie für die Psychologie von nicht mehr wegzudenkender Bedeutung bleibt.

3. Sören Kierkegaard: Der Begriff der Angst und die Sünde

Von Balthasar bezeichnet Kierkegaards Schrift über den Begriff der Angst als »den ersten und letzten Versuch einer theologischen Bewältigung dieses Themas«.[64] Künzli erläutert die Angst des modernen Menschen am Leben und Denken Kierkegaards, in dessen Brust »bereits vor hundert Jahren die Dämonie der Katastrophe, an der das Europa unserer Tage zu verbluten droht«, tobte und in dessen »qualvollen Angstschreien« sich »die kosmische Verlassenheit und Einsamkeit des modernen Abendländers« ankündigte.[65] In seiner Kritik an Hegel, der essentia und existentia in eins setzte, für den Vernunft die Wirklichkeit bedeutete, der den Intellekt verabsolutierte, Gott und das Christentum zu einer Funktion der Logik herabsetzte, wurde Kierkegaard zum Begründer der modernen Existenzphilosophien: »die einzige Wirklichkeit, von der ein Existierender nicht nur weiß, ist seine eigene, daß er da ist«.[66] Er wandte sich nicht nur gegen die Intellektualisierung des Christentums, sondern ebensosehr gegen die Vermassung und Verflachung. Jeder Mensch, der mit Ernst das betrachtet, was man im allgemeinen »die Christenheit« nennt oder den Zustand in einem sogenannten christlichen Lande, und dabei einigermaßen zu sehen vermag, müsse doch unzweifelhaft sofort sehr bedenklich werden. »Welchen Sinn hat es doch, daß alle diese Tausende und Abertausende ohne weiteres sich Christen nennen! Diese vielen, vielen Menschen, von denen die weit überwiegende Mehrzahl, soweit man überhaupt urteilen kann, das Leben in ganz anderen Kategorien hat, wovon man sich durch die einfachste Beobachtung überzeugen kann! Menschen, die vielleicht niemals in die Kirche gehen, niemals an Gott denken, nie seinen Namen nennen, ausgenommen, wenn sie fluchen! – Doch alle diese Menschen, selbst die, die behaupten, daß Gott nicht da ist, sie sind alle Christen, nennen sich Christen, werden vom Staate als Christen anerkannt, werden von der Kirche als Christen begraben, als Christen in die Ewigkeit entlassen!«[67]

In diesem Vorwurf Kierkegaards an die Christenheit liegt aber auch des großen Dänen eigene Tragik begründet. Denn auch ihm gelang es nicht, trotz vehementer Auflehnung gegen Hegel und das säkularisierte Christentum, sein eigenes Christ-Sein so zu verwirklichen, daß er die krankhafte Lebensangst in sich selbst zu überwinden vermochte, weshalb gesagt wurde, sie dementiere sein Christentum. Kierkegaards Leben und philosophisches Arbeiten waren bestimmt durch die Angst.

Der Einfluß Kierkegaards auf die moderne Psychologie und Philosophie ist unverkennbar. Auch die Theologen streiten sich um den großen Mann. Einstimmigkeit herrscht, mit wenigen Ausnahmen, in katholischen und protestantischen Kreisen darüber, daß er ein »christlicher« Denker war und demgemäß ebenfalls auf die Theologie befruchtend wirkte. Unnötig allerdings erscheint der Streit, ob Kierkegaard »im Grunde« katholisch oder protestantisch war. Guardini, Michel und Haecker beanspruchen ihn für den Katholizismus[68], Przywara spricht von seinem »unbewußten Katholizismus«[69], was wiederum Nigg zum Protest herausfordert, der in ihm eine »typisch protestantische Gestalt«[70] sieht. Jedenfalls wird Kierkegaard von Grisebach, Barth und Brunner auf das Piedestal »eines wahrhaft großen Denkers, der Christ, und eines wahrhaft großen Christen, der Denker war«[71], gehoben, während ihm Künzli jegliche christliche Grundhaltung rundweg abspricht: »Kierkegaard konnte Gott nicht lieben, denn er war auf die persönlich interessierte Weise des Neurotikers an ihn gebunden, d. h. er war ihm hörig. Und Hörigkeit bedeutet immer Selbstliebe«; »...er war ein intellektueller Grübler und Zweifler, der... von christlicher Existenz sprach, ohne selbst ein christlich Existierender zu sein«, oder: »An Kierkegaard zeigt es sich, daß die Seele des modernen Menschen heidnisch, primitiv, ja sogar ›barbarisch‹ geblieben ist und nur der Verstand die Tradition des Christentums übernommen hat.« An anderer Stelle formuliert Künzli die Religiosität Kierkegaards als »unmenschlich, böse, unchristlich und krank«, sein Christentum als »eitel Schein, unter dem er die Tradition eines bürgerlichen ›Kapitalismus‹ und Intellektualismus verbarg. Kierkegaards Religion ist Seelenkrankheit schlechthin.«[72] Wenn sich allerdings Künzli gegen den Schluß seines Buches zu der Aussage versteigt, Kierkegaard repräsentiere »verzweifelte Angstexistenz«, »Bosheit gegenüber dem Nächsten«, »Rentner-Neurose«, »narzißtische Flucht aus der Wirklichkeit«, dann wird er der Persönlichkeit des dänischen Denkers nicht gerecht. Bei Kierkegaard sind zahlreiche neurotische Züge nachweisbar, und es läßt sich mit hoher Wahrscheinlichkeit annehmen, daß seine Lebensgeschichte von wesentlichem Einfluß auf sein philosophisches und christliches Denken war. Wie man aber dazu kommt, die neurotische Lebenshaltung Kierkegaards kurzweg mit seinem Lebenswerk zu »identifizieren« und in einer kaum zu verstehenden Art generalisierend auf den modernen Menschen zu »projicieren« (um Ausdrücke der von Künzli so oft zu Hilfe gezogenen Jungschen Psychologie zu gebrauchen), bleibt rätselhaft. Was müssen wir von einer Behauptung halten, »daß von Kierkegaard eine gerade Linie bis zu Hitler führt«, und von der »Mahnung« an den modernen Christen, »nach dem ›Kierkegaard‹ in seiner eigenen Seele zu forschen«?[73]

Ob Kierkegaards Christentum echt war oder nicht, liegt nicht im Untersuchungsbereich dieser Arbeit. Es dürfte dies im posthumen, historischen Blickfeld eine ohnehin schwer zu entscheidende Frage sein. Uns interessiert vielmehr Kierkegaard in seiner Beziehung zu Angst und Schuld, insofern sie für ihn nicht nur ein persönliches Problem war, sondern psychologische und theologische Bedeutung erhielt.

Die Betrachtung der Lebensgeschichte Kierkegaards – soweit sie uns besonders aus seinen Tagebüchern bekannt ist – läßt wohl keinen Zweifel darüber aufkommen, daß die persönliche Lebenserfahrung weitgehend zu seiner pessimistischen Welteinstellung beigetragen hat. Die Grundstimmung des großen dänischen Denkers war depressiv. In allen seinen Schriften schwingt dieser Grundton mit, auch dort, wo er von einem Anflug von Ironie oder gar durch heftige Angriffe auf die Gesellschaft übertönt wird. Die Schwermut Kierkegaards, welche ihm bereits von seinem Vater »vorgelebt« wurde, weist jene Züge selbstquälerischen Leidens auf, wie wir sie in der psychotherapeutischen Praxis bei Depressiven so häufig erfahren. Häufig verwirklicht die Depression den emotionalen Ausdruck von Angst und Schuld. Bei kaum einer andern Krankheit liegen diese Grundphänomene so deutlich, so nackt zutage. »Zuinnerst in jedem Menschen wohnt doch die Angst, daß er allein in der Welt sein sollte, vergessen von Gott, übersehen unter den Millionen und Abermillionen des ungeheuren Haushalts. Man hält diese Angst fort dadurch, daß man viele um sich sieht, die einem verbunden sind durch Geschlecht und Freundschaft; aber die Angst ist doch da, trotz allem; man darf kaum daran denken, wie einem zumute sein würde, wenn all dies weggenommen würde.«[74] Nun enthält das qualvollste Erlebnis des Depressiven wohl jenes Gefühl der Einsamkeit, des Allein-mit-sich-selber-Seins in seiner Angst und Schuld. Es ist die grenzenlose Hoffnungslosigkeit, die Gewißheit des Rettungslos-verloren-Seins, welche den Menschen gleich dem Tier »alle viere von sich strecken« läßt, bei diesem jenen »Totstell-Reflex« herbeiführt, der sowohl psychische wie physische Funktionen lahmlegt. Die Depression stellt gewissermaßen ein vorweggenommenes Sterben dar. Und darin wird der »Todeskampf« dem angst- und schuldgepeinigten Leidenden zur unerträglichen Qual: Kierkegaard nennt es die »stille Verzweiflung«. Er spricht von seinem Vater und von sich als von »vielleicht zwei der schwermütigsten Menschen, die seit Menschengedenken gelebt haben«.[75] Kierkegaard beschreibt sich als »zart, dünn und schwächlich, beinahe in jeder Beziehung ohne die körperlichen Bedingungen, die nötig sind, um für einen ganzen Menschen gelten zu können, so wie die andern: schwermütig, seelenkrank, auf mancherlei Weise tief innerlich verunglückt...«. Nach dem Erlebnis des »Erdbebens« schreibt er: »Zerrissen, wie ich in meinem Innern war, ohne alle Aussicht, ein im irdischen Sinne glückliches Leben zu führen, ›daß es mir wohlgehe und ich lange lebe auf Erden‹, ohne jede Hoffnung auf eine glückliche und angenehme Zukunft.«[76]

Für Kierkegaard ist die Schwermut nichts anderes als der Ausdruck tiefer Schuldhaftigkeit, wie er es deutlich in seinem Essay über Nero sagt: »Neros Wesen ist nämlich Schwermut. Heutzutage gilt es für etwas Großes, schwermütig zu sein... ich aber halte mich an die ältere Kirchenlehre, die die Schwermut unter die Todsünden rechnete... Schwermütig ist ein Mensch nicht dadurch, daß er unter Kummer und Sorgen leidet und vielleicht bis zu dem Grade leidet, daß er des Leidens lebenslang nicht mehr ledig wird: das kann sogar wahr und schön sein. Schwermütig wird ein Mensch nicht durch auferlegtes Leiden, nur durch eigene Schuld.«[77] Kierkegaard beruft sich hier offensichtlich auf Thomas von Aquin: »Jene Sünde heißt Todsünde, die das geistige Leben aufhebt. Ihrer Gattung nach ist die tristitia Todsünde.« Die *Tristitia* des Aquinaten und die Schwermut Kierkegaards sind Hoffnungslosigkeit, Resignation, Verzweiflung. Gehört aber die Hoffnung zu den drei theologischen Tugenden, so ist der Mensch im Zustande der Verzweiflung hoffnungslos und damit sündhaft; »ohne Hoffnung ist man kein Christ«. Es gehört zum Wesen des Christentums, »daß es Hoffnung erweckt und stärkt, aber auch fordert«.[78] Verliert der Christ die Hoffnung, dann gibt er sich auf: Sich-selbst-Aufgeben heißt: Gott aufgeben. Kierkegaard und Thomas von Aquin erklären also den Zustand der Schwermut, der Traurigkeit als einen solchen zur Sünde. Worin liegt aber die Schuld bei der *Entstehung* der Depression?

Wir könnten den Depressiven fragen: »Was fehlt Ihnen?« Oder er sagt: »Mir *fehlt* etwas.« Fehlen kann entweder etwas, das wir noch gar nie besaßen oder das aus unserem Besitztum verlorenging. Die depressive Verstimmung zeigt uns an, daß wir etwas tun müßten, zu dem wir uns offenbar noch nicht aufraffen können, oder daß wir uns etwas gönnen sollten, das wir vorläufig noch ablehnen, oder daß wir uns etwas aneignen sollten, gegen das wir uns sträuben. Es treten in der Psychotherapie Depressionen dann auf, wenn sich etwas »Neues« anmeldet. Sie sind Künder neuer Lebensmöglichkeiten, die nur gegen größte Widerstände »geboren« werden können – daher der Vergleich mit den Geburtswehen am Ende der Schwangerschaft. Man könnte sagen, der Depressive geht mit seinen ungelebten Möglichkeiten schwanger; insofern ist er schuldig, und erst die Geburt bringt die Erlösung. Wer aber kann sich erlöster fühlen als jener Mensch, der seine Depression ausgehalten und schließlich gereifter, »wie neu geboren«, daraus hervorgeht?

Welche »psychotherapeutische« Klarheit Kierkegaard bereits besaß, geht vor allem aus der nachfolgenden Schilderung der Depression hervor (die ja auch im Volksmund häufig als »geistige«

Umnachtung gekennzeichnet wird): Es ist etwas Unerklärliches in der Schwermut. Wer Kummer und Sorge hat, weiß, was ihm Kummer und Sorge verursacht. Fragt man den Schwermütigen, was ihn so schwermütig mache, was so schwer auf ihm laste, so wird er antworten: »Das weiß ich nicht, das kann ich nicht sagen.« Das macht den Schwermütigen immer so unendlich schwermütig. Seine Antwort ist übrigens ganz richtig; denn sobald er sich in seiner Schwermut versteht, ist sie gehoben, während der Kummer mit der Erkenntnis seiner Ursache nicht gehoben ist. Aber Schwermut ist Sünde, eigentlich die Sünde instar omnium; denn »Schwermut ist die Sünde, nicht tief und innerlich zu wollen, und das ist die Mutter aller Sünden«.[79]

Schuld und Angst sind bei Kierkegaard innig mit der Sündhaftigkeit des Menschen verbunden, wie auch schon Augustinus Angst und Erbsünde zusammen nannte. »Die Folge oder das Gegenwärtigsein der Erbsünde in dem Einzelnen ist Angst, welche nur quantitativ von der Adams unterschieden ist. Im Stande der Unschuld, und von einem solchen muß ja auch beim späteren Menschen die Rede sein können, muß die Erbsünde die dialektische Zweideutigkeit haben, aus welcher die Schuld hervorbricht im qualitativen Sprung. Dahingegen wird in einem späteren Individuum die Angst reflektierter sein können als in Adam, weil der quantitative Zuwachs, den das Geschlecht hinter sich bringt, sich nun in ihm geltend macht. Angst wird hier jedoch ebensowenig wie je eine dem Menschen anhaftende Unvollkommenheit, und man muß im Gegenteil sagen, je ursprünglicher ein Mensch ist, desto tiefer die Angst, weil diejenige Voraussetzung der Sündhaftigkeit, welche sein individuelles Leben zur Grundlage hat, sintemal er ja in die Geschichte des Geschlechts eintritt, angeeignet werden muß. Insofern hat die Sündigkeit eine größere Macht erhalten, und die Erbsünde ist im Wachsen. Daß es Menschen gibt, die überhaupt keine Angst spüren, muß man ebenso verstehen, wie daß Adam keine empfunden hätte, falls er bloß Tier gewesen wäre«.[80]

Kierkegaard spricht nicht lediglich von Schuld, sondern von Sünde, wobei sein Sündenbegriff sich indessen nicht mehr mit dem ursprünglichen Begriff der Erbsünde oder der Sünde schlechthin deckt. Es geht bei ihm um die Antithese von Sinnlichkeit und Geist. Bei Nero findet Kierkegaard dies bestätigt: »Immer will der Geist durchbrechen, und nie kommt er zum Durchbruch. Um die höhere Existenz, nach der er verlangt, wird er immer wieder betrogen und abgefunden mit einem Genuß, der ihn wohl aufregt, aber nicht befriedigt. Da zieht sich der Geist in ihm wie eine düstere Wolke zusammen, sein Zorn lastet auf Neros Seele und erzeugt eine Angst, die auch im Augenblick des Genusses nicht weicht«.[81]

Besonders zwei Schriften Kierkegaards sind für unsere psychotherapeutischen Erkenntnisse von grundlegender Bedeutung geworden, nämlich »Der Begriff Angst« (1844) und die »Krankheit zum Tode« (1849). In beiden Büchern kommt die dialektische Auseinandersetzung zwischen Geist und leibseelischer Struktur des Menschseins zum Ausdruck, wobei Kierkegaard seine eigene persönliche Lebensproblematik zum Ausgangspunkt der wissenschaftlichen Betrachtungen macht. Die Krankheit zum Tode nennt Kierkegaard die Verzweiflung, Verzweiflung aber »ist eine Krankheit im Geist, im Selbst«; das Selbst wird zur Grundlage von Kierkegaards christlichem Existentialismus und in dialektischer Schärfe auf sein dreifaches Verhältnis hin untersucht: zu Gott – zur Welt – und zu sich selbst. In den verschiedenen Formen der Verzweiflung durchlebt das menschliche Selbst sein Mißverhältnis zu Gott und zu sich selbst. »So ist denn Verzweiflung, diese Krankheit im Selbst, die Krankheit zum Tode. Der Verzweifelte ist todkrank. Es sind in ganz anderem Sinne, als es sonst von einer Krankheit gilt, die edelsten Teile, welche die Krankheit angegriffen hat, und dennoch kann er nicht sterben. Der Tod ist nicht das Letzte der Krankheit, aber der Tod ist immerfort das Letzte. Von dieser Krankheit durch den Tod befreit zu werden ist eine Unmöglichkeit, denn die Krankheit und ihre Qual – und der Tod ist eben, daß man nicht sterben kann.«[82] Nun ist aber die Verzweiflung Sünde, »vor Gott verzweifelt nicht man selbst sein wollen, oder vor Gott verzweifelt man selbst sein wollen«[83], also sowohl die »potenzierte Schwachheit« als auch der »potenzierte Trotz«. Der Gegensatz zur Sünde bildet keineswegs die »Tugend«, was eine zum Teil »heidnische Betrachtung« wäre, »welche sich an einem bloß menschlichen Maßstabe genügen läßt, welche eben nicht weiß, was Sünde ist, daß nämlich alle Sünde vor Gott ist. Nein, der Gegensatz zu Sünde ist Glaube... Und dies ist eine der für das ganze Christentum entscheidendsten Bestimmungen, daß der Gegensatz zu Sünde nicht Tugend ist, sondern Glaube«. Glaube ist: »daß das Selbst, indes es selbst ist und es selbst sein will, durchsichtig sich gründet in Gott«. Wohl an seine eigene strenge Erziehung dachte Kierkegaard, als er es für »durchaus gewiß« ansah, »daß oftmals ein Mensch, eben vermöge der strengen Erziehung im Christentum, die er erfahren hat, in bestimmtem Sinne in Sünde gestürzt worden ist, weil die ganz christliche Anschauung ihm zu ernsthaft gewesen ist, besonders in einem früheren Abschnitt seines Lebens...«[84] Das mag eine Anspielung auf die pietistische »Bauernreligiosität« seines schwermütigen Vaters sein, in der er selbst erzogen wurde. Eine Hauptforderung dieser pietistischen »Weltanschauung« war die Verleugnung alles Weltlichen, Sinnlichen, die »Abtötung des Fleisches«. Die väterliche Erziehung ließ dem jungen Sören die Welt als etwas schlechthin Böses erscheinen; »alles Sinnliche, Weltliche, Frohe, Unbedeutend-Alltägliche, Farbige, alles, was ein Kinderherz erfreut und ihm eine Welt bedeutet, wurde als Verbotenes und zu Überwindendes hingestellt. Die kindliche Seele des jungen Sören wurde in einen pietistischen Moralkodex hineingezwängt, in dem sie ersticken mußte. Und obschon sein Vater der einzige Mensch war, von dem er behauptete, ihn geliebt zu haben, sind Kierkegaards Tagebücher voll von Verzweiflungsschreien über diese düstere Erziehung, in der er von einem Greisen zu einem Greisen ›erzogen‹ wurde«.[85] Allerdings hat Kierkegaard oft auch im positiven Sinne über die strenge Erziehung im Christentum (die er selbst durch seinen Vater erfahren hat) gesprochen.

Dieser Vater war zur Zeit der Geburt seines jüngsten und Lieblingssohnes bereits 56 Jahre alt. Die 45jährige Mutter – die zweite Frau des Vaters – war früher in der Kierkegaardschen Familie Haushälterin gewesen und erwartete kurz nach dem Tode der ersten Frau von Kierkegaards Vater das erste von sieben Kindern: eine Todsünde, die ihr offenbar weder vom Vater noch vom Sohn je verziehen wurde. Sie starb, als Kierkegaard 21 Jahre alt war, und wurde von ihm in seinen Schriften nie direkt erwähnt. Zweifellos war seine Mutterbeziehung in einer Weise gestört, wie wir sie bei Neurotikern häufig vorfinden. Kierkegaards Vater litt an religiösen Zwangsgrübeleien und Schwermut. Er wurde von Sündenangst gepeinigt, die er in endlosen Diskussionen auch seinem Sohne Sören mitteilte. »Der Vater fühlte sich dafür verantwortlich, durch seine Sünden über seine ganze Familie einen Fluch gebracht zu haben...«[86] Christentum war für ihn Leiden und nur Leiden. Für einen Menschen, dem alles Sinnenfällige, Weltliche, Diesseitige, Gefühlhafte, Ungeistige Sünde war, konnte das Leben nur eine qualvolle Last sein; um ihm einen Sinn zu verleihen, mußte es zur Nachfolge Christi werden. In diesem Leiden hatte allerdings die Liebe keinen Platz. »Als Kind wurde ich streng und ernstlich im Christentum erzogen« – schreibt Kierkegaard – »menschlich geredet, unsinnig erzogen. Schon in der frühesten Kindheit hatte ich mich an Eindrücken verhoben, unter denen der schwermütige Greis, der sie auf mich gelegt hatte, selbst zusammenbrach. Ein Kind, das unsinnigerweise dazu aufgestutzt worden war, ein schwermütiger Greis zu sein, fürchterlich! Was Wunder da, daß mir das Christentum zu Zeiten wie die unmenschlichste Grausamkeit vorkam?«[87] Noch weniger verwunderlich erscheint nun nach diesem Wissen um Kierkegaards persönliche Entwicklung, daß ein Mensch, der in solch totaler Verneinung alles Sinnlichen heranwuchs, von Angst und Schwermut überflutet zu werden drohte. Das Versagen in seiner persönlichen Lebensführung und beruflichen Laufbahn, aber auch im menschlichen Bezugsgehalt der Liebe (wie es deutlich in seinem neurotischen Verhältnis zu Regine Olsen offenbar wurde), die sexuelle Impotenz und der Kampf gegen seine Mitbürger sind nichts anderes als »Symptome« einer wesentliche Seinsmöglichkeiten ausklammernden »Un«-Menschlichkeit. Das Sexuelle wurde als etwas Tierisches, Primitives, Geistloses verhöhnt, die Frau wurde »Mutterschwein«, der Mann zum »zeugungsfähigen Zuchtkerl« oder als Ehemann zum »vereidigten Gestütmeister« degradiert. Durch die Sünde Adams wurde die Sinnlichkeit zur Sündhaftigkeit. »Nachdem die Sünde in die Welt gekommen ist, und jedesmal, wenn die Sünde in die Welt kommt, wird Sinnlichkeit zu Sündigkeit; aber das, was sie wird, ist sie nicht von vornherein gewesen.«[88] Oder an anderer Stelle: »Die Sündhaftigkeit ist also nicht Sinnlichkeit, keinerwege, aber ohne Sünde keine Geschlechtlichkeit.«[89] Diese Ansicht Kierkegaards, die Verbindung von Sünde und Sexualität, ist an sich nichts Neues. Kaum ein menschlicher Vollzugsbereich wird in solchem Maße mit dem Tabu der Sünde belegt wie jener der Geschlechtlichkeit. »Man stützt sich dabei auf die Geschichte vom Sündenfall und übersieht geflissentlich, daß gar nicht die Sexualität, sondern das verbotene Essen vom Baum der Erkenntnis, und d. h. die Gott sein wollende Selbstherrlichkeit, die Ur-Sünde ist.«[90]

Freud hat, später vom naturwissenschaftlichen Denken herkommend, die nahen Beziehungen zwischen der Sexualität und der Angstneurose aufgewiesen. Alles Verdrängte, Unterdrückte bildet eine ständige Gefahr, deshalb gerät auch der Intellekt in die Angst vor ihr, sobald er seine Machtposition gegenüber dem Gefühlshaften, Triebmäßigen bezogen hat. Denn die Verdrängung an sich bedeutet schon Schuld, Sünde wider den Schöpfer, der dem Menschen auch jene »verdrängten« Gefühle als vollwertige Lebensmöglichkeiten mitgab.

Angst entsteht dort, wo der Mensch sich bedr-äng-t fühlt, wo er in die Eng-e (angustiae) getrieben wird, unter Zw-ang steht. »Daß wir in die Angst kommen« – sagt Neumann, der eine Synthese zwischen Kierkegaard und der Individualpsychologie Adlers anstrebt – »ist mit unserem Menschsein, mit unserem Dasein in der Welt gegeben und wird mit dem jeweiligen Transzendierenden der Situation in das uns fordernde Neue überwunden... Bleibt aber einer in der Situation stecken, löst er die ihn fordernde Aufgabe nicht oder löst er sie inadäquat, d. h. weder der äußeren Situation noch seinem Wesen angepaßt, wird aus dem Nicht-Lösen oder Fehllösen einer äußeren oder inneren Situation ein Dauerzustand, so entsteht eine innere Verfassung, die wir mit Kierkegaard Verzweiflung nennen«.[91] Kierkegaard unterscheidet die Angst von der Furcht. Jene vergleicht er mit dem Schwindel. »Wessen Auge veranlaßt wird, in eine gähnende Tiefe hinunterzuschauen, der wird schwindlig.« Kierkegaards Angst ist eine solche vor jenem Abgrund, vor dem Nichts, in dessen Tiefe aber die Sünde lauert. »Gegenwärtige Schrift hat sich die Aufgabe gesetzt, den Begriff ›Angst‹ psychologisch derart abzuhandeln, daß sie das Dogma von der Erbsünde im Sinne und vor Augen hat. Insofern bekommt sie es denn also auch, wiewohl stillschweigend, mit dem Begriff der Sünde zu tun«, sagt der Däne in seiner Einleitung zum »Begriff Angst«. Angst bildet die Voraussetzung der Erbsünde, sie ist aber selbst zugleich die im Einzelnen je sich wiederholende Erbsünde.

Es fällt nicht ganz leicht, Kierkegaards Denken im Hinblick auf Angst und Sünde nachzuvollziehen. Er scheint sich auch zu widersprechen, beispielsweise in der Antithese: ohne Sünde keine Geschlechtlichkeit – dennoch soll die Sinnlichkeit an sich nicht sündhaft sein. Gerade letzteres hat Kierkegaard immer wieder hervorgehoben: »Das Geschlechtliche als solches ist nicht das

Sündige.« ... »Die Sinnlichkeit ist nicht Sündigkeit.«[92] Das Geschlechtliche oder Sinnliche wurde erst durch die Sünde Adams sündhaft und wird in jedem Menschen wieder sündhaft zufolge der Wiederholung jener Sünde. Durch sie offenbarte sich im Erotischen das Triebhafte, dem der Geist fremd gegenübersteht. So ist die Angst »zugegen in allem erotischen Genießen, nicht weil dieses sündig wäre, keinerwege, und deshalb hülfe es auch nicht, wenn der Pastor das Paar zehnmal einsegnete«.[93] »Aber weshalb diese Angst? Weil der Geist auf dem Gipfelpunkt des Erotischen nicht mehr dabei sein kann.« Hier dokumentiert Kierkegaard, daß er im Grunde das Sinnliche doch als schuldhaft-sündig betrachtet, denn überall dort, wo der Mensch sein Selbst-Sein nicht verwirklicht, wird er schuldig. Nach Kierkegaards Auffassung ist der Mensch Geist[94] und dieser das Selbst. Wie könnte nun ein Mensch im Geschlechtsakt sein Selbst verwirklichen, wenn der Geist dabei »fremd« beiseite steht? Zwar macht der Däne aus der Not eine Tugend, indem er schreibt, die Angst brauche dabei nicht störend zu sein, sondern »einwohnendes Moment«[95]; wenn »das Erotische rein und unschuldig und schön ist, so ist diese Angst freundlich und milde...« Die Frage bleibt indessen unbeantwortet, wann das Erotische »rein und unschuldig und schön ist«, beziehungsweise nicht ist. Dies könnte nach christlicher Auffassung in der Ehe der Fall sein. Aber auch hier zeigt sich die Scham, denn »es ist eine große Albernheit, anzunehmen, daß die kirchliche Trauung oder daß die Treue, mit welcher sich der Mann allein an sein eheliches Weib hält, genüge«. Und kann denn Angst überhaupt »freundlich und milde« sein?

Viel deutlicher und klarer bleibt Kierkegaard beim Begriff der Sünde. Darin wird offenbar, welche »Angst-Besetzung« dieser Begriff für ihn hat. Und wie um eine bekannte psychologische Erfahrung aufzuweisen, steht »als Maximum... das Entsetzliche da, daß Angst vor der Sünde die Sünde hervorbringt«.

Durch die Schuld wird »das Nichts, welches der Gegenstand der Angst ist, gleichsam mehr und mehr zu einem Etwas«.[96] Das Nichts im Kierkegaardschen Sinne entspricht nicht dem später von Heidegger aufgezeigten »Nichts«. Es ist bei Kierkegaard nicht das Nichts als solches, das in der Angst das Sein bedrängt, sondern ein unbekanntes Etwas. »Gleich wie der Arzt wohl sagen muß, es lebe vielleicht kein einziger Mensch, der ganz gesund sei, ebenso müßte man, wo man den Menschen recht kennte, sagen, es lebe da kein einziger Mensch, ohne daß er denn doch ein bißchen verzweifelt sei, ohne daß da doch tief im Innersten eine Unruhe wohne, ein Unglück, eine Disharmonie, eine Angst vor einem unbekannten Etwas oder vor einem Etwas, mit dem er nicht einmal sich getraut, Bekanntschaften zu stiften, eine Angst vor der Daseinsmöglichkeit oder eine Angst vor sich selber...«[97]

Dieses »Etwas« erweist sich in Kierkegaards Denken als zweierlei: es ist die Polarität von Gut und Böse und ineins auch beides: das Böse sowohl als das Gute. In der »Angst vor dem Bösen« wird nochmals die Angst des Menschen vor der Sünde, das Böse zu begehen und damit eine »unberechtigte Wirklichkeit« zu setzen, der Reue gegenübergestellt. Wandruszka bemerkt, das Nichts könne weder ängstigen noch etwas Schreckliches haben. »Das Nichts kann nur dann ängstigen, wenn in seinem tiefsten Grunde ein Etwas, ein Schreckliches, ein Böses wartet.« Das Nichts sei »angsterregend, nicht weil es das Nichts ist, sondern weil in ihm das Schreiten des Gerichts widerhallt... Zwischen der Angst und dem Nichts liegen Lust und Leid. Alle Angst zittert um ein bonum, vor einem malum, um ein Gut: die Lust, die Freude, das liebe Leben; vor einem Bösen: dem Leid, dem Schmerz, der Qual des Lebens...«.[98] Nun hat aber gerade Kierkegaard, dem so oft nur reiner Pessimismus, Hoffnungslosigkeit vorgeworfen wird, am Beispiel der Angst vor dem Bösen jene Möglichkeit aufgezeigt, die Angst zu »entwaffnen«. »Das Einzige, das in Wahrheit den Sophismus der Angst entwaffnen kann, ist Glaube, Mut, zu glauben, daß der Zustand selber eine neue Sünde ist, Mut, der Angst zu entsagen sonder Angst, und dies vermag allein der Glaube, ohne daß er deshalb die Angst zunichte machte, sondern, selber ewig jung, entwindet er sich fort und fort dem Todesaugenblick der Angst. Dies vermag allein der Glaube; denn allein im Glauben ist die Synthesis auf ewig und in jedem Augenblick möglich.«[99] Wandruszkas Annahme, Angst sei »letztlich immer Angst vor dem Bösen«, mag insofern richtig sein, als es sich beim Bösen um etwas Unlust-Betontes handelt. Damit ist aber das Böse nicht erschöpfend charakterisiert, kann es doch durchaus auch *lustbringend* sein. So konnte denn Kierkegaard – in Vorausahnung späterer psychotherapeutischer Erfahrungen – nachweisen, daß es auch eine Angst vor dem Guten gibt. Das Gute hebt an sich Sünden und Angst auf. In der »dämonischen« Situation

Kierkegaards bleibt der Mensch im Bösen verhaftet und ängstigt sich vor dem Guten. »Die Sündenknechtschaft ist ein unfreies Verhältnis zum Bösen, aber das Dämonische ist ein unfreies Verhältnis zum Guten«. Diese dämonische Angst vor dem Guten ist uns heute verständlich, wenn wir an die Angst des Neurotikers denken, von seinem Leiden zu lassen, von einem Leiden, das zwar Selbstverfehlung, also Schuld, bedeutet, andererseits dem Menschen aber den berühmten »sekundären Lustgewinn« bringt. Heilung impliziert für den Neurotiker Übernahme von Verantwortung, Aneignung bisher übersehener oder verschmähter Lebensmöglichkeiten. Es ist diese »dämonische« Angst, die ihn vor einer psycho-therapeutischen Analyse zurückschrecken läßt, die in ihm Widerstände erzeugt und nach Ausweichmöglichkeiten suchen läßt. Das Dämonische meint Verschlossenheit, das Sich-jeder-Bewegung-Widersetzende. Denn bedeutet nicht Begegnung Offensein? Verschlossenheit ist Unfreiheit. »Wenn nun die Freiheit die Verschlossenheit berührt, so wird dieser angst.«[100] Denn »in der Sprache liegt nämlich die Kommunikation«. Ein verstockter Verbrecher zum Beispiel sträubt sich gegen das Geständnis, indem er sich weigert, durch Annahme der Strafe mit dem Guten zu kommunizieren. So verhält es sich im Grunde oft mit der Verdrängung beim Neurotiker. Auch sie ist eine Geständnis-Verweigerung. Ist es ein Zufall, daß Kierkegaard für »verstockte Leugner« ein Verfahren des Schweigens empfiehlt, das ein halbes Jahrhundert später Freud auch dem Analytiker als Grundhaltung nahelegt? »Kein Mensch, der ein böses Gewissen hat, vermag Schweigen auszuhalten«[101], ob dieses nun vom Inquisitor dem Verbrecher gegenüber angewandt oder vom Psychotherapeuten den »Dämonen« seines Patienten offeriert wird! Desgleichen könnte Kierkegaard als ein Vorläufer der Psychotherapie gelten, wenn er darauf hinweist, daß solche verdrängten und verstockten Dämonen sich nicht mit Mitleid, der »elendsten von allen gesellschaftlichen Kunstfertigkeiten und Gewandtheiten«, aus dem Busch klopfen lassen. »Das Mitleid ist so weit davon, dem Leidenden zum Guten zu dienen, daß man mit ihm eher seinen Egoismus umfriedet.«[102] Im Mitleid, sagt Kierkegaard, zeige der Mensch nicht echtes Mitgefühl, sondern lediglich die Besorgnis »um seine eigene Sache«. Das Dämonische ist auch das Inhaltleere, das Langweilige – im Wesentlichen: Verlust der Freiheit. Dieser Freiheitsverlust kann somatisch-psychisch sein

(»überspannte Reizbarkeit«, »Hysterie, Hypochondrie«) oder pneumatisch (geistig). Freiheit bedeutet Wahrheit, Verschlossenheit aber Lüge. Unglaube und Aberglaube, Heuchelei, Ärgernis, Stolz und Feigheit gehören hierher. Kierkegaard selbst war nicht fähig, seine theoretischen Überlegungen im eigenen Leben zu realisieren. Dies darf ihm indessen kaum zum Vorwurf gemacht werden, brauchte es doch ein Jahrhundert, um seine – für die damalige Zeit revolutionären – Ideen jener Wissenschaft zu integrieren, die erstmals durch Sigmund Freud – ebenfalls in scharfer Antithese zu seiner Zeit – begründet wurde.

4. Psychoanalytische Erklärungsversuche der Angst

S. Freud hat dem Studium der Angst beim neurotischen Menschen unter anderem zwei Vorlesungen gewidmet, deren zweite sich besonders mit den Beziehungen zwischen der Angst und dem Triebleben befaßt. Er unterscheidet zunächst die Realangst von der neurotischen Angst. Die Realangst stellt eine Reaktion auf die Wahrnehmung einer äußeren Gefahr dar, sie ist Manifestation des Selbsterhaltungstriebes und mit dem Fluchtreflex verbunden. Zur Angstsituation gehört die Bereitschaft auf die Gefahr hin. Diese Erwartungsbereitschaft ist ein Schutzmechanismus gegen die Bedrohung. Fällt die Angstbereitschaft weg, dann erzeugt die auftretende Gefahr das Symptom des Erschreckens. So könnte man sagen, »der Mensch schütze sich durch die Angst vor dem Schreck«.

Die neurotische Angst, meint Freud, sei auf das ursprüngliche Erlebnis des *Geburtsaktes*[103] zurückzuführen, das in doppelter Hinsicht angsterzeugend sei: einmal zufolge der physiologischen Körpersensationen auf toxischer Grundlage, und zweitens psychologisch durch die Trennung von der Mutter. Der Geburtsakt realisiert nicht nur die (ursprüngliche) Quelle, sondern auch das Vorbild aller späteren Angstaffekte. Freud vertritt mit Nachdruck die Überzeugung, »die Disposition zur Wiederholung des ersten Angstzustandes sei durch die Reihe unzählbarer Generationen dem Organismus so gründlich einverleibt, daß ein einzelnes Individuum dem Angsteffekt nicht entgehen kann, auch wenn es wie der sagenhafte Macduff ›aus seiner Mutter Leib geschnitten wurde‹, den Geburtsakt also nicht erfahren hat«.

Wenn Freud allerdings in der Folge versucht, diese Theorie des Geburtsvorganges als Angst-Vorbild zu beweisen oder wenigstens plausibel zu machen, dann greift er mit der »Anleihe« beim »naiven Denken des Volkes« freilich zu kurz. Es mag lehrreich sein, uns diese Erörterung vor Augen zu führen: Freud schreibt: »Es wird Sie vielleicht interessieren, zu hören, wie man auf eine solche Idee kommen kann, wie daß der Geburtsakt die Quelle und das Vorbild des Angstaffektes ist. Die Spekulation hat den geringsten Anteil daran; ich habe vielmehr bei dem naiven Denken des Volkes eine Anleihe gemacht. Als wir vor langen Jahren als junge Spitalärzte um den Mittagstisch im Wirtshause saßen, erzählte ein Assistent der geburtshilflichen Klinik, was für eine lustige Geschichte sich bei der letzten Hebammenprüfung zugetragen. Eine Kandidatin wurde gefragt, was es bedeute, wenn sich bei der Geburt Mekonium (Kindspech, Exkremente) im abgehenden Wasser zeigen, und sie antwortete prompt: Daß das Kind Angst habe. Sie wurde ausgelacht und war durchgefallen. Aber ich nahm im stillen ihre Partei und begann zu ahnen, daß das arme Weib aus dem Volke unbeirrten Sinnes einen wichtigen Zusammenhang bloßgelegt hatte.«[104]

Dieser Abschnitt bildet Freuds ursprüngliche Begründung seiner Angst-These. Ist es mehr als eine bloße Spekulation? Sicher kann das Ausstoßen von Exkrementen mit Angst in Zusammenhang stehen (worauf der volkstümliche Ausdruck »Schiß haben« anspielt). Ebenso mag der Vorgang der Geburt, insofern er ein Ausgestoßenwerden aus der paradiesischen Geborgenheit des Mutterleibes darstellt, wie oft auch spätere »Wiedergeburten« im Leben des Menschen, ein angsterzeugendes Geschehnis sein, doch *wissen* wir es einfach nicht vom Neugeborenen. Wir können es lediglich vom »psychischen« Geburtserlebnis des Erwachsenen her *ableiten,* daß die Geburt für das Kind selbst ein angsterzeugendes Ereignis sei! Noch weniger berechtigt uns die Annahme einer »Geburtsangst« beim Erwachsenen, von einer »Wiederholung« der Angst des (physiologischen) Geburtsvorganges zu sprechen. Denn Neugeburt beim Erwachsenen ist erst möglich durch dessen Tod (im psychologisch richtig verstandenen Sinn). Davor aber, vor dem Tod, fürchtet sich der Mensch!

Ist Freud in seinen theoretischen Erörterungen und Beweisführungen oft unzulänglich, so sind seine praktischen Beschreibungen von starker Prägnanz. Von der neurotischen Erwartungsangst, die er als »Angstneurose« bezeichnet, unterscheidet er die sogenannten »Phobien«, die »an gewisse Objekte oder Situationen geknüpft« sind und in drei Gruppen zerfallen: erstens jene Phobien, bei denen die gefürchteten Objekte auch für den Normalen etwas Unheimliches haben (z. B. die Furcht vor Schlangen); zweitens jene Fälle, bei denen noch eine Beziehung zur Gefahr besteht, an die wir normalerweise gewöhnt sind (z. B. die Angst in der Eisenbahn) und drittens jene Gruppe, »denen unser Verständnis überhaupt nicht mehr nachkommt«. Zu diesen Phobien zählt Freud agoraphobe Zustände und Tierphobien, wobei bei letzteren gerade die Harmlosigkeit der gefürchteten Tiere pathognomisch ist (beispielsweise Katzen oder Mäuse). »Bei den hierher gehörigen Tierphobien kann es sich nicht um die Steigerung allgemein menschlicher *Antipathien* handeln, denn es gibt wie zur Demonstration des Gegenstzes zahlreiche Menschen, die an keiner Katze vorbeigehen können, ohne sie zu locken und zu streicheln. Die von den Frauen so gefürchtete Maus ist gleichzeitig ein Zärtlichkeitsname erster Ordnung; manches Mädchen, das sich mit Befriedigung von seinem Geliebten so nennen hört, schreit doch entsetzt auf, wenn es das niedliche Tierchen dieses Namens erblickt«.[105]

Freud gelangt nun zu der erstaunlichen Feststellung, daß beide Formen der Angst, sowohl die frei flottierende Erwartungsangst als auch die als Phobien auftretende, voneinander vollständig unabhängig seien; ja, sie kämen auch »nur ausnahmsweise und dann wie zufällig miteinander vor«. Die Phobien rechnet er zur Angsthysterie.

Gewisse Formen neurotischer Angst stellen »uns vor das Rätsel, daß wir den Zusammenhang zwischen Angst und drohender Gefahr völlig aus den Augen verlieren. Von einer Gefahr oder einem Anlaß, der durch Übertreibung dazu erhoben werden könnte, ist dann weit und breit keine Rede«.[106] Diese Angst trete dann auf, wenn »heftige sexuelle Erregungen keine genügende Abfuhr erfahren«; sie sei die Folge von Impotenzerscheinungen oder Coitus interruptus, m. a. W. Libido-Ersatz.

Um die Genese der Angst als Libido-Ersatz und als Wiederholung des Geburtsaktes verständlich zu machen, greift Freud auf die Ängstlichkeit der Kinder zurück. Bei diesen fällt es schwer, zwischen Realangst und neurotischer Angst zu unterscheiden. Das Kind fürchtet sich vor dem Fremden, Unbekannten; nun folgert jedoch Freud, daß nicht das Unbekannte an sich angsterzeugend wirke, sondern das Vermissen des Bekannten, nämlich der Mutter, die dem Kinde vertraut, an die es libidinös gebunden ist. »Vor fremden Personen ängstigt sich das Kind aber nicht etwa darum, weil es ihnen böse Absichten zutraut und seine Schwäche mit deren Stärke vergleicht, sie als die Gefahren für seine Existenz, Sicherheit und Schmerzfreiheit agnosziert... Sondern das Kind erschreckt vor der fremden Gestalt, weil es auf den Anblick der vertrauten und geliebten Person, im Grunde der Mutter, eingestellt ist. Es ist seine Enttäuschung und Sehnsucht, welche sich in Angst umsetzt, also unverwendbar gewordene Libido, die derzeit nicht in Schwebe gehalten werden kann, sondern als Angst abgeführt wird. Es kann auch kaum zufällig sein, daß in dieser für die kindliche Angst vorbildlichen Situation die Bedingung des ersten Angstzustandes während des Geburtsaktes, nämlich die Trennung von der Mutter, wiederholt wird.«[107] So entspricht also die infantile Angst der neurotischen Angst der Erwachsenen und entsteht aus unverwendeter Libido, wobei das vermißte Liebesobjekt durch einen Gegenstand der Außenwelt oder eine Situation ersetzt wird.

Freud selbst war aber von seiner Theorie der Angstgenese nicht befriedigt. Er revidierte in späteren Jahren seine Ansicht dahin, daß Angst nicht aus der Verdrängung heraus entstehe, sondern umgekehrt die Verdrängung bewirke. Nur das Ich hat Angst, niemals das Es oder gar das Über-Ich. Als Angst des Ich vor dem Über-Ich bezeichnet er die Gewissensangst. Die Angst vor dem Es entspricht der sogenannten Kastrationsangst des Kindes; d. h. die Angst vor der Strafe (Kastration) des ödipal an seine Mutter gebundenen Knaben. Jetzt bildet die Angst nicht mehr, wie Freud früher annahm, einen Libido-Ersatz; nicht die Libido selbst wird in Angst verwandelt, sondern die letztere habe ihre zweifache Wurzel, einmal als direkte Folge des traumatischen Momentes, das andere Mal als Signal, daß die Wiederholung eines solchen drohe. Als traumatisches Element bezeichnet Freud »einen solchen Zustand, an dem die Bemühungen des Lustprinzips scheitern«, so daß er zum Schluß gelangt, das Gefürchtete oder der Gegenstand der Angst sei jedesmal das Auftreten eines traumatischen Momentes, das nicht nach der Norm des *Lustprinzips* erledigt werden könne.

Um dies zu verstehen, müssen wir uns vergegenwärtigen, was

Freud unter dem *Lustprinzip* versteht. Es ist ein Ausdruck, der in seinen Schriften immer wieder vorkommt und dem er in der Neurosenlehre große Bedeutung zumißt. Die Neurose besteht u. a. auch in der Diskrepanz der beiden Prinzipien, nämlich des Lust-Unlust-Prinzips auf der einen und des Realitätsprinzips auf der andern Seite. Die unbewußten seelischen Vorgänge, sagt Freud[108], streben danach, Lust zu gewinnen. Unlust wird verdrängt. Das Ich vollzieht im Laufe der Entwicklung eine Umwandlung vom Lust-Ich zum Real-Ich, die zugleich einen Bedeutungszuwachs der Bewußtseinsakte in sich schließt. Nun ist es Aufgabe der psychoanalytischen Arbeit, »den Kranken zum Verzicht auf einen naheliegenden und unmittelbaren Lustgewinn zu bewegen«. Der Patient »soll unter der ärztlichen Leitung jenen Fortschritt vom Lustprinzip zum Realitätsprinzip erzielen, durch welchen sich der reife Mann vom Kinde scheidet«.[109] Die freiwillige Versagung wird nur möglich im Schutze der vom Arzte gespendeten Liebe. Ist der Kranke trotzdem nicht bereit, diesen »vorläufigen Verzicht« zu leisten, dann bietet er der weiteren Reifung einen fast unüberbrückbaren Widerstand.

Diese Vereinfachung des menschlichen Seelenlebens auf die Formel des Lust- und Realitätsprinzips fand indessen Freud selbst unzulänglich. Er bezeichnet es als »das dunkelste und unzulänglichste Gebiet des Seelenlebens« und weist einige Verhaltensweisen des Menschen auf, die sich nicht auf das Lustprinzip reduzieren lassen. Er erklärt sie zum Teil aus dem Wiederholungszwang, der ihn »zuerst zur Aufspürung des Todestriebes führte«.[110] Damit, sagt Freud, sei er »unversehens in den Hafen der Philosophie Schopenhauers eingelaufen«, für den der Tod »das eigentliche Resultat« und »insofern der Zweck des Lebens ist, der Sexualtrieb aber die Verkörperung des Willens zum Leben«. Es bleibt jedoch erwähnenswert, daß Freud die unmittelbare Verbindung des Todestriebes zur Angst nicht herstellte. Indirekt mußte eine solche angenommen werden, wenn er davon ausging, daß die Todestriebe unabhängig vom Lustprinzip wirksam seien und andererseits die Angst ebenfalls nicht nach dessen Herrschaft erledigt werden kann. Zum Begriff des zum Antagonisten des Eros werdenden Todestriebes gelangt Freud auf Grund des Schlusses, daß die Triebe danach trachten, »ein altes Ziel auf alten und neuen Wegen zu erreichen«, ein Endziel, das »ein alter, ein Ausgangszustand sein« muß, »den das Lebende einmal verlassen hat und zu dem es über alle Umwege zurückstrebt. Wenn wir es als ausnahmslose Erfahrung annehmen dürfen, daß alles Leben aus inneren Gründen stirbt, ins Anorganische zurückstrebt, so können wir nun sagen: Das Ziel alles Lebens ist der Tod, und zurückgreifend: Das Leblose war früher da als das Lebende.«[111]

Falls wir erwarten, Freud sei durch sein Eingeständnis, das Ziel alles Lebens sei der Tod, zu einer neuen Bestimmung der Angst gelangt, so werden wir enttäuscht. Zunächst muß er sich mit der Tatsache auseinandersetzen, daß die neurotische Angst keineswegs Todesangst ist. »Im Unbewußten ist nichts vorhanden, was unserem Begriff der Lebensvernichtung Inhalt geben kann«[112], und die Todesangst gibt der Psychoanalyse »ein schweres Problem auf, denn Tod ist ein abstrakter Begriff von negativem Inhalt, für den eine unbewußte Entsprechung nicht zu finden ist«.[113] Hingegen faßt Freud die Todesangst als ein »Analogon der Kastrationsangst« auf und vermutet, »daß die Situation, auf welche das Ich reagiert, das Verlassensein vom schützenden Über-Ich – den Schicksalsmächten – ist, womit die Sicherung gegen alle Gefahren ein Ende hat«. Während Freud bei der Kastrationsangst von Objektverlust spricht, »vorstellbar durch die tägliche Erfahrung der Trennung vom Darminhalt und durch den bei der Entwöhnung erlebten Verlust der mütterlichen Brust«[114], redet er nun von Verlassensein und von Schicksalsmächten.

Wenn Freud in seinem für die Psychologie der Angst grundlegenden Werk »Hemmung, Symptom und Angst« gewisse frühere Ansichten revidiert, dann versteht er selbst dies nicht etwa als Korrektur, sondern bezeichnet erstere als phänomenologische Beschreibungen im Gegensatz zur metapsychologischen Darstellung. In dieser Schrift mißt er übrigens dem »Geburtsakt« als Vorbild der Urangst weniger Bedeutung bei und hält es »für unberechtigt, anzunehmen, daß bei jedem Angstausbruch etwas im Seelenleben vor sich geht, was einer Reproduktion der Geburtssituation gleichkommt«.[115] Er bestreitet die Richtigkeit der Ansicht Ranks[116], wonach die frühesten Phobien des Kindes Beziehungen zum Geburtsvorgang aufweisen und sieht im »Vermissen der Mutter« die Gefahr, »bei deren Eintritt der Säugling das Angstsignal gibt«. Loch erwähnt, daß es schon beim Foetus Reizspannungen gibt, die Angst auslösen[117], und Bach beschrieb »das sogenannte praegenitale Erleben und seine Bedeutung bei der

Behandlung einer Angstkranken«.[118] Der Säugling – der erst um den achten Monat hin eine gewisse Angstbereitschaft erkennen läßt – ist an die Mutter als Erfüllerin seiner Bedürfnisse gewöhnt. Sie, »die zuerst alle Bedürfnisse des Fötus durch die Einrichtungen ihres Leibes beschwichtigt hatte«, setzt »dieselbe Funktion zum Teil mit anderen Mitteln auch nach der Geburt fort; Intrauterinleben und erste Kindheit sind weit mehr ein Kontinuum, als uns die auffällige Zäsur des Geburtsaktes glauben läßt. Das psychische Mutterobjekt ersetzt dem Kinde die biologische Fötalsituation. Wir dürfen darum nicht vergessen, daß im Intrauterinleben die Mutter kein Objekt war und daß es damals keine Objekte gab« und – fügt Bally im Widerspruch zu Freud hinzu – »auch in der ersten nachgeburtlichen Zeit, in der das Kind noch gänzlich in die Mutterwelt eingebettet ist, keine gibt«.[119] Anthropologisch wichtig bleibt immerhin, daß Freud die hohe Bedeutung des Verlassenseins für die Angstbildung erkannt hat, wenn er ihr auch seiner Libidotheorie gemäß einen anderen Inhalt gab, als wir es heute tun. Während Freud, die Theorie Portmanns vom extrauterinen Frühjahr vorwegnehmend, von einer »Gefahr der Außenwelt« und vom »Objekt, das gegen sie schützen kann«, spricht, sieht Portmann richtig, »daß das Kind überhaupt nur im Sozialkontakt zum Menschen werden kann und daß nicht der Schutz vor den Gefahren im Vordergrund der Mutter-Kind-Beziehung steht, sondern die Übermittlung eines bestimmten Daseinsstils, in dem die menschliche Existenz überhaupt erst erscheinen kann. Gerade diese Strukturierung des »Ich« am Idealvorbild der Eltern, die ihrerseits nur die ersten Exponenten der Gruppe sind, der das Kind angehören wird, ist ja von Freud besonders genau untersucht worden, und er hat gezeigt, wie die Liebe, und zwar als Mutterliebe, ihr erster Träger ist«.[120] Nun aber entwickelt sich nach Freud die Kastrationsangst zur Gewissensangst und zur sozialen Angst.

Freud unterscheidet drei Arten der Angst, wobei die *Real-Angst* als eigentliche Ich-Angst ein Urgefühl gegen Bedrohungen von der Außenwelt darstellt und »den Organismus zum Kampf oder zur Flucht oder zum Sich-Totstellen instandsetzen«[121] soll. Die *libidinöse* Angst entstammt dem Unbewußten und stellt die Es-Angst oder Trieb-Angst dar, wobei sowohl die Sexual-[122] wie die Aggressions-Triebe angsterregend wirken. Freud selbst sagt, es spiele keine Rolle, ob die »Erregungssumme«, die in Angst verwandelt wird, libidinös oder aggressiv besetzt sei. Es sei »gleichgültig, von welcher Art« der Affekt sein möge, »ob Aggression oder Liebe«, – »er wird regelmäßig in Angst verwandelt«.[123] Der Konflikt zwischen dem Ich und dem Unbewußten erzeugt eine frei flottierende Angst; bei der *Angstneurose* beruht sie auf Triebstauungen und wird als solche bewußt erlebt, während sie in der *Angsthysterie* in körperliche Symptome »konvertiert« und dadurch aus dem Bewußtsein ausgeschaltet wird. In den *Phobien* endlich wandelt sich Angst in Furcht um, insofern als die ursprüngliche Angst verdrängt oder verschoben wird und an einem »Ersatzobjekt«, bewußt wird. »Wir werden bei allen neurotischen Menschen finden, daß sie lieber sich vor etwas fürchten als Angst erleben.«[124] Mit der Bildung des Über-Ich entsteht nun beim Menschen die dritte Form der Angst: die *Gewissensangst.* Beim Kinde tritt sie als Beschädigungs- oder als Strafangst auf. Die Rolle der Autoritätspersonen, Eltern und Erzieher, die beim Kinde weitgehend von außen her die Repräsentanz des Über-Ich darstellen, wird vom Ich später integriert und unbewußt selbst übernommen: als Ideal-Ich in der Liebesidentifikation, als Über-Ich in der Schuldidentifikation. Nach Freud stellt die Identifizierung die früheste Äußerung kindlicher Gefühlsbindung an eine andere Person dar. Das Kind möchte *sein* wie diese andere Person. Jene Person, die es liebt und sein möchte, wird zum Ich-Ideal. »Das Kind sucht ständig in- oder außerhalb der Familie einen Menschen, an dem es einen Halt haben kann, einen Menschen, der es annimmt, so wie es ist, und wehe, wenn das Kind von niemandem bestätigt wird. Wenn es sich wirklich geborgen fühlt, kann es später sich und andere annehmen, nur dann kann es überhaupt vertrauen lernen. Vielleicht können wir sogar sagen, daß für einen Menschen, der als Kind nie die Geborgenheit erlebte, auch der Weg zu Gott später sehr schwer sein mag, wenn er nicht nachträglich einen Menschen findet, der diesen Weg mit ihm geht.«[125] Identifikation heißt aber nicht nur liebendes Gleich-Sein, sondern auch »ersetzen«, und dies kann »beseitigen« bedeuten und somit ein Äquivalent der Tötung sein. Dieser menschliche Urvorgang wiederholt sich nach Freud im Ödipuskomplex und führt zur Bildung des Über-Ich. Gelingt nun die Lösung des ödipalen Konfliktes nicht, dann bleibt auch der Reifeprozeß aus, und der Mensch erlangt nicht die Fähigkeit, sich in reifer Weise anderen Menschen zuzuwenden. Daher erleben wir in der psychotherapeutischen Praxis die Angstneurose dort am stärksten, wo von einem Einzelnen als Ehepartner oder gar in der Rolle der Mutter eine Aufgabe verlangt wird, der er sich infolge seiner eigenen ödipal bedingten Unreife noch nicht gewachsen zeigt. Ein solcher Mensch ist überfordert, deshalb angstbeladen und durch oft unglückliche Partnerwahl einer gesteigerten Angstbereitschaft ausgesetzt.

Die Gewissensangst ist nach Freud im wesentlichen Schuldangst. Das Wovor der Gewissensangst ist die Möglichkeit des Schuldigwerdens. Durch die Verdrängung peinlicher Vorstellungen entsteht beim Neurotiker ein unerträgliches Schuldbewußtsein, welches daher kommt, daß dem Menschen der Kampf gegen die von ihm verworfenen Vorstellungen und Strebungen angeblich mißglückt. Das Schuldbewußtsein treibt ihn in die Krankheit, wie Freud an der Gewissensangst der Zwangskranken nachweist: »Man kann sagen, der an Zwang und Verboten Leidende benimmt sich so, als stehe er unter der Herrschaft eines Schuldbewußtseins, von dem er allerdings nichts weiß, eines unbewußten Schuldbewußtseins, wie man es ausdrücken muß mit Hinwegsetzung über das Sträuben der hier zusammentreffenden Worte.«[126] Worauf aber gründet letztlich dieses Schuldbewußtsein? Welche Vorstellungen und Regungen müssen verworfen werden? Es sind vor allem jene »tief im menschlichen Unbewußten verankerten trieb- und wunschhaften Regungen, die ursprünglich auf die Vatertötung und den Inzest gerichtet sind. Beide gehören dem Urbesitz der Menschheit an. Mythen, Sagen, Religionen, Riten, gesetzliche Institutionen, auch Feiern und Feste, aber auch die dem Unbewußten entstammenden Regungen des einzelnen, sie alle verkünden diese schicksalhaften urtümlichen Vorgänge in unserem Unbewußten«.[127] Freud sieht im Ödipuskomplex eine Hauptquelle des Schuldbewußtseins. Die Schuld des Ödipus besteht in seiner Liebe zur Mutter, also in seinem Inzestwunsch. Dadurch wird er der Rivale seines Vaters, den er aus zwei Gründen haßt: erstens weil der Vater ihm die Mutter wegnimmt, bzw. vorenthält, sie besitzt; zweitens aus Angst vor der Strafe (Kastrationsangst). Der Todeswunsch gegen den Vater potenziert die Schuld des Knaben. Um solchem dämonischen Kreislauf zu entgehen, aber auch um der Angst der Eltern vor den Inzest- und Todeswünschen ihrer Kinder zu begegnen, wurden die Tabuvorschriften aufgestellt. Das polynesische Wort »Tabu« bedeutet heilig, geweiht, zugleich auch unheimlich, gefährlich und unrein. »Unsere Zusammensetzung ›heilige Scheu‹ würde sich oft mit dem Sinn des Tabus decken«, sagt Freud in »Totem und Tabu«.[128] Das Tabu erhellt auch die Natur und Entstehung des Gewissens. »Denn was ist Gewissen? Nach dem Zeugnis der Sprache gehört es zu dem, was man am gewissesten weiß; in manchen Sprachen scheidet sich seine Beziehung kaum von der des Bewußtseins. Gewissen ist die innere Wahrnehmung von der Verwerfung bestimmter in uns bestehender Wunschregungen; der Ton liegt aber darauf, daß diese Verwerfung sich auf nichts anderes zu berufen braucht, daß sie ihrer selbst gewiß ist. Noch deutlicher wird dies beim Schuldbewußtsein, der Wahrnehmung der inneren Verurteilung solcher Akte, durch die wir bestimmte Wunschregungen vollzogen haben. Eine Begründung scheint überflüssig; jeder, der ein Gewissen hat, muß die Berechtigung der Verurteilung, den Vorwurf der vollzogenen Handlung in sich verspüren. Diesen nämlichen Charakter zeigt aber das Verhalten der Wilden gegen das Tabu. Das Tabu ist ein Gewissensgebot, seine Verletzung läßt ein entsetzliches Schuldgefühl entstehen, welches ebenso selbstverständlich ist wie seine Herkunft unbekannt ist.«[129] Gewissen ist also nach Freud »die innere Wahrnehmung«, das Bewußtsein, das Wissen um die »Verwerfung« bestimmter Wunschregungen; es umschließt »die Berechtigung der Verurteilung«, es ist mit anderen Worten nichts anderes als antizipiertes Schuldbewußtsein. Das Gewissen muß demnach angsterzeugend sein insofern, als es die Schuldmöglichkeit gleichsam in statu nascendi in sich birgt.

Caruso sagt in seiner Kritik zu Freuds Konzeption vom Über-Ich, das Über-Ich könne zu einem merkwürdigen Ich-Perfektionismus führen, »zum ständigen Bemühen, das eigene Ich so vollkommen zu schaffen, daß es moralistisch dem Idealbild entspräche. Der Tatbestand kann darüber hinwegtäuschen, daß neben einem Vollkommenheitsstreben hier noch Ichverhaftung vorliegt. Diese tugendhafte Ichhaftigkeit ist mit wirklicher Demut nicht vereinbar. Noch immer wird im immanenten Ich letztlich die gnostizistische Selbsterlösung gesucht. Daß das Streben nach Vollkommenheit Kampf voraussetzt, liegt in der menschlichen Natur. Es gibt aber ein neurotisches Streben nach ›Vollkommenheit-Haben‹. Vollkommenheit *haben* für sein *Ich:* Statt daß sich das Ich der Vollkommenheit öffnet, statt daß das Ich in einem Du aufgeht, statt daß die Vollkommenheit ›uns hat‹«.[130]

Das Problem der Angst wurde von den meisten psychoanalytischen Autoren unter dem Aspekt der Freudschen Formulierungen mit nur geringen Abweichungen angegangen. Der Zusammenhang von Angst und Geburtstrauma wurde von Rank aufgegriffen und monographisch dargestellt. Eingehend hat sich dann Stekel mit dem Thema befaßt. Die Angst tritt auf als »Reaktion gegen das Vordrängen des Todestriebes, entstanden durch die Unterdrückung des Geschlechtstriebes oder Lebenstriebes«. Der Geschlechtstrieb erscheine immer in Begleitung des Lebenstriebes und seines Gegenspielers, des Todestriebes. Er werde mit dem Geschlechtstrieb geradezu identifiziert, heiße doch in der Sprache des Volkes »sich ausleben« nichts anderes als »seinem Geschlechtstriebe Genüge leisten«.[131] Allerdings führt Stekel in Abhebung von Freud an, daß seiner Erfahrung nach der Lebenstrieb auch ohne sexuelle Komponente Angst hervorzurufen vermöge. Die Angst könne auch Angst vor sich selbst sein, vor kriminellen Regungen im eigenen Innern.

Wirkt bei Stekel die Verdrängung angsterzeugend, so hängt nach Szondi die Angst »mit der kühnen Unternehmung zusammen«, unbewußte, irrationale Es-Elemente bewußt zu machen, und zwar so, daß sich die Person dabei nicht völlig von der Wirklichkeit der Welt abtrenne. Diese Bestrebung zwinge den Menschen dazu, die Bremsen des Bewußtseins auf das Maximum zu spannen. Er schwebe dabei ständig über tiefen Abgründen, »sich an dem Seil des Ichs festhaltend«, welches das irrationale Unbewußte mit dem rationalen Bewußten verbindet. Der Grad des Sich-Ängstens scheine beim Menschen vom Grad der Bewußtmachung des Unbewußten abzuhängen.[132]

Während Adler und seine Schüler ihre Angsttheorie auf die Hilflosigkeit und Unterlegenheit des Kindes gegenüber den Erwachsenen gründen und den auf erzieherischen Fehlern beruhenden Mangel an Selbstvertrauen, die Entmutigung und das Schwächegefühl für die spätere neurotische Angst verantwortlich machen, betont Bitter auch die übertriebene Verwöhnung, den Mangel an konsequenter Haltung, die als angstauslösende Faktoren von eben solcher Bedeutung sind wie etwa zu große Versagung, Strenge, Härte und Brutalität. Schultz-Henke deckte bei der Entstehung der Gehemmtheit die Beteiligung von Angst- und Schuldgefühlen auf. Wird das Kind mit Strafe oder Liebesentzug bedroht oder in seinem Selbstwertgefühl nicht bestätigt, so kann es mit Angst reagieren. Da diese aber ein unlustbetontes Gefühl ist, wird sie häufig verdrängt. Gerät der gehemmte Mensch in die Situation der Versuchung oder Versagung, dann können die unbestimmten, diffusen Angst- und Schuldgefühle »mobilisiert« werden und die Abwehr durchbrechen.

C. G. Jungs Auffassung von Angst und Schuld stammt aus der Frühzeit seiner psychologischen Untersuchungen als Assistent Bleulers an der psychiatrischen Klinik Burghölzli in Zürich. Er konnte bereits 1908 nachweisen, daß die Angst beim Hereinbrechen der Schizophrenie einer Bedrohung des Ich infolge der Überflutung des bewußten Persönlichkeitsanteiles durch das Unbewußte entspringe. Später löste Jung diesen Angstbegriff aus dem psychotischen Krankheitsbild heraus und wandte ihn auf den neurotischen Menschen an. »Es gibt sehr viel mehr Menschen, die Angst vor dem Unbewußten haben, als man erwarten würde. Sie haben schon Angst vor dem eigenen Schatten. Kommt man gar zu Anima und Animus, so steigert sie sich zur Panik... Die Überwindung dieser Angst allein bedeutet an sich schon eine Leistung von ungewöhnlichem Ausmaß.«[133]

Nach C. G. Jung bleibt die Angst auch verknüpft mit Schuldgefühlen und mit dem Gewissen. Schuld entsteht durch Ablehnung der »Zentrierungstendenz« im Individuationsprozeß. Das Unbewußte ist für Jung autonom, »ontogenetisch und phylogenetisch älter als das Bewußtsein« – eine Behauptung, die Jung allerdings nie beweisen konnte – und vom bewußten Willen weitgehend unabhängig. Nur auf Grund der Autonomie des Unbewußten wird es ferner möglich, »daß der Traum sowohl ermahnt als auch verführt«, womit das Gewissen zu einer Funktion nicht nur des Bewußtseins, sondern auch des Unbewußten wird. Die von Freud als Über-Ich gesetzten, ins Unbewußte reichenden Normen sind bei Jung teilweise in der Persona, teilweise im Ich verankert. Sie entsprechen der Erwartung der Gesellschaft mit ihrem traditionsgebundenen Moralkodex. Unabhängig davon wirkt das sogenannte individuelle Gewissen, das als »übergreifendes, inneres Wissen« mit *Weisheit* zusammenfällt. »Es ist nicht das Fürwahr-halten, sondern das Wahr-nehmen des Strebens nach Ganzheit, nach der Individuation... Das Gewissen hat seinen Niederschlag in der Funktion der Wertbezogenheit und hängt zusammen mit der Jungschen Gefühlsfunktion – Gefühl als Denken und Urteilen mit dem Herzen. Folgen wir dieser Gewissensstimme nicht, so werden wir schuldig«.[134]

Jung spricht Freuds Konzeption des Über-Ich jegliche Gewissensfunktion ab, da es lediglich »eine menschliche Konvention und Tradition« darstelle. Eine solche Konvention, ein von der Sozietät aufgestellter Sittenkodex könne aber nie Gewissen bedeuten. »Das Gewissen – gleichgültig, wie es begründet wird – stellt die Forderung an den einzelnen, seiner inneren Stimme Gefolgschaft zu leisten, auf die Gefahr hin, sich zu irren. Man kann diesem Gebot den Gehorsam verweigern unter Berufung auf den durch religiöse Auffassung gestützten Sittenkodex, allerdings mit dem mißlichen Gefühl, eine Untreue begangen zu haben.«[135] Nach Jung ist das Gewissen ein komplexes Phänomen, das einesteils aus einem elementaren Willensakt oder einem bewußt nicht begründeten Antrieb zum Handeln, anderenteils aus einem Urteil des vernünftigen Gefühls besteht. Das Wort Gewissen deutet an, daß ein Spezialfall von »Wissen« oder »Bewußtes« gemeint ist. Das »Urteil des vernünftigen Gefühls« ist ein Werturteil, das sich dadurch von einem intellektuellen Urteil unterscheidet, daß es neben einem objektiven, allgemeinen und sachlichen Charakter auch die Eigenschaft der subjektiven Bezugnahme erkennen läßt. Das Werturteil impliziert immer das Subjekt, indem es voraussetzt, daß etwas schön oder gut sei für mich. Das komplexe Phänomen des Gewissens besteht also gewissermaßen aus zwei Stockwerken, von denen das eine als Grundlage ein gewisses psychisches Geschehen enthält, das andere aber eine Art von Überbau darstellt, nämlich das annehmende oder verwerfende Urteil des Subjektes. Das Gewissen entspricht somit einer psychischen Reaktion, welche man darum als moralisch bezeichnet, weil sie immer dort in Erscheinung tritt, wo das Bewußtsein die Bahn des Gebräuchlichen, also der Sitte oder des Sittencodex verläßt. Da diese psychische Reaktion aber sozusagen instinktiv und bestenfalls nur zum Teil reflektiert ist, so ist das Gewissen zwar moralisch, kann aber keinen Anspruch darauf machen, als ethisch zu gelten. Diese Qualifikation verdient es erst, wenn es reflektiert, d. h. einer bewußten Auseinandersetzung unterzogen wird. Dies ist nur dann möglich, wenn sich ein prinzipieller Zweifel zwischen zwei möglichen moralischen Verhaltensweisen, also eine Pflichtenkollision, erhebt. Eine derartige Situation kann nämlich nur dadurch gelöst werden, daß eine bis dahin unreflektierte moralische Reaktion zugunsten einer anderen unterdrückt wird. In diesem Falle wird der Sittencodex vergeblich angerufen. Hier kann nur die schöpferische Kraft des Ethos, welches den ganzen Menschen ausdrückt, die endgültige Entscheidung fällen. Ein solches Urteil richtet sich aber nicht mehr nach den gängigen Sitten und kann daher auch nicht mehr als moralisch bezeichnet werden, sondern eben als ethisch. Der Entschluß wird aus den dunklen Wassern der Tiefe geschöpft. Diese Art Lösung entspricht den tiefsten Grundlagen der Persönlichkeit sowohl wie deren Ganzheit, die Bewußtes und Unbewußtes umfaßt und daher dem Ich überlegen ist. Der Begriff und die Erscheinung des Gewissens enthalten also, aus der psychologischen Sicht betrachtet, zwei verschiedene Tatbestände: Einerseits die Erinnerung und Ermahnung durch die Sitte und andernteils die Pflichtenkollision und ihre Lösung durch die Schöpfung eines dritten Standpunktes. Ersterer ist der moralische und letzterer der ethische Aspekt des Gewissensaktes.[136]

Eigene Wege in der Erforschung der Angst gingen besonders amerikanische Autoren. Fromm, Sullivan und Horney betonen vor allem die soziologischen und kulturellen Einflüsse. Weder Aggressivität noch Sexualtrieb spielen die maßgebende Rolle, sondern die menschliche Gesellschaft mit ihrer »öffentlichen Meinung« übt einen Druck auf den Einzelmenschen aus. »Nur insoweit als die Gesellschaft mit ihren Normativbestimmungen unsere triebhaften Möglichkeiten zum Scheitern bringt, entsteht Groll und Feindseligkeit, die der Verdrängung anheimfallen müssen.«[137]

Während von Goldstein die Angst noch biologisch als Katastrophen-Reaktion beschrieben wurde[138], besteht die Grundangst des Menschen bei Horney im Gefühl des Unterlegen- und Ausgeliefertseins an eine möglicherweise feindlich gesinnte Welt. Der Neurotiker wird getrieben von Gefühlen der Isolierung, der Hilflosigkeit, der Angst und der Feindseligkeit. Trotzdem muß er sich der realen Umwelt stellen. Die Angstgefühle streben nicht nach einer Befriedigung, sondern nach Sicherheit. Horney spricht zunächst von einer »normalen Angst«, womit sie die menschliche Urangst beziehungsweise die Angst der Kreatur meint. Diese Urangst ist grundverschieden von der neurotischen Angst, da ihr das Charakteristikum der letzteren, die »hostility«, fehlt. »Neurotic anxiety and helplessness are not the result of a realistic view of inadequacy of power but arise out of an inner conflict between dependency and hostility, and what is felt as the source of danger is primarily the anticipated hostility of others.«[139] Angst erzeugt Abwehrmaßnahmen, »neurotische Tendenzen«, mit denen beispielsweise das wehrlose Kind sich der »bedrohlichen« Welt entgegenstellt. Auch die Zwangsneurose stellt einen solchen Versuch der Sicherung dar. Diese Abwehrmaßnahmen rufen indessen ihrerseits wieder Angst hervor. Die Abwehr gegen potentielle Angriffe bewirkt eine feindselige Haltung, die aggressiven Impulse werden verdrängt, und aus dieser Verdrängung entstehen Angst- und Schuldgefühle. Horney spricht von Basic Anxiety, wobei »basic« einen zweifachen Aspekt besitzt: erstens als Grund, Basis für die Neurosen, zweitens im Sinne von ursprünglich auftretend, d. h. sich im frühen Kindesalter entwikkelnd. »The typical conflict leading to anxiety in a child is that between dependency on the parents – entranced by the childs feeling of being isolated and intimidated – and hostile impulses against the parents.«[140] Während das normale Kind seine Aggressionsgefühle den Eltern gegenüber verarbeiten, »integrieren« kann, gelingt dies dem neurotischen Kinde nicht. Es verdrängt sie. Das Verdienst Horneys um die Angsttheorie liegt wohl in der Loslösung von der alten Freudschen Konzeption, wonach der Mensch lediglich ein autoerotisch, narzißtisch abgeschlossenes Wesen bildet, dessen Angst ausschließlich instinktgebunden und Über-Ich-abhängig sein soll. Bei Horney bleibt der Mensch immerhin eingebettet in eine soziologische Struktur, und die Angst deutet die Auseinandersetzung mit derselben an.

Einen Schritt weiter zur zwischenmenschlichen Beziehung vollzieht die Angsthypothese von Sullivan. Dessen Begriff der Angst beruht auf »Apprehension of disapproval in interpersonal relations«. Der Hauptakzent liegt auf dem Verlust des Wohlbefindens beim Kinde, das sich einer Welt von Geboten und Verboten sowie Tadel und Bestrafung gegenübergestellt sieht. Der Mensch ist bei Sullivan im wesentlichen ein »zwischenmenschliches Phänomen«, beginnend mit der Befruchtung in utero bis zur vollen Ausreifung des Erwachsenenalters. Das menschliche Leben erweist sich in der Hauptsache als präformiert und gebahnt durch das Verhältnis des Kindes zur Mutter. Des Menschen Bemühungen gelten zwei Zielen: einmal der Befriedigung seiner Bedürfnisse (essen, trinken, schlafen), dann aber der Erreichung von Sicherheit. Während das erste Ziel vor allem leibliche Funktionen betrifft, ist das zweite »more closely to man's cultural equipment than to his bodily organisation« und »ordinarily much more important in the human being than the impulses resulting from a feeling of hunger, or thurst«, ja auch wichtiger als die sexuellen Bedürfnisse.[141] Aus der Notwendigkeit heraus, sich mit angsterzeugenden Erfahrungen auseinanderzusetzen, bildet sich das Selbst. »The self-dynamism is built up out of this experience of approbation and disapproval, reward and punishment.«

E. Fromms »humanistische Psychologie« betont das Unabhängigkeitsbedürfnis und die Auflehnung des Jugendlichen gegen die autoritären Wünsche der Eltern, beispielsweise in der Berufswahl. Widerstand, Trotz und Rebellion erzeugen wieder Angst. Nach Fromm birgt die Entwicklung des Menschen zur Freiheit die Gefahr der Isolierung in sich, da in der dialektischen Natur der Freiheit nicht nur die Freiheit *zu* etwas liegt, sondern auch die Befreiung *von* etwas. Entwicklung zur Freiheit bedeutet Individuation – in ihr entdeckt der Mensch jedoch, daß er allein ist. »This separation from a world which in comparison with one's own individual existence is overwhelmingly strong and powerful, and often threatening and dangerous, creates a feeling of powerlessness and anxiety. As long as one was an integral part of that world, unaware of the possibilities and responsibilities of individual action, one did not need to be afraid of it.«[142] Die wesentlichen Fluchtmechanismen aus der Angst sind dem Menschen dann gegeben, wenn er sich den Forderungen der Gesellschaft anpaßt (automaton conformity). Der Mensch wird dann wie alle andern und so, wie diese von ihm verlangen, daß er sein sollte. Damit gibt er die Freiheit auf und verwandelt sich in einen »Automaten«. Die Person »who gives up his individual self and becomes an automaton, identical with millions of other automatons around him, need not feel alone and anxious any more«.[143] Es ist bezeichnend, daß der Mensch, der sich von der Autorität der Kirche und des Staates befreite, ein neues, inneres Substitut in der Geborgenheit naturwissenschaftlicher Kategorien suchte. Fromm spricht von »anonymen Autoritäten«, die dem scheinbar emanzipierten Menschen die ursprüngliche Sicherheit und Geborgenheit wiedergeben.

Ganz noch im Banne Freudscher Formulierungen und dem naturwissenschaftlichen Denken verhaftet ist M. Klein und ihre

Schule. Das erste Angsterlebnis kommt durch Projektion eigener verschlingender und zerstörender Strebungen zustande. »Schon in den ersten Lebensmonaten hat der Säugling sadistische Impulse, die sich nicht nur gegen die Brust der Mutter, sondern auch bald gegen ihr Körperinneres richten, Impulse, dieses Innere auszuschöpfen, zu verschlingen, mit allen Mitteln des Sadismus zu zerstören.«[144] Das Kind projiziere seine eigene Aggression auf die »Objekte«, die für sein Gefühl zu gefährlichen Verfolgern werden. Darin gleiche die Kinderneurose der Psychose der Erwachsenen: »Die Kinderneurose stellt ein Gemisch der verschiedenen psychotischen und neurotischen Züge und Mechanismen dar, die wir beim Erwachsenen einzeln in mehr oder weniger reiner Ausbildung kennenlernen.«[145] Auch die Zwangsneurose stelle den Versuch dar, die psychotische Angst der frühesten Schichten zu überwinden. Die gefahrvolle Welt des Kindes wird von Klein besonders anschaulich, wenn auch reichlich mechanistisch dargestellt: »Das Kind erwartet, im Innern der Mutter den Penis des Vaters, Exkremente und Kinder, die es eßbaren Stoffen gleichsetzt, zu finden. Seine frühesten Phantasien vom Koitus der Eltern (›Sexualtheorien‹) gehen dahin, daß der väterliche Penis bzw. der ganze Vater der Mutter einverleibt wird. Die auf diese Weise gegen beide Elternteile gerichteten sadistischen Angriffe, in denen diese in der Phantasie zerbissen, zerrissen, zerschnitten, zerstampft werden, lösen die Angst vor der Strafe beider, miteinander vereinigten Eltern aus – eine Angst, die sich zufolge der oralsadistischen Introjektion der Objekte auch verinnerlicht und so den äußeren Objekten und den introjizierten, also auch schon dem frühen Über-Ich gilt. Diese Angstsituationen der frühen Stufen haben sich mir als die tiefsten und überwältigendsten erwiesen. Bei dem in der Phantasie verübten Angriff auf den Mutterleib kommt dem nach meinen Erfahrungen im dichten Anschluß an den oralen Sadismus und Muskelsadismus einsetzenden urethralen und analen Sadismus eine bedeutungsvolle Rolle zu. Die Exkremente werden in der Phantasie in gefährliche Waffen verwandelt – das Nässen einem Schneiden, Stechen, Brennen, Überschwemmen, die Stuhlstange Angriffswaffen und Geschossen gleichgesetzt.«[146] Weiter: »The fear of being devoured by the father derives from the projection of the infants impulses to devour his objects. In this way first the mothers breast (and the mother) becomes in the infants mind a devouring object and these fears soon extend to the fathers penis and to the father.«[147] Die Angst, letztlich aus dem Todestrieb geboren, wird nach Klein zum Motor der psychosexuellen Entwicklung[148] und spielt eine entscheidende Rolle bei der Symptombildung. Die Angst ist es, »die den Mechanismus der Identifikation in Gang setzt. Die Zerstörungswünsche gegen die die Objekte vertretenden Organe – Penis, Vagina, Brust – lösen Angst vor den Objekten aus. Diese Angst trägt zur Gleichsetzung dieser Organe mit anderen Dingen bei und treibt dann von den durch diese Gleichsetzung zu Angstobjekten verwandelten Dingen weg zu immer neuen und anderen Gleichsetzungen, die die Basis für ein mit diesen Gegenständen verknüpftes Interesse und für die Symbolik bilden.«[149] So wird die Angst nicht nur zur Grundlage für alle Phantasietätigkeit und Sublimierungen, sondern auch für die Herstellung der Beziehung zur Umwelt und zur Realität im Allgemeinen. Während das Kind also von Angstobjekten umgeben ist, geht von dieser »irrealen« Realität »schrittweise im Einklange mit der Ichentwicklung die Herstellung einer wirklichen Realitätsbeziehung aus. Ichentwicklung und Realitätsbeziehung sind somit abhängig von der besseren oder geringeren Fähigkeit des ganz frühen Ichs, den Druck der frühesten Angstsituationen zu ertragen, wobei es sich wieder um ein gewisses Optimum der zusammenwirkenden Faktoren handelt. Ein genügendes Ausmaß an Angst ist die Grundlage für eine reiche Symbolbildung und Phantasietätigkeit – eine genügende Fähigkeit des Ichs, Angst zu ertragen, ist die Vorbedingung für eine gelungene Verarbeitung dieser Angst, den günstigen Verlauf dieser grundlegenden Phase und das Gelingen der Ichentwicklung«.[150] Loch erinnert in diesem Zusammenhang an Marcel: »Alle besonderen Qualitäten, die das Besorgen mit Vorliebe gebraucht, stellen ebensoviele Deckungen gegen die Angst dar«.[151] Dabei sei die Angst gleichsam als Katalysator wirksam, denn sie bringe die Prozesse in Gang, gehe aber nicht als Element in deren Resultat ein. »Wenn wir umgekehrt den Versuch machen, die Symptome aufzulösen, oder wenn wir die geglückte Realitätsanpassung und -bewältigung verfallen sehen, wie in der Psychose, wie durch toxische Einwirkungen auf das Zentralnervensystem usw., dann werden wir notwendig auf Angst stoßen, dann wird Angst manifest.«[152]

Es gibt wohl kaum ein psychiatrisches Krankheitsbild, an dem die Angst nicht maßgeblich beteiligt ist. E. Zetzel beschrieb die

Angst bei der Depression, ausgehend von der Auffassung K. Abrahams, die Depression wie die Angst sei auf Verdrängung zurückzuführen. »Die Depression ist, wie die Angst, in der menschlichen Entwicklung und Erfahrung inbegriffen. Dabei kann die Angst als Reaktion des Ichs auf ein drohendes, die Depression als diejenige auf ein eingetretenes Unheil betrachtet werden. Beide Reaktionen reichen von einem schwachen Signal zu vernichtenden pathologischen Syndromen.«[153] M. Klein verwies auf die Bedeutung der Angst bei der Entstehung der manisch-depressiven Zustände und beim Paranoid. »Die paranoiden Abwehrmethoden zielen auf die Vernichtung der ›Verfolger‹ hin.«[154] Benedetti bemerkt, daß gerade im Wahne wie aber auch in der Phobie und im Zwange die Angst jenen »eigentümlich zweideutigen Charakter« behalte, daß sie »den Kranken sowohl in Berührung setzt mit jenen Situationen, in denen seine Lebenschancen liegen, wie auch ihn an der Verwirklichung dieser Chancen hindert. Der Wahnkranke ängstigt sich vor Situationen der Begegnung, in denen eine Möglichkeit der Befreiung grundsätzlich gegeben ist; die nie ergriffene Chance seiner Menschwerdung wird ihm zur Verfolgung«.[155] Erleben wir aber besonders auf dem Gebiet der Psychose das Zusammenstürzen einer Welt, die dem kranken Menschen bisher einen wenn auch durchsichtigen und fadenscheinigen Halt gewährte, dann gilt dies auch für das heute neuentdeckte Gebiet der schweren neurotischen und psychosomatischen Erkrankungen.[156], [157]

In eingehender Weise befaßte sich R. May mit dem Problem der Angst. In »The Meaning of Anxiety« unterzieht er die bisherigen philosophischen, biologischen, psychologischen und kulturellen Interpretationen einer wertvollen Kritik. Der moderne Mensch bleibt ein Gefangener seines Strebens nach Wohlstand und Macht, nach Erfolg und Ansehen. »Whatever threatens this goal is therefore the occasion for profound anxiety for the individual in our culture because the threat is to values held essentiel to his existence as a personality, i. e., essential to his worth and prestige as a personality.«[158] Nun liegt der Grund der Angst nicht nur in der Gefährdung der Erreichung eines äußeren Lebenszieles. Vielmehr tritt sie dort auf, wo der Mensch sich selbst, seinen eigenen Möglichkeiten, etwas schuldig bleibt, also sein »existentielles« Ziel nicht erreicht. Dieses »existentielle« Schuldig-sein und die daraus entspringende Angst konnte die Psychoanalyse bisher nicht »entdecken«, weil das naturwissenschaftliche Fundament für eine solche, dem Menschen gemäße Betrachtungsweise nicht genügte. Erst in der Überwindung der naturwissenschaftlich verstandenen Determination durch die Übernahme geisteswissenschaftlicher Fragestellungen gelang der Psychotherapie jener Schritt zum Verständnis menschlichen Wesens, das allein unsere Bemühungen um den in Angst und Schuld verstrickten Menschen sinnvoll gestaltet.

In diesem Zusammenhang muß auf ein bedeutsames Buch von Riemann hingewiesen werden, der die Angst zunächst als ein Ur-Phänomen diagnostiziert, die wie der Atem und wie dieser die Welt bewegt. Riemann entwickelt in seiner Monographie vier Grundformen der Angst, deren Überwindung zugleich Formen der Selbstverwirklichung darstellen. Es sind dies die Angst vor der Selbsthingabe, erlebt als Ich-Verlust und Abhängigkeit; die Angst vor der Selbstwerdung, als Ungeborgenheit und Isolierung erlebt; die Angst vor der Wandlung, als Vergänglichkeit und Unsicherheit erfahren; und schließlich die Angst vor der Notwendigkeit, erlebt als Endgültigkeit und Unfreiheit. Alle Ängste sollen Varianten dieser 4 Grundformen sein und mit den vier Grundimpulsen des Menschen zusammenhängen: Streben nach Selbstbewahrung und Absonderung, Gegenstreben nach Selbsthingabe und Zugehörigkeit; Streben nach Dauer und Sicherung und Gegenstreben nach Wandlung und Risiko. Jedermann erlebt die Grundformen der Angst, wenn auch in verschiedener Stärke, Häufigkeit und Akzentuierung. Der Gesunde ist in der Lage seine Grundängste anzunehmen, beim neurotischen Menschen ist das Erlebnis intensiver, wobei zumeist eine der Grundformen der Angst in Abarten und Zerrformen das Übergewicht hat. Dazu gesellt sich das Bestreben, die Angst zu unterdrücken und zu verdrängen. »Hinter den vier Grundformen der Angst stehen allgemeine menschliche Probleme und jeder muß sich in irgendeiner Weise mit diesen auseinandersetzen. Jeder muß die Angst vor der Ich-Aufgabe, sowie die vor der Vergänglichkeit, sowie vor der Notwendigkeit erleben, durchleben und sie zu überwinden suchen. Da sich die großen, zum Leben gehörenden Ängste nicht umgehen lassen, bezahlt man den Versuch, ihnen auszuweichen, mit vielen kleinen, banalen und unwesentlichen – den bekannten neurotischen Ängsten, die sich auf praktisch alles werfen können und letztlich nur zu lösen sind, wenn man die daher sterile, eigentliche Angst erkennt und sich mit ihr auseinandersetzt. In ihrer Verschiebung und Verzerrung erscheinen die neurotischen Ängste sinnlos; sie quälen nur noch und belasten, ohne uns zu reifen und zu entwickeln. Daher ist es so wichtig, die großen Aspekte der Angst zu sehen, weil die Auseinandersetzung mit ihnen uns reifen und erwachsen werden läßt.«[159]

5. Angst und Existenz

Das menschliche Dasein ist als endliches Dasein ausgespannt zwischen der Geburt und dem Tode. Nichts ist dem an Schicksalsmöglichkeiten reichen menschlichen Leben so gewiß wie die Tatsache des Todes, des »Nicht-mehr-sein-Dürfens« (Boss), und es darf uns deshalb nicht erstaunen, daß die Angst *um* das Dasein, beziehungsweise die Angst *vor* dessen Vernichtung den Menschen auf seiner Wanderschaft immer offen oder versteckt begleitet. Jedoch dürfte mit dieser einfachen Formel das *Wesen* der menschlichen Angst nicht restlos erfaßt und geklärt sein, da die Frage unbeantwortet bliebe, weshalb wohl die dem Menschen immanente Möglichkeit des Todes *Angst* erzeugen muß. Bei unserer Betrachtung über Angst und Schuld in der Dimension des naturwissenschaftlichen Denkens sind wir in eine Sackgasse geraten, so daß wir uns zu einer Neuorientierung entscheiden müssen. Einen ersten Ansatz dazu finden wir in der anthropologischen Wesenserhellung des Phänomens »Angst«. Zwar beruft sich auch die anthropologische Theorie, wie sie von v. Gebsattel, Straus und Kunz vornehmlich vertreten wird, darauf, ihre philosophisch-psychologischen Impulse von Jaspers und Heidegger empfangen zu haben. Wir werden aber an den Darstellungen der »Anthropologen« sehen, daß ihr Denken sich nicht völlig aus den naturwissenschaftlichen Kategorien befreien konnte.

Und doch: der anthropologische Begriff der Angst weicht wesentlich von den psychoanalytischen Formulierungen ab. Während die Psychoanalyse in der Angst vorwiegend ein neurotisches »Krankheits«-Symptom erblickt, tritt v. Gebsattel der Tendenz, Angst und Leiden gleichzusetzen, aufs schärfste entgegen. Obzwar immer ein irgendwie gearteter Leidenszustand, sei die Angst doch keine Krankheit schlechthin und deshalb nicht Gegenstand der Pathologie, »es sei denn, man fröne der verruchten

Flachheit, die in der Grundbestimmung des Menschen, leiden zu müssen, eine pathologische Disposition« erblickt. Der Angst eignet sowohl in anthropologischer wie in ethisch-religiöser Hinsicht eine zweideutige Natur: sie kann produktiv oder lähmend sein: »Für den einen Motor einer Selbstbefreiung, schlägt sie den anderen in Fesseln. Bald Antrieb zur höchsten Vereigentlichung des Daseins, wird sie in anderem Zusammenhang Anlaß zur Vermassung des einzelnen. Diesen führt sie ins Sein zurück, jenen in den Abgrund des Nichts. Mit der Lust geht sie einen Bund ein (Angstlust), aber auch mit dem Ekel (Ekelangst), mit dem Schönen (antike Skulptur als magische Abwehr der Vergänglichkeit), aber auch mit der Verzweiflung. Als ein Faszinosum vermag sie bald anzuziehen (Lockung des Grauens), bald abzustoßen als ein Tremendum (die Gorgo). Der Kampf gegen sie wird in vielen Fällen sie konservieren; sich ihr auszuliefern und sie zu verstehen, führt oft ihr Ende herbei. Sie ist in der sozialen Ebene die Begründerin der Feindwelt, die den einzelnen isoliert, einschüchtert und entmutigt; oder aber, sie treibt als Prinzip der Besinnung den déserteur du monde in die Arme der gemeinschaftschaffenden Liebe zurück. Erst als Inbegriff des Störenden und Zerstörenden erfahren, zeigt sie uns plötzlich den ins Transzendente weisenden Finger.«[160]

Wenn wir von »Anthropologie« sprechen, dann meinen wir damit jene Richtungen der medizinischen Psychologie, die versuchten, in einem prinzipiell neuen philosophischen Ansatz und Impuls hinter die »meist naive, unausdrückliche philosophische Voraussetzung der Naturwissenschaften, die sogenannte Objektivität nämlich«, zurückzugehen, »hinter die scheinbar selbstverständliche und deshalb stillschweigend angenommene Voraussetzung also, daß es so etwas wie Objektivität zum vornherein gebe, zurück auf die Subjektivität des menschlichen Erlebens, des menschlichen Daseins schlechthin. Alle die künstlichen Denkseparierungen des Daseins in die Vorstellungen isolierter Körper-, Seelen-, Geist- und Außenweltdinge waren wieder rückgängig zu machen und als abgeleitete Begriffsbildungen einer einseitigen Blickrichtung zu erkennen«.[161] Wie weit entfernt jedoch ein solches Denken selbst von einer wirklichen Befreiung aus dem vergegenständlichenden Denken bleibt, wird in den oben zitierten Sätzen offenbar. Bereits bei v. Gebsattel fanden wir die Bemerkung, Angst könne zum Sein oder zum Nichts »führen«. Wie anders sollen wir dies verstehen, als daß so etwas wie das Subjekt »Mensch« durch die Angst als Medium oder Funktion erst zum Sein oder zum Nichts, als einem vom subjektiven Menschen unabhängigen, »objektiven« Weltentwurf hingeführt werden müßte? Wie könnte der Mensch erst dem ihm Begegnenden »Vorstellungen« und »Bilder« überwerfen, ihnen gleichsam einen Bedeutungsinhalt verleihen, ohne ein Subjekt zu sein und die Welt als gegenständliches Außen, als Objekt zu betrachten? Darin liegt gerade das große Mißverständnis der Anthropologie, daß sie glaubt, sich auf Grund der Aneignung Heideggerscher »Formulierungen« (wir sprechen ausdrücklich nicht von Begriffen, da diese ein Be-greifen einschließen) vom subjektivistischen, vergegenständlichenden Denken befreit zu haben, und gleichzeitig doch dem In-der-Welt-Sein Heideggers einen Bedeutungsgehalt gab, der von einer Subjektivität gestiftet wird. Dieses Mißverständnis finden wir sowohl bei v. Gebsattel wie bei Binswanger. Sie haben die Heidegger geglückte Ablösung von der Subjekt-Objekt-Beziehung nicht vollziehen können, weshalb auch ihr Denken nur eine scheinbare Befreiung von Freuds naturwissenschaftlichen Gedankengängen brachte. Noch viel weniger gelang indessen der befreiende Sprung allen jenen Forschern, welche versuchten, einen so verschieden definierten Begriff wie jenen der »Person« in ein existentielles Denken einzubauen, und die von »personaler« Psychologie (Psychotherapie) sprechen, wie es vornehmlich die Wiener Schule mit Caruso und Frankl tut. Daher erscheint uns denn auch v. Gebsattels »Tiefenperson« sowie der Begriff eines »personalen Existenzgrundes« als eine Spaltung menschlichen Daseins in verschiedene Seins-Bereiche. Nur so kann die Angst »anthropologisch« erklärt werden als eine Erschütterung des Gleichgewichtes »im Stufenbau der Persönlichkeit«, dann nämlich, wenn eine »Steigerung des Potentials der Primitivperson im Menschen« zu einer »Depotenzierung der geistigen Führungszentren« führt und sich rücksichtlose Macht-, Geltungs- und Gewaltinstinkte durchsetzen. Die anthropologische Theorie gründet die Angst im Verlust der Unversehrtheit der Grundakte, die – dem christlichen Gedankengut entnommen – da sind: Glaube, Liebe und Hoffnung. Sollte zwischen dem Verlust des personalen Existenzgrundes, der sich als Abbau jener Grundakte auswirkt, und dem Anwachsen der Angst einschließlich der Potentialsteigerung der Primitivperson nicht ein Zusammenhang bestehen? fragt v. Gebsattel und antwortet in bejahendem Sinne: »Dieser Zusammenhang besteht tatsächlich.«[162] Nachdem die Angst aufgehört hat, »die private Angelegenheit des einzelnen zu sein«, wird sie in ihrem geschichtlichen Ausmaß gedeutet als eine Folge des »Nihilismus«, als eine Entwertung der obersten Werte, als ein »Verlust der Mitte«. Insofern eben die personale Existenz wesentlich Geist ist, fällt die durch Entwertung entstandene schicksalshafte Gefährdung nicht nur in den Bereich jener Menschen, »die ihr Dasein einer nihilistisch anmutenden Ideologie unterstellen«, sondern auch jener, deren Ideologie »in Ordnung« ist – wir würden eher sagen: zu sein scheint – »Christen z. B., die durchaus berechtigterweise sich ›Christen‹ nennen, die aber höchst auffallenderweise in der Praxis ihres privaten Alltagslebens einem existentiellen Nihilismus erliegen, der den Wertmaßstäben ihrer Ratio radikal widerspricht«[163] (wobei wir allerdings in Frage stellen möchten, ob sich solche Menschen »berechtigterweise« Christen nennen dürfen!). Das Nichts der Angst ist ein »den Grundbestand des Menschen in Frage stellendes Widerfahrnis«. Ganz an Binswanger erinnert uns aber v. Gebsattel mit seiner Bemerkung, der Mensch könne »über sich hinaufsteigen oder unter sein eigenes Niveau hinabsinken«, er könne das Leben einbüßen und absterben, »seiend des Seins verlustig gehen«. Was Boss in diesem Zusammenhang Binswanger entgegenhielt, gilt auch hier: So wenig das Dasein steigen oder fallen, so wenig kann auch der Mensch, insofern er eben nie sich aus seinem Dasein herauszubegeben vermag, steigen oder sinken, geschweige denn über sich selbst hinausschwingen. Er kann in der Neurose noch weniger »des Seins verlustig gehen«, sondern höchstens das Sein »vergessen«.

Wohl können wir uns damit einverstanden erklären, daß der Mensch in seinem Dasein sich selbst verfehlen kann, dann nämlich, wenn er die ihm aufgetragenen Verpflichtungen sich nicht als die seinen aneignet und somit existenziell schuldig wird. Aber, und darauf kann nie genug hingewiesen werden: Nirgends kommt die Verwischung ontologischer und psychologischer Grenzen so deutlich zum Ausdruck wie gerade im Bereiche der medizinischen Anthropologie, in welche eben die »qualitative Kennzeichnung des Daseins« noch keinen Eingang hielt. »Damit aber muß sich notwendigerweise des Menschen In-der-Welt-Sein als ein Ausstehen des vom Sein in Anspruch genommenen Lichtungsbereiches im Sinne Heideggers in eine bloß mehr um einiges erweiterte und brauchbarere Fassung der Subjektivität der alten Subjekt-Objekt-Vorstellung zurückverwandeln.«[164] Auch »kann ein Subjekt in seiner Subjektivität nie anders denn als eine primäre Immanenz vorgestellt werden. Mit dem Denken einer Subjektivität nämlich hat man von vornherein schon immer und notwendigerweise allem übrigen den Charakter einer Objektivität zugesprochen und hat damit den Menschen zunächst einmal von dem ihm Begegnenden radikal getrennt. Er kann jetzt in seiner Subjektivität den von ihm isolierten Objekten höchstens noch entgegenstehen, um sie sich in seinem Bewußtsein als Gegenstände zu objizieren, entgegenzuwerfen«. Somit bleibt dem anthropologischen Denken nichts anderes übrig, als das Dasein aus der Immanenz seiner Subjektivität herauszunehmen, ihm eine subjektive Eigenschaft des In-der-Welt-Seins zuzusprechen und mit deren Hilfe das Dasein auf »Welt« hinübersteigen zu lassen. »Es gibt in ihrer Vorstellungswelt ein ›unablässiges Ineinanderspielen von subjektiver und objektiver Transzendenz‹, weil sie in der Wahrnehmung auch die Dinge hinüber- und in den Menschen hineinsteigen sieht. Schließlich wird es ihr möglich, sich das Dasein bald als steigend, bald als fallend vorzustellen oder es sich im Falle gewisser Geisteskranker gar von einem andern Ding, beim Verfolgungswahn etwa vom ›Thema‹ der Feindseligkeit, überwältigt und entmächtigt zu denken.«[165]

Wesentlich klarer wird die Darstellung der Angst im anthropologischen Schrifttum, wo es um das psychologische und psychotherapeutische Verständnis derselben geht. Wenn deshalb v. Gebsattel sagt, Glaube, Hoffnung und Liebe seien vom Ort der Angst ausgeschlossen, so kann es sich hier niemals um eine ontologische Aussage handeln, jedoch vielleicht um eine kühne Formulierung des psychotherapeutischen Erlebnisses mit dem neurotischen Menschen. Die Angst stellt als Zustand ein unerträgliches Erlebnis dar, das dennoch er-lebt werden muß. Sie ist eine Last, die zu er-tragen menschliche Verpflichtung bleibt. Allerdings zeigt sich ihr Urgrund oder ihre Spitze sehr selten, »denn wie Berggipfel häufig im Nebel stecken, bleibt auch die Spitze der Angst verborgen; wirksam zwar, aber nur ausholender Meditation zugänglich. Zur Natur der menschlichen Angst gehört geradezu, daß ihr eigentlicher Sinn dem Bewußtsein des einzelnen sich entzieht und daß vordergründige oder periphere Befürchtungen die Grundangst verdecken«.[166]

Gehen die anthropologischen Grundgedanken über die Angst dahin, daß »eine Bedrohung im Vollzug der Selbstverwirklichung oder des personalen Seins in höchst sinnvoller Weise« zu deren Quelle werden kann, so nimmt sie nach der gleichen Theorie dort die Gestalt der *Furcht* an, wo sie ihren eigentlichen Sinn nicht zu erfahren vermag. In der Furcht erhalten die oft kleinen und kleinlichen Bedrohungen des Lebens einen maßlos übersteigerten Sinngehalt. Ein Teil dieser Sinnverdeckung wirkt sich dann im Menschen in der Vielfältigkeit der sogenannten Phobien aus, einen anderen Teil kennt jeder Psychotherapeut als das Krankheitsbild der Angstneurose. Der anthropologischen Wesenserhellung der phobischen Fehlhaltung gemäß kann die Furcht in Flucht oder Abwehr umschlagen; findet dieser Ausgang nicht statt, dann wandelt sich die Furcht zu Angst. »Flucht und Abwehr zehren sozusagen die Furcht auf – ist beides verhindert, so wird die Furcht konserviert, und die reaktionsfähig gewordene und dadurch konservierte Furcht setzt den Menschen wehrlos und ausweglos der Bedrohung aus – das ist die Situation der Angst. Wenn der Angst etwas Lähmendes und Bannendes zueignet, so eben darum, weil sie das Produkt einer Lahmlegung der die Sicherheit anbahnenden Reaktionsweisen der Furcht ist.«[167] Nun stellt sich die Frage, welche Formen der Angst zu einer sthenischen, d. h. aktiv-abwehrenden, und welche zu einer asthenischen, d. h. passiv-leidenden Reaktion führen. Die Furcht braucht im Sinne der objektiven Bedrohungsangst nicht sthenisch zu sein, wissen wir doch aus der täglichen Erfahrung, daß gerade eine unmittelbare Bedrohung lähmen kann. Deshalb müssen wir die Frage neu überprüfen und anders wenden. Nicht welche Formen der Angst, sondern welche Menschen neigen eher zur sthenischen oder asthenischen Reaktion im Angsterlebnis? Auch haben wir sthenische und asthenische Reaktionen bei ein und demselben Menschen gesehen. v. Gebsattel selbst bemerkt, daß der Hinweis auf eine »psych-asthenische Reaktion« noch zur Symptomanalyse gehört, also nicht mehr phänomenologisch ist.

Der Subjektivismus der anthropologischen Richtung zeigt sich vor allem dort deutlich, wo von der »Spiegelung eines seelischen Tatbestandes in die Welt« gesprochen wird; »In die äußere Welt wird projiziert ein Tatbestand des Inneren«.[168] In welcher Weise aber sollte wohl ein Draußen einem Drinnen entsprechen? Welcher Art ist eine solche Kommunikation? Wohl nicht dergestalt, daß das Draußen einem »Bild« entspricht oder gar etwas von Innen nach Außen »projiziert« werden kann, vielmehr lediglich so, daß eben der Mensch ein Seiendes von der besonderen Art und im Gegensatz zu jedem anderen bloß vorhandenen Seienden je-schon-draußen bei den Dingen dieser Welt ist. Nur in seinem primären Weltoffensein gewinnt die Angst jene Bedeutung, nicht indem ihr oder der sie auslösenden Bedrohung ein »Bild«- oder »Symbolcharakter« angedichtet wird.

Es gilt nun abzuklären, inwiefern die *Angst* in der menschlichen Existenz von der *Furcht* abzugrenzen ist. Wenn wir von Angst *und* Furcht sprechen, implizieren wir, daß begrifflich die Angst von der Furcht unterscheidbar sei, daß es sich also um zwei verschiedene Phänomene handelt. Diese Begriffsunterscheidung gehört heute beinahe zu den Selbstverständlichkeiten unseres philosophischen, psychologischen und anthropologischen Sprachgebrauchs. Bereits Freud unterschied sie, indem er sagte, Furcht verlange ein bestimmtes Objekt, vor dem man sich fürchte, und somit würden Furcht und Angst »mit Unrecht wie synonyme Ausdrücke gebraucht«, da die Angst »einen gewissen Zustand wie Erwartung der Gefahr und Vorbereitung auf dieselbe, mag sie auch eine unbestimmte sein«, darstelle. Die Angst wird demnach allgemein als ein unbestimmter, von einer konkreten Gefahrensituation unabhängiger Zustand bezeichnet, während die Furcht sich vom Begriff der unmittelbaren Gefährdung nicht trennen läßt. Heidegger betrachtet die Furcht als einen »Modus der Befindlichkeit«, wobei ihr sowohl ein Wovor wie ein Worum zukommt. Das Wovor, nämlich das »Furchtbare, ist jeweils ein innerweltlich Begegnendes von der Seinsart des Zuhanden-, des Vorhanden- oder des Mit-Daseins«. Das Wovor der Furcht hat den Charakter der Bedrohlichkeit, »das Fürchten selbst ist das sich-an-gehen-lassende Freigeben« des Bedrohlichen. Das Worum der Furcht hingegen »ist das sich fürchtende Seiende selbst, das Dasein. Nur Seiendes, dem es in seinem Sein um dieses selbst geht, kann sich fürchten«.[169] Auch wenn wir beispielsweise um einen Mitmenschen fürchten, wenn wir um unser Vermögen fürchten, so liegt hier kein Widerspruch zum eben Gesagten vor, da ja das Dasein »als In-der-Welt-sein je besorgendes Sein« ist. Die Furcht kann zum *Erschrecken* werden, wenn das Bedrohliche plötzlich hereinbricht, oder zum *Grauen*, wenn »das Bedrohliche den Chrakter des ganz und gar Unvertrauten« erhält. Begegnet dem Menschen das Erschreckende und Grauenhafte gleichzeitig, so wird die Furcht zum *Entsetzen.* An weiteren Abwandlungen der Furcht nennt Heidegger die Schüchternheit, Scheu, Bangigkeit und das Stutzigwerden. Er bezeichnet die »Furchtsamkeit« als »existenziale Möglichkeit der wesenhaften Befindlichkeit des Daseins überhaupt, die freilich nicht die einzige ist«.[170]

Die Angst hingegen gehört bei Heidegger als Befindlichkeit zum »In-der-Welt-sein«. Das Wovor der Angst ist das geworfene In-der-Welt-sein, und deren Worum ist das In-der-Welt-sein-können. Das volle Phänomen der Angst zeigt demnach das Dasein als faktisch existierendes In-der-Welt-sein. Bleibt die Furcht also eine »uneigentliche und ihr selbst als solche verborgene Angst«, so ist die Angst die »Grundbefindlichkeit der wesenhaften Daseinsverfassung des In-der-Welt-seins« und »grundverschieden von Furcht. Wir fürchten uns immer vor diesem oder jenem bestimmten Seienden, das uns in dieser oder jener bestimmten Hinsicht bedroht... die Angst offenbart das Nichts.«

Diese Unterscheidung von Furcht und Angst wurde allerdings weder von Freud noch von Heidegger erstmals formuliert, sondern bereits von Kierkegaard, bei dem die Angst dann entsteht, wenn die Freiheit im Nichts erstarrt, auf dessen Grunde die Sünde lauert. Angst bedeutet daher bei Kierkegaard wesenhaft Schuldangst.

Die Furcht wurde oft mit dem Begriff der Realangst gleichgesetzt, eben in jener verhängnisvollen Verkennung, dergemäß nur der Furcht eine reale Gefährdung gegenüberstehe und es sich bei der Angst um etwas »Irreales«, »Unfaßbares« handle. Wie weit sich philosophisch eine solche Unterscheidung vertreten läßt, wollen wir hier nicht näher untersuchen. Für unser psychotherapeutisches Verständnis jedoch stellt sich wohl die Frage, ob die Trennung unbesehen und vorbehaltlos hingenommen werden darf. Wandruszka äußerte bereits vom Sprachlichen her daran Zweifel. Er betonte, daß »alle phänomenologischen Intuitionen und existenzialistischen Spekulationen über eine wesenhafte Grundverschiedenheit von Frucht und Angst... einer von der Sprache ausgehenden Überprüfung nicht stand« halten. Anhand vieler Beispiele kann nachgewiesen werden, wie gerade im vulgären Sprachgebrauch zwischen »sich ängstigen« und »sich fürchten« kein Unterschied gemacht wird. Ob ich mich vor einem Hund fürchte oder Angst habe, impliziert nicht zwei verschiedene sprachliche Sinngehalte. Sogar Rilke wendet beispielsweise beliebig die Ausdrücke Todesfurcht und Todesangst an, und Hesse bezeichnet die Todesfurcht als Angst aller Ängste. »Allerdings empfinden wir oft sehr deutlich einen stilistischen Unterschied zwischen Furcht und Angst. Manchmal können wir nur das eine Wort, manchmal nur das andere gebrauchen. Dabei stimmt jedoch unser heutiger Gebrauch nicht einmal mehr mit dem der nächstverwandten europäischen Sprachen überein, mit denen uns doch die doppelte Überlieferung des antiken und des christlichen Wortschatzes verbindet. Unserer Gottesfurcht, unserer Ehrfurcht entspricht im Englischen bald ›fear‹, bald ›awe‹, aber auch unserer Angst sehr oft ›fear‹ und nicht ›anguish‹ oder ›anxiety‹, die aus der gleichen Wurzel wie Angst gebildet sind. Ähnliches gilt für französisch ›crainte, peur‹ gegenüber ›angoisse, anxiété‹, für das italienische ›timore, paura‹ neben ›angoscia, ansietà‹ usw. In jeder Sprache, und da fast in jedem Jahrhundert, grenzen sich diese Ausdrücke wieder etwas anders voneinander ab, überschneiden sie sich etwas anders.«[171] Auch der Vergleich verschiedener Sprachen führt uns eher zur Annahme, daß eine Unterscheidung von Furcht und Angst nicht gerechtfertigt ist. Das lateinische Wort »angustia«, dem die »Angst« entstammt, heißt Enge, Beengung, Bedrängnis. Zum gleichen Stamm gehört offenbar das deutsche »eng«, »bange«, dann das französische »angoisse«, das italienische »angoscia« und das englische »anguish«. Die Bedeutungsgehalte aller dieser Ausdrücke, welche eine Bedrängnis und Beklemmung ausdrücken, treten jedoch nach Wandruszka nicht nur im Bereiche des Phobos auf, sondern kommen auch »im Zusammenhang mit Schmerz, Wut, Gier, Lust« vor. Erst seit Luther sei die Angst »immer weiter auf Kosten der Furcht vorgedrungen«; das jüngere Wort also »besitzt noch eine mehr oder weniger deutliche Beziehung zu einem spürbaren körperlichen Vorgang, eben der Beklemmung, [und] wird daher oft als der stärkere, kräftigere Ausdruck gebraucht – Angst als Steigerung von Furcht – und besonders häufig dann, wenn der leibseelische Zustand als solcher, mehr als der Anlaß, im Vordergrund steht«. So kommt Wandruszka zum Schluß, daß der Versuch, die Angst von der Furcht zu scheiden, die lebendige Sprache vergewaltige. »Angst vor etwas und um etwas, vor dem Bösen, dem Haß, um das Gute, die Liebe, das ist das umfassende Bild der Angst, das wir der Sprache entnehmen können.«[172]

W. Schwidder unternahm den interessanten Versuch, die sprachlichen Unterschiede zwischen Angst und Furcht und ihre verschiedenen Nuancierungen aus der Gegenübersetzung des Gegenteils zu klassifizieren. In einer Tabelle stellte er die lateinischen Ausdrücke metus, pavor, horror, schließlich timiditas und angor ihren Widerpartnern gegenüber, wobei die ersten der Furcht, angor jedoch der Angst entsprechen. metus bedeutet Furcht, Befürchtung, Besorgnis, aber auch Ehrfurcht, Schaudern und drohende Gefahr, ihr Gegensatz sind confidentia und spes – Zuversichtlichkeit, Vertrauen, Hoffnung. Damit wird metus zur »Furcht vor dem Nichtvertrauten, der drohenden Gefahr und gleichzeitig die Ehrfurcht, das ehrfurchtvolle Schaudern«, während bei timor, dessen Gegensatz Mut, Entschlossenheit, Tapferkeit und Kühnheit sind, »die Furcht vor dem Handeln und der Entscheidung zum Ausdruck« kommt. Zu timor gehört auch die religiöse Scheu, während pavor »einen höheren Grad von Furcht mit Beben und Zittern« und horror »Schaudern, haarsträubenden Schrecken und Entsetzen« darstellen. Timiditas bedeutet Furchtsamkeit, Schüchternheit, Scheu. Der eigentliche Angstbegriff stammt von angor (ursprünglich griechischen Ursprungs) und bedeutet nichts anderes als Würgen, Abdrosseln, Zusammenschnüren, Beklemmen. Von angor leiten sich angores, angustiae, anxietas ab. Wie Schwidder ausführt, ergibt sich bei der Betrachtung dieser letzteren Angstbegriffe »fast eine kleine Neurosenlehre. Wo der Plural verwendet wird (angores), bezeichnet das Wort die Melancholie. Viele kleine Ängste werden in die Charakterstruktur eingewebt und zur Bedrückung. In dem Begriff angustiae kommt die Persönlichkeitsverarmung von der Beschränktheit bis zur Engherzigkeit zum Ausdruck. Anxietas bezeichnet den ängstlichen Charakter, der auch nach unseren Erfahrungen zwanghafte Sicherheitstendenzen und damit übertriebene Genauigkeit und Pedanterie entwickelt. Formido kennzeichnet eine gesteigerte Angst, die sich vom starken Schreck und Grauen herleitet... Die von verborgener Angst getriebene innere Unruhe, Erregtheit und planlose Hast, der wir bei den hysterischen Strukturen immer wieder begegnen, kommt in den beiden Begriffen sollicitudo und trepidatio zum Ausdruck.«[173] Schwidder weist darauf hin, daß im deutschen Sprachgebrauch die Differenzierungen verwischt werden. Sowohl im Französischen (peur, crainte, angoisse, anxiété) wie im Englischen (fear, fright, dread, anguish, anxiety, pang) gibt es mehr Begriffe als im Deutschen, in welchem wir praktisch auf Furcht und Angst angewiesen sind.

So faszinierend nun die sprachlichen Ableitungen scheinen, man wird sagen müssen, daß wohl vielleicht gewisse Nuancierungen bei den verschiedenen Begriffen mitschwingen, daß aber grundsätzliche Unterschiede nicht nachweisbar sind. Das ist zumal im Deutschen der Fall, innerhalb dessen sich die Grenzen zwischen Furcht und Angst völlig verwischen; in gewissen schweizerischen Dialekten findet sich das Wort Furcht und fürchten überhaupt nicht.[174] Auch die Dichter, die ja ein besonders feines Sprachgefühl besitzen, wenden Furcht und Angst unabhängig von der Gefahrsituation an.

Wie steht es nun mit der psychologischen Begründbarkeit einer Begriffsscheidung zwischen Angst und Furcht? Haben wir es als Psychotherapeuten – wie Freud noch meint – tatsächlich mit zwei verschiedenen Phänomenen zu tun? Entdecken wir bei unseren Patienten so etwas wie Furcht im Gegensatz zu etwas ganz anderem, das wir als Angst bezeichnen müßten? Selbst Benedetti fügt diesen Begriffen noch denjenigen der »vitalen Angst« oder »Bedrängnis« hinzu, wobei letztere »einen mehr oder weniger akuten, bis in die Nähe des Todes führenden Eingriff in die leibliche Organisation« darstellen. Der Mensch fühle sich durch akute körperliche Erkrankungen (Vergiftungen, Alkoholdelir, Agonie) »in der faktischen Möglichkeit seines leiblichen Weiterlebens unmittelbar bedroht«.[175] Ob ein Mensch an einer Carcinophobie leidet, die offensichtlich »grundlos« ist, weil keine medizinischen Anhaltspunkte für ein Carcinom vorliegen, oder an einer Carcinophobie, die »berechtigt« ist, weil eine tatsächliche Bedrohung durch Krebsmetastasen besteht, ändert den Angst- beziehungsweise Furchtcharakter keineswegs. In beiden Fällen bleibt das *Wovor* der Angst oder der Furcht nicht der Krebs, sondern die mögliche Folge, die Gefahr des Todes. Somit wird die Krebsangst zur Todesangst – und das Problem des Kranken betrifft nicht seine Krankheit (obwohl dies vordergründig so scheint), sondern seinen Tod. Indessen könnte man sagen, daß die »objektiv vorhandene« Todesgefahr eben deshalb *Furcht* erzeuge, weil die »objektiv vorhandene« Todesgefahr eben deshalb

Furcht erzeuge, weil die Möglichkeit des Todes in unmittelbare Nähe gerückt ist, während im andern Fall eine solche unmittelbare Bedrohung nicht vorliegt, weshalb das Auftreten der (unbestimmten) Angst angebracht sei. Allein das hieße nichts anderes als den Begriff der Angst nicht vom sich ängstigenden oder sich fürchtenden Menschen selbst her verstehen zu wollen, sondern vom Wovor der Angst her, also vom Vorhandensein oder Nichtvorhandensein eines Bedrohenden. Können wir aber je den Menschen in seiner Angst verstehen, wenn wir nicht von ihm selbst ausgehen?

Schwidder wendet die Begriffe Angst und Furcht »in sehr umschriebener Weise, wie es bereits Freud getan hat«, in der Neurosenpsychologie an. »Wir sehen bei unseren Patienten unbestimmte Angst in frei flottierender Form, also scheinbar ohne Objekt auftreten. In Wirklichkeit sind schon Objekt und Anlaß vorhanden, der Patient kann sie jedoch nicht wahrnehmen. Der Vorstellungsanteil seines Erlebens bleibt verdrängt. Andere Patienten berichten, daß sie »Angst vor etwas haben«, aber sie haben nur scheinbar vor diesem Objekt Angst. In Wirklichkeit ist es ein verschobenes, ein Ersatzobjekt, der wahre Anlaß und das Objekt bleiben dem Erleben unzugänglich. Wir können also als Angst ein Erlebnisphänomen mit gut beschreibbaren emotionalen und Empfindungsqualitäten, dessen wahres Objekt und dessen Anlaß dem Erleben unzugänglich bleiben, bezeichnen. Bei der Furcht dagegen kann der Erlebende die Beziehung zum wirklichen Objekt und Anlaß herstellen. So sind wir in der Therapie froh, wenn es uns gelingt, das Angsterleben in Furcht zu verwandeln. Denn während Angst einschnürt und lähmt, kann der Fürchtende der Gefahr ins Auge schauen, er kann sich entscheiden und handeln. Er hat die Möglichkeiten, die Gefahr zu meistern und daran Mut, Tapferkeit, Vertrauen und Zuversicht zu entwickeln, zu fliehen und die Furcht zu meiden, zu befürchten, sich um etwas zu sorgen oder das Überwältigende und die Begrenzung menschlicher Kräfte anzuerkennen und Ehrfurcht und Demut zu erleben.«[176] Das heißt nichts anderes, als daß die Angst im Menschen zu einer sogenannten asthenischen Reaktion führt – zu Lähmung, zum Sich-Aufgeben, Sich-Fallen-Lassen, während die Furcht eine sthenische Reaktion erzeugt – kraftvolle Abwehr. Sicher können wir sagen, daß eine erkannte Gefahr dem Menschen mehr Möglichkeiten der Angstabwehr bietet als das Unbekannte. Insofern ist das psychotherapeutische Bemühen, die »frei flottierende« Angst in eine bestimmte »Furcht vor Etwas« umzuwandeln, berechtigt. Allein keine empirische Beobachtung erlaubt uns den Schluß, daß Angst und Furcht beim Menschen zu verschiedenen körperlichen Reaktionen führen. Die sthenische Reaktion bedeutet Sympathikuswirkung, Gefäßverengung, Tonuserhöhung der Muskulatur, während die asthenische Reaktion eine parasympathische Vaguswirkung mit Gefäßerweiterung und Herabsetzung des Muskeltonus darstellt. Nun wissen wir aber aus zahlreichen Beobachtungen, daß verschiedene Menschen in der gleichen Gefahrensituation – also in der Furcht – einmal eine sthenische, ein anderes Mal ein asthenische Reaktion zeigen. Je nach der Persönlichkeit des Sich-Fürchtenden wird er sthenisch oder asthenisch reagieren, niemals aber wird seine Reaktion lediglich durch »die Angst« oder »die Furcht« bestimmt.

Es bleibt stets der *Mensch,* der »Angst hat«, »in Angst lebt«, »der Angst ausgeliefert ist«, »sich fürchtet«. Er kann in seinen existentiellen Möglichkeiten so eingeschränkt sein, daß er »von der Angst beherrscht« wird – doch immer ist er selbst der Ausgangspunkt. Und damit sind wir beim Wesentlichen angelangt: bei der *Befindlichkeit.* Diese ist nämlich maßgebend, nicht die äußere Gefahr, nicht die von außen kommende Bedrängnis. Denn wie könnten sonst verschiedene Menschen die gleiche Bedrohlichkeit völlig verschieden erleben? Die Angst entspricht einer möglichen Gestimmtheit des Menschen und ist abhängig von dessen Gesamtverfassung – von dessen Eigenständigkeit oder von der Abhängigkeit, dem Ausgeliefertsein an die äußere Bedrohung.

Frau Mathilde, die 39jährige Gattin eines Akademikers, wurde uns zur Behandlung überwiesen, weil sie an einer quälenden Carcinophobie litt. Die Carcinophobie stellt bekanntlich eine der destruktivsten Phobien dar. Selten wird ein Mensch so geplagt wie durch die Krebsangst – sie wird zum folternden Dämon für jene, die von ihr befallen werden, sie tyrannisiert aber auch die Familie, ja die ganze Umgebung des Patienten. War die Angst unserer Kranken berechtigt oder unberechtigt? In ihrer Familie sind mehrere Fälle carcinomatöser Erkrankungen bekannt; eine Tante starb während der Behandlung unserer Patientin an den Folgen eines Brustkrebses. Dies mag eine gewisse psychische »familiäre« Belastung für die Patientin darstellen. Auslösend jedoch für den akuten Angstanfall wirkte das eigene Erlebnis einer rechtsseitigen totalen Mamma-Amputation »wegen Krebsverdacht«. Sie selbst erlebte die Operation als »fürchterlich«; alle Versicherungen der operierenden Ärzte, die mikroskopische Untersuchung habe keine krebsverdächtigen Zellen aufgedeckt, fruchteten nichts (es handelte sich um ein gutartiges Adenom; die Totaloperation wurde offenbar deshalb notwendig, weil sich die Geschwulst in Mamillanähe befand und weil die Möglichkeit einer späteren Entartung in ein Malignom nicht auszuschließen war). Die Patientin wurde zunehmend depressiv, interesselos und apathisch. Sie vernachlässigte vollständig ihren Haushalt, die beiden Kinder, sich selber. Früher immer elegant und ihrem Stande gemäß gekleidet, trug sie jetzt wochenlang das gleiche Kleid und sah äußerlich, wenn auch nicht verwahrlost, so doch vernachlässigt aus. Sie streckte – wie eine Katze im Fallen – »alle viere von sich«.

Soweit nun, müßte man meinen, habe die Angst der Patientin doch einen einfühlbaren, realen Grund in der Möglichkeit einer krankhaften Bedrohung. Nicht unverständlicher scheint uns die Angst vor dem Herannahen einer tödlichen Krankheit zu sein als etwa diejenige vor einem angreifenden Raubtier. Und wer möchte das Verständnis der depressiven Ängstlichkeit einer Frau verweigern, die an ihrer fraulichen Leiblichkeit einen so verstümmelnden Eingriff ausstehen mußte? Wurde damit aber die Angst durch eine Bedrohlichkeit determiniert – und folglich zur Furcht? Leidet der Carcinophobe an Furcht oder Angst? Oder zeigt sich nicht gerade hier, daß eine solche Unterscheidung nicht nur nicht möglich, sondern sogar irreführend ist? Zunächst muß bemerkt werden, daß nach persönlichen Mitteilungen mehrerer Frauenärzte, die wir in dieser Sache befragten, die Anzahl der Frauen, die nach Mamma-Amputationen Angstzustände, insbesondere Krebsangst, erleben, eher gering ist. Nur wenige Patientinnen benötigen postoperativ die Hilfe eines Psychotherapeuten. Wir sehen aber auch am Beispiel unserer Patientin selbst, daß die Carcinophobie nicht einfach *Furcht* im oben beschriebenen einschränkenden Sinne bedeutet. Denn wenn die Furcht durch eine sogenannte »objektive« Gefahr »determiniert« wird, dann, müßte man meinen, würde sie aufgehoben, sobald die Gefahr behoben ist. Dergleichen war indessen bei unserer Patientin gar nicht der Fall, so wenig wie bei allen andern Phobien: der

Mensch, der sich vor Schlangen, Raubtieren, Gewittern, Katastrophen »fürchtet«, wird nicht furchtfrei angesichts des realen Fehlens der Gefahr. Er fürchtet sich *immer* vor Schlangen, ob sich eine solche in seinem Zimmer befindet, ob er sie auf der Kinoleinwand oder als Abbildung in einem Buch sieht, oder ob er sie sich nur vorstellt, sie ihm in den Sinn kommt, ja er von ihr lediglich träumt! Wir müssen daher annehmen, daß die Furcht etwas im Menschen Immanentes ist, das unter bestimmten Bedingungen an irgendeinem »Objekt« in Erscheinung tritt. In diesem Fall müßten wir nachweisen, daß die Furchtbereitschaft schon vor dem Auftreten des Gefürchteten im Menschen anwesend ist. Dies war bei unserer Patientin in eindrücklicher Weise der Fall – obwohl sie selbst ihre »Furcht« zeitlich auf die Operation beschränkte.

Mathilde war die einzige Tochter eines vor einigen Jahren verstorbenen, äußerst tüchtigen und gewissenhaften, in seinem Berufe aufgehenden Landarztes, dessen Frau starb, als das Mädchen sechs Jahre alt war. Da der Vater von seinem Beruf fast vollständig absorbiert war, wurde die Erziehung Mathildes von der Großmutter und einem Dreigestirn von ledigen Tanten übernommen, deren Erziehungsmethoden abwechselnd alle Formen von der maßlosen Verwöhnung bis zur kalten autoritären Versagung umfaßten. Sie hätte »eigentlich« ein Bube sein sollen; der Vater, die große Verwandtschaft, am allerwenigsten jedoch Mathilde selbst konnten sich damit abfinden, daß sie kein Stammhalter geworden war. Sie spielte denn auch nur mit den Buben des Dorfes, balgte sich mit ihnen herum und wurde auch von ihnen als vollwertiger Partner ihrer wilden Knabenspiele aufgenommen. Nur zwei emotionale Störungen trübten ihre Kindheit. Die eine war das Vermissen der unmittelbaren väterlichen Liebe – der Vater hatte keine Zeit für sie, war immer fort, und wenn er da war, dann nicht für sie. Ist es da erstaunlich, daß bei diesem Fehlen der väterlichen Geborgenheit sich auch eine zweite Störung bemerkbar machte, nämlich die Angst? Sie fürchtete sich vor allen möglichen unheimlichen Gewalten. Wurde im Dorfe ein Schwein geschlachtet – was in unseren Land- und Berggegenden so öffentlich geschieht, daß die Kinder zuschauen können und das Mark und Bein durchdringende Geschrei der Tiere bis ins letzte Haus hören müssen –, wurde ihr übel. Sie machte dann tagelang auf ihrem Schulgang Umwege um das betreffende

»Schlacht«haus, wurde deswegen von ihren Kameraden, ja selbst von Erwachsenen verspöttelt. Ihre kindlichen Phobien betrafen ferner die »unheimlichen Gestalten«, mit denen ihre Phantasie die Kellerräume des Hauses bevölkerte. Mathilde konnte ihre Angst so »beherrschen« und »verdrängen«, daß sie heute noch überzeugt ist, ihre Kindheit und Jugendzeit sei eine restlos glückliche gewesen. Nur selten gelang der Durchbruch der Angst: dann jeweils geriet sie in »Tobsuchtsanfälle«. Mit ihrem Vater konnte sie Auftritte provozieren, die in lautstarken Auseinandersetzungen endeten. Solche »Auftritte« wurden von ihr anscheinend grundlos herbeigeführt; sie benahm sich »hysterisch«, wollte sogar einmal aus dem Fenster springen. Auch in ihrer Ehe wiederholte sie dieses Verhalten, indem sie ihrem Ehemann gegenüber wegen kleinlicher Meinungsverschiedenheiten »explodieren« konnte. Sie war von jeher gespannt, betriebsam, unruhig. Es mußte stets etwas »los« sein, sie konnte »keine Sekunde ruhig sein«, rannte im Hause herum, raste mit ihrem Sportwagen in die Stadt, traf ihre Freundinnen und hatte tausenderlei Besorgungen zu machen.

Mathildes gefühlhafte Seite kam bei dieser Entwicklung entschieden zu kurz. Eine sexuelle Aufklärung fand nie statt, alles Triebhafte galt zu Hause (bei ihren ledigen Tanten) als schmutzig und sündhaft. Die Ehe, nach Angaben der Patientin »äußerst glücklich«, blieb in Wirklichkeit nicht viel anderes als eine konventionelle Partnerschaft. Die außerordentliche Verdrängungsbereitschaft der Patientin ermöglichte ihr auch, die nicht geringen Schicksalsschläge relativ gut zu ertragen: ihr Vater starb, nachdem er im tiefen Winter in der Praxis einen Hirnschlag erlitt; dann starb die von der Patientin geliebte Großmutter, schließlich eine Tante an Brustkrebs. Mathilde selbst mußte sich einer schweren Augenoperation unterziehen. Nachdem sie bereits einen zwölfjährigen Sohn hatte, der an Asthma und an Heuschnupfen litt, und nach einem Spontanabort im vierten Monat wurde sie wieder schwanger. Die Schwangerschaft verlief sehr schwer, die Patientin erkrankte an einer Nephropathie, erlitt eine Frühgeburt mit Todesgefahr für das Kind im Wochenbett. Damals mußte sie sich in psychiatrische Behandlung begeben, weil sie von Zwangsgedanken gequält wurde, sich selbst und ihr Kind umbringen zu müssen. Einige Monate später wurde eine Verhärtung in der rechten Brust festgestellt, was schließlich zur operativen Entfernung des Tumors führte. Seither suchte sie täglich ihren Körper nach neuen Tumoren ab – jeder entdeckte »Pickel« löste bei ihr panischen Schrecken aus.

Der Fall Mathilde zeigt also deutlich, wie vorsichtig wir in der »Klassifizierung« der Angst sein müssen. Der Begriff der »Furcht« als »gefahrbedingt« ist verwirrend und führt auf Abwege. Akzeptieren wir ihn, dann bleiben wir im Vordergrund stehen; wie etwa beim Schuldgefühl der eigentliche Ort der Schuld ganz woanders sein kann, als es zunächst erscheint, so läßt sich auch die Angst oft nicht »durchschauen«. Wie man aber in der Psychotherapie nie zum Urgrund des Menschen vordringen kann, wenn man nicht hinter die vordergründige Schuld (beispielsweise einer moraltheologischen Gesetzesschuld) bis zum einzig wirklichen, existentiellen Schuldgrund vorstößt, so wird man nie das Wesen der Angst erfassen, so lange wir uns in den Bereichen der sogenannten »Furcht« aufhalten. Allein, wie finden wir den Zugang zu dieser hintergründigen, echten Angst?

Verweigert uns die Patientin in ihrer »Verdrängungs«tendenz die Auskunft über den wahren Ur-grund ihrer Angst, so bietet uns gerade die Psychotherapie, und nur sie, einen hervorragenden Zugang, eine wahre via regia zur Erhellung eben dieses Verdrängten an: den *Traum.* War es zu Zeiten der Babylonier und Ägypter, ja noch im Alten Testament eine Selbstverständlichkeit, auf die Träume als Verkünder von Offenbarung und Wahrheit, als das Sprachrohr der Gottheit zu hören, so mußte diese Traumwirklichkeit in unserem Zeitalter erst wieder ent-deckt werden, allerdings nicht als Gemeingut der Menschheit, sondern »lediglich« als »technisches Rüstzeug« des Psychotherapeuten. Nicht einmal die klassische Psychiatrie mißt dem Traum mehr als eine bloß »symptomatische« Bedeutung zu. Hielt nun Freud bis zu seinem Tode an der mechanistisch-kausalen, dem vergegenständlichenden naturwissenschaftlichen Denken entspringenden Traum-»deutung« fest, so weist die *Daseinsanalyse* wesentlich neue Wege. Weder mittels einer einseitig regressiven Reduktion noch durch die Deutung von »Symbolen« oder »Bildern« gelangen wir zu einem tieferen, echteren Verständnis des Menschen, sondern ausschließlich dadurch, daß wir den träumenden Menschen ebenso in seiner Wirklichkeit zu verstehen suchen wie den wachenden. Das besagt aber nicht weniger, als daß sich des Menschen Dasein auch schon in seinem träumenden Erleben wesenhaft verwirklicht und so offenbar wird, daß wir unmittelbar davon be-troffen sind.

Unsere carcinophobe Patientin Mathilde erlebte den – vom »chirurgischen« Standpunkt aus »harmlosen« – Eingriff dermaßen vernichtend, daß sie mehrmals träumen mußte, ihr ganzer Körper falle blutig auseinander; in einem Traum grub sie ihr eigenes Grab, während sie ihren geistigen Zerfall wiederum träumend als Angst vor dem Verrücktwerden erlebte. Nun könnte jemand einwerfen, solche Träume seien im Anschluß an eine derartige Operation verständlich; sie seien nichts anderes als ein Nachschwingen der Seele rücksichtlich des körperlichen Eingriffs; sie seien nicht mehr und nicht weniger als die Folge einer eben erlebten tödlichen Bedrohung. Warum aber, so müßten wir uns dann ebenfalls fragen, kann die Patientin nicht auch im Traum aufatmend feststellen, daß sie die Operation überlebt hat, ihr die Geschwulst – vor der sie sich so fürchtete – entfernt wurde? Vor allem jedoch würden wir die Persönlichkeit Mathildes völlig außer acht lassen, wenn wir die Träume lediglich als »Folge« der Mamma-Amputation deuten würden. Denn im Traume unserer Patientin zeigt sich ihre existentielle Beengtheit, von der her nicht nur die Träume, sondern auch die ängstliche Fasziniertheit des jungen Mädchens beim blutigen Abschlachten von Tieren, ihre spätere Vorliebe zu »hysterischen« Selbstmorddrohungen (durchwegs mit einem Küchenmesser!), ja vielleicht sogar der schicksalsmäßige Einbruch ihrer Krankheiten und schließlich der verstümmelnden Operation verständlich wird. Der Ehemann Mathildes war stets schon überzeugt, daß bei ihr die Angst nicht als eine Folge der Operation auftrat, sondern als zum Wesen seiner Frau gehörend vorbestand und eigentlich zur Bildung eines krebsähnlichen Geschwüres führte! Jedenfalls entfaltet sich der Weltbezug unserer Patientin als ein solcher der Zerstückelung, des Zerfalls, der Vernichtung. Ver-nichtung heißt aber nichts anderes als die Möglichkeit des Daseins zur Nichtung, jenes Du-kannst-auch-nicht-da-sein. Von hier aus gesehen finden wir vielleicht den wahren Zugang zur Angst. Denn gerade Mathilde zeigt im Doppelaspekt des Horrors und der Faszination, daß die Haltung des Menschen angesichts des Nichts zweifach ist: er »verspürt die Versuchung, sich in diesen Abgrund zu stürzen, um so der Angst zu entgehen, wie ja die Angst die Preisgabe an das, wovor wir Angst haben, gerade provozieren kann, möglicherweise getrieben durch den Drang zur Selbstaufhebung, Selbstaufgabe, zur Destruktion...«[177]

Das Wovor der Angst ist das In-der-Welt-sein als solches – hörten wir von Heidegger; das Worum der Angst ist aber nicht einfach eine bestimmte Seinsart oder Möglichkeit des Daseins. Vielmehr erweist sich auch das In-der-Welt-sein selbst als das, worum die Angst sich ängstigt. »Das worum die Angst sich ängstete, enthüllt sich als das, wovor sie sich ängstet: das In-der-Welt-sein. Die Selbigkeit des Wovor der Angst und ihres Worum erstreckt sich sogar auf das Sichängsten selbst. Denn dieses ist als Befindlichkeit eine Grundart des In-der-Welt-seins. Die existentielle Selbigkeit des Erschließens mit dem Erschlossenen, so zwar, daß in diesem die Welt als Welt, das In-Sein als vereinzeltes, reines, geworfenes Seinkönnen erschlossen ist, macht deutlich, daß mit dem Phänomen der Angst eine ausgezeichnete Befindlichkeit Thema der Interpretation geworden ist. Die Angst vereinzelt und erschließt so das Dasein als ›solus ipse‹. Dieser existentielle ›Solipsismus‹ versetzt aber so wenig ein isoliertes Subjekt in die harmlose Leere eines weltlosen Verkommens, daß er das Dasein gerade in einem extremen Sinne vor seiner Welt als Welt und damit es selbst vor sich selbst als In-der-Welt-sein bringt.«[178] Befindlichkeit heißt »wie einem ist« – und in der Angst ist einem unheimlich; »unheimlich« meint die Unbestimmtheit des Daseins, das Nichts und Nirgends.

Nun ist das Nichts nicht einfach nicht, denn sonst wäre ja *das* Nichts tatsächlich eine contradictio, entspricht doch dem »das« immer ein »etwas«. Das Nichts ist aber auch nicht die Negation des Seins; wir könnten höchstens sagen, das Sein im Seienden werde begrifflich durch das Nichts eingegrenzt. Wie in der Mathematik die Null nicht nichts ist, die bloße Negation eines Seienden, die Leere, darstellt, so ist auch das Nichts keineswegs pure Negation oder Leere. Wenn wir demnach von einem Menschen sagen, er verfalle dem Nichts, sehe sich dem Nichts gegenüber oder stehe vor diesem, dann meinen wir damit immer »etwas«, womit also die Inhärenz des Nichts im Sein des Seienden dokumentiert wird. Im Seienden kann Leere sein, niemals aber in der Leere Seiendes. So ist eine privatio boni in der Selbstverfehlung möglich – doch nicht als Seinsminderung, wie v. Siebenthal meint, weil nicht das Sein, höchstens das Seiende gemindert sein kann –, nicht aber eine privatio mali, sofern man Malum und

Nichts identifiziert. Denn eine »Nichtsminderung« kann nicht eintreten. v. Siebenthal vergleicht es mit dem Gewicht, an dem man zu- oder abnehmen kann, während eine Zu- oder Abnahme der Gewichtlosigkeit eben unmöglich sei. Würde das Sein dem Nichts inhärieren, dann müßten wir es uns als eine Insel im Meere des Nichts vorstellen. Das Sein wäre vom Nichts umgeben. »Das eben ist sinnlos. Um etwas herum kann nur etwas anderes sein, aber nicht nichts. Sein kann nur im Sein wurzeln, nur im Sein und als Sein sein. Seiendes kann sich nur gegen anderes Seiendes abgrenzen, nicht aber gegen das Nichts. Es gibt daher keine Grenze ›zwischen‹ Sein und Nichts. Man kann nur vom Seienden zum Seienden schreiten, aber nicht in Konsequenz des (falschen) Satzes, das Sein inhäriere im Nichts, vom Seienden zum Nichts schreiten. Weil es also keine Grenze zwischen Sein und Nichts gibt, darum eben ist das Nichts mitten im Sein grenzenlos drin, steckt es in jedem Seienden. Aber das Seiende kann nicht im Nichts stecken.«[179] Daraus wird offenbar, daß gerade weil das Nichts im Sein inhäriert, es dem Seienden auch möglich ist, das Nichts zu erfahren. So bringt das ursprüngliche und unmittelbare Seinsverständnis in eins das ursprüngliche und unmittelbare Nichts-verständnis. Besser als die Negation des Seins könnte man das Nichts als eine »Drohung« gegen das Sein bezeichnen. Die Seinsbedrohung meint indessen nicht einfach die Möglichkeit des Todes, des Sterbens. Deshalb ist es auch fragwürdig, von einer »Lebensstruktur« oder »Todesstruktur« (v. Siebenthal) des Daseins zu sprechen. Das Dasein bleibt immer ein Sein zum Tode, es bedarf dazu keiner speziellen »Struktur«, und erst recht fehlt uns jegliche Berechtigung, eine »Lebens«- einer »Todes«-struktur gleichsam antipodisch gegenüberzustellen. Hingegen ist das Nichts eben jenes Etwas, das Seiendes nichtet, in dem Sinne etwa, daß das Dasein in seiner Selbstverwirklichung gefährdet ist. Von dieser Sicht aus wird die privatio boni verständlich: indem diese bereits das malum, das Böse, implicite enthält. Deshalb erweist es sich beispielsweise als ein Mißverständnis, wenn die bergsteigerische »Begegnung mit dem Nichts«[180] in diesem lediglich die antizipierte Möglichkeit des Sterbens und damit den Kampf gegen die nichtenden Momente im Bergsteigen erblickt. Noch weniger können wir das letztere selbst – um bei diesem Beispiel zu bleiben – als eine wesenhafte Begegnung mit dem Nichts sehen. Niemals gelangen wir zum Seinsverständnis, »indem wir das Sein gegen das Nichts abheben«, weshalb auch der Sinn des Bergsteigens nicht ein »intensiviertes Seinsbewußtsein durch Abhebung des Seins gegen das Nichts« sein kann. Angst hat, wer sich seine ihm zugehörigen Daseinsmöglichkeiten noch nicht als die seinen angeeignet und demgemäß sein Dasein nicht verwirklicht hat. Ähnlichen Gedanken verlieh H. Gartmann Ausdruck, wenn er über die Angst der Flieger berichtete. Angst, so meint Gartmann, entstehe »überall dort, wo Selbstverwirklichung im weitesten Sinne des Wortes in Frage gestellt, wo eine Erfüllung verunmöglicht wird, handle es sich bei dieser nun um den Fortbestand des Lebens, um die Befriedigung eines wichtigen Triebes, die Vollendung einer gestellten Aufgabe, eine innere Vollendung der Persönlichkeit oder irgendein Hinauswachsen über das eigene Ich. Wo dabei der Schwerpunkt liegt, hängt vor allen Dingen vom Wesen der betreffenden Persönlichkeit ab und von den Seinsmöglichkeiten, die ihr mit in die Wiege gegeben sind.«[181]

Damit eröffnet sich auch die Erklärung der Angst des Bergsteigens: nur jener, der sich »verstiegen« hat (im doppelten Sinne des Wortes), befindet sich in Gefahr, jener, der über sich selbst hinauswollte, nicht bei sich selber blieb. Darin liegt schließlich das prometheische Unterfangen jedes Menschen, der versucht, sich aus seinem Selbstsein zu versteigen und Gott werden zu wollen. Hier ergibt sich ferner das Verständnis der Angst der Diktatoren, jener Menschen, die den sichernden Urgrund des Menschseins verlassen haben und nun in ihrer Einsamkeit dem Nichts, der Selbstverfehlung, der Schuld gegenüberstehen.

Entspringt die Angst wirklich der Antizipation der Möglichkeit des Todes?[182] Ist – wie schon so oft behauptet wurde – letztlich jede Angst Todesangst? Ist sie derart mit dem menschlichen Dasein verbunden, daß letzteres als ein Sein-zum-Tode je schon in »Angst« ist? Dann bildet sie als Existenzial ein Modus des Daseins, und dieses wäre daher wie auch der endliche Mensch nicht denkbar ohne sie. Von da her müssen wir den Satz »zur wesenhaften Daseinsverfassung des In-der-Welt-seins« ... gehöre »die Angst als Grundbefindlichkeit«[183] verstehen. »Welt« bedeutet nach Heidegger im existential-ontologischen Sinne einen Charakterzug des Daseins selbst und ist als solcher die Lichtung des Seins. Jener Mensch, den in schwindelnder Höhe Angst überfällt, wird sich angesichts der drohenden Todesgefahr dessen bewußt, daß er seine Möglichkeiten in vermessener Weise überschätzt, also sich selbst verfehlt hat. Dies ist seine Schuld; erst von ihr her wird seine Angst verständlich und sinnvoll. Sie ist nicht mehr Todesangst, sondern, wie letztlich jede Angst, Schuldangst.[184]

Welche Bewandtnis hat aber die Schuld mit der Todesangst? Verhält es sich nicht so, daß häufig recht fromme und gesetzestreue Christen in unheimlicher Todesangst leben? Kann man auch da von Schuldangst sprechen? Gewiß, denn die Gesetzestreue schließt das Schuldigwerden an sich keineswegs aus. Jores erklärt zwar die Tatsache, daß die meisten Menschen ohne Angst sterben, durch das entscheidende psychologische Moment der Hoffnungslosigkeit, »noch einmal die Möglichkeit zu einem erfüllten Leben, zu einer Lebensentfaltung zu finden«.[184a] Hingegen sollen Kranke mit Herzinsuffizienz, insbesondere solche mit Angina pectoris und jene mit gestörter Atemfunktion, Angsterlebnisse in der Todesstunde erleiden. »Bei den zum Tode führenden Erkrankungen der Bauchorgane oder auch denen des Gehirns erlebt der Mensch keine Angst.« Nun, wenn wir die Bedeutung des Herzens und der Atmung für das menschliche Dasein kennen, verstehen wir auch, daß zumal dort, wo das »Herzhafte«, Gemüt- und Gefühlhafte bedroht wird, Angst eintritt. Jede Beengung der gemüthaften Lebensmöglichkeiten führt dazu. Die Lethargie, die hoffnungslose Selbstaufgabe, bildet jedoch keinen Gegensatz zur Angst, sondern oft eine Form der Angstabwehr. Die Angst verschwindet, wenn sich der Mensch »ins Unvermeidliche« schickt und er nicht mehr ausweichen kann – also auch angesichts des Todes. Daher sterben die Menschen in Konzentrationslagern wie die Tiere im Käfig, ohne Angst, aber stumpf und ergeben. Sie sind ja schon gestorben als Gefangene und entmenschlichte Menschen. Lebenserhaltung wird unwichtig, wenn Lebensentfaltung behindert ist.[185] Der Mensch ist – in wesentlichem Gegensatz zum Tier – relativ »instinktenthoben«, aus der »Zwangsjacke der Instinkthandlungen« weitgehend befreit. Wie er sein Leben gestaltet, bleibt ihm selbst anheimgestellt. Die »Lebensentfaltung« ist ihm als Problem, als Aufgabe gegeben. Jores gelangt allerdings zur Feststellung, daß der heutige Mensch in geradezu erschreckendem Maße diese Aufgabe vernachlässigt und »daß die heutigen Lebensbedingungen nicht zuletzt durch die technische Zivilisation ihm eine möglichst vielfältige Entfaltung seiner Möglichkeiten immer schwerer und schwerer machen«. Die technische Entwicklung hat zwar einerseits die »Möglichkeiten des Menschen zur Lebensbewältigung« unendlich vervielfacht, andererseits aber zur Bequemlichkeit wesentlich beigetragen. Die Technik nimmt dem Menschen so viel ab, »daß er sich selbst, oft rein passiv, von ihr bedienen läßt und eigene Fähigkeiten dabei verkümmern und brachliegen«. Deshalb ist auch der Beruf »eine höchst einseitige Beschäftigung geworden, von der wir nicht sagen können, daß sie ihn vielseitig beansprucht«. In Deutschland wurde eine Befragung bei einer repräsentativen Gruppe durchgeführt, die ergab, daß mindestens die Hälfte aller Menschen keine Befriedigung mehr in ihrem Beruf erfahren. »Wenn nun die Berufsarbeit getan ist, gibt der Mensch sich der sogenannten Zerstreuung hin, d. h. er erleidet wiederum passiv, ohne Entfaltung eigener Möglichkeiten, dieses oder jenes, lediglich um die Zeit auszufüllen, um nicht der Langeweile zu erliegen.«[186] Gerade der angstvolle Mensch wird in seiner vollen Entfaltungsmöglichkeit gehemmt. Jores findet hier den Anschluß an die Gewissensbildung und den echten christlichen Glauben, wenn er schreibt: »Damit taucht hier die Frage auf, ob der Mensch nicht ein Mitwissen um die Erfüllung jenes Grundgesetzes alles Lebendigen hat. Diese Frage müssen wir wohl unbedingt bejahen. Es gibt ein Mitwissen des Menschen darum, was eigentlich sein soll, was ihm adäquat und gemäß ist. Das ist sicher die tiefste Wurzel jenes Phänomens, das wir als Gewissen bezeichnen. Damit erhebt sich die Frage, ob nicht eine Quelle der Angst insbesondere des neurotisch gestörten Menschen auf einem tiefen, nicht bewußten Mitwissen darum beruht, daß er im Begriffe steht, sein Leben entscheidend zu verfehlen. Diese Angst wird und muß gleichzeitig auch Todesangst sein, denn jetzt droht ja das Schreckgespenst, von dieser Welt abtreten zu müssen, ohne die Aufgabe, die dem Menschen gestellt ist, wirklich vollbracht zu haben. Der Gedanke, der im christlichen Glauben seinen Niederschlag gefunden hat, ist ja außerordentlich naheliegend, daß, wenn dem Menschen das Leben als Aufgabe gegeben ist, daß er dann auch einmal wird Rechenschaft ablegen müssen, wie er diese Aufgabe bewältigt hat. Wir dürfen also sagen, eine Quelle der Angst ist das tiefe Mitwissen des Menschen um die Verfehlung seines Lebens. Hier verstehen wir jetzt auch das ungeheuer Alarmierende, das solche Angstzustände in sich bergen, insbesondere dann, wenn wir sie schon bei etwas älteren Menschen beobachteten, bei denen sie viel häufiger auftreten als bei Jugendlichen.«

Eine zweite, nicht weniger wichtige Quelle der Angst entspringt der Entborgenheit des modernen Menschen. Die Ungeborgenheit versetzt ihn in Angst, denn der Mensch bedarf der Geborgenheit zu seinem Leben. »Diese Geborgenheit liegt nicht nur in einer vertrauten äußeren Umgebung, sondern sie ist auch gegeben durch das Wissen um eine Ordnung, in der er steht, durch die Ausrichtung seines Lebens nach höheren, nicht von ihm selbst bestimmten Zwecken und Gesichtspunkten, sagen wir schlicht: durch einen Glauben.«[187] Daraus ergibt sich, daß der angstneurotische Mensch keinen »echten« religiösen Glauben besitzt, denn Angst und Glaube schließen sich so aus, wie Glaube und Liebe sich je einschließen. Timor non est in caritate.

Zweites Kapitel

Die Schuld im menschlichen Dasein

I. Moraltheologische und juristische Aspekte der Schuld

Die gemeinsame Besprechung der moraltheologischen und rechtlichen Schuldproblematik soll nicht implizieren, daß wir theologische und juristische Aspekte einander gleichsetzen. Wir sind uns des Unterschiedes in der Fragestellung beider Wissenschaften sehr wohl bewußt; andererseits beruhen sie doch zumindest auf einer wesentlichen Gemeinsamkeit: nämlich der Inbezugsetzung der Schuld zum Kollektiv, zur Gesellschaft und deren Gesetzen. Es liegt uns fern, theologische und juristische Probleme hier erschöpfend erörtern zu wollen. Das ist weder Sinn noch Aufgabe unserer Untersuchungen; dazu fehlt uns vor allem die Zuständigkeit. Und doch können wir diese Problematik nicht ignorieren, wenn wir uns als Psychotherapeuten mit dem Menschen befassen. Ist doch der Mensch nicht ein Individuum, das in einsamer Selbstbehauptung nur sein eigenes singuläres Dasein leben kann. Bleibt er nicht ebensosehr wie seiner Individualität zugleich dem Kollektiv verpflichtet? Daher erweist sich im Reifungsprozeß jeder Mensch und zumal jeder Neurotiker in seiner Schuld mehr oder weniger an moraltheologische oder juristische Normen verhaftet.

Die *Moraltheologie* hat sich schon immer mit dem Problem von Krankheit und Schuld beschäftigt; Schuld im theologischen Sinne aber ist Sünde. »Für die Theologie ist der Begriff der Schuld einer der grundlegendsten Begriffe, denn die Theologie hat es mit Gott zu tun und mit seinem Wort an den Menschen. Dieses Wort aber, das den Menschen in der Totalität seines Wesens anspricht, erklärt den Menschen als Sünder vor Gott, der von Gott und durch seine Tat erlöst wird.«[188] Damit wird die Abgrenzung der theologisch verstandenen Schuld von den Verstößen gegen die bürgerlichen sittlichen Ordnungen oder gegen das Strafgesetz deutlich; »Schuld im theologischen Sinne ist auch nicht bloß eine Fehlhandlung, insofern sich diese schädigend, zerstörend, krankmachend, mit der physischen oder gesellschaftlichen Umwelt in Konflikt bringend auswirkt. Sünde und Schuld gibt es vielmehr im theologischen Sinne nur dort, wo der von Gott angesprochene Mensch, Gottes Willen entsprechend, vor Gott und mit Gott handelt, wenn auch das verdrängende Nichtwahrhabenwollen dieser Tatsache, das Niederhalten dieser Wahrheit, nämlich der dialogischen Struktur der Schuld zu den wesentlichen Momenten der Schuld gehört und erst in der Umkehr aus Gnade eingestanden wird: tibi soli peccavi.« Nun gehört zum theologischen Begriff der Schuld das faktische freie und bewußte Handeln. Es gibt keine unfreiwillige und keine unbewußte Sünde. Jede Sünde ist ein Akt, eine Tat, begangen aus freiem Willen und in voller Erkenntnis ihrer Sündhaftigkeit. Daher ist sie niemals Krankheit, nie neurotisch oder unbewußt. Hier nähert sich der moraltheologische Schuldbegriff in gewissem Sinne dem juristischen, wenn etwa in Gutachtenaufträgen die Frage gestellt wird, ob ein Krimineller in das Unrecht seiner Tat genügend Einsicht (Erkenntnis, Bewußtheit) besaß und entsprechend seiner Einsicht auch handeln konnte (Willensfreiheit). Allerdings besagt Willensfreiheit keineswegs unbeschränkte Freiheit des Handelns. Wir können von zwei entgegengesetzten Möglichkeiten die eine wählen, nicht jedoch beide. Ich kann fortgehen oder hierbleiben, niemals aber sowohl gehen als auch bleiben. Es ließe sich vorstellen, daß wir in die Lage kommen, zwischen zwei »Übeln«, zwischen zweierlei Arten von Bösem, zwei Möglichkeiten des Schuldigwerdens zu wählen. Allein theologisch ist dergleichen nicht möglich. Der Mensch steht nie vor der Wahl zwischen zwei Sünden, sondern immer nur zwischen Rechtem und Unrechtem. Denn insofern die theologische Schuld stets auf Gott bezogen bleibt, kann der Mensch auch nur im sittlichen Akt schuldig sein oder unschuldig. »Insofern es nur Schuld vor dem einen und selben Gott und seinem einen und letztlich allein verpflichtenden Willen geben kann, kann es auch objektiv keine tragischen Situationen geben in dem Sinn, daß der Mensch nur zwischen dem einen oder dem anderen Schuldigwerden wählen könnte und daher, ob so oder anders wählend, immer schuldig werden müßte. Es kann sein, daß nur die Möglichkeit gegeben ist, zwischen zwei Handlungen, von denen jede unter bestimmter Rücksicht als schädigende Fehlhandlung betrachtet werden kann, zu wählen; es gibt aber objektiv keinen Situationszwang zur Schuld. Denn das würde den Widersinn bedeuten, daß Gott zum selben gleichzeitig verpflichte und eben dieses auch verwerfe.«[189] Rahner schließt daraus, es sei

»darum auch widersinnig und unsittlich, vom Lernen des Mutes zur Schuld zu reden und diesen zu empfehlen«, wohingegen der Mensch lernen müsse, auch mutig eine Handlung zu setzen, die unter bestimmten, engeren Aspekten ihn oder andere in einem bestimmten Teilbereich des Daseins schädige.

Zunächst stellt sich die Frage, ob der psychotherapeutische Begriff der Schuld sich mit dem theologischen decke. Die Theologie spricht von einer bewußten Schuld, die Psychoanalyse indessen auch von unbewußten Schuldgefühlen. Das heißt nichts anderes, als daß es eine Schuld ohne Schuldbewußtsein gibt und andererseits Schuldgefühle ohne Schuld. Der letzteren Formulierung werden wir bei der Besprechung der psychoanalytischen Konzeptionen wieder begegnen. Was meint aber: Schuldbewußtsein? Die *Schuld,* vom althochdeutschen *sculd* oder *scult* herstammend[190], bedeutet Verpflichtung, »was man soll oder schuldig ist, eine Verpflichtung oder Leistung, wozu man verbunden ist«.[191] Schuld in der ethischen Bedeutung der »culpa« wurzelt in der altgermanischen Rechtsanschauung, dergemäß »eine Übertretung durch Zahlung eines Wehrgeldes oder einer Buße ausgeglichen werden kann, ebenso der Kirchenlehre, die für jede Sünde eine satisfactio operis verlangt«, oder nach Grimm: »ein begangenes Unrecht, das wieder gut gemacht, gesühnt werden muß«.[192] »Bewußtsein« ist ein erst im 18. Jahrhundert von der deutschen Philosophie als Synonym der griechischen *syneidesis* und des lateinischen *conscientia* geschaffener Begriff und umfaßt gemäß dem Thesaurus linguae latinae sowohl die »communis complurium scientia« als auch den »animi status quo quis alicuius rei sibi ipse conscius est« (Kunz), mit andern Worten also nicht nur ein Wissen, vielmehr die Gesamtheit innerer Wahrnehmungen und einen dauernden Gegenwartsbezug bestimmter Gegenstände zum Ich.[193] Danach würde also das Schuldbewußtsein zwar Schuldgefühle mit einschließen, aber eben nur insofern diese letzteren »wahrgenommen«, d. h. bewußt werden. Ausgeschlossen bleibt »alles Unterbewußte, das nicht der Ichsphäre angehört«. Nun ist das Schuldbewußtsein, insofern sich »der Gewissensbegriff im Laufe der Zeit auf das Bewußtsein von der persönlichen Verpflichtung durch ein sittliches Sollen« eingeengt hat, auch eine Teilfunktion des Gewissens. Die scholastische Einteilung seiner Aspekte in vorhergehende, gebietende, warnende und nachfolgende, lobend-gute oder tadelnd-schlechte Gewissensfunktionen bedingt eine Deckung des Begriffs des Schuldbewußtseins mit dem des schlechten Gewissens.[194] Damit fällt auch der Begriff der Sünde, wie ihn Rahner vertritt, mit dem des schlechten Gewissens zusammen.

Rudin bezeichnet das Gewissen als eine Anlage der ganzheitlichen Menschennatur. Diese Anlage ist nicht von außen dem Menschen gleichsam mitgegeben oder angehängt, sondern »liegt als strukturgegebener Grundplan und als permanente Grundordnung im Inneren des Menschen. Es ist seine Natur selbst, insofern sie zu ihrer Ganzheitlichkeit und Einheitlichkeit als zu ihrem Ziel drängt und sich dazu verpflichtet weiß. Es handelt sich um das, was die Scholastik als Synderesis, besser: als Syneidesis bezeichnet hat...«[195] Diese Naturanlage manifestiert sich in den drei Dimensionen der intraindividuellen Sphäre, der sozialen Gebundenheit und der transzendenten Beziehung. Zur Dimension der intraindividuellen Sphäre gehören biologische und psychologische Anlagen, ob wir sie nun als Instinkte, als innere Gefühle, innere Wahrnehmungen, als Horme (v. Monakow) oder als Archetypen (C. G. Jung) bezeichnen. Die soziale Ausrichtung und Gebundenheit impliziert nicht, daß der Mensch in seiner Gewissensanlage von der Außenwelt, mithin von einem fremden Gewissen abhängig ist, da eine solche Auffassung »in Wirklichkeit kein Gewissen, sondern eine Gegengründung gegen das Gewissen, das den Menschen entpersönlicht und damit tief entmenscht«, darstellen würde. Wohl aber bleibt die menschliche Natur »zutiefst angewiesen und ausgerichtet auf ein soziales Feld, in dem allein sie ihre natürliche Entwicklung leisten kann«. Hier hat die katholische Philosophie die aristotelische These übernommen, dergemäß das Leben in der Gemeinschaft oder Gesellschaft für den Menschen konstitutiv ist. »Der Mensch ist keine in sich geschlossene Monade, sondern ein nach allen Seiten offenes Wesen. Er kann nur in der Gemeinschaft sein bestes Selbst realisieren.«[196] Die Spezifität der christlichen Auffassung des Gewissens zeigt sich indessen erst in der dritten Dimension, nämlich im transzendenten Bezug des Menschen zu Gott. Bereits Ovid sprach vom Deus in nobis, und Seneca, dessen Gewissen ein »Gott bei Dir, mit Dir, in Dir« ist, schrieb: »In uns wohnt ein Heiliger Geist, der Beobachter unseres Bösen und Guten.« So bleibt der Mensch also auch nach christlicher Auffassung in seiner Gewissensforderung der Stimme des persönlichen Gottes ausgesetzt. Auf Grund der Taufe findet für den Christen eine »tatsächliche Erhöhung und Umwandlung statt, eine Partizipation mit dem Göttlichen... Die Gewissensanlage erhält durch das innere Prinzip des Christenlebens, den Heiligen Geist, eine neue Kraft, die uns in alle Wahrheit einführen soll. Das Gewissen ist so auch das Organon Gottes, der die Würde der menschlichen Natur nicht nur wunderbar erschaffen, sondern noch wunderbarer erlöst hat, wie es in einem Gebet der Heiligen Messe heißt.«[197]

Nun bildet jedoch das Gewissen nicht nur eine festgelegte und verpflichtende Anlage der ganzheitlichen Menschennatur, sondern »es manifestiert sich endgültig als personale Entscheidung im Gewissensurteil« und realisiert insofern einen Akt der Freiheit. Dieses Gewissensverständnis meinen wir, wenn wir den Begriff des Schuldbewußtseins mit jenem des Gewissens vergleichen. Wir haben bereits auf die Conscientia antecedens hingewiesen, die den Menschen zum Guten ermahnt und damit die erste Phase des freien Entscheidungsaktes darstellt. Die zweite Phase wurde von den Scholastikern unterschiedlich spekulativ gedeutet, wobei Albertus Magnus und Thomas von Aquin eine intellektualistische, Bonaventura und Heinrich von Gent eine voluntaristische Theorie vertraten. »In diesem Bezirk der personalen Freiheit gibt es keine Bestimmung von außen mehr. Auch der katholische Christ steht in dieser Phase seines Gewissensentscheides nur für sich selbst da – und unterscheidet sich hierin weder vom Protestanten noch von einem wahren, wenn auch glaubenslosen Humanisten. Auch der katholische Christ muß diesem Gewissensurteil folgen, selbst in dem Falle, da dieses objektiv irrig sein sollte, selbst wenn es ihn von seiner Kirche trennen wird. Denn das Gewissensurteil ist absolut bindend. Es verpflichtet den Menschen vor sich und vor Gott. Hier gibt es keine Entschuldigung und keine Berufung auf Befehle militärischer oder kirchlicher Obrigkeiten. Das persönliche Gewissen ist unersetzbar, unauswechselbar. Jede Autorität gilt dann nur noch soviel, als sie sich vor einem reifen und geklärten Gewissensurteil als zuständige und bindende Instanz ausweisen kann.«[198] Wir denken hier auch an den Ausspruch des *Aquinaten:* »Der Glaube an Christus ist gut und heilsnotwendig; wenn aber einer Christ würde, der es für schlecht hält, an Christus zu glauben, dann würde er sündigen.« Das heißt doch nichts anderes, als daß nach katholischer Auslegung der Mensch sich auch von einem objektiv sich irrenden Gewissen leiten lassen kann. Der schuldlos Irrende, der nach bestem Wissen und Gewissen gehandelt habe, könne moralisch nicht verurteilt werden, selbst wenn er nach allgemeiner Überzeugung unmoralisch handelte. Damit wird das gesagt, was wir bereits von Rahner vernahmen, daß nämlich zum Tatbestand der Sünde das Schuldbewußtsein gehöre. Allerdings muß hier die einschränkende Bemerkung zugefügt werden, daß die Gewissensfreiheit keineswegs einer Willkürfreiheit ohne die verbindlichen Werte der Wahrheit und der sittlichen Ordnung gleichkommt. »Die Gewissensfreiheit darf kein Passepartout sein für eine fadenscheinige Allerweltsmoral.«[199]

So entschieden der Begriff der Sünde und Schuld moraltheologisch einheitlich dahin ausgelegt wird, daß neben der bösen Tat auch die volle Erkenntnis ihres Charakters und die Willensfreiheit vorausgesetzt sind, so handelt doch schon »das Alte Testament von Schuld aus Schwäche, Unachtsamkeit oder Unwissenheit – und von Sünden, die mit erhobener Hand, d. h. vorsätzlich, aus böser Absicht getan werden«.[200] Es heißt hier also deutlich »Unwissenheit«, und außerdem bleibt festzuhalten, daß auch Thomas v. Aquin die Ignorantia nicht schlechthin als mit dem Sündenbegriff unvereinbar auffaßt, vielmehr eine Ignorantia vincibilis und eine Ignorantia invincibilis unterscheidend, auch die Möglichkeit einer Verantwortlichkeit für die Unwissenheit nachweist.

Die Geschichte der christlichen Moraltheologie schließt zugleich die kirchliche Überlieferung des biblischen Offenbarungsgutes über Schuld und Sünde in sich. Die Väter-Theologie bewahrt noch die unmittelbare Verbundenheit mit der Heiligen Schrift. Theophilos v. Antiochien vergleicht die Schuld mit einer dunklen Quelle, aus der sich seit der Sünde im Paradies Mühe, Schmerz und Leid und schließlich der Tod über die Menschheit ergießen. Irrenäus v. Lyon sieht in ihr den Verlust des ursprünglichen Kleides der Heiligkeit, bewirkt durch Satan, der den Menschen von Anfang an umschlichen hat, damit er Gottes Gebiet übertrete.

Häufig bezeichnen die Väter die Sünde als »Tod der Seele«, so Augustinus: »Jeder, der sündigt, stirbt. Aber so sehr alle Menschen den Tod des Leibes fürchten, den Tod der Seele fürchten wenige.« Gregorius von Nazianz behauptet gegen Ende des 4. Jahrhunderts: »Jede schwere Sünde gibt der Seele den Tod«, und sein Zeitgenosse Gregorius von Nyssa glaubt, daß wegen der Verbundenheit von Leib und Seele »dem leiblichen Tod eine gewisse Ähnlichkeit zum Tod der Seele eigne. Denn wie im Fleische der Hinschied vom fühlbaren Leben als Tod bezeichnet wird, so nennt man auch bei der Seele die Trennung vom wahren Leben Tod.« Dementsprechend werden die leichteren Formen der Schuld von den Vätern mit Wunden oder Krankheiten der Seele verglichen. Diese aus der Schrift begründete Redeweise – »nicht die Gesunden bedürfen des Arztes, sondern die Kranken« – ist noch heute gebräuchlich, wirkte sich aber in der Beurteilung z. B. der Geisteskrankheiten oder hinsichtlich der somato-psychisch adäquaten Deutung mancher mit Schuld und Sünde zusammenhängender Leiden verwirrend aus.

Zahlreiche Sätze, die sich bei Augustinus finden, muten hingegen modern an. »Du magst Dich sichern wie Du willst, einem kannst Du nicht entgehen, Deinem Gewissen, wenn die Schuld Deiner Sünden zu nagen beginnt.« Oder: »Schuld ist die Folge einer Tat oder eines Begehrens gegen die Weisung des Ewigen Gesetzes.« Und wieder: »Von Gott trennt Dich nichts als einzig der böse Wille; reiße diese Scheidewand der Sünde nieder, und Du bist bei Gott«[201], ein Gedanke, den wir bereits bei Paulus ausgesprochen fanden.

Von Augustinus' Genialität angeregt – zumeist auf dem Umweg über Gregor den Großen und seine Werke –, versuchte die Früh- und Hochscholastik eine systematische Durchdringung und Verarbeitung der theologischen Problematik von Sünde und Schuld durchzuführen.

Nach Thomas von Aquin entsteht aus jedem Abweichen von der göttlichen Ordnung Schuld. Danach ist sie ein Kennzeichen der Sünde, sofern diese in ihrem eigentlichen, d. h. sittlichen Sinn verstanden wird. Voraussetzung dazu bleibt allerdings die wirkliche Einsicht in die Sachlage und die Freiheit des menschlichen Wollens. »Denn nur jenes Abirren vom geordneten Tun wird jemandem als Schuld angerechnet, über das er gemäß seinem Wollen Herr ist.« »Schuld liegt nämlich im ungeordneten Wollen.« Dieses ungeordnete Wollen ist nach Thomas Sünde, entweder ein Übertreten des Gebotenen oder ein Mißbrauch der Macht – jedenfalls immer (wie schon Augustinus sich ausdrückte) ein Reden, Tun oder Begehren wider das Ewige Gesetz. Solches Reden, Tun oder Begehren stellt nach der scholastischen Sprechweise das »Materielle der Sünde dar; das »Formelle« jedoch, welches die Sünde als solche begründet, liegt im Widerspruch gegen die Lex aeterna. Deshalb kann Thomas sagen: »Das eigentliche und volle Wesen der Sünde besteht in der inneren Abkehr von Gott.«[202] Sobald der Mensch sich in ungeordneter Weise den wandelbaren Gütern der Schöpfung zukehrt und damit sich von dem unwandelbaren Gut, will sagen von Gott, wegwendet, trifft ihn Schuld. Zwei Dinge sind also bei jeder Sünde zu beachten: die verkehrte Hinwendung zu den vergänglichen Gütern – was mehr ihren vordergründigen Aspekt bestimmt – und die innere Abkehr von Gott, dem höchsten und ewigen Gut – worin sich das eigentliche Wesen der Sünde vollzieht.

Seit der Thomas-Renaissance im vergangenen Jahrhundert sind diese Formulierungen der Hochscholastik in der katholischen Moraltheologie wieder stärker wirksam geworden. Indes greift man heute im Sinn einer ganzheitlich umfassenden Schau der moraltheologischen Belange auch auf außerscholastische Bestrebungen zurück. Komplementär zur systematischen Erarbeitung des theologischen Schuldbegriffs laufen nämlich andere Entwicklungslinien, deren Bedeutung nicht zu unterschätzen ist.

Einblicke in die zwischen der Mystik und dem Kirchenrecht stehenden liturgisch-seelsorgerischen Deutungen der Schuld gewinnen wir aus den Sakramentarien und den bis ins 12. Jahrhundert reichenden Bußbüchern, schließlich aus der Poenitenzialsumme und den pastoral-kasuistischen Werken, die nach der abendländischen Glaubensspaltung bereits ein psychologisches Verständnis miteinbeziehen. Ein dem Sittengesetz widersprechendes Verhalten »kann dem Menschen nur dann als sittliche Schuld angerechnet werden, wenn es im Wissen um die Unerlaubtheit und mit innerer Freiheit geschah. Ebenso wird schwere Schuld nur da entstehen, wo der Mensch um die Größe der Verfehlung weiß und sie trotzdem frei begeht. Wenn eine geistige Störung oder Überraschung oder eine anderweitige Hemmung freien Handelns in einem solchen Grad vorliegt, daß die personale Entscheidung ausbleibt, kommt es nicht zu schwerer Schuld, mag die Tat an sich noch so natur- oder gesetzwidrig sein. Im Einzelfall zu sagen, wer vor Gott persönlich schuldig geworden ist oder nicht, übersteigt jedes menschliche Vermögen und bleibt ein Geheimnis, das man Gott überlassen muß. Für diese innermenschliche Sphäre gilt das Herrenwort: Richtet nicht, damit auch ihr nicht gerichtet werdet! Wer die innerste Mitte der sittlichen Persönlichkeit eines Menschen – und nicht bloß die äußere sichtbare Handlungsweise, wie sie sich z. B. der amtlich-richterlichen Tätigkeit offenbart – letztlich nach Gut oder Böse beurteilen wollte, würde sich göttliche Rechte anmaßen und dadurch gegebenenfalls selber schuldig werden.«[203] Auch Weber betont, daß eine anscheinend sachlich-gerechte und äußerlich dem Sittengesetz entsprechende Handlungsweise für einen bestimmten Menschen innerlich sehr schuldbelastend sein kann, »dann nämlich, wenn der geforderte innere personale Anteil fehlt, der weit mehr ist als nur die gute Absicht«.

Sünde ist Schuld gegen Gott: Zerstörung der inneren Ordnung und Abkehr von ihm. Sie realisiert sich daher nicht als einfacher Verstoß gegen eine Gesetzesordnung, obzwar wir gerade in der christlichen Moraltheologie eine straffe Gesetzesordnung vorfinden, die sich zumal seit dem Tridentinischen Konzil entfaltet hat. Deshalb konnten Rahner und Schmaus im Anschluß an die Forschungen von Mörsdorf nachweisen, »daß die Tridentinische Gesetzgebung im Lauf der Jahre eine überstarke kasuistische Ausklügelung der einzelnen sündigen Veschuldungen der Menschen in schwere und läßliche mit sich brachte, und daß die Glaubenslehre dieses Konzils, wonach die sakramentale Lossprechung des Priesters ein richterlicher Akt ist, in der Folgezeit zu sehr nur nach der Seite des Richtens über schwere oder nicht schwere Sünde angeschaut wurde«.[204] Nun eignet indessen gerade der im Christentum gewährten Begegnungsmöglichkeit mit der Schuld in der Richtung auf die Vergebung und die Verzeihung hin ein gegenüber dem rechtlichen und gesellschaftlichen Standpunkt völlig neuer und differenzierter Aspekt. Den Gegenpol zur Schuldhaftigkeit bildet hier nicht die Strafe, sondern die Liebe, in der auch ein schuldbeladener Mensch sich geborgen fühlen kann. Im »Vergib uns unsere Schuld, wie auch wir vergeben unseren Schuldigern« (Mt. 6, 12) ist bereits jene aus der Liebe entspringende Befreiung von der Schuld aufgewiesen. Noch deutlicher sagt *Christus* und trifft damit jene richterlichen Moraltheologen und Seelsorger mit aller Schärfe, die weltliche und christliche Rechtsprechung nicht unterscheiden können: »Du sollst deinen Nächsten lieben wie dich selbst«; und: »Wie ich euch geliebt habe, so sollt auch ihr einander lieben, und daran sollen alle erkennen, daß ihr meine Jünger seid, wenn ihr einander liebt.« Jedoch vollzieht sich im Christentum die Aufhebung der Strafe als direkte Folge der Schuld nicht allein auf Grund des Angenommenwerdens des schuldigen Menschen in der Allmacht der Liebe, vielmehr wird von diesem die Einsicht in sein Schuldigsein zur Erlangung des Heils verlangt, seelsorgerisch gesprochen die Reue. Da das Eingestehen des mea culpa zumeist schwerfällt und der Mensch es nicht liebt, an seine Schuld und die Notwendigkeit der Auseinandersetzung mit ihr erinnert zu werden, verstehen wir leicht, warum das Schuldgefühl so häufig aus dem Bewußtsein verdrängt wird. Die christliche Religion stellt indessen der Schuld nicht nur die Liebe entgegen, sondern auch die *Gnade*, auf Grund deren erst die Möglichkeit einer Schuldentlastung besteht. Gnade ermöglicht die Vergebung der Schuld.

Die alltägliche Begegnung mit den Schuldgefühlen und mit der Schuld entspricht im allgemeinen nicht der christlichen Auffassung; vielmehr spiegelt sie weitgehend die innere Einstellung des schuldigen Menschen zu seiner eigenen Schuldhaftigkeit wider. Wesentlich dafür bleibt der Einfluß von Kultur und Weltanschauung, der Einfluß gesellschaftlicher Normen, ferner das Nachwirken einer individuell strengen oder freien Erziehung, letztlich jedoch die Macht der öffentlichen Meinung und der davon abhängigen Angst. Diese Angst bestimmt auch jenes mit dem Begriff der Schuld untrennbar verbundene Anliegen unserer Gesellschaftsordnung: die Strafe. Die Schuld kann als solche nicht in sich bestehen; ohne Sünde und Strafe wäre sie wie ein Pol ohne Gegenpol, ein einseitig ausschlagendes Pendel. Diese Entsprechung entspringt einem den Menschen einwohnenden Bedürfnis, das im wesentlichen die Begegnung mit der Schuld, beziehungsweise mit dem schuldigen Menschen im alltäglichen Leben kennzeichnet. In jenem Strafbedürfnis liegt nun mindestens eine Wurzel auch des *juristischen* Bezugs zur Schuld. Die andere Wurzel dürfte sozusagen in den kollektiven Boden reichen, so nämlich, daß der einzelne gegenüber der Gesellschaft schuldig werden kann und die letztere sich vor ihm schützen muß. Die wichtigste Entsprechung der juristischen Schuld besteht also nicht wie im Christentum in der Vergebung und Verzeihung, sondern in der Strafe und Sühne.

Nach Engisch[205] sieht der Strafjurist den Begriff der Schuld als Zentralbegriff des Strafrechts an. Nach dem Grundsatz »nullum crimen sine lege« muß ein »gesetzlicher Tatbestand« erfüllt sein,

z. B. eine Tötung, Körperverletzung, Freiheitsberaubung, ein Widerstand gegen die Staatsgewalt o. a. vorliegen, und zwar ohne besonderen Rechtfertigungsgrund (wie z. B. Notwehr, Notstand), wenn die Frage nach der strafrechtlichen Schuld überhaupt gestellt werden soll. Ist jedoch ein gesetzlicher Tatbestand erfüllt, so muß nach dem sogenannten »Schuldprinzip« die Frage aufgeworfen und beantwortet werden, ob dem Täter aus seiner tatbestandsmäßigen, nicht gerechtfertigten (»rechtswidrigen«) Tat ein Vorwurf gemacht werden kann. Ein strafrechtlicher Schuldvorwurf setzt sowohl nach gesetzlicher Vorschrift wie nach richterlicher Praxis das Vorliegen einer »Schuldform« (Vorsatz oder Fahrlässigkeit) voraus, die Zurechnungsfähigkeit, das Fakten eines Entschuldigungsgrundes. Vom philosophischen Standpunkt aus stellt sich dann allerdings das Problem, ob der strafrechtliche Schuldvorwurf nicht gerade voraussetzt, der Täter hätte »anders handeln können als er gehandelt hat«. Bedeutet der Schuldvorwurf nicht, daß der »Kriminelle« von seiner »indeterministisch« gedeuteten Willensfreiheit falschen Gebrauch gemacht hat? Der Streit zwischen Determinismus und Indeterminismus spielt in der Strafrechtsphilosophie der Gegenwart immer noch eine erhebliche Rolle. Engisch vertritt den von Schopenhauer entwickelten und von vielen Juristen akzeptierten Standpunkt, daß ein Schuldvorwurf nicht nur auf dem Boden des Indeterminismus, sondern auch auf der Grundlage des Determinismus sinnvoll ist. Wenn man eine »Charakterschuld« für möglich hält, und jeder demzufolge für das einstehen muß, was er getan hat, weil er für das einstehen muß, was er *ist*, dann haben Schuldvorwurf und Strafe den Sinn, auf den zum Verbrechen geneigten Charakter dergestalt einzuwirken, daß strafbare Handlungen unterbleiben. Diese Ansicht wird allerdings heute immer mehr in Frage gestellt. Über den Wert der Strafe als präventive Maßnahme sind sich weder die Juristen noch die Psychologen einig. Germann hat aber bereits 1942 darauf hingewiesen, daß im Strafrecht das Schwergewicht »mehr und mehr von der Schuld der einzelnen Tat auf den Täter verschoben wird«.[206] Zugleich wurde dadurch der früher fast ausschließlich auf dem formalen Vorsatz beruhende Schuldbegriff im Sinne eines umfassenden »lebensvollen« normativen Schuldbegriffes vertieft. Die Bewertung erfolgt somit auch nach Gesichtspunkten, die die Persönlichkeit des Täters beleuchten. »Die Persönlichkeit der Verbrecher ist nicht einfach rationalistisch bloß nach ihrer Vorstellung und ihrem abstrakten Willensentschluß zu erfassen. Maßgeblich ist hierfür auch eine Reihe anderer emotionaler und irrationaler Momente. Sie geben erfahrungsgemäß häufig den Ausschlag bei der Genese des Verbrechens und sollten entsprechend künftig noch viel mehr berücksichtigt werden. Das Verbrechen ist durchaus nicht immer planmäßige Tat gemäß einem klar gefaßten Willensentschluß.[207] Mit dem Problem der Verbrecherpersönlichkeit hat sich u. a. auch Plant befaßt, wobei er neben charakterologischen auch sozialpsychologische und psychopathologische Kriterien diskutiert. Unter anderem erwähnte er auch die Auffälligkeit, daß alle »Verbrechertypen« in soziologischer oder sozialpsychologischer Beziehung darin übereinstimmen, »daß sie nicht nur die Normen der Gesellschaft durch ihr Benehmen verletzen, sondern daß sie durch ihr Verhalten auch manifestieren, daß sie keinerlei Verständnis für das haben, was wir unter dem sehr weiten und sicherlich sehr vagen Begriff der Öffentlichkeit, der öffentlichen Meinung usw. zu begreifen und darzustellen suchen«.[208]

Wie wenig geheuer es dem Recht selbst bei der juristischen Auffassung der Schuld ist, verrät die Tatsache, daß nicht allein dem Kollektiv, von dem aus gesehen eine Tat als schuldhaft und damit strafbar erscheint, sondern auch dem »schuldigen« Individuum Recht gewährt werden soll. Dies heißt, daß das Recht zwischen Schuld (»objektiv«, von der Gesellschaft her beurteilt) und Schuld (»subjektiv«, vom Täter her gesehen) unterscheidet. Beispielsweise kann ein Mensch einem Bauern Äpfel stehlen und wird dadurch im Sinne des Gesetzes eines Diebstahles schuldig. Gibt er sie einem hungernden Kinde, verwandelt sich die Intention in eine gute, und die schuldhafte Tat geschieht lediglich akzidentell. Darüber hinaus billigt das moderne Recht sogar dem Schuldigen gewisse Möglichkeiten der Schuldenthebung zu, die wir bereits bei der moraltheologischen Schuldauffassung antrafen. So wie hier neben der Schwere der Tat das Wissen um ihre Verwerflichkeit und die freie Willensentscheidung als konstitutive Momente mitberücksichtigt werden, so fragt entsprechend unsere Gerichtsbarkeit nach der Zurechnungsfähigkeit des Schuldigen, wobei sie sich auf psychiatrische Begriffe stützt. Im übrigen ist die Anleihe, welche das Strafrecht bei der Psychiatrie macht, recht zweifelhaft. Während der juristische Schuldbegriff die Ansicht miteinbezieht, daß eine kriminelle Tat entweder *schlechten* Motiven oder der *Krankhaftigkeit* des Täters entspringt, ist für den Psychiater jeder Mensch, der selbst leidet oder andere leiden läßt, ein »Kranker«. M. Bleuler führte dies in einem Vortrag vor Juristen aus: Wenn der Jurist den Arzt fragt, ob die Willensbildung auf Grund einer Beeinträchtigung der geistigen Gesundheit erfolgt sei, so meint er stillschweigend: war der Täter krank oder nicht einfach schlecht?, während vom ärztlichen Standpunkt aus auch der schlechteste Mensch krank ist, die Schlechtigkeit als solche eine Beeinträchtigung der geistigen Gesundheit darstellt. Nun wirkt die Krankheit an sich allerdings nicht ohne weiteres schuldenthebend. Die Psychopathie beispielsweise wurde als eine Krankheit definiert, bei der gewisse angeborene Charakterzüge zu Verstößen gegen die Anforderungen von Kultur und Gesellschaft führen. Schlechte Menschen gehören daher zu den Psychopathen, wobei ihre Psychopathie um so schwerer wiegt, je schlechter sie sind. Es würde also den Sinn des Strafgesetzes, ja, jeder Rechtsordnung auf den Kopf stellen, sagt Bleuler, wollte man einen solchen der ärztlichen Denkweise entsprungenen Begriff durchwegs mit einer Beeinträchtigung der geistigen Gesundheit im Sinne des Laien, des Strafgesetzes gleichsetzen. Die Schlechtigkeit des Täters kann nämlich, auch wenn sie krankhaft ist, nie ohne weiteres als Entschuldigungsmotiv dienen. »Wenn jene Psychopathie eines Täters, die nur in einer Schlechtigkeit besteht, eine Beeinträchtigung der geistigen Gesundheit bedeutete, dann wären nur noch charakterlich anständige, gute Täter dem Strafgesetz unterworfen. Als Überschrift könnte man dann auf das Strafgesetz schreiben: Voll bestraft wird nur der moralisch hochwertige Täter, der schlechte Täter wird um so milder behandelt, je schlechter er ist.«[209] Das gleiche gilt von den neurotischen Kriminellen. Die kriminelle Tat und das Vorliegen einer Neurose allein genügen niemals, um einen Menschen der Schuldhaftigkeit zu entheben. Sonst ließe sich jedes Verbrechen als psychopathisch, neurotisch und krankhaft erklären. Hier gilt die althergebrachte Formel des »comprendre, c'est tout pardonner« einmal nicht. Das Schweizerische Strafgesetzbuch nimmt denn beispielsweise eine Unzurechnungsfähigkeit nur dann an, wenn der Angeschuldigte zur Zeit der Tat wegen Geisteskrankheit, Blödsinns oder schwerer Störung des Bewußtseins nicht fähig war, das Unrecht seiner Tat einzusehen oder gemäß seiner Einsicht in das Unrecht der Tat zu handeln. Also müssen entweder die intellektuellen Fähigkeiten eine klare Erkenntnis unmöglich machen, oder die affektiven, triebhaften und charakterlichen Eigenschaften des Kriminellen verhindern eine freie Willensbildung. Es kann – immer in bezug auf die angeschuldigte Tat – das eine oder andere oder beides fehlen. Angeklagte, die zur Zeit der Tat in ihrer geistigen Gesundheit oder in ihrem Bewußtsein beeinträchtigt oder geistig mangelhaft entwikkelt sind, so daß ihre Fähigkeit, das Unrecht der Tat einzusehen oder gemäß dieser Einsicht zu handeln, herabgesetzt ist, fallen im schweizerischen Strafrecht unter den Begriff der verminderten Zurechnungsfähigkeit, welche dem Richter die Möglichkeit gibt, das Strafmaß entsprechend herabzusetzen.[210]

Die Verhältnisse sind jedoch in der Praxis nicht so einfach, wie sie aufgrund der hier dargelegten Bestimmungen scheinen. Vielfach handelt es sich um *Ermessensfragen*. Der psychiatrische Entscheid kann in vielen Fällen nicht nach wissenschaftlich genau festgelegten Normen gefällt werden. Somit kommt es nicht selten vor, daß der gleiche Delinquent von verschiedenen Gutachtern hinsichtlich der Zurechnungsfähigkeit verschieden beurteilt wird. Damit soll nichts gegen die »Objektivität« der Psychiater gesagt sein. Es geht uns nur darum aufzuzeigen, in welch schwieriger Position er sich befindet und wie die Situation von der Sache her erschwert wird. In jüngster Zeit allerdings wurden auch von psychiatrischer Seite selbst her die Gerichtsgutachten unter Beschuß genommen. In der »Schweizerischen Ärztezeitung« (Ausgabe vom 19. März 1975) erklärte Miéville, die Verantwortung des Täters sei ein strafrechtlicher, nicht ein medizinischer Begriff. Der Psychiater könne nicht den Richter ersetzen und an dessen Stelle Urteile fällen. Er dürfe auch nicht Komplize bei der repressiven Rolle der Gerichtsbehörden sein. Kein Experte, so meinte er, sei absolut neutral und völlig objektiv.

Letzteres mag zweifellos stimmen, doch sei hier an die Worte von K. Schneider erinnert, der meinte, ein Gutachten dürfe nicht den Ehrgeiz haben, alle Fragen beantworten zu können, aber müsse den Willen aufbringen, »mit unseren Mitteln, die begrenzt sind wie die jeder empirischen Wissenschaft, redlich und sauber zur Findung eines innerhalb menschlicher Möglichkeiten wenigstens annähernd gerechten Urteils beizutragen«.[211]

Eine andere Frage, die allerdings dem psychiatrischen Experten mehr am Herzen liegt, ist jene nach den zu ergreifenden Maßnahmen, beziehungsweise nach den therapeutischen Möglichkeiten. Das Schweizerische Strafgesetzbuch sieht in gewissen Fällen die Möglichkeit des Strafaufschubs und der Schutzaufsicht vor, wenn entweder eine ambulante Psychotherapie oder die Einweisung in eine Heil- oder Pflegeanstalt indiziert ist. Nun muß allerdings gesagt werden, daß gerade die Psychotherapie von Delinquenten eine äußerst heikle Angelegenheit ist. Zur Psychotherapie gehört neben dem eigenen Willen auch ein gewisses Maß an Einsicht sowie ein gewisses Maß an intakter Persönlichkeitsstruktur. All dies fehlt bei psychisch Schwerkranken wie bei schwer Kriminellen. Immerhin hat der frühere therapeutische Nihilismus doch einer anderen Schau Platz gemacht. Es gibt zweifellos ein großes Angebot an psychotherapeutischen und medikamentösen Behandlungsarten, die mit Erfolg angewendet werden können. Erfahrungen in der Therapie von Rechtsbrechern sind beispielsweise ausführlich in der ausgezeichneten Monographie von Engel beschrieben.[212]

Wir selbst hatten einen 21jährigen jungen Mann zu begutachten, der in großem Ausmaße Drogenhandel betrieben hatte. Die Welt, in welcher der Explorand zu Hause war, ist die Welt der Drogen und der Ausgeflippten. Die Arbeitsplätze kamen ihm leer und fade vor, die bürgerliche Welt langweilte ihn, auf seinen Reisen fühlte er sich einsam, aber inmitten der Rauchschwaden einer muffigen Bar und mit seinen Kollegen fühlte er sich wohl. Die Einstellung des Angeklagten dem Leben gegenüber war durch eine fatalistische Resignation gekennzeichnet, gemischt mit der inneren Ablehnung der bestehenden Gesellschaftsordnung, jedoch ohne klares politisches Ziel und ohne den Versuch, seinem Leben einen eigenen Sinn abzugewinnen. Das Weltverhältnis dieses jungen Mannes könnte kaum besser dargestellt werden als durch jenen Brief, den er zwar nicht selbst, sondern eine Freundin an ihn geschrieben hatte. Diese nämlich war von der Welt, in der wir alle leben und von der wir geprägt sind, ebenso enttäuscht wie ihr Freund. Sie fragte sich, wie sie ihn »aufstellen« könne, nachdem die »Arschficker« ihn ins »Jail« gesteckt hätten. Das Leben sei total vor die Hunde gegangen. »...zog ich doch aus nach dieser Stadt, um vom Egotrip wegzukommen. Aber: was kümmern mich denn eigentlich diese Zuhälter und Huren, diese US-Europa-Symbiose. Bloß weils meine

Eltern sind und ich die gleiche Sprache spreche. Fuck! Ich will mich nicht in Whisky-Schleier kuscheln, um zu vergessen, daß es nicht Liebe ist, was in der stickigen Lüge eines Dancings durch meine Schenkel jagt... einmal muß es mir ja gelingen das ganze Europagerümpel von den Schultern zu schütteln!... Aber auch die Zukunft, auch sie kann mir gestohlen bleiben!« Zürich wird in diesem Brief schlicht als Paranoia-City apostrophiert. Der Expl. selbst bemerkte zu diesem Brief, daß es ihm genauso zumute gewesen sei wie seiner Freundin, von der er übrigens nichts mehr gehört habe.

Bei dem wegen Drogenhandels Angeklagten handelte es sich um einen leptosomen, bleichen und schwächlichen, aber nicht krank wirkenden jungen Mann, der auch seiner äußeren Erscheinung nach (Kleidung, schulterlanges Haar, leichter Bartwuchs) den Typus der Drogensubkultur anschaulich vertrat. Affektiv war er sehr zugänglich. Man hatte keinerlei Mühe, mit ihm ins Gespräch zu kommen. Er wirkte offen, ehrlich, eher scheu und zurückhaltend. Irgendwelche Anzeichen einer durchgemachten, bestehenden oder beginnenden Geisteskrankheit waren nicht feststellbar. Auch bestanden keine schweren charakterneurotischen Symptome, mit Ausnahme vielleicht einer gewissen Persönlichkeitsveränderung, die zum Teil lebensgeschichtlich erklärt, zum Teil aber die Folge der (Drogen-)Milieueinwirkung gewesen sein dürfte, der er in den letzten Jahren ausgesetzt war. Als Persönlichkeit wirkte er eher flach, interesselos, resigniert und aggressionsgehemmt. Es fiel auch auf, mit welcher Distanz und gemütsmäßiger Gleichgültigkeit er seine Lebensgeschichte und das Verhältnis zu den Eltern darstellte. In sexueller Hinsicht schien er noch recht unreif zu sein. Verhältnisse mit Mädchen gingen bei ihm nie tief, er löste sie jeweils auch mühelos auf. Die Tatsache, daß ihn auch seine letzte Freundin offenbar im Stich gelassen hatte, quittierte er mit einem Achselzucken.

Gleichzeitig aber hatte man den Eindruck eines durchaus präsenten und intelligenten Geistes. Seine Ausdrucksweise war klar, Auffassung, Konzentrationsvermögen, kurz alle psychischen Grundfunktionen waren intakt. Zwischen seinen intellektuellen Möglichkeiten und seiner Lebensführung, im besonderen seiner beruflichen Tätigkeit (sowie sie vorhanden war) klaffte eine große Lücke. Er machte den Eindruck eines empfindsamen, psychasthenischen Jugendlichen, dem offensichtlich von seiten seiner Bezugspersonen zu wenig Hilfe und Zuwendung zuteil geworden war, um einen positiven Bezug zur männlichen Identität zu finden und sich im Vertrauen auf seine Fähigkeiten durchsetzen und bewähren zu können. Er mußte immer wieder die Aussichtslosigkeit seiner Bemühungen um Anerkennung in seiner Umgebung erleben, so daß er in dem Bewußtsein lebte, nicht verstanden zu werden und aus eigener Kraft sehr wenig ausrichten zu können. Aus dieser Situation heraus war es für ihn auch unmöglich, eine seinen Fähigkeiten angemessene berufliche Tätigkeit zu finden, so daß er heute weit unter seinem Niveau lebte.

Ausschlaggebend für seine Entwicklung dürfte wohl zunächst einmal die Unmöglichkeit einer Identifizierung mit dem Vater gewesen sein, von dem er sich abgelehnt fühlte, wobei vermutlich der Vater in einer eifersüchtig-rivalisierenden Beziehung zu seinem Sohn stand, und dieser ebenfalls sehr starke Abhängigkeitswünsche zur Mutter hatte. Man hatte den Eindruck, daß der Vater eine anonyme Macht darstellte, zu dem er weder jemals in ein partnerschaftliches Verhältnis als auch ebenso wenig in eine aggressive Beziehung treten konnte. Vielmehr versuchte er deshalb, sich mit der Mutter zu identifizieren, in der Hoffnung, so liebenswerter zu sein und die Zuwendung des Vaters durch Unterwerfung zu gewinnen. Er hatte wohl den Wunsch nach Akzeptation durch den Vater nie aufgegeben und suchte auch heute nach einer Vaterfigur, nach einer starken Persönlichkeit, die eine Beschützerrolle übernehmen könnte. In diesem Zusammenhang war wohl die absolute Aggressionshemmung zu sehen. Der Möglichkeit, aggressiv zu reagieren, versuchte er dadurch weitgehend aus dem Wege zu gehen, daß er sich über den Weg des Suchtmittels beruhigte. Die Neigung zur unmittelbaren Befriedigung war so stark und wohl auch als Konfliktvermeidung bewährt, daß die Bereitschaft zur Sucht noch gesteigert wurde.

Es bestand eine sehr starke Bindung an die Mutter und das Bedürfnis nach der häuslichen Geborgenheit des gedeckten Tisches. Überhaupt waren seine Umweltsbeziehungen gekennzeichnet durch immense Abhängigkeitswünsche und die Sehnsucht nach menschlicher Nähe, die er auch irgendwie in den Outsider-Gruppen gefunden hatte. Er lebte sehr stark in einer Wunschwelt, obgleich er durchaus die Realität richtig einschätzen konnte, aber diese war eben zu frustrierend für ihn, so daß er immer wieder den Rückzug in eine sorgenfreie Vorstellungswelt wählte. Obwohl er in seinem Verhalten eher gefühlsmäßig gedämpft und distanziert wirkte, hatte er den starken Wunsch nach einer intensiven Beziehung und brachte eine außerordentliche Bereitschaft zu Hingabe und Faszination mit. Hier lag eben auch seine Gefährdung. Er war bereit und sogar auf der Suche danach, sich jemandem völlig in den Dienst zu stellen, sofern er sich über eine partizipierende Haltung geborgen und akzeptiert fühlen konnte. Er brauchte den Anstoß und die Sanktion von anderen, um sich für eine Sache einzusetzen, und konnte dann auch seine Intelligenz, seine Fähigkeiten im Kombinieren und Organisieren aktivieren. Er gehörte in die Gruppe jener jungen Menschen mit jahrelanger Drogengewöhnung, ohne allerdings der Sucht gänzlich zu verfallen. Wollte man seine Neurose beschreiben, dann am ehesten im Sinne der heute vielfach gerade bei Jungen anzutreffenden Langweiligkeitsneurose oder Sinnentleerungsneurose. Ärger, Unlust, Widerwille, Gleichgültigkeit, Resignation, Apathie, abgelöst vom Drang nach Veränderung, nach Wandern, gehört dazu. In dieser Leere nehmen die derart in ihrer Weltoffenheit beschränkten Menschen Zuflucht zur Droge, die es ihnen ermöglicht, der Eintönigkeit und Lebensunlust für eine kurze Zeit wenigstens zu entrinnen. Gefühle des Unterdrücktseins durch die wohlangepaßte Gesellschaft, diffuse Vorstellungen einer blokkierten Zukunft, Mangel an Initiative und Schuldgefühle fördern die Fluchttendenz. Es ist die Selbstentfremdung, welche Langweiligkeit und Sinnentleerung hervorruft und damit auch die Sucht, immer wieder Neues zu erleben, um sich von der Monotonie und Stagnation zu befreien. Die Liebesfähigkeit ist blockiert, ebenso die Aggressivität. Die Menschen werden passiv, sie können nur noch besitzen und genießen. Jegliche Fähigkeit, Unangenehmes zu ertragen, Konflikte zu lösen, sich aktiv mit der Welt auseinanderzusetzen, ist ihnen abhanden gekommen. Die Frustrationstoleranz ist auf Null gesunken.

Eine solche Persönlichkeit bildet naturgemäß ein leichtes Opfer für Verführer jeglicher Art. Der dauernde Konsum von Drogen, in Verbindung mit einer vorbestehenden Persönlichkeitslabilität, prädisponieren solche Menschen für den Drogenhandel. Gewiß, nicht alle müssen diesen Weg gehen. Dort jedoch, wo der Mensch auch am Sinn der Gesetze zweifelt, wo er nicht einsieht, warum eine Droge verboten sein soll, eine andere (Alkohol!) nicht, fällt der Schritt in die Ungesetzlichkeit zumeist leicht.

Für die Entwicklung einer derartigen neurotischen Fehlhaltung beim Expl. waren unseres Erachtens drei Faktoren maßgebend. Zunächst muß generell gesagt werden, daß die heutige soziologische Situation mit dem Verlust der Geborgenheit in den traditionellen gesellschaftlichen Institutionen (Familie, Kirche, religiöse Gebundenheit, berufliche Tradition usw.) und der existentiellen Unsicherheit den Boden für solche Entwicklungen vorbereitet. Man spricht denn auch von Sozioneurosen. Diese werden heute in großem Umfang auch wissenschaftlich untersucht, und zwar von Ärzten, Psychologen und Soziologen, die weit über den Verdacht erhaben sind, irgendwelchen revolutionären, umstürzlerischen Gruppen anzugehören.

Das Verhalten, mit dem diese jungen Menschen ihre Eltern, Lehrer und die Behörde ratlos machen, kann unter den Titel der »Schicksalskrankheit unserer Zeit« gebracht werden. »Nur hat dieser Name zunächst völlig offenzulassen, ob die Jugend oder ob ihre Zeit krank ist. Jedenfalls leiden diese jungen Menschen am Geschick der Neuzeit, *ihrer* Zeit. Es kränkt sie, wie jedes eingehende Gespräch mit ihnen ergibt, in unerträglichem Maße, daß ihnen dieses Geschick alles Anwesende, alle leblosen Dinge der Erde und des Kosmos, alle pflanzlichen und tierischen Lebewesen, aber auch den Menschen selbst immer ausschließlicher bloß noch als leicht auswechselbare Bestandstücke einer planetaren Weltmaschinerie wahrzunehmen erlaubt. Bestandstücke nämlich sind lediglich dazu da, zu Produktionsapparaten zusammengefügt zu werden, die immer mehr Energien und Waren hervorbringen, rein um der Produktionssteigerung als solcher willen.«[213] Auch den Besten unter den Jugendlichen gähnt aus dieser Art des technischen Weltverhältnisses »je länger je mehr eine grauenhafte Langeweile und Sinnlosigkeit entgegen«. Jedenfalls befinden wir uns in einem Zeitalter einer ungeheuren Kollektivierung, »hervorgerufen durch die ständige Vervollkommnung der Kommunikationsmittel, von Radio, Fernsehen, Presse, Propaganda, durch die Menschenanhäufungen in den Städten und in den Fabriken und die Automatisation der Arbeit. Diese Kollektivierung führt zur Vermassung und Objektivierung des Menschen«.[214]

Der zweite Faktor ist die individuelle Lebensgeschichte, der mikrosoziale Umwelteinfluß. Damit meinen wir im besonderen die familiäre Situation. Es fällt nicht schwer, bei unserem Exploranden die persönliche Fehlentwicklung im Gefolge seiner eigenen unglücklichen Lebensgeschichte zu entdecken. Durch die Erfahrungen dieses jungen Menschen mit seinen ungeeigneten Erziehungspersonen wurde sein Blick für ein eigenständiges Urteil und Verhalten dermaßen getrübt, daß er in allen Erwachsenen lediglich Wiederholungen derselben erblicken konnte. Mit der Mutter besaß er zwar noch eine innere Beziehung. Der Vater war ihm nur als liebloser Säufer und Fremdling in Erinnerung. So mangelte ihm von frühester Kindheit ein liebevoller, starker Partner. Dazu kam aber, daß er in seiner mitmenschlichen Beziehungsfähigkeit durch großelterliche und elterliche Verbote derart eingeschränkt wurde, daß ihm das notwendige Spielfeld, auf welchem Kinder ihre ersten mitmenschlichen Verhaltensweisen üben können, versagt war. Kein Wunder, daß er all dies in späteren Jahren dort nachholte, wo es am leichtesten zu erreichen war: in der jugendlichen Subkultur der noch kindlich gebliebenen »Ausgeflippten«. Das selbstzerstörerische Sozialverhalten kann als Antwort auf die frühzeitige neurotische Verstümmelung gesehen werden. Die primär schwächliche Konstitution und die Unmöglichkeit, sich zu wehren, führten dann zu jener passiven Haltung und zur Suche nach Geborgenheit unter Gleichaltrigen. Bekanntlich finden sich zudem immer auch jene Menschen zusammen, die unter gleichen oder ähnlichen Problemen leiden.

Wie sehr der Expl. aber immer auch nach einem anderen Lebensinhalt suchte, und wie dankbar er immer wieder für Hilfe war, bewies sein Einsatz auf der Resozialisationsstation in Amsterdam, wo er eine Zeitlang tätig war, aber auch sein spontaner Wunsch nach einer psychotherapeutischen Aussprache. Dies bedeutete, daß seine neurotische Fehlentwicklung doch nicht einen Grad erreicht hatte, den man als irreversibel bezeichnen müßte. Fraglich blieb indes, wieweit der dritte Faktor, nämlich der jahrelang andauernde Drogenkonsum seine Persönlichkeit verändert hatte. Zweifellos hatte dieser zu einer vermehrten Apathie dem Leben gegenüber geführt, zu einer gewissen Arbeitsscheu, zu einer Verflachung und einem »Abaissement du niveau mental«, der möglicherweise und besonders im Zusammenhang mit der erwähnten Frustrationsintoleranz einem ernsthaften psychotherapeutischen Bemühen hätte im Wege stehen können. Aber auch hier ist zu sagen, daß diese Störungen nicht irreversibel waren, sondern bei bleibender Abstinenz sich zurückbilden könnten. Was die Frage nach der Zurechnungsfähigkeit betrifft, so mußte – nach allgemein-psychiatrischer Auffassung – davon ausgegangen werden, daß der Expl. zur Zeit seiner inkriminierten Taten in seiner geistigen Gesundheit nicht in einem Maße beeinträchtigt war, daß er das Unrecht seiner Tat nicht eingesehen hätte. Er war sich dessen voll bewußt, daß seine Handlungen verboten und strafbar waren. Auch hinsichtlich seiner Fähigkeit, gemäß dieser Einsicht zu handeln, war er kaum wesentlich beeinträchtigt, sieht man davon ab, daß er den Sinn des Verbots von Drogen nicht einsehen wollte. Auch war keineswegs erwiesen, daß er den Drogenhandel und seine anderen Vergehen unter dem akuten Einfluß von Drogen durchgeführt hatte. Was die Persönlichkeitsveränderung unter Drogeneinfluß betraf, konnte diese lediglich eine gewisse Willensschwäche im Gefolge gehabt haben, weswegen er – wie oben ausgeführt – ein leichtes Opfer von gerissenen Dealern hätte werden können. Aber auch diese Willensschwäche war nicht in einem Maße nachweisbar, daß eine verminderte oder gar völlige Unzurechnungsfähigkeit davon abgeleitet werden konnte.

Anders verhält es sich, wenn man nicht rein psychiatrische Kriterien für die Zurechnungsfähigkeit anlegt, und wenn man, statt von Zurechnungsfähigkeit, von Verantwortung sprechen würde. Hier, meinen wir, müßten dann auch die beiden erstgenannten Faktoren der neurotischen Fehlentwicklung des Exploranden in Betracht gezogen werden. Wir überließen es dem Gericht zu beurteilen, wieweit bei den heute in Strafuntersuchung stehenden jungen Leuten die makrosozialen und mikrosozialen Einflüsse, hinsichtlich der Verantwortung für dieses Phänomen von überdimensionierter gesellschaftlicher Bedeutung, in Erwägung zu ziehen sind. Unsere persönliche Meinung zu diesem Problem haben wir andernorts geäußert.[215] Daselbst haben wir uns auch mit dem Problem der Bestrafung der Drogenhändler kurz befaßt und die Ansicht vertreten, es wäre eine differenzierte Behandlung eigentlicher Dealer und professioneller Pusher gegenüber den »Gelegenheitshändlern« am Platze.

Obwohl nicht danach gefragt, haben wir in bezug auf die *Bestrafung* des Expl. die gleiche Ansicht vertreten, wie sie von dem ihn beratenden Psychologen in einem Brief geäußert wurde. Von einer »harten« Bestrafung wäre nicht nur kein erzieherischer Effekt, sondern wohl dessen Gegenteil, eine weitere Resignation zu erwarten. Die Isolierung in einer Strafanstalt hätte eine endgültige Absage an die Integration in die Gesellschaft bedeutet. Dies führte uns zur *Frage nach den ärztlichen Maßnahmen*. Eine Einweisung in eine Arbeitserziehungsanstalt oder Trinkerheilanstalt wäre völlig sinnlos gewesen, da der Expl. nicht dorthin gehörte. Zudem wäre er auch in einer Anstalt seiner Freiheit in gleichem Maße beraubt gewesen wie in der Haft. Eine besondere Anstalt für Drogensüchtige mit einem entsprechenden Therapieprogramm gab es jedoch im Kanton Zürich, trotz diesbezüglicher Interpellationen und Motionen im Kantonsrat, zur Zeit noch nicht. Hingegen bedurfte der Expl. dringend einer individuellen psychotherapeutischen Behandlung. Eine Psychotherapie war aber nur sinnvoll, sofern gleichzeitig eine berufliche Lehre begonnen wurde und der Expl. sich zumindest in relativer Freiheit befand.

2. *Die psychoanalytische Deutung der Schuldgefühle*

Das Schuldgefühl rührt nach Freud daher, daß dem Neurotiker die Abwehr seiner von ihm verworfenen Regungen und Vorstellungen mißlingt. Bei diesen Patienten »hatte nämlich psychische Gesundheit bis zu dem Moment bestanden, in dem ein Fall von Unverträglichkeit in ihrem Vorstellungsleben vorfiel, das heißt, bis ein Erlebnis, eine Vorstellung, Empfindung an ihr Ich herantrat, welches einen so peinlichen Affekt erweckte, daß die Person beschloß, es zu vergessen, weil sie sich nicht die Kraft zutraute, den Widerspruch dieser unverträglichen Vorstellung mit ihrem Ich durch Denkarbeit zu lösen«.[216] Mittels einer solchen Verdrängung erreicht zwar das Ich die Widerspruchsfreiheit, »hat sich aber dafür mit einem Erinnerungssymbol belastet, welches nach Art eines Parasiten im Bewußtsein harrt und welches bestehen bleibt, bis eine Konversion in umgekehrter Richtung stattfindet«. Dies jedoch stellt einen Gewissenskonflikt dar, und demgemäß spricht Freud von der dem Schuldbewußtsein entspringenden Gewissensangst bei den Zwangskranken. Überdies kennt er als älteste Gewissensform ein Tabugewissen und ein Tabuschuldbewußtsein als Folge der Übertretung eines Tabus.

Nach Freud sollen nun die Tabuvorschriften gegen unbewußte, auf Vatertötung und Inzest bezogene Triebregungen und Wünsche aufgerichtet worden sein, die als Schuldmotive wirken; es sei »ganz unzweifelhaft, daß man in dem Ödipuskomplex eine der wichtigsten Quellen des Schuldbewußtseins sehen darf«. Noch mehr: Freud äußerte die Vermutung, »daß vielleicht die Menschheit als Ganzes ihr Schuldbewußtsein, die letzte Quelle von Religion und Sittlichkeit, zu Beginn ihrer Geschichte am Ödipuskomplex erworben hat«.[217]

Die Schuldgefühle lassen sich nach ihm auf eine Spannung zwischen Ich und Gewissen reduzieren, das letztere als eine Funktion der Über-Ich-Instanz verstanden. »Das Über-Ich ist für uns die Vertretung aller moralischen Beschränkungen, der Anwalt des Strebens nach Vervollkommnung, kurz das, was uns von dem sogenannten Höheren im Menschenleben psychologisch greifbar geworden ist... Träger der Tradition, all der zeitbeständigen Wertungen, die sich auf diesem Wege über Generationen fortgepflanzt haben... in den Ideologien des Über-Ich lebt die Vergangenheit, die Tradition der Rasse und des Volkes fort.«[218]

Der Neurotiker erliegt der Dialektik zwischen Lustprinzip und Realitätsprinzip. Dem Lustprinzip dient die Triebbefriedigung des Es, während das Über-Ich stets die Forderungen der Realität vertritt. Beim Kinde wie beim Primitiven ist ursprünglich allein das Lustprinzip maßgebend. Es wird jedoch eingeschränkt durch die Gebote der Außenwelt, durch Eltern, Erzieher, Gesellschaft. Das Kind muß gehorchen lernen, der Primitive unterwirft sich den Riten und Gebräuchen des Stammes. Allmählich werden die fremden, von außen herangetragenen Gebote und Verbote »aufgenommen«, vom Individuum zu seinen eigenen gemacht, als die seinen angeeignet. Darin besteht der Prozeß der Über-Ich-Entwicklung, die zur Trägerschaft der Selbstbeobachtung, des Gewissens und der Idealfunktion führt. Mit dem Begriff des Über-Ich verteidigt sich Freud gegen jene, die der Psychoanalyse moralisches Niveau und sittlichen Ernst absprachen. »Es ist der Psychoanalyse unzählige Male zum Vorwurf gemacht worden, daß sie sich um das Höhere, Moralische, Überpersönliche im Menschen nicht kümmere. Der Vorwurf war doppelt ungerecht, historisch wie methodisch. Ersteres, da von Anbeginn an den moralischen und ästhetischen Tendenzen im Ich der Antrieb zur Verdrängung zugeteilt wurde, letzteres, da man nicht einsehen wollte, daß die psychoanalytische Forschung nicht wie ein philosophisches System mit einem vollständigen und fertigen Lehrgebäude auftreten konnte, sondern sich den Weg zum Verständnis der seelischen Komplikationen schrittweise durch die analytische

Zergliederung normaler wie abnormaler Phänomene bahnen mußte. Wir brauchten die zitternde Besorgnis um den Verbleib des Höheren im Menschen nicht zu teilen, solange wir uns mit dem Studium des Verdrängten im Seelenleben zu beschäftigen hatten. Nun, da wir uns an die Analyse des Ichs heranwagen, können wir all denen, welche, in ihrem sittlichen Bewußtsein erschüttert, geklagt haben, es muß doch ein höheres Wesen im Menschen geben, antworten: gewiß, und dies ist das höhere Wesen, das Ich-Ideal oder Über-Ich, die Repräsentanz unserer Elternbeziehung. Als kleine Kinder haben wir diese höheren Wesen gekannt, bewundert, gefürchtet, später sie in uns selbst aufgenommen.«[219]

Es bleibt erstaunlich, wie unterschiedlich die Freudsche Auffassung von Schuld und Schuldgefühlen bewertet und interpretiert wird. Blum geht so weit, von einer auffallenden »Übereinstimmung Freuds mit Heidegger, Jaspers, Kierkegaard und anderen anthropologisch und existentiell ausgerichteten Philosophen und Psychologen«[220] zu sprechen, während Boss die Ansicht vertritt, Freud kenne überhaupt keine »Schuld«, sondern lediglich »Schuld«gefühle. Indessen dürfte sich die Freudsche Deutung zwischen diesen beiden extremen Interpretationen halten. Tatsächlich spricht Freud vorwiegend von Schuld*gefühlen* oder Schuld*bewußtsein*. Letzteres beispielsweise erwähnt er im Zusammenhang mit dem Kastrationskomplex bei der masochistischen Perversion. Was aber Freud immer wieder – und mit Recht – hervorhebt, ist dies, daß das Schuldbewußtsein inhaltlich nicht einer bestimmten Schuld zu entsprechen braucht. In einem Vortrag vor Juristen erklärte er wörtlich: »Sie können nämlich bei Ihrer Untersuchung vom Neurotiker irregeführt werden, der so reagiert, als ob er schuldig wäre, obwohl er unschuldig ist, weil ein in ihm bereitliegendes und lauerndes Schuldbewußtsein sich der Beschuldigung des besonderen Falles bemächtigt... Es kommt vor, daß ein Kind, dem man eine Untat vorwirft, die Schuld mit Entschiedenheit leugnet, dabei aber weint wie ein überführter Sünder... Das Kind hat die Untat, die Sie ihm zur Last legen, wirklich nicht verübt, aber dafür eine andere, ähnliche... Es leugnet also mit Recht seine Schuld – am einen –, und dabei verrät sich doch sein Schuldbewußtsein – wegen des anderen.«[221] Oder an anderer Stelle: »Wenn eine Mesalliance zwischen Vorstellungsinhalt und Affekt, also zwischen Größe des

Vorwurfs und Anlaß des Vorwurfs vorliegt, so würde der Laie sagen, der Affekt sei zu groß für den Anlaß, also übertrieben, die aus dem Vorwurfe gezogene Folgerung, ein Verbrecher zu sein, sei also falsch. Der Arzt sagt im Gegenteil: Nein, der Affekt ist berechtigt, das Schuldbewußtsein ist nicht weiter zu kritisieren, aber es gehört zu einem andern Inhalte, der nicht bekannt (unbewußt) ist und der erst gesucht werden muß. Der bekannte Vorstellungsinhalt ist nur durch falsche Verknüpfung an diese Stelle geraten. Wir sind aber nicht gewohnt, starke Affekte ohne Vorstellungsinhalt in uns zu verspüren und nehmen daher bei fehlendem Inhalt einen irgendwie passenden anderen als Surrogat auf, etwa wie unsere Polizei, wenn sie den richtigen Mörder nicht erwischen kann, einen unrechten an seiner Stelle verhaftet.«[222] Diese für das Verständnis des psychoanalytischen Schuldproblems so wichtigen Sätze gehören zu einer Fallbesprechung Freuds. Der Patient, ein junger Akademiker, litt an Zwangsvorstellungen des Inhaltes, seinem Vater und einer von ihm verehrten Dame werde »etwas geschehen«. Er verspürte Zwangsimpulse, z. B. sich mit einem Rasiermesser den Hals abzuschneiden, und produzierte Verbote, die sich auf gleichgültige Dinge bezogen. Dieser Patient, dessen Vater starb, während er schlief, wurde von schweren Schuldgefühlen gepeinigt. Er stellte nun bald nach Beginn der Analyse an Freud die Frage, »wie eigentlich die Mitteilung, daß der Vorwurf, das Schuldbewußtsein recht habe, heilend wirken könne«? Freud meinte, nicht diese Mitteilung wirke, »sondern die Auffindung des unbekannten Inhaltes, zu dem der Vorwurf gehört«. Es geht aus dieser Antwort hervor, daß Freud das Schuldbewußtsein nicht einfach als eine Täuschung, als irreal betrachtete, sondern für berechtigt hielt, jedoch die Schuld als falsch »lokalisiert« ansah. Hierin liegt wohl eine gewisse Übereinstimmung mit dem daseinsanalytischen Denken: daß nämlich ein Schuldbewußtsein sich nicht unbedingt auf die eigentliche, vielmehr auf eine vermeintliche »Schuld« bezieht. Die Anerkennung der Berechtigung des Schuldbewußtseins von seiten Freuds enthält auch die Anerkennung einer Schuld. Die Frage stellt sich nun, ob die »Schuld« Freuds sich mit der »existentiellen« Schuld deckt. Blum bejaht sie mit dem Hinweis, daß die Verinnerlichung der Aggression, ihre Legierung mit dem Eros und ihre Sublimierung das Gewissen zur sittlichen Instanz mache. »Wir meiden das Unrecht, das Böse nun nicht mehr, weil es verboten ist, weil uns

Strafe und Liebesentzug drohen, sondern aus dem inneren Gebot, aus unserem Wesen heraus. Das primitive Schuldgefühl, das aus der Angst vor der Autorität entspringt, wandelt sich zu unserem inneren Schuldigsein, zwingt uns zu einer inneren Auseinandersetzung als dialogisches Geschehen zwischen Ich und Über-Ich. Wie bedeutungsvoll diese Einsicht in die Gewissensfunktion bei allen Erscheinungen moralischen, ethischen Zerwürfnisses und Versagens, krankhafter Art oder Ausdruck menschlichen Scheiterns und Irrens im Kampf mit unseren Leidenschaften ist, kann man nur ermessen. Geht doch unser Bestreben, sei es therapeutisch oder erzieherisch, sei es ganz allgemein ›sozial‹ eingestellt, dahin, den Menschen zu einer Verinnerlichung sozialer und ethischer Forderungen zu führen, die nicht nur in der Bildung einer harmonischen Über-Ich-Instanz besteht, nicht nur in der Formung eines Ich, sondern in der Reifung einer Ich-Gestalt, in der Ich und Über-Ich sich gegenseitig ergänzen und zur Erfüllung bringen. Dies aber ist in letzter Linie das Streben unseres Gewissens.«[223] Aus diesem Bestreben erwachse sein Wesen als »die Bereitschaft, sich schuldig zu fühlen«. Solcherart habe Freud »die Verbindung seiner Grundauffassung des Gewissens mit allen philosophischen und theologischen Lehren vollzogen«. Damit dürfte aber Blum Freud in einer Weise interpretieren und beurteilen, die ihm wohl kaum gerecht wird. Denn für ihn bildet die Schuld nicht ein primäres Attribut des Menschen, sondern sie entsteht lediglich sekundär zufolge der Inkongruenz mit den Forderungen des Über-Ich. Insofern ist also der Mensch nie a priori schuldig; demgemäß stimmt Freuds Anschauung auch nicht mit der »aller philosophischen Lehren« überein, zumal nicht mit jener Heideggers. Vor allem stellt das *Gewissen als Funktion des Über-Ich nie das eigentliche Wesen des Menschen dar.* Lesen wir bei Freud weiter: »Es ist leicht zu zeigen, daß das Ich-Ideal allen Ansprüchen genügt, die an das höhere Wesen im Menschen gestellt werden. Als Ersatzbildung für die Vatersehnsucht enthält es den Keim, aus dem sich alle Religionen gebildet haben. Das Urteil der eigenen Unzulänglichkeit im Vergleich des Ichs mit seinem Ideal ergibt das demütige religiöse Empfinden, auf das sich der sehnsüchtige Gläubige beruft. Im weiteren Verlauf der Entwicklung haben Lehrer und Autoritäten die Vaterrolle fortgeführt; deren Gebote und Verbote sind im Ich-Ideal mächtig geblieben und üben jetzt als Gewissen die moralische Zensur aus.

Die Spannung zwischen den Ansprüchen des Gewissens und den Leistungen des Ichs wird als Schuldgefühl empfunden. Die sozialen Gefühle ruhen auf Identifizierungen mit anderen auf Grund des gleichen Ich-Ideals.«[224] Es sind also nach Freud die Vatersehnsucht, die Vaterrolle und die moralische Zensur des Gewissens, welche Schuldgefühle erzeugen. Nirgends findet sich der Begriff der *Schuld* im theologischen oder philosophischen Sinne. Freud spricht lediglich von Schuld*gefühl* oder Schuld*bewußtsein*. Insofern er dies tut, impliziert er zwar die Schuld; explicite wird sie jedoch nie genannt. Tramer weist in diesem Zusammenhang auf die geistige Verwandtschaft Freuds mit Nietzsche hin, wenn er schreibt, daß für Nietzsche das »schlechte Gewissen nichts anderes als eine schwere seelische Erkrankung« sei, in die der Mensch verfallen mußte, als er seiner ureigensten Natur als »blonde Bestie« entsprechend, ein schweifendes Raubtier zu sein, seinen urtümlichen Trieben und Instinkten zu frönen untreu wurde und in den Bann der Gesellschaft, des Friedens und der Behaglichkeit gezogen wurde. »Durch diese Entnatürlichung gingen mit einem Male seine im Unterbewußtsein schlummernden Instinkte verloren – wenigstens für sein Bewußtsein... Er war von nun an auf seinen Intellekt, auf Berechnung und Kombination, auf seine Vernunft angewiesen, ohne daß jedoch die Instinkte auf ihre Herrschaft in ihrem Bereich verzichteten.« Da auch die Instinkte nach Nietzsche offenbar einen »Willen zur Macht« kennen, kehrten sie sich – nachdem der Weg nach außen versperrt war – nach innen und erzeugten das Schuldgefühl. »Die Triebe, die wie wilde Tiere, von der Sehnsucht nach Freiheit erfaßt, sich an den Gitterstäben ihrer Käfige wundscheuern, peinigen den in die drückende Enge der Behaglichkeit und Sitte eingezwängten Menschen und erzeugen in ihm das schlechte Gewissen und das Schuldgefühl...«[225]

Das Schuldbewußtsein dient Freud nun dazu, die Angst- und Strafträume seiner Theorie der Wunscherfüllung einzugliedern. In diesen Träumen liegt nämlich die Wunscherfüllung nicht offen da; sie »setzen nur an die Stelle der verpönten Wunscherfüllung die dafür gebührende Strafe, sind also die Wunscherfüllung des auf den verworfenen Trieb reagierenden Schuldbewußtseins«.[226] Das Schuldbewußtsein verwirklicht eine selbständige Funktion des Über-Ich, dem das Strafbedürfnis entspricht. Freud macht indessen keinen prinzipiellen Unterschied zwischen Schuldbewußtsein und Schuldgefühl, sonst könnte er nicht von einem unbewußten Schuldbewußtsein sprechen.[227] Allerdings meint Freud, das Schuldgefühl äußere sich als Widerstand in der Analyse gegen die Heilung, weshalb dessen Aufdeckung und Umwandlung in ein bewußtes Schuldgefühl im »Kampf gegen das Hindernis des unbewußten Schuldgefühls«, wie er in einer Fußnote[228] anmerkt, erst dem Analytiker den weitern analytischen Weg öffne. Das Schuldgefühl erweist sich besonders in zwei Krankheitsbildern von überragender Bedeutung: einmal bei der Zwangsneurose, dann in der Melancholie. Bei der *Zwangsneurose* »ist das Schuldgefühl überlaut, kann sich aber vor dem Ich nicht rechtfertigen. Das Ich des Kranken sträubt sich daher gegen die Zumutung, schuldig zu sein, und verlangt vom Arzt, in seiner Ablehnung dieser Schuldgefühle bestärkt zu werden. Es wäre töricht, ihm nachzugeben, denn es bliebe erfolglos. Die Analyse zeigt dann, daß das Über-Ich durch Vorgänge beeinflußt wird, welche dem Ich unbekannt geblieben sind. Es lassen sich wirklich die verdrängten Impulse auffinden, welche das Schuldgefühl begründen. Das Über-Ich hat hier mehr vom unbewußten Es gewußt als das Ich.« Bei der *Melancholie* »wagt das Ich keinen Einspruch, es bekennt sich schuldig und unterwirft sich den Strafen«. Wir sehen, welche bedeutende, aber auch grausame und gewalttätige Rolle Freud dem Über-Ich zumutet, das »gegen das Ich mit schonungsloser Heftigkeit wütet, als ob es sich des ganzen im Individuum verfügbaren Sadismus bemächtigt hätte«. Nun weiß Freud freilich, »daß die Natur des Menschen im Guten wie im Bösen weit über das hinausgeht, was er von sich glaubt«, weshalb er sagen kann, »daß der normale Mensch nicht nur viel unmoralischer ist, als er glaubt, sondern auch viel moralischer, als er weiß...«[229]

Das Schuldgefühl entwächst also der doppelten Wurzel des Über-Ich »als das Ergebnis zweier höchst bedeutsamer biologische Faktoren, der langen kindlichen Hilflosigkeit und Abhängigkeit des Menschen und der Tatsache seines Ödipuskomplexes...«; je schneller dessen Verdrängung »unter dem Einfluß von Autorität, Religionslehre, Unterricht, Lektüre« erfolgt, »desto strenger wird später das Über-Ich als Gewissen, vielleicht als unbewußtes Schuldgefühl über das Ich herrschen«[230] Jedoch gelingt es dem Menschen tatsächlich, das Schuldgefühl so zu verdrängen, daß es »auch Zwangsneurosen ganz ohne Schuldbewußtsein«

gibt. Das Ich erspart sich dessen Wahrnehmung durch eine neue Reihe von Symptomen, Bußhandlungen, Einschränkungen zur Selbstbestrafung«.[231] In der Schrift »Das Unbehagen in der Kultur« erklärt Freud nochmals die Entstehung des Schuldgefühles aus den zwei Quellen, nämlich der ursprünglichen Angst vor der Autorität und der späteren Angst vor dem Über-Ich. Der Begriff der Schuldhaftigkeit (hier spricht Freud erstmals in einer Fußnote von »Schuld«) ist eng verbunden mit dem Begriff des Bösen. Was ist aber das Böse? Jedenfalls nicht immer etwas dem Ich Schädliches oder Gefährliches, sondern »im Gegenteil auch etwas, was ihm erwünscht ist, ihm Vergnügen bereitet«.[232] Vergeht sich das Ich gegen die Forderungen von außen, so wird es bestraft. Bestrafung ist aber Liebesentzug. So bedeutet das Böse »dasjenige, wofür man mit Liebesverlust bedroht wird«. Diesen beim Kinde zunächst eintretenden Zustand nennt Freud das schlechte Gewissen. Mit der Entwicklung des Über-Ich ändert sich die Situation insofern, als nicht nur die böse Tat, sondern bereits der Wille zu einer solchen strafbar, also schuldbeladen wird. Das Gewissen, auf der zweiten Stufe mißtrauischer und unnachsichtiger geworden, benimmt sich »um so strenger und mißtrauischer, je tugendhafter der Mensch ist, so daß am Ende gerade die es in der Heiligkeit am weitesten gebracht, sich der ärgsten Sündhaftigkeit beschuldigen«. Die Tugend büße dabei ein Stück des ihr zugesagten Lohnes ein, das gefügige und enthaltsame Ich genieße nicht das Vertrauen seines Mentors, bemühe sich, wie es scheint, vergeblich, es zu erwecken. »Nun wird man bereit sein einzuwenden: das seien künstlich zurechtgemachte Schwierigkeiten. Das strengere und wachsamere Gewissen sei eben der kennzeichnende Zug des sittlichen Menschen, und wenn die Heiligen sich für Sünder ausgeben, so täten sie es nicht mit Unrecht unter Berufung auf die Versuchungen zur Triebbefriedigung, denen sie in besonders hohem Maße ausgesetzt sind, da Versuchungen bekanntlich durch beständige Versagung nur wachsen, während sie bei gelegentlicher Befriedigung wenigstens zeitweilig nachlassen.« Eine andere Tatsache des an Problemen reichen Gebiets der Ethik sei die, daß Mißgeschick, also äußere Versagung, die Macht des Gewissens im Über-Ich so sehr fördere. Solange es dem Menschen gut geht, sei auch sein Gewissen milde und lasse dem Ich »allerlei angehen«; wenn ihn ein Unglück getroffen habe, halte er Einkehr, erkenne seine Sündhaftigkeit, steigere seine Gewissensansprüche, lege sich Enthaltungen auf und bestrafe sich durch Bußen. »Ganze Völker haben sich ebenso benommen und benehmen sich immer so.« Allein dies erkläre sich bequem aus der ursprünglichen infantilen Gewissensstufe, die nach der Introjektion ins Über-Ich nicht völlig verschwinde, sondern neben und unter dieser fortbestehe. Das Schicksal wird als Ersatz der Elterninstanz angesehen; wenn man Unglück erleide, bedeute dies, daß man von der höchsten Macht nicht mehr geliebt werde, und auf diese Weise von Liebesverlust bedroht, beuge man sich erneut vor der Elternvertretung im Über-Ich, die man im Glück vernachlässigen wollte. »Dies wird besonders deutlich, wenn man in streng religiösem Sinne im Schicksal nur den Ausdruck des göttlichen Willens erkennt. Das Volk Israel hatte sich für Gottes bevorzugtes Kind gehalten, und als der große Vater Unglück nach Unglück über dies sein Volk hereinbrechen ließ, wurde es nicht etwa irre an dieser Beziehung oder zweifellosen Macht und Gerechtigkeit Gottes, sondern erzeugte die Propheten, die ihm seine Sündhaftigkeit vorhielten, und schuf aus seinem Schuldbewußtsein die überstrengen Vorschriften seiner Priesterreligion. Es ist merkwürdig, wie anders sich der Primitive benimmt! Wenn er Unglück gehabt hat, gibt er nicht sich die Schuld, sondern dem Fetisch, der offenbar seine Schuldigkeit nicht getan hat, und verprügelt ihn, anstatt sich selbst zu bestrafen.«[233]

Nun vermögen zweifellos weder Freuds Ableitung des Schuldgefühles aus dem Über-Ich, beziehungsweise der elterlichen Autorität, noch seine Begriffsbestimmung des Bösen zu befriedigen. Eine solche Schuld, die nichts anderes darstellt als einen Liebesentzug, wäre im besten Falle mit der Schuld im moraltheologischen und juristischen Sinne identisch. Indessen zeigt sich in der psychotherapeutischen Begegnung mit dem neurotischen Menschen immer wieder, daß die Schuldgefühle nicht lediglich an autoritäre Vorstellungen und Normen gebunden sind. Wie anders könnten wir sie denn bei der Onanie erklären, auch manchmal bei Menschen auftretend, die nie in ihrem Leben ein entsprechendes Verbot erhielten, als daß sie im Versagen ihrer Selbstverwirklichung hinsichtlich einer reiferen Form der Sexualität schuldig werden? Wie ließen Schuldgefühle (oder ihre Substitute) sich bei Menschen begreifen, die weder in Gedanken noch in Worten oder gar Taten gegen die moralisch-sittlichen Forderungen von Kirche und Staat je verstoßen? Würde die Hauptaufgabe der

Psychoanalyse in der Befreiung von Schuldgefühlen bestehen, dann müßten wir allerdings zugeben, daß die psychoanalytischen Bemühungen sinnlos wären. Jedoch kann auch nicht das Böse als eine Wirkung der Angst vor dem Liebesverlust entstehen. Vielmehr kann höchstens dieser sekundär auf das Böse folgen und die Angst vor ihm unter Umständen mit der bösen Tat gekoppelt sein. Das entspricht durchaus auch der christlichen Auffassung der Sünde als einer Zäsur in der Liebesbeziehung zu Gott, als einer freiwilligen Abkehr von der Geborgenheit des liebenden Gottes. Nun muß gewiß zwischen dem »Bösen« als moralisch-sittlicher Wertung – das unstet, individuell verschieden und Wandlungen unterworfen ist –, dem Bösen im psychoanalytischen Sinne (zu welchem wir auch den Begriff des Schattens in der Jungschen Psychologie rechnen) und dem Bösen im philosophisch-daseinsanalytischen Sinne unterschieden werden. Hier kann man das Böse wohl kaum anders sehen als eine Folge der existentiellen Schuld. Als Psychotherapeut würde man daher einen Vater, der in seiner väterlichen Beziehung zu seinen Kindern »schuldig« ist, wohl als böse bezeichnen, auch wenn er sich selbst keiner Vergehen schuldig »fühlt«. Es gibt Eltern, die ihren Kindern alles zukommen ließen, was diese benötigten: Wohnung, Kleider, Nahrung und Geld; die besten Erzieher und Lehrer; Unterweisung in Religion, Kultur und Wissenschaft. Es ist für einen Platz im Diesseits wie im Jenseits gesorgt worden. Dennoch sind die Kinder unglücklich. Es fehlt ihnen scheinbar nichts und doch das Nötigste: die Liebe. Die Eltern vermögen nicht zu verstehen, weshalb die Kinder gegen sie Vorwürfe erheben, die sie als ungerecht, als Undankbarkeit empfinden, »nach all dem, was wir für sie getan haben«! In ihrer Selbstgerechtigkeit regt sich nie ein Zweifel daran, daß sie stets nur das Rechte gewollt und getan hätten.

Freud unterscheidet zwischen einem als Reue zu bezeichnenden Schuldgefühl, welches sich auf eine begangene böse Tat bezieht, und einem solchen, das kein Tun betrifft. So könne auf Grund des Hasses gegen den Vater der Wunsch entstehen, diesen zu töten, ohne daß er realisiert werde; gleichwohl erzeuge er Schuldgefühle. »Es ist wirklich nicht entscheidend, ob man den Vater getötet oder sich der Tat enthalten hat, man muß sich in beiden Fällen schuldig finden, denn das Schuldgefühl ist der Ausdruck des Ambivalenzkonfliktes, des ewigen Kampfes zwischen dem Eros und dem Destruktions- oder Todestrieb.«[234] Hier gelangt Freud endlich zur Erklärung jener scheinbar »grundlosen« Schuldgefühle. Nach der Tötung des Urvaters, die in den Söhnen zufolge der »uranfänglichen Gefühlsambivalenz« Reue erzeugte (die Söhne haßten und liebten ihn zugleich), identifizierten sie sich in ihrem Über-Ich mit dem Vater. Dieses vater-introjizierte Über-Ich rächt sich nun für die gegen jenen verübte Tat. Zudem schafft es die Voraussetzungen und Einschränkungen, um deren Wiederholung zu verhindern, nämlich die Schuldgefühle, beziehungsweise das Gewissen. »Nun, meine ich, erfassen wir endlich zweierlei in voller Klarheit, den Anteil der Liebe an der Entstehung des Gewissens und die verhängnisvolle Unvermeidlichkeit des Schuldgefühls.« Dieser Konflikt wiederholt sich nicht nur in der Beziehung des Sohnes zum Vater, sondern überall dort, wo dem »Menschen die Aufgabe des Zusammenlebens gestellt wird«; innerhalb der Familie äußert er sich im Ödipuskomplex, in der erweiterten Gemeinschaft in anderen Formen. »Was am Vater begonnen wurde, vollendet sich an der Masse.« Der Preis für den Kulturfortschritt wird nach Freud »in der Glückseinbuße durch die Erhöhung des Schuldgefühls bezahlt...«[235] Es bildet nun Freuds eigenstes Anliegen, dem Über-Ich jene autoritäre und gegen das Glück des Ich gerichtete Spitze zu nehmen. »Wir sind daher in therapeutischer Absicht sehr oft genötigt, das Über-Ich zu bekämpfen, und bemühen uns, seine Ansprüche zu erniedrigen.«[236] Die gleichen Vorwürfe wie gegen das individuelle Über-Ich richtet Freud auch gegen das »Kultur-Über-Ich«, mit andern Worten gegen die überindividuelle *Ethik*, die mit dem irrigen Glauben an den Menschen herantritt, dem Ich stehe »die unumschränkte Herrschaft über sein Es« zu, und von ihm die Befolgung von Geboten verlangt, die ihn unter Umständen zur Auflehnung oder zur Neurose treibt.

3. Schuld und Existenz

Die *Daseinsanalyse* befaßt sich nicht allein mit Schuld*gefühlen* oder dem Schuld*bewußtsein;* Auch der Psychoanalytiker Bally sagte mit Recht, der Traum des durch die Psychoanalyse schuldfrei werdenden Menschen sei ausgeträumt.[237] Daseinsanalytisch betrachtet ist der Mensch je schon schuldig insofern, als er eben seinem Dasein etwas »schuldig« ist. Dieses Schuldig-*Sein,* völlig verschieden von einem unbestimmten Sich-schuldig-*Fühlen,* beginnt mit der Geburt und endigt mit dem Tode; innerhalb beider Ereignisse bleibt der Mensch vom Dasein dazu aufgerufen, sich zu entfalten und sich die ihm einwohnenden Möglichkeiten als die seinen anzueignen. Jedoch kann er nur eine Auswahl von ihnen verwirklichen – die andern bleibt er sich schuldig. Dieses Schuldig-Sein nennt Heidegger ein Existenzial, d. h. es gehört wesenhaft zum menschlichen Dasein. Die existentielle Schuld äußert sich im Gewissen. Sie ist, wie schon gesagt, mehr als bloß ein Schuldgefühl oder ein Schuldbewußtsein, mehr als nur eine Funktion eines irgendwie gearteten Über-Ich, sie bleibt wirkliche Schuld und läßt sich niemals durch eine psychoanalytische Kur ausmerzen. Die Aufgabe der Psychotherapie kann nicht darin bestehen, den Menschen in einen »paradiesischen Urzustand der Schuldlosigkeit« zu führen, vielmehr, ihm zu helfen, seine Schuld zu erkennen und auszutragen. Deren Bejahung führt aber nie zu einer Glorifizierung der Schuld, noch wird sie dadurch entgiftet oder »neutralisiert«. Die »Bewußtmachung« der existentiellen Schuld hebt diese nicht auf; sie stellt im Gegenteil Forderungen und Ansprüche, woraus sich wiederum erklärt, weshalb gegen ihre Annahme Widerstände entstehen. Wozu aber wird der Mensch vom stets bereiten Ruf seines Gewissens aufgerufen? Es handelt sich um die gleiche Aufforderung, die Christus im Gleichnis der Talente dem Menschen überbürdete: die Aneignung aller ihm gebotenen Möglichkeiten zur Entfaltung seines Daseins, zur Reifung und Vervollkommnung.[238] Die Kirche stellt dieselbe Forderung an den Gläubigen zur Gewinnung des Himmelreiches, wobei die Schuld (Sünde) in der Nichterreichung der Heiligkeit liegt. Heilig wird jedoch der Mensch nicht auf Erden, sondern erst im Jenseits. Nach Binder ist das Gewissen »immer ein ethisches Erlebnis, weil es sich... bei ihm stets um eigene Schuld oder Nichtschuld handelt«, während beispielweise Nachmansohn im Begriff des Gewissens alle Antriebe zusammenfaßt, die sich aus echten Lebensaufgaben ergeben, einem menschlichen »Bauplan« entsprechend. Auch er unterscheidet zwischen echtem und unechtem Gewissen, wobei ersteres in existentiellem Sinne zu verstehen ist. Darum kann er sagen, daß »öffentliche Institutionen wie Staat, Kirche und allgemeine Moral dazu beitragen« können, »gerade das unechte Gewissen zu züchten und es in Konflikt mit dem echten zu bringen«.[239]

Ein Mensch, der sein existentielles Schuldigsein anerkannt und im Innersten (nicht nur intellektuell!) angenommen hat, bleibt frei von neurotischen Schuldgefühlen. Er ist aber auch befreit von einem sogenannten Über-Ich, welches nichts anderes verkörpert als die Aneignung fremder Normen. Je mehr ein Mensch sich der moralischen Fremdherrschaft unterwirft, desto größer wird seine existentielle Schuld. Er kann gerade in der Befolgung verbreiteter und üblicher Sittengesetze oder staatlicher Erlasse existentiell schuldhaft werden. Bekannt sind jene »Gerechten«, die gemäß dem Gesetze leben, von denen aber schon Christus sagte: »Ihr gebt euch vor den Menschen als Gerechte aus; Gott aber kennt eure Herzen. Was den Menschen groß erscheint, ist vor Gott ein Greuel« (Lk. 16, 15). Wir kennen aus neuester Zeit überdies jene Schergen staatlicher Gewalt, die im Zeichen des Gehorsams gegenüber einem Regime Unmenschlichkeiten verübten: vor dem Staat, vor der Bewegung, vor der Partei Helden, vor sich selbst schuldig!

So kann Boss feststellen, daß ein Mensch, der das daseinsanalytische Ziel des freien Eingeständnisses seiner existentiellen Schuldhaftigkeit erreicht, auch die Zielsetzung Freuds verwirklicht: nämlich die volle Arbeits- und Genußfähigkeit. Sowohl Arbeit wie Lebensfreude stehen dann nicht mehr im Dienste egoistischer Macht- und Lust-Tendenzen, sondern sind der Ausdruck seines Strebens nach Selbstverwirklichung und seiner freiheitlichen Entfaltung.

Der Schuldbegriff, von dem wir in der Daseinsanalyse sprechen, geht ursprünglich auf die fundamentalontologische Betrachtungsweise Heideggers zurück. Das Dasein ist in seiner Grundstruktur schuldig, das heißt, die Schuld bildet nicht etwas zufällig oder akzidentell dem Menschen Anhaftendes, kein »Attribut« des Daseins, sondern wird im Begriff des Daseins mitbegriffen. Schuld ist »im Sein des Daseins als solchem«, und zwar so, daß es schuldig ist, sofern es je faktisch existiert.[240] In der alltäglichen Verständigkeit zeigt sich das Schuldig-sein in mehreren Formen. Zunächst kennen wir es als eine Schuld haben, jemandem etwas schuldig sein, womit es »eine Weise des Mitseins mit anderen im Felde des Besorgens als Beschaffen, Beibringen« wird. Weiter hat das Schuldigsein die Bedeutung der Urheberschaft, des ursächlichen Bezuges, der Veranlassung; es ist das »schuld sein an«.

Beide Formen können in ihren vulgären Bedeutungen zusammenfließen im »sich schuldig machen«, worin das Sich-strafbar-Machen eingeschlossen ist. Im ontologischen Sinn impliziert nun das Schuldigwerden an anderen nicht lediglich eine Rechtsverletzung, sondern eine existentielle Schuld »dadurch, daß ich Schuld habe daran, daß der Andere in seiner Existenz gefährdet, irregeleitet oder gar gebrochen wird. Dieses Schuldigwerden an Anderen ist möglich ohne Verletzung des »öffentlichen« Gesetzes. Der formale Begriff des Schuldigseins im Sinne des Schuldiggewordenseins am Andern läßt sich also bestimmen: Grundsein für einen Mangel im Dasein eines Andern, so zwar, daß dieses Grundsein selbst sich aus seinem Wofür als »mangelhaft« bestimmt. Diese Mangelhaftigkeit ist das Ungenügen gegenüber einer Forderung, die an das existierende Mitsein mit Anderen ergeht.«[241]

Im Begriff des *Schuldigsein* liegt also bedeutend mehr als nur eine Verschuldung oder gar ein Schuldbewußtsein. Die Verschuldung ist nicht der Grund des Schuldigseins, sondern sie wird umgekehrt erst möglich auf Grund eines ursprünglichen Schuldigseins. Insofern das Sein des Daseins die Sorge ist, ist sie auch »in ihrem Wesen durch und durch von Nichtigkeit durchsetzt«, das heißt nichts anderes als: das Dasein ist als solches schuldig. Jedoch hat die »existenziale Nichtigkeit... keineswegs den Charakter einer Privation, eines Mangels gegenüber einem ausgesteckten Ideal, das im Dasein nicht erreicht wird, sondern das Sein dieses Seienden ist vor allem, was es entwerfen kann und meist erreicht, als Entwerfen schon nichtig«. Daher ist das Schuldigsein »ursprünglicher als jedes Wissen darum« und damit jedem Schuldbewußtsein vorgängig. Die Schuld ist also nicht da, wenn ein Schuldbewußtsein wach wird, sondern gerade dort bekundet sich das ursprüngliche Schuldigsein, wo die Schuld »schläft«. Und nur »weil das Dasein im Grunde seines Seins schuldig ist und als geworfen Verfallendes sich ihm selbst verschließt, ist das Gewissen möglich, wenn anders der Ruf dieses Schuldigsein im Grunde zu verstehen gibt«.[242] Der Ruf des Gewissens ist der Ruf der Sorge, weshalb Heidegger sagt, das Schuldigsein konstituiere das als Sorge bezeichnete Sein. Die Unheimlichkeit, in der das Dasein ursprünglich mit sich selbst zusammensteht, bringt »dieses Seiende vor seine unverstellte Nichtigkeit, die zur Möglichkeit seines eigensten Seinkönnens gehört«. Als Sorge geht es dem Dasein um sein Sein, und so ist das Gewissen nichts anderes als der Anruf beziehungsweise der Rückruf des Daseins aus dem Man zu seinem Selbst. Dem Man-Selbst bleibt das Schuldigsein verschlossen. Im Man, das wir als das Neutrum, das nicht eigentliche Selbst-Sein, vielmehr als das Bestimmt-Sein-durch-andere, aber auch als Durchschnittlichkeit, Anonymität, Unverantwortlichkeit und Verflachung, als die Uneigentlichkeit kennen, hat die Schuldigkeit lediglich den Sinn der Regel, der öffentlichen Meinung und Norm. »Verstöße dagegen verrechnet es und sucht Ausgleiche. Vom eigensten Schuldigsein hat es sich fortgeschlichen, um desto lauter Fehler zu bereden. Im Anruf aber wird das Man-Selbst auf das eigenste Schuldigsein des Selbst angerufen. Das Rufverstehen ist das Wählen – nicht das Gewissens, das als solches nicht gewählt werden kann. Gewählt wird das Gewissen-Haben als Freisein für das eigenste Schuldigsein. Anrufverstehen besagt: Gewissen-haben-Wollen.« In diesem Gewissen-haben-Wollen ist das Gewissen nicht einfach als gutes Gewissen gemeint, »sondern einzig Bereitschaft für das Angerufenwerden. Das Gewissen-haben-Wollen steht einem Aufsuchen faktischer Verschuldungen ebenso fern wie der Tendenz zu einer Befreiung von der Schuld im Sinne des wesenhaften ›schuldig‹.«[243] Heidegger betont immer wieder den Rufcharakter des Gewissens. Das vom Gewissen Angerufene ist das Dasein selbst. »Der Gewissensruf hat den Charakter des Anrufs des Daseins auf sein eigenstes Selbstseinkönnen und das in der Weise des Aufrufs zum eigensten Schuldigsein.«[244] Rufer und Angerufenem ist das Dasein, als Ruf der Sorge an das dem Man verfallene Dasein. Das Man selbst wird aufgerufen im Anruf des eigenen Selbst zu seinem Seinkönnen, und zwar als Dasein, das heißt Besorgendes-in-der-Welt-Sein und Mitsein mit anderen. Zum Anruf gehört das Verstehen, das Hinhören, die Bereitschaft des Aufnehmens. Dieses Rufverstehen ist das Gewissen-haben-Wollen. Die Stimmung, in der sich solches Verstehen ereignet und worin das Dasein sich in seiner Unheimlichkeit erschließt, ist die Befindlichkeit der Angst. »Das Faktum der Gewissensangst ist eine phänomenale Bewährung dafür, daß das Dasein im Rufverstehen vor die Unheimlichkeit seiner selbst gebracht ist. Das Gewissen-haben-Wollen wird Bereitschaft zur Angst.«[245] Das Gewissen ruft indessen schweigend, weil das Dasein sich im Anruf sein eigenstes Seinkönnen zu verstehen gibt. »Das Gewissen ruft nur schweigend, das heißt der

Ruf kommt aus der Lautlosigkeit der Unheimlichkeit und ruft das aufgerufene Dasein als still zu werdendes in die Stille seiner selbst zurück. Das Gewissen-haben-Wollen versteht daher diese schweigende Rede einzig angemessen in der Verschwiegenheit. Sie entzieht dem verständigen Gerede des Man das Wort.« Heidegger betont ausdrücklich das Mißverständnis, das sich aus der Schweigsamkeit des Gewissens ergeben könne; die sogenannte verständige Gewissensauslegung, die sich streng an Tatsachen halte, nehme das schweigende Reden des Gewissens oft zum Anlaß, »das Gewissen als überhaupt nicht feststellbar und vorhanden auszugeben«. Daß man, »nur lauter Gerede hörend und verstehend, keinen Ruf konstatieren kann«, werde dem Gewissen zugeschoben mit der Ausrede, es sei stumm und deshalb nicht anwesend. »Mit dieser Auslegung verdeckt das Man nur das ihm eigene Überhören des Rufes und die verkürzte Reichweite seines Hörens.« Entfaltung und Erfüllung kann eine Bereicherung des Daseins bedeuten. Insofern ist der Mensch aufgerufen, jene Möglichkeiten zu realisieren, die ihm eignen. Dafür bleibt er verantwortlich, was nichts anderes als das Einstehen für sein eigenes Schuldigsein besagt. Ablehnung der Verantwortung bedeutet Flucht, Flucht aber vermehrt die Schuld.

Gibt es ein höheres Ziel und eine ernsthaftere Aufgabe für den Psychotherapeuten, als den ihm anvertrauten Patienten von der Unverantwortlichkeit zur Verantwortung, von der (scheinbaren) Unschuld zum Austrag der Schuld zu führen? Häfner sieht den Sinn der Analyse erfüllt, »wenn der Patient die Fähigkeit gewonnen hat, seiner personalen Schuld zu begegnen«[246], und Bally fordert vom Menschen, »Schuld als eine unabdingbare menschliche Möglichkeit zu tragen...«.[247] Bodenheimer fragt, wie »eine Hoffnung auf Freiheit von Schuld, erwachsen aus psychotherapeutischer Behandlung, jemals gehegt werden« konnte, ja wie sich »ein solches Anliegen, den Menschen mit psychotherapeutischen Mitteln um die Vergegenwärtigung der Schuld zu bringen, sich überhaupt« einstellen dürfe.[248] Sicher, kann man sagen, hat die Psychoanalyse diese Einstellung dem Schuldproblem gegenüber nicht erfunden. Es war schon immer das Bestreben des Menschen, die Schuld zu umgehen, abzulehnen, aus seinem Bewußtsein auszuschalten. Es gehört zu den unangenehmsten Erfahrungen des schuldigen Menschen, sich eine Schuld einzugestehen, die Verantwortung für eine Tat, die böse ist, auf sich nehmen zu müssen. Wenn Bally schreibt, die kasuistisch orientierte Moraltheologie habe in bezug auf das Schuldproblem den gleichen Weg zurückgelegt wie die Psychotherapie, so können wir ihm insofern zustimmen, als beide, die Psychoanalyse wie die Theologie, ihren Standpunkt nur teilweise aufgegeben haben. Für die »bekennenden Psychologien« wird durch die »Psychologisierung des Schuldig-sein-Könnens« das Schuldigsein an sich ausgeschlossen. »Die Reduktion des Schuldproblems auf ein psychologisches geschieht aber nur in der Absicht, das Schuldproblem für den einzelnen und schließlich für alle Menschen aus der Welt zu schaffen. Alle Versuche, die stammes- und individual-geschichtliche Genese des Schuldgefühls zu erforschen, entstammen der Absicht, mit der Enthüllung der Ursache die Schuld selbst als eine Illusion zu entlarven und aufzuheben.«[249] Zunächst stellen sich indessen Psychoanalyse und Moraltheologie auf einen gegensätzlichen Standpunkt. Während diese ihre sittlichen Normen mittels des Bezuges auf die Heilige Schrift über das Wort Gottes der menschlichen Kritik entzieht und schon den »Zweifel« zur Sünde stempelt, »...bejaht und begrüßt die Psychotherapie den Zweifel an der kritikentrückten Gültigkeit der bestehenden und überlieferten Gebote und Verbote. Sie wirft sich zum Anwalt der von diesen Gebräuchen unterdrückten und gemaßregelten Impulse auf.« Im Unterschied zur Theologie, welche den inneren Motiven des Schuldig-Werdens primär nicht nachgeht, sondern sich damit begnügt, den Schuldigen wieder in die Gemeinde Christi zurückzuführen, fragt die Psychoanalyse Freudscher Prägung in ehrfurchtslos-ketzerischer Weise nach den Bedingungen, unter denen die Normen und Gesetze entstanden sind, und nun, vom Einzelnen als Über-Ich angenommen, diesen schuldig sprechen. In diesem Vorgehen werden aber die Normen selbst ihrer dogmatischen Sicherheit und Unfehlbarkeit beraubt. Bally führt die Abkehr des Christen vom Seelsorger auf soziologische Gründe zurück. Seitdem der Familie, auf welche sich die religiöse Gemeinschaft letzlich stützt, zufolge der modernen Art der Güterproduktion und -verteilung im öffentlichen Leben kein Gewicht mehr eignet, gewährt sie, desgleichen die Kirche, dem Einzelnen nicht mehr die Sicherheit und den Schutz wie früher. Mit diesem Verlust an Halt und Sicherheit gingen aber auch das autoritative Gewicht und die daraus resultierenden Forderungen der Gemeinschaft verloren. »Aus dieser Konstellation ist der Individualismus geboren worden, der, so gesehen, als Ausdruck einer Not erscheint: wo nämlich die kollektiven Hintergründe ihre Tragfähigkeit verlieren, da sieht sich der Einzelne in seinen Bestimmungen auf sich selbst verwiesen. Das Individuum zweifelt an der gottgewollten Familie und Gemeinde und an dem von ihnen vertretenen und geforderten Verhaltensstil, und damit zweifelt es auch am Schuldbegriff, der von der Gemeinde und ihren Vertretern an den Einzelnen herangetragen wird.«[250]

Ob der Individualismus lediglich aus dieser Schau beurteilt werden kann, dürfte wohl fraglich sein. Sicher darf die Emanzipation des Individuums von der Gemeinschaft nicht nur als eine Folge der Bedeutungsverminderung des Kollektivs angesehen werden. Vielmehr scheint sich hier eine Entwicklung abzuzeichnen, die den Menschen zum »Sich-selbst-Sein« führt. Der Individualismus ist nicht nur »Ausdruck einer Not«, er ist ebensosehr die Dokumentation einer menschlichen Reifung, die ohne Befreiung aus den kollektiven Fesseln nicht vor sich gehen konnte. Wir erleben die unmittelbaren Folgen einer solchen »Befreiung« in ihrer ganzen Dramatik nicht nur beispielsweise in den politischen Wirren »unabhängig« gewordener Staaten, sondern auch im Sprechzimmer des Psychotherapeuten. Mit welcher Macht überborden oft bisher in sklavischer Haft gehaltene Sexualtriebe, wie »ungerecht« und vehement entladen sich verdrängte Aggressionen gegen Eltern oder Erzieher. Gewiß bildet ein derartiges Verhalten nie das Ziel einer Psychotherapie, und jede Analyse, die in einem solchen Zustand abgebrochen wird, hat ihren Sinn nicht erfüllt. Als vorübergehende Episode ist es jedoch oft nicht nur entschuldbar, sondern sogar notwendig. Fällt es da so schwer zu verstehen, daß auch die Psychoanalyse in ihrem Bestreben, die in ihrer »Gesetzesschuld« erstarrte Menschheit des ausgehenden 19. Jahrhunderts zu befreien, über das Ziel hinausschoß? Und fand sie nicht gerade in der ihr entgegenbrandenden Verständnislosigkeit der abendländischen Gesellschaft einen Partner im Seilziehen um die menschliche Seele?

Erst in dieser für beide Seiten nicht zu gewinnenden Auseinandersetzung gelang die eigentliche Rückbesinnung auf das Wesen des Menschen. Die Moraltheologie wandelte ihre dogmatische Position in wesentlichen Belangen zu einer mehr verstehenden und vertiefteren Schau des menschlichen Wesens. Die von der Psychoanalyse getragene, als befreiend empfundene Auflösung erwies sich jedoch als ein Trug. Der Mensch konnte sich wohl von Schuldgefühlen befreien, der *Schuld* blieb er trotzdem verfallen.

Wie aber geschah die »Wiederentdeckung des Einzelnen als Menschen« im Schoße der Psychoanalyse? Der einzige Partner des Menschen in seinem analytischen Reifungsprozeß bleibt der Psychotherapeut. Auf dem Boden dieser Beziehung wächst und gedeiht jene keimende Welt neuer Möglichkeiten, »die zwar einerseits die Welt ungeahnt bereichern, andererseits aber auch Abgründe und Gefahren enthüllen, die bisher verborgen waren«.[251] Kennzeichnen die beiden Phänomene des Widerstandes und der Übertragung die Grundpfeiler des Verhältnisses zwischen Arzt und Patient in der Freudschen Psychoanalyse, so wird daraus deutlich, wie sich der Gesundungsweg des Neurotikers in einer dualen Auseinandersetzung mit dem Psychotherapeuten, in einer wechselvollen Relation von Spannung und Entspannung, in einer Atmosphäre gegenseitigen Vertrauens und Mißtrauens abzeichnet. Diese Beziehung gilt auch heute noch als Fundament jedes psychotherapeutischen Handelns, obzwar sie im Laufe der Jahrzehnte seit der Gründung der Psychoanalyse ihren Namen und ihre Sinndeutung geändert hat. So hat, wie zumal Maeder hervorhebt, der Begriff der Übertragung eine Wandlung erfahren, »indem sich von ihm ein neuer Begriff der zwischenmenschlichen Beziehung (interpersonal relations) abspaltet, der nicht mit der individuellen Lebensgeschichte zusammenhängt wie die Übertragung«.[252] Binswanger nennt die »existentielle Kommunikation« zwischen dem Arzte und seinem Kranken ein »Miteinander- und Füreinanderdasein«, eine innere Einstellung, die den Patienten mit seiner unverkürzten Schuld achtet und liebevoll aufnimmt, frei von konventionellen Vorurteilen und gesellschaftlichen Normen. Eine solche ärztliche Haltung ist jedoch dem Psychotherapeuten keineswegs angeboren. Nur die seiner mitmenschlichen Tätigkeit vorausgehende Auseinandersetzung mit sich selbst, mit seiner eigenen Schuldhaftigkeit vermag ihn zu befähigen, dem Schuldproblem des Kranken offen zu begegnen. Darin liegt wohl letzten Endes die Betroffenheit des Arztes begründet, »das ihn persönlich ›Angehen‹ des sich im Schuldgefühl verzehrenden Mitmenschen, die innere Unruhe«, und nicht nur in der »Empörung darüber, daß es so etwas Grauenhaftes gibt«.[253] Je nach der eigenen »wurzelhaften Durchdrungenheit« des Psychotherapeuten, je nach seiner weltanschaulich-konfessionellen Herkunft oder philosophischen »Schulzugehörigkeit« wird auch das Betroffensein von den Schuldgefühlen des Kranken gefärbt sein. Darin muß sich der Arzt von der öffentlichen Meinung unterscheiden, daß seine Reaktion auf die Schuld des Mitmenschen, ob diese nun »objektiver« oder »subjektiver«, offener oder versteckter Natur sei, sich nicht zur Empörung steigere, zu einer Empörung darüber, daß Mensch und Welt nicht so sind, wie man sie sich gern vorstellt oder wie sie gemäß einem bestimmten anthropologischen Vorentwurf sein sollten.

Sind wir nun auf Grund analytischer Erfahrungen zu der Einsicht gelangt, daß nicht in der Ablehnung und Strafe, sondern allein in der liebenden Annahme des schuldhaften Menschen eine therapeutisch wirksame Begegnung mit den Schuldgefühlen möglich wird, so müssen wir die weitere Frage nach der ethisch-sittlichen Berechtigung einer solchen Stellungnahme aufwerfen, die den Psychotherapeuten doch – zumindest scheinbar – in eine außerhalb der gemeinschaftlichen Wertordnung befindliche Position drängt. Ist er dank seines direkten Einflusses auf den kranken Menschen nicht geradezu verpflichtet, die kollektiven Normen auch dort erneut zu festigen, wo sie ins Wanken geraten sind? Ist er nicht verpflichtet, die asozialen und aggressiven Triebkräfte im Menschen zugunsten einer dem Kollektiv nutzvolleren »Geistigkeit« in Schranken zu halten? Ein solches Gebaren würde nicht nur seinen Zweck – die Heilung des Patienten – völlig verfehlen, es würde vielmehr dem Grundprinzip ärztlichen Handelns zuwiderlaufen: nämlich der Erfassung der Ganzheit des kranken Menschen. Zu ihr gehört auch die existentielle Schuldhaftigkeit, die weder durch Strafe noch durch Vergebung aus der Welt geschafft werden kann. Der Psychotherapeut will nicht eine wirkliche Schuld beheben, wie ihm so oft vorgeworfen wird, sondern er unterstützt den Patienten in dessen Bemühen, seine »persönliche« Schuldhaftigkeit als zu seiner individuierten Lebensstruktur gehörend anzunehmen. Daß dies nicht auf dem üblichen Wege von Geboten, Verboten und Bestrafungen geschehen kann, sondern in der einzig möglichen Form liebevoller Duldung, wurde auch von kirchlicher Seite anerkannt und findet in der Papstansprache vom 10. April 1953 seinen Niederschlag, in welcher Pius XII. erklärte, »die Psychotherapie dürfe niemals den Kranken den Rat erteilen, das materiell Verkehrte ruhig weiter zu tun, weil es ja ohne subjektive Schuld getan wird, sie möge aber dulden, was für den Augenblick unvermeidlich ist«.[254]

Demgemäß gilt für den Psychotherapeuten in der Begegnung mit den Schuldgefühlen, was Boss in seinem Buch über die Psychoanalyse und die Daseinsanalytik vom Arzte verlangt, »einem solchen Kranken auf die rechte Weise zugetan zu sein, manchmal beinahe so, wie eine Mutter ihr Kind unter dem Herzen trägt, ihn mit darin in der eigenen, in reifen Menschenordnungen gefaßten Existenz sein zu lassen, und dies nicht selten so viele Jahre lang und länger, als eine leibliche Schwangerschaft Monate dauert«.[255] Nur in dieser Haltung wird es dem Psychoanalytiker möglich, dem neurotischen Menschen zu jener inneren Freiheit zu verhelfen, in der auch seine Schuld daseinsberechtigt ist.

Es bleibt nun noch die Frage abzuklären, in welchen Punkten sich die daseinsanalytische Betrachtungsweise von der christlich-moraltheologischen abhebt, beziehungsweise ob sie sich im Grunde überhaupt von dieser unterscheidet. Zunächst ist zu sagen, daß gewiß ein wesentlicher Unterschied darin gesehen werden muß, daß die existentielle Schuld sich mit derjenigen im moraltheologischen Sinne oft nicht deckt, gelegentlich ihr sogar widerspricht. Das kann dort der Fall sein, wo ein Mensch zwar auf Grund seiner Triebverdrängung moraltheologisch schuldfrei ist, existentiell aber gerade dadurch schuldig wird, daß er seinem Dasein eben etwas »schuldig« bleibt. Die Nichtanerkennung dieser Schuld führt zur Neurose. So mag ein Mensch zufolge eines scheinbar religiös fundierten, ihn von der ehelichen Beziehung abhaltenden Keuschheitsgelübdes, das in seinem tieferen Grunde jedoch keiner echten Religiosität entspricht, vielmehr lediglich Anzeichen einer Triebablehnung ist, existentiell schuldig sein, moraltheologisch aber nicht. Oder doch? Uns scheint, hier bestehe der Widerspruch eigentlich nicht zwischen Daseinsanalyse und Moraltheologie, sondern innerhalb der letzteren selbst. Jemand kann in einem bestimmten Bezug nicht krank und gesund zugleich sein. Ist er (neurotisch) krank, dann wird auch die ethische Bewertung seiner Tat moraltheologisch eine andere. Ein Mensch, der also aus *neurotischen* Gründen ein Keuschheitsgelübde eingeht, erfüllt damit keine sittlich hochwertige Aufgabe, und insofern ist er auch moraltheologisch nicht un-schuldig. Es bleibt nämlich eine moraltheologische Forderung, die eigenartigerweise oft übersehen wird, daß der Mensch für seine Gesundheit verantwortlich ist. In der katholischen Kirche gilt es als Sünde, wenn der Mensch im Zustande der Krankheit nicht die nötigen Maßnahmen trifft, um gesund zu werden. Was aber für eine Pneumonie, eine Tuberkulose oder eine Fraktur in Anspruch genommen wird, gilt in erhöhtem Maße bezüglich des neurotischen Krankheitsgeschehens, das den Menschen in seiner ganzen Persönlichkeit umfaßt.

Ähnlich verhält es sich mit der sozialen oder juristischen Schuld. Wir wissen, daß die Gemeinschaft mit Forderungen an das Individuum herantritt, die dieses unter Umständen in hohem Maße gefährden. Als erschreckende Beispiele nannten wir jene verbrecherischen Taten Einzelner im Auftrag und Namen staatlicher Obrigkeit. Diese Einzelnen könnten sich wohl damit entschuldigen, daß sie »im Auftrag« und also »gehorsam« ihre Aufgaben durchführten. Schon Pius XII. wies darauf hin, daß einer solchen Auffassung ein wesenhafter Irrtum zugrunde liegt. Nicht das Individuum ist für die Gemeinschaft da, sondern die Gemeinschaft für das Individuum. Insofern die moralische Rechtfertigung einer Tat sich auf den Befehl der staatlichen Obrigkeit stützt, mithin auf die Unterordnung des Individuums unter die Gemeinschaft, des Individualwohles unter das Gemeinwohl, beruht sie auf einer verfehlten Vorstellung. Die Gemeinschaft stellt nach christlicher Weltanschauung das große, von der Natur und von Gott gewollte Mittel zur Regelung des Austausches dar, mit dessen Hilfe die gegenseitigen Bedürfnisse befriedigt werden, um jedermann seine Persönlichkeit entsprechend seiner individuellen und sozialen Eignung voll entfalten zu lassen. – Anders als in einer physischen Einheit verhält es sich mit der moralischen Gemeinschaft und mit jedem Organismus rein moralischen Charakters. Das Ganze hat hier keine in sich subsistierende Einheit, sondern eine einfache Einheit des Zweckes und des Handelns. Die Individuen sind in der Gemeinschaft nur Mitarbeiter und Werkzeuge zur Erreichung des gemeinschaftlichen Zieles.[256]

Wir sind also, wollen wir von existentieller Schuld sprechen, gezwungen, unser Dasein als Individuum in der Gemeinschaft neu zu überdenken. Zweifellos werden wir schuldig, wenn wir, uns selbst aufgebend, in der Gemeinschaft gewissermaßen versinken. Können wir uns aber dessen erwehren? Sind wir nicht schon von Anbeginn unseres Lebens derartig in der Gemeinschaft verwurzelt, mit ihr verbunden und von ihr abhängig, daß eine freie Entfaltung unseres Selbst kaum mehr möglich ist? Werden wir nicht durch Tradition, Erziehung, Heredität so vorausbestimmt, daß uns nur noch beschränkte Möglichkeiten der eigentlichen Menschwerdung verbleiben? – Diese Frage verlangt die Erörterung zweier Aspekte: Erstens zwingt sie uns zur Besinnung auf die Rolle des Kollektivs und dessen Einfluß auf das Individuum; zum andern eröffnet sich eine Beantwortung vom Individuum her. Immer wieder hört der Psychotherapeut die Klage: ich bin so geworden, weil man mich so gemacht hat... »Ich bin zu nichts fähig, weil man mich nicht lernen ließ... Ich hasse alle Menschen, weil ich nur Haß erlebt habe.« – Sicher trägt hier das »man« – die Mitmenschen, die Erzieher – eine Mitschuld an der Schuld des Patienten. Insoweit sich die Gemeinschaft einen Einfluß auf das Individuum anmaßt, wird sie stets auch mitverantwortlich für dessen Werden, Tun und Handeln. Menschsein heißt immer zugleich Mit-glied sein, Teilhaben an einer bestimmten Kulturepoche, an einer traditionellen Weltanschauung, an einer konkreten staatlichen Ordnung. Bally bemerkt, es gebe den Naturmenschen nicht, außer in unserer romantischen Sehnsucht. »Das neugeborene Wesen wird also erst und wird nur insofern Mensch, als es in der Verantwortung der Eltern bzw. der Erzieher übernommen wird. Sie sind die Exponenten der Gruppe und ihrer Tradition im Intimbereich der Familie. Diese Übernahme geschieht in einem Versprechen. Es wird in der Namengebung bezeugt. Wir geben auch anderem Namen, Tieren und Dingen. So bezeichnen wir ihren Ort und ihre Verwendung. Die Namengebung des Menschen ist mehr, sie ist ein Programm: Du sollst in diesem Namen Mensch werden, und wir wollen dir dazu verhelfen, daß du deinem Namen gemäß lebst. Ja, wir sollen dir dazu verhelfen, daß du deinem Ruf Ehre machst.«[257] Daher auch die große Bedeutung der Namensgebung in den Initiationsriten der Primitiven, bei der Taufe, beim Eintritt in kirchliche Ordensgemeinschaften. Würde es dem Menschen gelingen, all das zu verwirklichen, was er sein sollte, so wäre das Problem der Schuld gelöst. Das hätte jedoch zur Voraussetzung, daß sich die Forderungen der Gemeinschaft mit denen des einzelnen völlig decken würden und daß dieser jene Forderungen zu erfüllen imstande sein müßte. Wäre – um einige Beispiele aus dem täglichen Leben zu erwähnen – jeder Verkehrsteilnehmer einer Stadt in seiner Rücksichtnahme auf andere vollkommen, dann bedürfte es keiner Verkehrsvorschriften, keines Vortrittsrechtes, keiner Verkehrsampeln, keiner Stopsignale. Wäre sich jeder Mensch seiner Verantwortlichkeit den Mitmenschen gegenüber bewußt, dann brauchte es keine Strafgesetze, ja nicht einmal ein Zivilrecht. Dadurch aber, daß der Mensch, insofern er »etwas« ist, vieles andere eben nicht ist, bleibt er sich immer schuldig, und zwar um so mehr, je intensiver er sich vom anderen in seinem Leben bestimmen läßt.

Wir können nicht existieren, ohne etwas Bestimmtes zu sein, aber auch unbestimmt vieles nicht zu sein. Sind wir dieses oder jenes unter Schuld- und Angstdruck nicht geworden, dann sind wir faktisch verfallen; wir sind dann so, wie »man« sein »sollte«. Dem »Man« verfallen heißt aber schuldig werden. Im Gewissensruf wird der Mensch dazu aufgefordert, das geworfene Seiende, das er ist, nicht einfach zu »sein«, sondern als seinen Grund zu verstehen. »So bin ich existierend schuldig, d. h. ich bin in der existentiellen Schuld, nichtiger Entwurf eines nichtigen Grundes zu sein – nicht insofern, als ich existierend mein Grund nicht bin, den ich doch entschlossen zu übernehmen und als meine Nichtigkeit zu tragen habe, denn ich habe Möglichkeiten des Andersexistierens nicht gewählt und habe sie nicht wählen können. Ich muß mir existierend die Existenz jederzeit schuldig bleiben. Im Schuldigsein liegt, daß ich existierend Mögliches nicht bin.«[258]

Der heutige Mensch hat aufgehört, Überlieferungen als bare Münze unbesehen hinzunehmen und sein Leben danach auszurichten. Damit setzt eine neue Fundierung unserer Existenz ein, der zufolge auch die Forderung der Gemeinschaft hinter die Verpflichtung des Individuums zurücktreten muß, »den Horizont aller Möglichkeiten der Selbst- und Weltverwirklichung freizulegen«.

Die existentielle Schuld ist – im Gegensatz zu der juristischen und moraltheologischen – nicht eine Gesetzesschuld. Sie unterscheidet sich indessen noch in anderer Weise. Während Gesellschaft und Kirche die Schuld an das Wissen darum binden, besteht der existentielle Gewissensanruf unabhängig von Bewußtheit oder Unbewußtheit. Auch läßt sich die Herkunft der Berechtigung einer solchen Unterscheidung nicht eruieren. Indem der Mensch nämlich für seine eigene Entfaltung verantwortlich ist, ist er es nicht nur für einen Teil derselben. Vor allem aber bleibt er verantwortlich für die Verdrängung, insofern er sich damit selbst betrügt. Wenn deshalb immer wieder die Behauptung zu hören ist, es sei nicht nur nicht nötig, sondern schädlich und daher aus moralischen Gründen zu verbieten, verdrängte Wünsche und Triebe aus ihrer Latenz hervorzulocken und bewußt zu machen, so bedeutet dies nichts anderes, als einem Vorhandenen die Existenzberechtigung zu bestreiten, einer Selbsttäuschung Vorschub zu leisten. Oder sollte etwa solchen verdrängten und eingeschlossenen, abgelehnten und mißachteten »Wünschträumen« die »Wirklichkeit« abgesprochen werden? Ist jene Patientin in ihrer sogenannt bewußten Lebenshaltung ethisch vollwertig, welche, dem Gelübde der Keuschheit verpflichtet, jede Nacht von »fürchterlichen Träumen« gequält wurde, in denen sie sich sexuellen Orgien hingab? Ändert die Tatsache, daß sie in ihnen stets vergewaltigt wurde, etwas an ihrer eigenen, höchst persönlichen Schuldhaftigkeit? Wohl versucht sie sich damit aus der Schlinge zu ziehen, daß es ja im Traume »andere« seien, die an ihr diese verbotenen Handlungen vollziehen; daß sie nichts dafür könne, nicht für ihre Träume verantwortlich sei. Ist sie das nicht? Jeder Psychotherapeut kann immer wieder feststellen, daß die Träume nicht von irgendwoher an den Menschen herankommen, sondern daß sie in innigster Beziehung zum Wachleben stehen. Insofern bleibt er auch »schuldig« an dem, was in seinen Träumen geschieht. Diese verraten – das wissen wir seit Freud – eben jene Seite des Menschen, welche die Psychoanalyse und auch die Vulgärpsychologie als das Unbewußte, Verdrängte bezeichnet. Ist dieses aber Wirklichkeit, dann hat es keinen Sinn, es zu verleugnen. Die Bewußtmachung impliziert jedoch keineswegs die Absicht – und hierin zeigt sich wohl das große Mißverständnis der christlich-theologischen Kritik an der Psychotherapie –, den verdrängten Triebwunsch als sittlich vollwertig und »unschuldig« hinzustellen, noch weniger ihn in jedem Falle und in vollem Umfange sich ausleben zu lassen. Die »verdrängten« Wünsche umfassen grosso modo zwei menschliche Triebkomplexe: die Aggressivität und die Sexualität. Für beide gilt das psychologische Grundgesetz, daß sie, soweit sie vorhanden sind, nie »straflos« verdrängt werden können. »Strafe« folgt jedoch auf Schuld. Deshalb ist die Nichtanerkennung aggressiver oder sexueller Tendenzen durchweg und ausnahmslos einer existentiellen Schuldhaftigkeit gleichzusetzen, trotz scheinbar moral-theologischer »Unschuld«.

Wenn wir von »scheinbarer« Unschuld sprechen, so denken wir an einen Ausspruch Hegels, der dem heutigen Menschen vorwirft, daß er »nicht den gesamten Umfang dessen, was er getan hat, auf sich« nimmt. »Der heroische Charakter aber macht diese Unterscheidung nicht, sondern steht für das Ganze seiner Tat mit seiner ganzen Individualität ein. Er will die Schuld nicht teilen und weiß von diesem Gegensatz der subjektiven Absichten und der objektiven Tat und deren Folgen nichts.«[259] Bally bemerkt dazu, die Voraussetzung einer solchen Haltung, deren Verfehlen das unbewußte Schuldgefühl bezeuge, sei die Anerkennung des grundsätzlichen menschlichen Schuldigseins, es handle sich hier aber um »ein Schuldigwerden, eine Verfehlung, für die kein menschliches Gericht zuständig ist. Ein tatsächliches Schuldigsein, das uns verhüllt ist, bis wir den Ruf hören, der uns unsere Verstrickung offenbart. Der Hahnenschrei, der Petrus die Augen für die Wahrheit öffnete, die ihm bis dahin verstellt war, oder die Erscheinung Christi, die Saulus blendete und dem Paulus die Augen gab zu sehen, in welchen Dienst er gerufen sei, lösen solche Verstrickungen. Aus solcher Erfahrung konnte Paulus sagen: »Es ist mir ein Geringes, von Euch oder von irgendeinem menschlichen Gerichtstag verhört zu werden. Ich stelle nicht einmal mit mir selbst ein Verhör an, denn ob ich mir auch nichts bewußt bin, so bin ich darum noch nicht gerechtfertigt. Der mit mir ins Verhör geht, ist der Herr.«[260]

Es ist indessen nicht so, daß zwischen Gesetzesschuld und existentieller Schuld eine unüberbrückbare Kluft bestehen muß. Es kann einer im moraltheologischen Sinne schuldig sein und zufolge der Nichtanerkennung seiner Schuld auch existentiell schuldig werden. Allein, und das ist das Wesentliche, hinter jeglicher Schuld steht der Mensch in seinem Bezug zur göttlichen Liebe und Gnade. Nur von daher ist das – nicht in die offizielle Bibel aufgenommene – Gleichnis vom Sämann zu verstehen: »Am selben Tage sagte ER zu einem, den er am Sabbat arbeiten sah: Mann, wenn du wahrhaftig weißt, was du tust, bist du gesegnet, aber wenn du es nicht weißt, bist du verflucht und ein Übertreter des Gesetzes« (ad Luk. 6, 4, Codex Bezae). Aber nicht einmal den Codex Bezae[261] brauchen wir, um die Übereinstimmung des psychotherapeutischen Schuldbegriffes mit dem christlichen nachzuweisen. Hat nicht Christus selbst gerade jene mit den schärfsten Worten gegeißelt und mit den schrecklichsten

Strafen bedroht, die in scheinbarer »Schuldlosigkeit« selbstgerecht die Gesetze befolgten, in Tat und Wahrheit aber für ihre tiefe Schuldhaftigkeit blind waren – die Pharisäer?

Drittes Kapitel

Angst und Schuld in der Psychotherapie

1. Psychopathologie der neurotischen Angst

Nachdem wir uns mit der philosophisch-psychologischen Problematik von Angst und Schuld auseinandergesetzt haben, bleiben uns als Fazit zwei grundlegende Feststellungen: 1. Die Angst erscheint dort, wo der Mensch seine Selbstverwirklichung verfehlt hat – sie ist also letztlich Schuldangst. Die Austragsmöglichkeiten des Daseins sind begrenzt, eingeschränkt. 2. Angst entsteht auf dem Boden der Ungeborgenheit, der Lieblosigkeit. Die Entborgenheit bildet gleichsam den Nährboden, aus dem die Angst wachsen kann, denn mangelnde Liebe und mangelndes Verständnis bedingen ihrerseits an erster Stelle die Selbstverfehlung. Nun glückt einem Menschen in seinem endlichen Dasein nie die volle Selbstverwirklichung, weshalb er dauernd der Schuld und Angst ausgesetzt bleibt.[262] Boss weist darauf hin, daß sowohl Tierpsychologen wie Kinderärzte mit Recht größtes Gewicht auf die Angst vor dem Verlust heimatlicher Geborgenheit oder mütterlicher Fürsorge legen, da solcher Verlust immer »größtmöglichste Todesgefahr« bedeute. Während Boss jedoch Angst und Schuld als *zwei* wesentliche, dem Leben »notwendigerweise« einwohnende Phänomene betrachtet, streben wir eine Verbindung der beiden an, und zwar dergestalt, daß die Angst des Menschen um sein Dasein nur insofern und in dem Maße auftritt, als er und soviel er seiner Existenz schuldig bleibt. Dies allerdings ist nicht im Sinne einer ontologischen Aussage zu verstehen, sondern ausschließlich im psychotherapeutischen Sinne. Wodurch aber wird die Angst neurotisch-krankhaft?

Dem Menschen eignen Möglichkeiten, sich seiner Verpflichtungen – angstabwehrend – zu entziehen. Wenn er die Angst nicht mehr erträgt, begibt er sich in die Neurose.[263] »Das Ausweichen vor dem Erlebnis der Angst ist eine Grundeinstellung in der Neurose.«[264] J. H. Schultz definiert diese als eine falsche, auf Angstersparnis abzielende Lebensbetätigung.[265] Es besteht kein Zweifel darüber, daß viele Neurotiker bedeutend weniger ängstlich sind als der Durchschnittsmensch, sofern sie nicht an einer ausgesprochenen Angstneurose leiden. Sie erreichen die Angstverminderung dadurch, daß sie der »Ich-Belastung« des individuellen Selbstseins neurotische »Ich-Entlastungs«-Mechanismen entgegenstellen (Häfner). Solche »Ich-Entlastung« führt zur Verbergung jener Erlebnisbereiche, in denen Angst ins »Bewußtsein« einbrechen könnte. Versagt jedoch diese Abwehr, dann setzt der Neurotiker den sie vereitelnden Faktoren Widerstand entgegen. Häfner führt weiter aus, daß die verschiedenen Formen der Ich-Entlastung und damit der Angstabwehr ja nicht nur bei Neurosekranken, »sondern auch im psychologischen Aufbau mancher Weltanschauungen und Gemeinschaftsbildungen anzutreffen« sind. In ihrem Dienste stehen ferner der Vergnügungsrummel und die modernen Unterhaltungsmöglichkeiten, das Untergehen im »Man« Heideggers. Die Tiefenpsychologie förderte noch andere Möglichkeiten der Angstverminderung an den Tag: Macht- und Geltungsstreben (Adler), Besitzstreben (Schultz-Henke) und Sexualität (Freud). Einer unserer Patienten versuchte seine abgrundtiefe Angst mittels eines rücksichtslosen Geschäftsgebarens zu übertönen, das ihn zwar geschäftlich, finanziell und auch politisch zu hoher Macht brachte, aber auch seinen Drang nach Anerkennung dermaßen steigerte, daß schließlich eine hochgradige Diskrepanz zwischen seiner äußerlichen Macht und seiner inneren Schwäche resultierte. Desgleichen wies ein anderer Patient, dessen Angstabfuhr sich in einer rapiden Besitzvermehrung manifestierte, eine offensichtliche innerliche Verarmung bei äußerlichem Reichtum auf. Geld ist heute nicht nur Tauschmittel oder Gegenwert für Waren, sondern »als Träger unablässiger Besitzvermehrung« auch ein Mittel der Ich-Stärkung. Die Sexualität verhilft vor allem dazu, die Einsamkeit zu überwinden. Die Angst vor dieser bildet nicht selten Grund und Ursache triebhaften Sich-Auslebens in sexualibus. Die verbreitetste Angstabwehr beim neurotischen Menschen dürfte wohl allerdings die Sucht sein. Wir kennen Alkoholiker, die in nüchternem Zustande einer unerträglichen Angst ausgeliefert sind und sich erst in der Betäubung durch Alkohol gesichert fühlen. Das gleiche ist zu sagen von der Medikamentensucht, von den Morphinisten und den kleinen Süchten des Alltags.

Weitere Möglichkeiten der Angstabwehr sind beispielsweise die neurotischen Versuche der »Regression« in die frühkindliche

Abhängigkeit des Menschen von seinen Eltern; der Verlust der Individualität mit seiner freiwilligen Unterordnung unter die Autorität sogenannter »Vorbilder« oder Idealtypen, mit anderen Worten der »Konformismus«, und schließlich vor allem auch das Ausweichen in die kollektiven Entlastungssysteme. Das Kollektiv übernimmt die Verantwortung und damit zugleich die Bewältigung der Angst, von der das Individuum enthoben wird. Es liegt auf der Hand, daß das Kollektiv nur dann seine sichernde und bergende Funktion auszuüben vermag, wenn es sich letztlich auf den einzelnen rückbezieht und ihm zumindest eine Verbesserung der Lebensbedingungen oder gar das Paradies auf Erden versprechen kann. »Doch muß diese Verheißung so beschaffen sein, daß sie fortwährend Dynamik bleibt und nicht restlos in Erfüllung geht, sonst wäre das Kollektiv selbst seiner tragenden Wertdynamik entkleidet und vermöchte auch keine Entlastungsfunktion mehr zu leisten.«[266] Zu den ebenfalls krankhaften Weisen der Angstabwehr gehört sodann das umfängliche Gebiet der sogenannten psychosomatischen Krankheiten, ferner das Ausweichen in die psychopathische Kriminalität und schließlich in die Psychose.

Niemals können wir die »neurotische« Angst verstehen, ohne uns mit der Angst beim Gesunden auseinanderzusetzen. Nicht nur Theologen, sondern auch Philosophen und Psychiater versuchten, sie anthropologisch verständlich zu machen und als unabwendbares menschliches Attribut hinzustellen. Es sind zumeist Forscher, die – im Bemühen, das Los der Menschheit, das in seiner durchdachten Konsequenz unerträglich erscheinen müßte, zu lindern – dem Leiden an sich und damit auch der Angst eine aufwertende Sinnhaftigkeit zusprechen. Müller-Eckhardt schreibt von der »Krankheit, nicht krank sein zu können«. Deutlicher noch wird v. Gebsattel, wenn er sagt, die Angst sei keineswegs eine Krankheit, vielmehr eine Grundbestimmung des Menschen; er verleiht ihr sogar die positive Rolle »der Aufgabe der Anthropogenese des Einzelnen«. Wir müssen gestehen, in allen diesen »positiven« Aspekten der Angst nichts Förderliches sehen zu können. Gewiß kann – wie v. Gebsattel meint – aus ihr gelegentlich Produktives entstehen. Wo das der Fall ist, bleibt sie dennoch wohl nichts anderes als eine Emotion, die »irgend etwas« in Bewegung setzt, ohne aber diesem Etwas Richtung und Ziel zu geben. Beispielsweise können wir uns vorstellen, daß die Furcht vor

Bestrafung eine böse Tat verhindern oder die Angst vor dem Examen zu vermehrtem Studium anspornen kann. Allein es läßt sich sagen, daß beides *auch ohne Angst* geleistet werden kann, ja daß der sittliche Wert bedeutend größer, wenn nicht überhaupt erst vorhanden ist, wenn keine Angst daran beteiligt ist. So scheint uns Mouniers Auffassung des Menschseins auf gesundem Boden zu stehen: »Vom heutigen Christen, der sich als Engel aufspielen will, indem er den Menschen flieht und verflucht, kann man nicht mehr verlangen, als daß er erst einmal Mensch werde, voll und ganz Mensch werde; er soll leidenschaftlich begehren, daß man von jedem Menschen ohne Ausnahme sagen kann, er habe Mensch, voll und ganz Mensch werden können.«[267] Nichts anderes meinen wir, wenn wir von der *Neurose* als der Krankheit sprechen, die den Menschen hindert, Mensch werden zu können. Daraus verstehen wir das neurotische Geschehen, ob wir es mit Freud als Ich-Entlastung oder mit Boss als Einengung des In-der-Welt-sein-könnens, begrenzte Austragsmöglichkeiten des Daseins (Häfner) oder als Werdenshemmung (v. Gebsattel) bezeichnen. Dabei wächst das Neurotische ohne scharfe Grenzen aus dem Gesunden heraus; daraus wird auch ersichtlich, daß der Ruf zur Selbstentfaltung an jeden Menschen ergeht, nicht nur an den Neurotiker. Während aber der Gesunde die Kraft zu dieser Selbstentfaltung aus sich selbst schöpfen kann, bedarf der Neurotiker der Hilfe und Führung, zumindest einer Stütze. Ob und wie weit es ihm gelingt, das Ziel zu erreichen, ist nicht in erster Linie von der Art und der Schwere der neurotischen Erkrankung abhängig, sondern von der Stärke des Ich, vom Ausharrevermögen und Durchhaltewillen, von der Einsicht des Kranken. Kein Psychotherapeut vermag einen Patienten weiterzubringen, als dieser selbst es will, kein psychoanalytischer Weg führt weiter als der Analysand zu gehen gewillt ist. Der Neurose wird sehr oft ein »positiver Wert« zugesprochen; sie kann an sich aber nie »positiv« *sein* – so wenig wie die Angst –, da sie immer eine Einengung des Menschseins bedeutet. Sie kann nur dort »positiv« *wirken,* wo sie den Menschen aus der Gleichförmigkeit und Gleichgültigkeit des Alltagslebens aufscheucht und zum Handeln zwingt.

Die Angst in der Neurose manifestiert sich grundsätzlich in zwei einander diametral entgegengesetzten Formen. Einmal fehlt sie als äußerlich erkennbare Erscheinung: die Neurose zeigt sich als Angstverdrängung. Zum andern offenbart sie sich vornehmlich phänomenologisch als Angst, sei es, daß diese in ihrer Intensität das durchschnittliche Maß überschreitet, sei es, daß sie wie bei gewissen Phobien dank ihrer qualitativen Absurdität auffällt. Wir fassen die letzteren Formen unter dem Begriff der Angstneurose zusammen.

A. Angstabwehr. Die süchtige Fehlhaltung

Das klassische Beispiel der Angstabwehr ist die Sucht. Sucht kommt von »Suchen«, dieses vom Althochdeutschen »suht« oder »siech«, was so viel bedeutet wie Seuche oder Krankheit. Die alten Krankenhäuser hießen Siechenhäuser, chronisch krank sein war ein »Dahin-siechen«, »Siech« wurde aber auch zu einem schweizerdeutschen Schimpfwort, bedeutet zugleich je nach dem Zusammenhang, in dem es gebraucht wird, eine »Ehrung«. Unter Knaben gilt ein besonders Tüchtiger als ein »Siech«, wobei sich die Tüchtigkeit im allgemeinen eher auf körperliche Vorzüge denn auf geistige bezieht. Darin, in dieser Doppelbedeutung des Wortes, wurzelt vielleicht auch die Doppelbedeutung der Sucht: siech sein und ein »Siech« sein wollen, d. h. krankhaft nach etwas suchen, das einen aus dem durchschnittlichen Tagesleben heraushebt. Der Süchtige ist krank, weil er ewig ungesättigt, daher unersättlich, ständig unbefriedigt ist und in seinem Suchen verharrt. Darin zeigt sich die Verwandtschaft der Sucht mit der Gier, z. B. der Macht- oder Geldgier, der Habgier und der Wut, z. B. der Sammel- und Arbeitswut oder der Tollheit (mannstoll, liebestoll). »Wir werden kaum fehlgehen in der Annahme, daß all diesen Süchten, Leidenschaften, Tollheiten, der Gier und der Wut weitgehende Gemeinsamkeiten zugrundeliegen, daß all diesen Süchtigen, Gierigen, Wütenden, Leidenschaftlichen und Tollen etwas Entscheidendes fehlt und daß sie eben versuchen, dieses Manko mit Hilfe der Sucht auszufüllen. Schon hier tut sich die große Widersprüchlichkeit der Sucht (und der Krankheit überhaupt!) kund, daß etwas Fehlendes durch etwas Krankhaftes gewonnen werden soll, wobei das Fehlende an sich schon zur Krankheit gehört.«[268] Mit diesem letzten Satz hat v. Siebenthal wohl das Wesentlichste der neurotischen Sucht getroffen: daß nämlich das Fehlende bereits die Krankheit ist. Daher kann die Sucht als ein Therapieversuch gedeutet werden, obgleich der Neurotiker damit lediglich den Teufel mit dem Beelzebub austreibt. Zugleich liegt aber darin auch die Tragik des Süchtigen: daß er nie sein Ziel erreicht, nie findet, was er eigentlich sucht. Was sucht aber der Süchtige »eigentlich«?

Wenn wir die große Skala der Süchte durchgehen, so sehen wir sogleich, daß ihre »Objekte« uns keineswegs Aufschluß über das eigentliche Ziel des Süchtigen geben. Angefangen von den kleinen Süchten des Alltags bis zu den großen Suchtkrankheiten haftet der Sucht neben der quantitativen Maßlosigkeit noch die qualitative Eigenart der offensichtlichen »Sinnlosigkeit« an. Nehmen wir als Beispiel das »leidenschaftliche« Sammeln: von den Briefmarkensammlern zu behaupten, sie seien süchtig, oder von Münzensammlern zu sagen, sie seien krank, würde auf wenig Verständnis stoßen. Schon auffälliger wirkt indessen ein Sammler von Zündholzbriefchen oder Biertellern, krankhaft ein Sammler alter Papierfetzen oder zerrissener Lumpen. Im Hinblick darauf läßt sich gewiß nicht sagen, die Sucht oder Sammelwut habe eben im ursprünglichen Fehlen der gesammelten Gegenstände ihren Grund. Selbst bei der Geldgier liegt die Ursache ja nicht im Mangel des Geldes, treffen wir sie doch vor allem bei wohlhabenden Leuten und nicht bei den Armen an. Das gleiche gilt von der Rekordsucht, von der Habgier, vom Machthunger, desgleichen von der sexuellen Begierde, die von vielen als der Prototyp jeder Sucht (v. Siebenthal spricht von der »Urform der Sucht«) hingestellt wird. Kein Don Juan oder Casanova findet in der Jagd nach Frauen und im sexuellen Genusse das, was ihm eigentlich fehlt!

Matussek versucht grundsätzlich zwischen der süchtigen Fehlhaltung und der Sucht zu unterscheiden; allein eine solche Differenzierung bedeutet lediglich, daß wir zwischen einer süchtigen Haltung und der klinischen Sucht eine mehr oder weniger künstliche Grenze ziehen: ein Vorgehen, das uns weder gerechtfertigt noch notwendig erscheint! Auch der Unterschied zwischen Sucht und Gewöhnung, wie ihn die Weltgesundheitsorganisation postuliert, scheint uns überflüssig zu sein. Ein solches Unterfangen geht nämlich von der Voraussetzung aus, daß es suchtbildende Drogen gibt, die »immer ein zwanghaftes Verlangen nach und eine Abhängigkeit von dem Mittel hervorrufen«, und andererseits Pharmaka, »die niemals ein starkes Verlangen erzeugen, wohl aber von einigen Individuen so angenehm erlebt werden, daß die Einnahme des Mittels zur Gewohnheit wird«.[269] Beides, Sucht- und Gewöhnungsdrogen, können nicht ohne schwere Störungen abgesetzt werden. Auch wird diese Unterscheidung von der Voraussetzung motiviert, daß das Mittel schuld sei am Effekt. Dazu darf wohl bemerkt werden, daß sogar bei einem spezifischen Rauschgift niemals eine Sucht entstehen kann, wenn beim betreffenden Kranken nicht bereits eine »süchtige Veranlagung« vorliegt. So betonte Bleuler mit aller Schärfe, daß es eben keine spezifischen Suchtmittel gebe, sondern daß praktisch jedes schmerzstillende Arzneimittel die Möglichkeit des süchtigen Mißbrauchs in sich schließe: »Einmal gilt es immer wieder, die verhängnisvolle Mär bloßzustellen, wonach neue Mittel gleichartig wie Morphin auf Schmerzen wirkten, während sie nicht süchtig machen könnten. Immer wieder ist diese Behauptung mit der Propaganda für Mittel verbreitet worden, die anstelle von Morphin eingeführt wurden. Immer wieder hat sie Gläubige gefunden. Immer wieder ist sie grausam widerlegt worden, sobald genügend Zeit verstrichen war, um die Sucht zur Entfaltung kommen zu lassen. Es gibt kein Mittel, das die Schmerzen so gut bekämpft wie Morphin und das nicht süchtig machte.«[270] Dies gilt nicht nur für schmerzstillende Mittel, sondern auch für Schlaf- und Beruhigungsdrogen sowie für die Weckamine.

Die Bedeutung der Angst bei der Entstehung süchtiger Fehlhaltungen sehen wir beim folgenden Krankheitsfall, in welchem neben sexuellen Potenzstörungen eine ausgesprochene Cliradonsucht das Zustandsbild beherrschte. Der 24jährige Angestellte erlitt mit zehn Jahren ein schweres Schädeltrauma. Auf einem Sonntagsausflug kollidierte sein Vater mit dem Motorrad mit einem andern Motorradfahrer; Fahrer und Mitfahrer des entgegenkommenden Fahrzeuges waren sofort tot, der Vater unseres Patienten starb drei Stunden nach dem Unfall, Roland selbst erlitt einen schweren Schädelbruch, Arm- und Beinfrakturen, »Nervenschock«. Im Anschluß daran trat eine Magersucht auf, die später von einer Fettsucht abgelöst wurde. Schließlich kamen schwere Kolikanfälle dazu; Roland erhielt Morphiumspritzen, suchte eine Anzahl Ärzte auf und bekämpfte Schmerzen und Schlaflosigkeit mit Cliradon, wobei er innerhalb von vier Wochen durchschnittlich 80 Tabletten zu sich nahm.

An sich wäre man geneigt, die Cliradonsucht des Patienten von den körperlichen Beschwerden her verstehen zu wollen. Die medizinischen Vermutungsdiagnosen auf Gallensteine oder Magenulcus ließen sich jedoch nicht bestätigen. Es zeigte sich auch, daß die Koliken und die Schlafstörungen in der psychotherapeutischen Behandlung rasch verschwanden. Dafür traten nun aber die so lange unterdrückten *Angstzustände* in den Vordergrund, und erst ein tieferer Einblick in die Lebens- und Leidensgeschichte Rolands, die Konfrontierung des Patienten mit sich selbst, vermochte auch die Cliradoneinnahme überflüssig zu machen.

Zu seinem Vater stand Roland in einem sehr ambivalenten Verhältnis. Während er mit der Mutter keinen nennenswerten Kontakt hatte, »klebte« er am Vater, obwohl er von diesem nur Schläge bekam. Als Knabe versteifte er sich in eine Trotzhaltung hinein. Er wurde frech, zynisch, lachte herausfordernd und verächtlich, wenn er vom Vater oder Lehrer, später von seinem Präfekten bestraft wurde, und provozierte dieselben (auf Grund eines »unbewußten« Strafbedürfnisses?) geradezu zur körperlichen Züchtigung. In der Mittelschule brachte er es fertig, hinausgeworfen zu werden, nachdem er ohne Erlaubnis spazieren ging und schließlich betrunken zurückkam! Dies bedeutete auch den Abschluß seiner geplanten »akademischen« Laufbahn; er wurde kaufmännischer Angestellter.

Sechs Monate vor dem Motorradunfall verursachte er zu Hause einen schweren Küchenbrand, dessen Urheberschaft er zwar viele Jahre hindurch verschwieg. Er faßte den Unfall als Strafe für diese Schuld auf, zumal er auch glaubte, durch dieses Verschweigen ungültig gebeichtet und ungültig die letzte heilige Ölung empfangen zu haben. Den Tod seines Vaters teilte man ihm erst anläßlich der Spitalentlassung, also zehn Wochen später mit. Er habe nicht weinen können, konnte als Kind überhaupt nie weinen. Acht Jahre später erlitt der Patient wieder ein Schädeltrauma mit Commotio cerebri. Mit 20 Jahren unternahm Roland einen Suicidversuch, wobei er es so raffiniert anstellte, daß es wie ein Unfall aussehen sollte. Er hatte damals schweren Liebeskummer; der Selbstmordversuch mißlang.

Mit 22 Jahren heiratete Roland eine hübsche Verkäuferin; die Ehe war in jeder Beziehung ein Mißerfolg. Zur geistigen Disharmonie gesellte sich eine fast vollständige sexuelle Impotenz. Nur dreimal während des ersten Jahres gelang dem Patienten ein normaler Coitus – später war die Ejaculatio seminis nur durch Masturbation auslösbar. Roland war mit 17 Jahren von einer verheirateten Frau verführt worden, hatte aber auf sein erstes sexuelles

Erlebnis mit Einschlafstörungen und Schuldgefühlen reagiert. Seit seiner Schulzeit onanierte er regelmäßig. Zwei Versuche mit Prostituierten schlugen so fehl, daß es bei ihm nicht einmal zu einer Erektion kam. Er fühlte sich gedemütigt und reagierte mit Angstgefühlen, die zu regelrechten Phobien ausarteten. So grübelte er dauernd über seine Zukunft nach; auf der Straße legte er sich das zwanghafte Zeremoniell zu, stets am Randstein zu gehen. In engen Gassen überfiel ihn Platzangst, beim Schwimmunterricht hatte er Angst vor dem Tauchen. Am meisten aber plagte ihn – in paradoxem Gegensatz zu seiner Impotenz – »der Geschlechtstrieb«. Der Anblick leicht bekleideter Frauen auf der Straße führte sofort einen spontanen Samenerguß herbei – oft mehrmals am Tage. Erst durch das Cliradon habe er sich entspannt und beruhigt gefühlt!

Entspannung und Beruhigung suchte ein anderer Patient nicht durch Medikamente, sondern im chronischen Alkoholrausch. Der 34jährige Beamte mit selbständigen Funktionen wurde uns zur psychiatrischen Begutachtung und psychotherapeutischen Behandlung überwiesen, nachdem er sich einen schweren Vertrauensmißbrauch im Betrieb hatte zuschulden kommen lassen.

Anton wuchs in einem äußerlich geordneten, einfachen bäuerlichen Milieu auf und machte eine unauffällige Lebensentwicklung durch. In der Verwandtschaft besteht mütterlicherseits eine Neigung zu Alkoholismus; auch der Vater Antons soll zeitweise schwer getrunken haben. Vor allem jedoch litt Anton schon immer unter der schroffen und herrschsüchtigen Art des Vaters.

Die Berufswahl Antons entsprang nicht seinem eigenen Wunsche, sondern geschah unter familiärem Zwang. Er arbeitete auf dem väterlichen Bauernhof und half der Mutter im Geschäft, das er nach deren Tod selber übernehmen mußte. Emotionell scheint er durch den Tod seiner Mutter den Boden unter den Füßen verloren zu haben.

Das ganze Leben Antons war von *Angst* durchsetzt. In der Kindheit fürchtete er seinen Vater, wobei zu sagen ist, daß sowohl die Angst wie die Kindlichkeit bis ins hohe Mannesalter hinein bestehen blieben. Noch während der Therapie litt er dauernd unter der Furcht, er werde etwas falsch machen im Geschäft, er könne seiner Frau als Mann nicht genügen oder es werde wieder zu Auseinandersetzungen mit dem Vater kommen. Der Patient flüchtete sich in den Alkohol. Besonders seit dem Tode der Mutter, den er nie ganz überwinden konnte, ergab er sich willenlos seiner Trunksucht. Er wurde nicht zu einem Alkoholiker, der jeden Abend ausgeht, Wirtschaften besucht und Geselligkeit findet. Vielmehr war er der Typus des stillen, ungeselligen Trinkers. Er blieb jeden Abend zu Hause und trank nur heimlich in der eigenen Wohnung. Während mehrerer Jahre nahm er täglich etliche Flaschen Bier, ferner ein bis drei Liter Wein und etwa zwei Schnäpse zu sich. Obwohl der Patient regelmäßig zur Psychotherapie erschien, war bei dieser Ich-schwachen Persönlichkeit hinsichtlich des Alkoholismus nicht viel zu erreichen. Sein Zustand wurde psychisch und körperlich zunehmend bedenklicher. Er erweckte einen völlig verwahrlosten Eindruck, kam öfters betrunken zu den psychotherapeutischen Sitzungen; er zitterte so, daß er nicht mehr schreiben konnte und zeigte bereits schwere körperliche alkoholische Veränderungen: starke Lebervergrößerung, grobschlägiger Tremor, dazu hochgradige Affektlabilität. Anton hatte dauernd die Tränen zuvorderst, sein Tremor äußerte sich auch in Mimik und Sprache. Obwohl sich während der Zeit der Psychotherapie das Verhältnis zum Vater und zur Ehefrau wesentlich besserte, gelang es dem Patienten nicht, seine Trinkgewohnheiten aufzugeben. Schließlich blieb uns nichts anderes übrig, als Anton zu einer sogenannten Apomorphinkur in eine Heilanstalt einzuweisen. Er selbst war damit einverstanden, die Vergällungskur wurde durchgeführt und zeigte einen vollen Erfolg. Nach der Entlassung aus der Heilanstalt schloß er sich einer antialkoholischen Bewegung an und konnte sich nachgewiesenermaßen in den folgenden Monaten und Jahren vollständig vom Alkohol fernhalten.

Die Apomorphinkur besteht darin, daß die Trunksüchtigen in regelmäßigen Abständen von drei bis vier Stunden Alkohol erhalten, gleichzeitig jedoch ein sogenanntes Vergällungsmittel, nämlich das Apomorphin, welches einen starken Brechreiz hervorruft. Der Sinn der Kur liegt darin, daß der Patient dazu gebracht werden soll, bereits beim bloßen Anblick eines alkoholischen Getränkes, spätestens aber beim Geruch oder Geschmack desselben, einen starken Brechreiz zu verspüren. Es soll auf diese Weise ein »bedingter Reflex« hergestellt werden, der schließlich dem Alkoholiker so unangenehm wird, daß er lieber auf jeden Alkoholgenuß verzichtet. V. Siebenthal bemerkt mit Recht, daß neben der mehr physiologisch bedingten Wirkung der Apokur vor allem eine psychologische Bedeutung zukommt – und zwar im Sinne einer Bestrafung. »Gewiß, die Apokur ist ein Therapeutikum ersten Ranges, aber es läßt sich nicht wegdiskutieren, daß die Vergällungskur Strafcharakter hat.« Nun liegt zweifellos gerade ihr therapeutischer Wert darin, daß das bei jedem Alkoholiker vorhandene Schuldgefühl sich »am besten durch eine Strafe mit Sühne-Charakter« erledigen und unschädlich machen läßt. »Beim Alkoholiker, der selten geneigt ist, von seinem Schuldgefühl zu sprechen, ist eine solche ›Strafe‹ geradezu erwünscht... der ganze Haß gegen sich und der Ekel vor sich und der Situation, in die er geraten ist, kann ohne knifflige Psychologismen sehr real ›ausgekotzt‹ werden, und der Patient ist zudem noch berechtigt, seine Wut an Personal und Ärzten auszulassen. Weiter wird er – und das ist für das magische Wertgefühl sehr wichtig – gerade mit dem Mittel bestraft, mit dem er gefehlt hat, und das erleichtert ihm dann oft das ehrliche Zugeben seiner Trunksucht. Auf quasi symbolische Weise darf jetzt alles wieder zum Vorschein kommen, was er verloren und auch in unguter, geheimer Absicht in sich hinein gebrütet und heruntergeschwemmt hat. Die innere Unordnung und Unsauberkeit findet Abfluß in die äußere eines Apokur-Zimmers. Irgendwie darf der Patient sich endlich auch in seiner Sucht austoben und trinken, trinken und nur trinken. Und all das ist zugleich Strafe und mögliche Sühne.« Nun darf indessen die strafende Wirkung einer Apomorphin-Vergällungskur nicht als eine negative therapeutische Aktion betrachtet werden, denn die Erfüllung des Strafbedürfnisses kann ja bereits ein Schritt »auf dem Weg zur Selbstverwirklichung sein, sofern die Strafe Leidenscharakter trägt und ihre Aufsichnahme die Bereitschaft zum Leiden voraussetzt. Aus diesem Zusammenhang wird die uralte Einsicht erneut deutlich, daß nämlich das frei erduldete Leid eine conditio sine qua non der Selbstverwirklichung darstellt.«[271]

Dieser Fall zeigt deutlich, wie gerade im Wechselspiel von Schuld und Angst jener unheilbringende Circulus vitiosus entsteht, der zur Süchtigkeit führt. Es wurde immer wieder die Destruktionstendenz in der Sucht hervorgehoben und ihr eine zentrale Bedeutung bei der Entstehung der Sucht zugedacht. W. v. Siebenthal bezeichnet sie als »die Wurzel aller Süchte«; die Destruktionstendenz in der Sucht sei ein »Verfallensein an die Todesstruktur des Daseins«, und er vergleicht den Süchtigen mit dem Masochisten, der sich selbst Schmerzen zufügt, oder mit dem Psychotiker in seinem »Drang zum Nichtsein«. Desgleichen spricht V. E. v. Gebsattel von einer »Selbstzerstörungsmanie« des Süchtigen, der sich in Abgründe stürzt, an deren Rand er »zuerst noch in übermütigem Tanz entlang schritt. Diese Auffassung sowohl wie jene, die Sucht sei infolge ihrer Maßlosigkeit ein Protest gegen die Mitte, treffen aber ihr anthropologisches Wesen nur am Rande. Während der Masochist die Schmerzzufügung und Selbstzerstörung »genießt«, liegt bei den Süchtigen die Wunscherfüllung weder in der Erniedrigung noch im Untergang, sondern, wie schon früher bemerkt, in der Flucht vor diesem Abgrund, in den sie »nüchtern« so klar hineinsehen. Sicher eignet der Sucht etwas Zerstörerisches, so wie jeder Flucht vor der Wirklichkeit und jedem Selbstbetrug ein selbstzerstörerisches Moment innewohnt. Allein, das nimmt der Süchtige als eine Folge in Kauf. Er befindet sich am Abgrund; statt sich damit zu konfrontieren und auseinanderzusetzen und die Mühe auf sich zu nehmen, ihn zu überwinden, schließt er die Augen, vergißt er ihn – und stürzt! So stellt auch der Protest gegen die Mitte, worunter v. Siebenthal vermutlich die *Aristotelische Mesotes* versteht, nur die äußere Erscheinung der Sucht dar. Gewiß verstoßen die Süchtigen »gegen den Grundpfeiler jedes sittlichen Verhaltens«[272]; heißt dies aber, daß wir damit den »süchtigen Menschen als sittliche Person« bereits erfaßt haben? Keinesfalls. Der Protest gegen die maßgebende Mitte ist nicht spezifisch für die Sucht, er kennzeichnet jeden Neurotiker. Dieser steht durchwegs in Konflikt mit der *Mesotes*, aber nicht aus freier Auflehnung, sondern weil und insofern er gerade abhängig bleibt von der normativen Mitte. Er ist sklavisch an sie gebunden, und je lauter sein Protestieren tönt, je maßloser er sich gebärdet, desto »maßvoller« ist er im Grunde seines Wesens. Der Süchtige sucht – so paradox dies klingen mag – das Maß, auch wenn er es auf seinem Wege nie erreichen kann.

Wohl näher an das anthropologische Verständnis der Sucht kommen wir durch Einbeziehung des Angst- und Schuldproblems. Hier gehen wir mit v. Siebenthal einig, wenn er vom Schuldgefühl des Süchtigen schreibt, es beruhe auf der Ablehnung einer unter Umständen leidvollen Selbstverwirklichung. Der Schuld eignet hier existentieller Charakter, die jenen Menschen zeichnet, der seine Daseinsmöglichkeiten nicht erschöpfend auswertet oder – im biblischen Sinne – seine Talente nicht vermehrt, sondern mindert. Eine solche Schuld erzeugt Angst, zumal dann, wenn sie verdrängt wird. Die Schuld läßt sich viel leichter verdrängen als die Angst. Deren Verdrängung erfordert zusätzliche Mittel: Medikamente, Alkohol, Sexus.

B. Das angstneurotische Weltverhältnis

Freud zählte die Angstneurose zu den sogenannten Aktualneurosen im Unterschied zur Gruppe der eigentlichen Psychoneurosen beziehungsweise Übertragungsneurosen. Den Aktualneurosen, denen er auch die Neurasthenie zuteilte, sollte mit der psychoanalytischen Methode nicht beizukommen sein; Freud billigte ihnen keine psychologische Sinn-Bedeutung zu; ihre Symptombildung wäre nicht psychogen, sondern somatogen; es handle sich um toxische Betriebsstörungen im Nervensystem, »Betriebsstörungen, die unmittelbar an den betreffenden Erfolgsorganen, also am Herzen, am Magen, am Darm usw., aber unter Umständen auch an der Psyche auftreten, also im Prinzip genau so, wie etwa eine Darmlähmung als unmittelbare Folge einer Atropinvergiftung oder wie Pulsverlangsamung und Extrasystolen nach chronischer Digitaliswirkung entstehen«[273]. Eine Aktualneurose entsteht nach Freud dann, wenn im Sexualakt die Libidoabfuhr unzureichend oder abnorm (Neurasthenie) oder vollständig gehemmt (Angstneurose) ist. Eine unbefriedigende, weil sich wesentlich in der Phantasie abspielende Libidoabfuhr erblickte Freud in der Onanie. Diese Auffassung dürfte heute wohl überholt sein, nicht nur weil sie durch die Tatsache widerlegt wird, dergemäß nur ein geringer Prozentsatz der Onanisten neurasthenisch erkrankt und wir zudem Neurastheniker kennen, die sich jeglicher sexueller, auch autoerotischer Tätigkeit enthalten, sondern auch deshalb, weil sie auf falschen theoretischen Voraussetzungen konstruiert worden ist. Wir sehen dies deutlicher bei der Angstneurose.[274] Selbst wenn sich die – durchaus unbewiesene – Vermutung einer massiven Hormonausscheidung ins Blut oder einer Adrenalinausschüttung zufolge der verhinderten Libidoabfuhr bestätigen würde, wäre immer noch der Sprung – und zwar nicht nur über die hämoenzephale Barriere ins Gehirn – vom Somatischen in irgendwelches Psychisches zu erklären.

Der Weg von der hormonalen Libidostauung bis zur Angstneurose ist mit so vielen Imponderabilien und unbeweisbaren Hypothesen belastet, daß wir auf ihm an kein Ziel gelangen. Freud unterschied nun die Angstneurose auch symptomatisch von den Phobien und von der Gewissensangst. Als Angst der Angstneurotiker gilt nur die frei flottierende, inhalt- und objektlose Angst, wobei das Kardinalsymptom der akute Angstanfall, die sogenannte *Kakonkrise* (v. Monakow) bildet. Wir selbst konnten solche »Kakonkrisen« bei einem 33jährigen Patienten beobachten, der unter Anfällen von Hitzegefühl im Abdomen, Schwindel, gefolgt von allgemeiner Schwäche und Heißhunger ohne Bewußtlosigkeit, ohne Trübungen des Sensoriums und ohne epileptiforme Gliederzuckungen litt. Diese Anfälle waren mit einem intensiven Angstgefühl verbunden und wiederholten sich unregelmäßig, oft zwei- bis dreimal in einer Woche. Ihre Dauer betrug eine halbe bis zu zehn Stunden! Bei diesem Patienten konnten während einer poliklinischen Sprechstunde keine »positiven Befunde« für das Bestehen einer Neurose erhoben werden. Weder aus der Lebensgeschichte noch auf Grund der Untersuchung ließ sich eine solche mit Sicherheit ableiten. Wohl handelte es sich beim Patienten um einen äußerst empfindsamen, sensiblen Menschen, der eventuellen Widerständen lieber aus dem Weg ging, als daß er sie zu überwinden versuchte. Auch soll er sich bei der Arbeit überfordert haben. Wir schrieben damals – vor bald dreißig Jahren – noch ganz im Banne der naturwissenschaftlichen Auffassung Freuds: Störungen der Libido und Angstgefühle treten häufig sekundär als Folgen einer organischen Erkrankung, besonders des vegetativen Nervensystems, oder auch bei allergischen Zuständen auf. Freud fand übrigens in der Symptomatologie dieser akuten Angstkrisen eine weitgehende Übereinstimmung mit den Merkmalen der sexuellen Betätigung: »Im entsprechenden Angstanfall unserer Neurose hat man die Dyspnoe, das Herzklopfen und dergleichen des coitus isoliert und gesteigert vor sich.« Es handle sich also bei den Symptomen der Angstneurose gewissermaßen um »Surrogate der unterlassenen, spezifischen Aktion auf die Sexualerregung«.[275] Wie sehr Freud der Überzeugung von der »letztlich« organischen Genese aller psychischen Symptome verpflichtet war, geht daraus hervor, daß er noch in seinem Nachlaß der Hoffnung Ausdruck gibt, die Zukunft könne uns den Fortschritt bringen, »mit besonderen chemischen Stoffen die Energiemengen und deren Verteilungen im seelischen Apparat direkt zu beeinflussen. Vielleicht ergeben sich noch ungeahnte andere Möglichkeiten der Therapie; vorläufig steht uns nichts Besseres zu Gebote als die psycho-analytische Technik, und darin sollte man sie trotz ihrer Beschränkungen nicht verachten.«[276] Bereits Stekel lehnte in seiner Monographie über nervöse Angstzustände die Freudsche Auffassung von der Physiogenese der Angstneurose ab. Er schrieb: »Ich glaube nicht an die physische Schädigung des Nervensystems durch eine frustrane Erregung. Ich habe bei jeder Angstneurose seelische Ursachen gefunden.«[277]

Trotz der unterschiedlichen Auffassungen der einzelnen Schüler Freuds wurde eine grundsätzliche Neuorientierung erst in den anthropologischen Theorien an die Hand genommen. V. E. v. Gebsattel unterstellt die Angstneurose einschließlich der Angsthysterie und die Phobien einer phobischen Fehlhaltung. Diese ist »in ihrer letzten Ausformung... unfreiwillig gelebter Nihilismus«.[278] Zunächst scheint es freilich ein fragwürdiges Unternehmen, die Angst als zentrales Symptom zum Aufweis eines neuen Krankheitsbildes heranzuziehen. Denn schließlich spielt die Angst in allen »großen« Neurosen eine nicht zu unterschätzende Rolle. Von diesem Gesichtspunkt aus wären auch die Zwangsneurosen, ja sogar die von uns beschriebenen Süchte letztlich »Angstneurosen«. Nicht anders verhält es sich hinsichtlich der depressiven Krankheitsbilder und der Hysterie, aber auch bei den Psychosen. J. H. Schultz beruft sich bei der Unterscheidung der Angstneurose und der Begleitangst bei anderen Neuroseformen zwar noch auf Freud, wenn er schreibt: »So finden wir in ganz verschiedener seelischer Verbindung die Entlarvungsangst des Hysterischen, die einer Wirklichkeitsangst entsprungene pathologische Sicherungstendenz beim Anankasten, die aus der Lebensohnmacht fließende Angst der Depressiven und die innerer Erstarrung entfließende Angst beim schizoiden Gehabe.«[279] Demgegenüber betont v. Gebsattel, daß die psychopathologische Erhellung des strukturellen und genetischen Aspektes der Phobien, die er als »Komplexe Situationsneurose« bezeichnet, »infolge eines ätiologischen Kurzschlusses zu kurz gekommen« sei und daß die »phobische« Fehlhaltung die »Angstneurose« begrifflich erfasse.

Wenn wir im folgenden von Angstneurose oder von phobischer

Fehlhaltung sprechen, dann meinen wir damit jene Menschen, deren neurotische Fehlentwicklung durch das überragende »Symptom« der Angst gekennzeichnet ist. Wir halten den Ausdruck »Furchtkrankheiten«[280] (Bitter) für weniger günstig, weil einmal der »Furcht« (wenn auch zu Unrecht) das Odium des an einen bestimmten Gegenstand gekoppelten im Gegensatz zur frei flottierenden Angst anhaftet und weil wir zum andern gewohnt sind, in der Verbindung des Hauptsymptoms mit der Neurose die Kennzeichnung des phänomenalen Tatbestandes zu sehen. »Furchtkrankheit« bleibt auch die Sucht; dessen ungeachtet würden wir sie nicht als Angstneurose bezeichnen.

Für die Therapie der Angstneurosen erweist sich deren vorausgesetzte theoretische Deutung als nicht belanglos. Ist der Mensch faktisch »ein Subjekt«, dem die Welt als »Objekt« gegenübersteht und dessen Symptome nur Symbole oder Bilder sind, dann mag wohl eine dressierende oder persuasive Methode zum befriedigenden Ziele führen. v. Gebsattel beispielsweise rühmt bezüglich der Erwartungsangst die direkte Einflußnahme des Therapeuten: Ermunterungen, autogenes Training, Beeinflussung der »neurovegetativen Störungskomplexe«. Wir selbst haben von allen diesen Verfahren bisher lediglich temporäre Erfolge gesehen, wenn nicht gleichzeitig der kranke Mensch in seiner Ganzheit erfaßt und ihm die Möglichkeit einer psychotherapeutischen Reifung gegeben wurde.

Die 45jährige Frau Rosmarie, Besitzerin einer öffentlichen Unterhaltungsstätte, leidet seit zwei Jahren an schweren Angstzuständen; sie hat Schmerzen auf der Brust, Beklemmungen in der Herzgegend und glaubt, sie müsse plötzlich sterben. Ihr Leidensweg führte sie von Arzt zu Arzt und schließlich für kurze Zeit in ein Nervensanatorium, ohne daß sich in ihrem Befinden eine Besserung gezeigt hätte. Sie getraut sich nicht mehr, in ein Tram oder Auto zu steigen, weshalb sie sämtliche Botengänge, oft in größere Entfernungen, zu Fuß zurücklegen muß. Geschlossene Räume versetzen sie in Panik, und in ihrer Todesangst darf sie nicht mehr allein die Straße betreten. Ihr Mann muß sie nun täglich und stündlich begleiten, ja sie wagt es nicht mehr, allein zu Hause zu bleiben.

Zunächst scheint die Todesangst dieser Patientin begreiflich zu werden, wenn wir erfahren, daß das schwere Krankheitsbild mit einem Schreckerlebnis einsetzte. Ihr einziger Sohn wurde das

Opfer eines Verkehrsunfalles und schwebte während sechs Tagen zwischen Leben und Tod. Zweifellos ist ein solches Erlebnis für eine Mutter durchaus geeignet, eine schwere reaktive Depression mit Angstzuständen zu erzeugen. Jedoch erfahren wir, daß dieser Sohn, in erster Ehe geboren, das Produkt einer ehelichen Gemeinschaft bildet, die alles andere als harmonisch war. Der erste Mann der Patientin, ein offenbar brutaler und primitiver Messerschmied, verprügelte sie und betrog sie dauernd mit andern Frauen, so daß es nach vierjähriger Ehe zur Scheidung kam. Die Patientin war ihm in lustvoller Qual verfallen und übertrug ihre Hörigkeit nach der Scheidung vom Manne auf das Kind, welches sie mit ängstlicher Affenliebe bis zum heutigen Tag umsorgte. Kein Opfer, keine Mühe war ihr zu groß, wenn es um ihren Sohn ging. Erst im Laufe der Psychotherapie konnte sie auch den zutiefst in ihrer Seele schlummernden Haß gegen diesen Sohn äußern, dessen Ansprüche ihr das Leben zur Hölle werden ließen. Der verwöhnte Junge verbrauchte das ganze, mühsam erarbeitete Geld der Mutter, machte dauernd Schulden, die sie ihm bezahlen mußte, er brachte üble Mädchen und Geschlechtskrankheiten mit nach Hause. In wachsendem Maße entwickelte sich der Sohn zu einem getreuen Ebenbild des Vaters und tyrannisierte in gleicher Weise die Mutter. Sie träumte denn auch öfters, daß dem Jungen ein Unglück passiere, er aus einem mehrstöckigen Haus zum Fenster herausfalle oder unter ein Auto gerate. Als ihre »Wunschträume« schließlich im tatsächlich schweren Unfall des Sohnes eine reale Erfüllung zu erhalten schienen, traten erstmals Schuldgefühle in Erscheinung. Es wurde indessen bei der weiteren Betrachtung des Lebensschicksales der Patientin offenbar, daß die Schuldgefühle nur eine von vielen Wurzeln ihrer Angst darstellten. In zweiter Ehe heiratete sie einen invaliden, weichlichen und unansehnlichen Mann, der an einer Ejaculatio praecox litt und bei dem sie nie eine sexuelle Befriedigung finden konnte. Baumeier schrieb, solche Frauen heirateten »oft weiche, unselbständige und wirtschaftlich untüchtige oder sexuell inaktive Männer, denen gegenüber sie ihre führende Rolle durchsetzen können«. Eine katamnestische Untersuchung von 100 Fällen agoraphober Männer und Frauen ergab, daß »fast alle von uns untersuchten Frauen« Orgasmusstörungen hatten oder mit Männern verheiratet waren, bei denen sie unbefriedigt blieben. »Die Agoraphoben fürchten die Straße als Ort der aggressiven Vergeltung und als Ort der sexuellen Versuchung.«[281] Die Patientin wurde ihrem Mann denn auch nach kurzer Zeit untreu und fand bei fremden Männern die ihr in der Ehe versagte sexuelle Befriedigung. Dies wiederum führte bei der ohnehin zu religiöser Bigotterie neigenden Frau zu erneutem Schuld- und Strafbedürfnis. Die Ärzte der Nervenheilanstalt, welche die Patientin während zwei Wochen beherbergte, bezeichneten die Kranke als einen »etwas haltschwachen, eher extravertierten Charakter mit einer ausnahmsweise nach Freud überzeugend zu erklärenden Angstneurose, die je exacerbierte, wenn die Patientin sexuell nicht mehr auf ihre Rechnung kam«. – Daß diese Beurteilung am Wesentlichen vorbeizielte, scheint auf der Hand zu liegen, zumal, wenn man weiß, daß die Angstneurose vorbestand und sich gerade zufolge der Schuldgefühle, die durch die außerehelichen Beziehungen entfacht wurden, noch verstärkte. Näher an die Grundstruktur der Gesamtpersönlichkeit unserer Patientin dringen wir mit dem Wissen, daß sie bereits vor ihrer ersten Ehe, von einem kriminellen Taugenichts geschwängert, eine uneheliche Tochter gebar. Diese außereheliche Schwangerschaft und Geburt wurde im Laufe der Psychotherapie zum Kernproblem der Patientin. Es mutet uns beinahe schicksalhaft an, wenn wir erfahren, daß die voreheliche Schwangerschaft gewissermaßen eine überpersönliche, in der Sippe verwurzelte Bedeutung besaß: sowohl ihre Mutter als auch die Groß- und Urgroßmutter gebaren ein voreheliches Kind.

Die Mutter ist eine zu schweren hysterischen Reaktionen neigende Frau, welche die Patientin mit derselben Haßliebe aufzog wie diese ihr eigenes Kind. Rosmarie hat trotz einer weitgehenden »Identifikation« mit ihrer Mutter ihr das außereheliche Kind nie verziehen.

Aus dieser Ablehnung ihrer eigentlichen Schuld, nämlich in der Ablehnung des Schuldig-sein-Könnens heraus müssen wir die Angstneurose unserer Patientin verstehen. Nicht die moralisch-sittliche Schuld einer unehelichen Schwangerschaft kann der Ausgangspunkt einer so schweren existentiellen Einengung sein, sondern vielmehr der Versuch, alles Triebhafte (wozu neben der Geschlechtlichkeit auch die Aggression gehört) von sich zu weisen, gleichsam aus der eigenen Menschlichkeit auszumerzen. Der Agoraphobe erscheint als ein Mensch, »der in großer Eingeengtheit lebt, der aber bei sehr lebhaften Freiheitsbedürfnissen, bei sehr lebendigen oralen, aggressiven und sexuellen Impulsen sehr viel Motorik zur Verfügung hat und deshalb die Straße als eine besonders heftige Versuchung erlebt«.[282] Auch Balint hat zum Problem der Agoraphobie und der Claustrophobie interessante Beiträge geliefert.[283] So kommt denn die Patientin aus dem verhängnisvollen Kreislauf von moralischem Schuldbewußtsein und Strafbedürfnis nicht mehr heraus. Was übrig bleibt, ist die Angst, die immer dann verstärkt wird, wenn der Kreislauf etwa gewaltsam (Autounfall des Sohnes als Entsprechung eines aggressiven Wunsches der Mutter, außereheliche Beziehungen, uneheliche Schwangerschaft) durchbrochen wird. Erst im Laufe der Psychotherapie konnte Rosmarie ihre Leiblichkeit, aber auch ihre triebhaften Bedürfnisse sich selbst so integrieren, daß ihre existentiellen Möglichkeiten erweitert wurden und ihr Dasein einen wesentlich neuen Sinn erhielt. Damit wurde aber auch dessen Enge aufgehoben, sie konnte aus ihrem Gefängnis heraustreten und sich frei bewegen.

Eine andere von Angst geprägte Fehlhaltung offenbarte sich uns bei der Behandlung einer anderen Patientin. Annemarie kam als »unerwünschtes« Kind zur Welt. Sie wurde vorehelich gezeugt; der Vater schickte die geschwängerte Braut zur Interruptio graviditatis zu einem Arzt; sie weigerte sich aber im letzten Moment, den Eingriff durchführen zu lassen; so wurde geheiratet. Beide Eltern waren Fabrikarbeiter und das Kind wuchs bei den Großeltern mit einem um drei Jahre älteren »Onkel« auf. Wir können wohl sagen, daß der Start ins Leben für unsere Patientin unter unglücklichen Auspizien erfolgte; er erinnert an jene Märchen von Findelkindern, die – von ihren Eltern abgelehnt – ausgesetzt und vor fremde Haustüren gelegt werden. Allerdings war Annemarie bei ihren Großeltern besser aufgehoben als bei ihren leiblichen Eltern. Sie hatte wenigstens ein Zuhause und konnte in der freien Landschaft um das Streckenwärterhäuschen ihres Großvaters ihre Spiel- und Märchenwelt leben. Leider wurde diese traumhafte Freiheit im Alter von fünf Jahren jäh unterbrochen, als sie zu ihren Eltern zurück mußte. Mehrere Ausreißversuche wurden vom Vater mit brutaler Gewalttätigkeit unterdrückt und bestraft. Wie anders konnte sie das Leben zu Hause einigermaßen erträglich gestalten und die Zuneigung des Vaters gewinnen als durch hervorragende Leistungen in der Schule?

Die brutale und gefürchtete, gehaßte und zugleich geliebte Gestalt ihres Vaters – der drei Jahre vor Analysebeginn an einem Gehirntumor gestorben war – verfolgte Annemarie ihr ganzes Leben hindurch. Nicht nur mußte sie ihn fürchten; durchwegs waren ihre Beziehungen zu Männern durch das Verhältnis der Tochter zum Vater bestimmt, mit allen inzestuösen Implikationen. Als Ehepartner erwählte sie sich einen um 14 Jahre älteren, bereits einmal straffällig gewordenen, an der Grenze der Kriminalität und Psychopathie stehenden Mann, den sie in einem Tbc-Sanatorium kennenlernte, der also selbst physisch und seelisch krank war. Um finanzieller Vorteile willen und aus eigener Schwäche erlaubte derselbe ihr das Verhältnis mit einem völlig impotenten, aber reichen 65jährigen Industriellen. Ein erster Versuch zu einer Psychoanalyse bei einem älteren Therapeuten scheiterte daran, daß dieser der »Gegenübertragung« erlag. Bis auf wenige Ausnahmen waren ihre Liebhaber ältere Herren, Chefs oder Vorgesetzte der verschiedenen Betriebe, in denen sie als Sekretärin arbeitete.

In einem Schreiben an den früheren Psychotherapeuten bemerkte der Ehemann, daß die Beziehungen Annemaries zu ihrem Vater sehr ambivalent gewesen seien. Er war der gefürchtete, strenge, aber auch der geliebte und wichtigere Elternteil, während die Mutter als »laut, mit großem oberflächlichem Unterhaltungs- und Vergnügungsbedürfnis« geschildert wird. Der Vater hegte inzestuöse Neigungen. Annemarie spürte das und vermied es, mit ihm allein zu Hause zu sein, nachdem es einmal zu einem sexuellen Betastungsversuch gekommen war. Schon als kleines Kind fürchtete sich Annemarie vor dem häuslichen Alleinsein. Wenn die Eltern abends ausgingen, saß sie im Nachthemdchen in einem Winkel in der Stube und wartete, bis sie sie heimkommen hörte. Diese Angst sollte Annemarie nie mehr verlassen. Während der Schulzeit konnte sie sich in ihrem Zimmer nur aufhalten, wenn das Licht brannte.

Mit 18 Jahren begann Annemarie ein intimes Verhältnis mit einem Metzgersohn, der jedoch, dem Wunsche seiner Eltern folgend, ein anderes Mädchen heiratete. Annemarie verbohrte sich leidenschaftlich in den Gedanken, die beiden auseinanderzubringen. Das Verhältnis dauerte auch nach dem Eheschluß ihres Freundes an. Sie lebte in einer ständigen Angst, von ihrem Vater ertappt zu werden. Alles war Heimlichkeit: nächtliche Rendez-vous und Autofahrten, gelegentliche gemeinsame Wochenendreisen mit meisterlich vorgelogenen Alibis. Nachträglich gestand Annemarie, das Abenteuerliche dieser ganzen Geschichte und der stolze Wille, die »Rechtmäßige« auszustechen, seien die Stimulanzien ihrer Handlungsweise gewesen. Dabei plagte sie aber der quälende Gedanke: »Ich werde einmal schrecklich dafür bestraft werden, daß ich jetzt versuche, die Ehe dieser Frau zu ruinieren.« Als die Ehe ihres Freundes zufolge der Geburt eines Kindes auch für Annemarie eine Realität wurde, versuchte sie sich von ihm zu trennen. Dabei erkrankte sie schwer: Blinddarmentzündung, Bauchdrüsentuberkulose; langdauernder Spitalaufenthalt, anschließend Höhenkur. Annemarie blieb fast immer bettlägerig, obschon die Ärzte keinen Herd fanden, der die Heftigkeit des Krankheitsbildes erklären konnte. Ständiges Fieber, tägliches Erbrechen, Stuhlgang nur bei Einnahme von Laxantien. Die Patientin gestand später, sie habe damals jeden Wunsch weiterzuleben aufgegeben. Sie ließ sich willenlos dahintreiben. In jener Zeit lernte sie ihren Mann kennen. In einem Brief an ihn erzählte sie von den Nachstellungen ihres Vaters. Der Brief schloß mit den Worten: »Wenn doch alle Männer immer nur meinen Körper haben wollen, soll ich da nicht oft denken, es wäre am besten, ich würde mich hingeben für Geld, ich würde zur Dirne?«

Die neue Beziehung zu dem Manne, der sie nicht *nur* ihres Körpers wegen annahm, bewirkte eine Besserung ihres Zustandes »sozusagen von einem Tag auf den andern«. Die Verdauung normalisierte sich, die Schmerzen waren wie weggeblasen. Annemarie folgte ihrem Freunde in die Großstadt und trat eine Stelle an. Als Sekretärin war sie – wie schon immer – außerordentlich pflichtbewußt, peinlich exakt und zuverlässig. Die Angst blieb indes. Annemarie konnte nicht mehr allein leben. Sie nistete sich in der Wohnung ihres Freundes ein. Als dieser eine längere Zuchthausstrafe antreten mußte, wandte sie sich in ihrer Not und Angst an ihren Arbeitschef, der sie unter seine Fittiche und ins Bett nahm. Von diesem dann verlassen, wiederholte sich das Spiel mit andern Männern; jeder Fastnacht folgte ein Aschermittwoch: immer wieder erwachte Annemarie, angewidert und schuldbeladen, zu ihrem eigenen Alleinsein. Sie litt an schweren Depressionen und paradoxerweise unter »gräßlicher Eifersucht« auf ihren im Gefängnis sitzenden Bräutigam. Die Hilfe eines

Psychiaters ermöglichte ihr während einiger Wochen, Angst und Depressionen zu überwinden. Sie zog sich in eine illusionsgeschwängerte irreale Traumwelt zurück, aus der sie aber jäh durch den Tod ihres Vaters herausgerissen wurde. Die ihr auch finanziell ein Sicherheitsgefühl gewährenden sexuellen Beziehungen wurden aufgegeben, die spielerische Faszination, ihren Körper als Aktmodell zur Schau zu stellen, erlosch: sie kehrte zu ihrem inzwischen aus der Haft entlassenen Bräutigam zurück und heiratete ihn schließlich auf Anraten eines Psychologen! In jener Zeit klagte sie oft: »Ich weiß es von jeher, daß über meinem Leben ein Verhängnis schwebt. Ich werde niemals richtig glücklich sein können. Etwas Schwarzes ist da, das mir bös will und mich ruinieref will. Ich kann nichts dagegen tun, muß nur schauen, daß das Unheil nicht auch die Menschen betrifft, die ich lieb habe. Ich sollte überhaupt niemanden lieb haben.« Nach zweijähriger Behandlung schrieb sie in einem Brief an ihren Therapeuten, der seinerzeit auch ihren Mann betreut hatte: »Ich habe heute noch eine unnatürliche Angst und ein Grauen vor dem Tode; ich beschäftige mich in meinen Gedanken viel zu viel damit. Die Angst vor dem Alleinsein ist immer noch da; das Gefühl, nicht kämpfen zu können gegen die eigene Unsicherheit, dem Leben nicht gewachsen zu sein und deshalb eigentlich lieber tot sein, das alles ist noch da und stürzt manchmal mit fürchterlicher Heftigkeit auf mich ein.« Ihr Leben, sagt sie, verdanke sie nur der Kunst der Ärzte. »Ohne ersichtlichen Grund schwebte ich nach meiner Geburt während drei Wochen zwischen Leben und Tod. Es kommt mir vor, als hätte ich eigentlich sterben sollen. Aber man hat mich gerettet, aus dem kleinen Wurm ist ein ziemlich erfreuliches Ding geworden. Dafür klebt aber diese Todesangst, dieses Bewußtsein, daß er ganz nahe ist, daß er mich sozusagen immer noch mit den Spitzen seiner Krallen festhält, mein ganzes Leben hindurch an mir. Und daraus, aus diesem Halbleben und Halbgestorbensein, kommen sicher alle Schwierigkeiten.«

Bevor die Patientin uns aufsuchte, wurde sie von einem anderen Kollegen untersucht und als »eine schwer neurotische Frau« beurteilt, »mit Angstzuständen, Verschüchtertheit, schweren Hemmungen und einer ausgesprochenen Neigung zu Depressionen und Suizidalität«. Es bestehe zudem »die Gefahr eines späteren Ausbrechens in eine schizophrene Psychose«. Der Bericht dieses Kollegen schildert die neurotische Fehlentwicklung unserer Patientin in anschaulich-zusammenfassender Weise: Die Atmosphäre im elterlichen Hause war dauernd gespannt; zwischen den Eltern kam es täglich zu Streitszenen und Reibereien. Annemarie fühlte sich einsam und verlassen und wußte nicht, auf welche Seite sie gehöre. In der Schule hatte sie Angst vor den Lehrern, konnte sich nicht wehren, mußte immer alles schlucken, war einzelgängerisch, und obwohl sie viele Kameradinnen hatte, besaß sie bis heute nie eine Freundin. Sie entwickelte schon früh ein abgespaltenes Phantasieleben und eine Lesesucht. Ihre ganze Freizeit verbrachte sie mit ihren Tagträumen. Sie hat das Gefühl, eigentlich ganz allein durch das Leben gegangen zu sein, emotionell keine Eltern, keine Geschwister und keine Freundinnen gehabt zu haben. Auch zu ihrem Manne hegt sie mehr nur ein oberflächliches Verhältnis. Einzig in der Arbeit ist sie tüchtig, selbständig und äußerlich sicher.

Der Tod ihres Vaters erschütterte Annemarie sehr. Während sie vorher in einer unbestimmten Angst und Verhemmtheit gelebt hatte, brach durch diesen Tod die eigentliche schwere Angst richtig aus. Während langer Monate konnte sie nicht mehr schlafen; sie benötigte Schlafmittel, mußte dauernd die Arbeit aussetzen und magerte um zehn Kilogramm ab. Die Patientin ist überzeugt, daß die damalige Bauchdrüsentuberkulose nicht bloß eine Infektion war, sondern Manifestation ihres Wunsches, nicht mehr gesund zu werden und langsam abzusterben. Ihre Angstkrisen nahmen einen alarmierenden Zustand an. Oft lag sie stundenlang in gelähmtem Zustand auf dem Bett und vermochte weder die Augen zu öffnen noch die Glieder zu rühren. Gleichzeitig hatte sie das Bewußtsein, in ihrem Zimmer befänden sich böse Männer und Verbrecher. Die sie bedrohenden Gestalten zeichnete sie auf Wunsch ihres damaligen Therapeuten in der ihnen eigenen Kälte und Bedrohlichkeit, aber auch in ihrer Primitivität, Undifferenziertheit und Embryonenhaftigkeit *(Abb. 7 und 8)*. Ein einziges Ereignis vermochte die Unheimlichkeit ihrer Welt für kurze Zeit aufzuhellen: Ohne ihren Mann begab sie sich auf eine Ferienreise mit Bekannten nach Frankreich. Zum ersten Male besuchte sie das Pariser Nachtleben, wo sie einen jungen Nordländer kennen lernte. In eine Art nachtwandlerische Traumwelt entrückt, ließ sie sich mit diesem sehr männlichen Unbekannten in ein intensives Liebesverhältnis hineinreißen, lebte mit ihrem Freund einige Tage zusammen, wobei sie sich bemühte, in dieser Märchenstim-

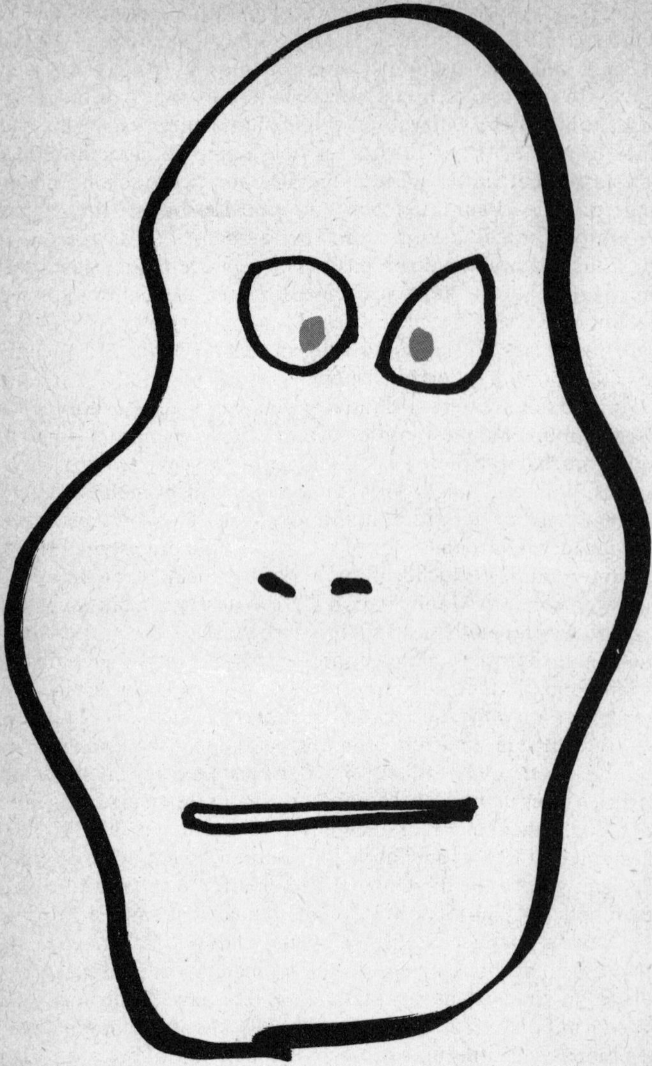

Abbildung 7

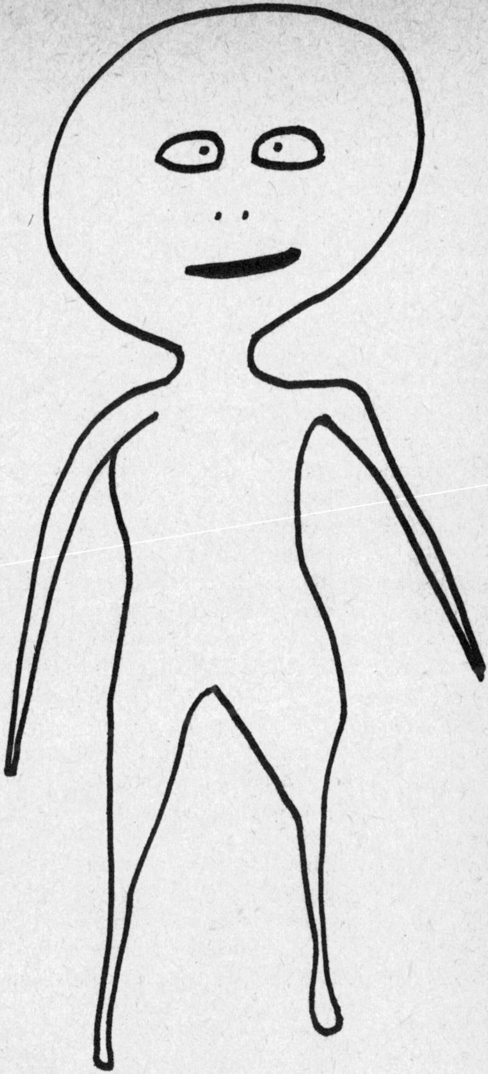

Abbildung 8

mung zu bleiben. Sie schilderte, wie sie eigentlich erst wieder im Zug nach der Schweiz aus der Zauberwelt erwacht sei. Diese Tage des sexuellen Durchbruches blieben ihr als ein schöner Traum im Gedächtnis haften; eine weitere Beziehung zu dem fremden Freund fiel aus äußeren Gründen dahin. Der Ehemann, selbst noch unsicher und kindlich, vergötterte seine Frau in anhänglicher Unselbständigkeit und nahm ihre flüchtigen Beziehungen, über die sie ihn orientierte, in einer scheinbar verständnisvollen, im Grunde jedoch schuldbewußten Großzügigkeit an. Er selbst konnte seiner Frau weder einen genügenden sozialen Wohlstand noch männliche Sicherheit oder sexuelle Befriedigung bieten.

Als die Patientin zu uns kam, befand sie sich in einem Zustand der Verzweiflung. Es zeigte sich bald, daß sie in einer innerlich und äußerlich fast ausweglosen Situation verstrickt war. Ihr Mann, in Schulden gekommen, hatte die Hilfe eines älteren »Familienfreundes« in Anspruch nehmen müssen. Dieser nun, obgleich sexuell impotent, spielte nicht allein den reichen Mann und selbstlosen Gönner des Ehepaares, sondern er forderte von Annemarie auch den Tribut, indem er sie sowohl zu seiner Wahltochter (er wollte sie sogar adoptieren), als auch zu seiner Geliebten machte. Gleichzeitig verkehrte er als Ausländer in ihrem Hause, wie wenn er zu ihnen gehörte. Mehrere Ausbruchsversuche der Patientin aus diesem Dreiecksverhältnis scheiterten, weil entweder ihr Mann aus finanziellen Gründen ihr nicht beizustehen vermochte, da er selbst vollständig von Herrn X abhängig geworden war, oder weil dieser, in einer »inzestuösen« Hörigkeit der Patientin verfallen, sie tätlich bedrohte. Es wurde indessen klar, daß die verzwickten Verhältnisse keine bloß äußerlichen Komplikationen darstellten, sondern daß Annemarie in diesem »alten Lüstling« all das realisierte, was sie in ihrer Phantasie so oft mit ihrem Vater erleben wollte. Die Beziehung erzeugte aber in der sexuell noch völlig unreifen Frau heftige Schuldgefühle, und es erstaunt uns nicht, daß auf dem Boden dieser Schuld die Angst reichlich Nahrung fand. In ihren Träumen sah sie sich umgeben von mißgestalteten Menschen; sie wurde verfolgt, mußte sich wehren. Am deutlichsten zeigen wohl die folgenden Träume die Einengung ihres Daseins zu Beginn der Psychoanalyse:

Traum 1: »Ich bin in B. bei meiner Mutter und schaue zum Fenster hinaus. Auf dem Nachbardach entdecke ich eine schwarze, leblose Masse. Beim genauen Hinsehen merke ich, daß es eine große Katze ist mit aufgeschlitztem Bauch. Ich bin entsetzt, weil ich sofort vermute, daß meine eigene Katze der Mörder dieser andern sei. Auf einmal fängt die Katze sich zu bewegen an. Aus dem leblosen Etwas wird eine teuflische Fratze und ein menschenähnlicher Körper. Das Gesicht hat einen bösen, gemeinen Ausdruck und schaut mich unheimlich an. Ich weiche langsam vom Fenster zurück, der Teufel jedoch verfolgt mich und kommt näher. Ich weiß, daß er mein Verderben ist. Voll Entsetzen springe ich die Treppe hinunter und rufe laut um Hilfe.«

Traum 2: »Ich bin auf einem hohen, schmalen Felsplateau. Ringsum stürzen die Felswände zwei-, dreihundert Meter ins Meer ab. Auf der einen Seite befindet sich ein gewaltig hohes Eisengerüst mit zwei Sprungbrettern auf verschiedener Höhe. Einige junge Mädchen oder Frauen sitzen am Rand des Felsens und schauen mir zu. Jetzt bemerke ich auch, daß auf dieser Seite das Meer fast bis zum Rand des Felsenplateaus reicht. Ich springe ins Wasser, fürchte mich aber vor der unendlichen Weite und Tiefe des Meeres und steige wieder auf den Felsen. Eine meiner Kameradinnen ruft mir plötzlich zu, ich soll mich sofort am Eisengerüst festhalten. Ich tue dies nicht, sondern weiche ein paar Schritte zurück. In diesem Augenblick faßt ein anderes Mädchen nach dem Geländer und fällt sogleich hintenüber tot ins Meer. Das Gerüst war nämlich elektrisch geladen, gleich einer Hochspannungsleitung. Ich erschrecke tief, weil ich weiß, daß eigentlich *ich* das Geländer hätte berühren sollen, um zu sterben.«

Besonders der zweite Traum verrät deutlich, auf welch schwindelnder Höhe, aber auch auf welch schmaler Grundlage sich das Leben der Patientin abspielt. Sie fürchtet sich vor der »unendlichen Weite und Tiefe« ihres eigenen Wesens und weiß gleichzeitig, daß ihre Sicherheit an einem trügerischen Gerüst hängt. Dieses trügerische Gerüst war nichts anderes als der Patientin Versuch, ihrer Angst und ihrer Schuld durch ein Leben scheinbarer äußerer Geborgenheit, allerdings ohne innere Sinnhaftigkeit, zu entgehen. Ihr Verhältnis zu Herrn X kam ihr nun schmutzig und demütigend vor. Als sie in der Analyse genügend Fuß gefaßt hatte, gelang es ihr, die Beziehungen zu ihm von sich aus abzubrechen. Sogar ein handgreifliches Versprechen zu einem größeren Filmengagement vermochte nicht mehr, sie zur Rückkehr zu bewegen. Ihre Träume änderten sich:

Traum 3: »Zwei Frauen, ungefähr in meinem Alter, liegen neben mir im Bett. Sie gleichen sich auffallend. Beide sind blond, tadellos frisiert, mit etwas zu starkem Make-up. Sie sehen sehr hübsch und attraktiv aus. Ich glaube, daß sie nackt sind, kann aber nur die Gesichter sehen. Die eine erinnert mich an eine Bekannte. Da gefällt sie mir nicht mehr. Ich finde, daß sie zu stark geschminkt ist und ihre Züge hart und starr wirken. Auf einmal ist nur noch eine Frau da. Mir kommt es vor, als seien die beiden ineinander verschmolzen. Sie lächelt mich an. Ihr Mund gefällt mir so gut. Ich möchte sie küssen, kann aber nicht, da ich doch selber eine Frau bin. Das ganze Wesen hat so etwas Liebes, Strahlendes an sich, daß ich denke, sie verdiene viel Liebe und Zärtlichkeit. Ich streichle und liebkose den Körper dieser unbekannten Frau. Dabei sind meine Empfindungen so stark, als würde ich all dies selber empfangen. Dann wache ich auf und schäme mich sehr, daß ich solche lesbische Anwandlungen hatte!«

Traum 4: »Ich bin im Bett. Neben mir ist ein junges, nacktes Mädchen. Es ist hübsch, wirkt frisch und natürlich. Ich habe dieses Mädchen sehr lieb und möchte ihm viel Zärtlichkeit geben. Wie ich aber seinen Körper betrachte, ist es plötzlich nicht mehr ein erwachsener Mensch, sondern ein acht- oder zehnjähriges Kind. Nur das Gesicht bleibt unverändert. Eigentlich ist es noch gar nicht entwickelt. Aber ich habe ein so starkes Verlangen, lieb mit ihm zu sein, daß ich es ganz fest an mich presse, es streichle, immer und immer wieder, und die kleinen Brüste küsse. Aber eigentlich empfinde ich selber diese Zärtlichkeiten und möche noch mehr und intensiver fühlen. Ich berühre seine ›Colombine‹ und wünsche, höchste Lustgefühle zu erleben. Da fällt mir ein, daß ich das gar nicht kann, weil ich eben eine Frau und kein Mann bin, und ich wache auf.«

Nachdem es Annemarie im Traume gelang, ihre Weiblichkeit zu entdecken, konnte sie auch all das nachholen, was sie in ihrer Kindheit versäumt hatte. Sie begann, für ihre kleinen Nichten in kindlicher Weise Bilder zu malen, die deutlich zeigen, wie sie selbst wieder in ihrer eigenen Kindlichkeit aufgehen konnte, und die überdies den drastischen Unterschied der zwei sich streitenden Welten illustrieren, der zwischen jenen Bildern und den früher erwähnten fratzenhaften Gebilden, welche sie zu Beginn der Analyse mitbrachte, klafft. Anstelle von Teufeln traten Menschen und Tiere, trat die ganze Märchenwelt, die ihr in der Kindheit vorenthalten blieb. Statt der unförmigen Gestalten, embryonenhaft, undifferenziert, fast protoplasmatisch, entstanden frohe festliche Menschen. Den leeren Raum, in den sie ehemals ihre Angstfratzen gezeichnet hatte, erfüllten jetzt farbenprächtige, vom Zauber alter Minnesänger, von Märchenprinzessinnen *(Abb. 9)* und Heinzelmännchen durchwobene Landschaften. In *Abb. 10* vermochte sie bereits ihrer eigenen kindlichen Welt Farbe und Leben zu verleihen.

Ein knappes Jahr nach Analysebeginn war die Patientin wieder voll arbeitsfähig. Sie übernahm eine verantwortungsvolle Aufgabe als Ausbilderin junger Verkäuferinnen in einem großen Warenhaus. Sie wurde selbstsicherer und konnte erstmals in ihrem Leben allein zu Hause übernachten. Allerdings trat diese Angstbefreiung erst ein, nachdem sie auch zu ihrer triebhaften Fraulichkeit eine positivere Haltung gewonnen hatte. Zwar wehrt sie sich noch gegen die Preisgabe ihrer bisherigen neurotischen Persönlichkeitsstruktur, was aus dem folgenden Traum ersichtlich wird:

Traum 5: »Ich gehe einem Berghang entlang. Der Weg ist sehr schmal, links ist ein großer, finsterer Wald, rechts Kornfelder. Am Ende des Pfades muß das Haus stehen, das meine Großmutter bewohnt. Auf der andern Seite des engen Tales erhebt sich steil ein hoher Hügel, dicht mit Wald bewachsen. Plötzlich entdecke ich mittendrin einen riesengroßen Wolf. Er schaut zu mir herüber. Ich fürchte mich sehr, denn er hat sicher Hunger und wird mich verfolgen, um mich aufzufressen. Zwar denke ich, daß er einen weiten Weg zu mir hat, da er den ganzen Berg herunter traben muß, das Tal durchqueren und auf meiner Seite wieder herauf. Und doch habe ich eine entsetzliche Angst vor diesem Tier.«

Im nächsten Traum verteidigt sie bereits einen »Mädchenverführer«: *Traum 6:* »In einem großen Saal sind zahlreiche Menschen versammelt. Sie hören alle einer Verhandlung zu, die gegen einen Mann, den ich aus meiner Schulzeit kenne, geführt wird. Er ist ein großer, furchtbar magerer Mann und steht unter Anklage, ein kleines Mädchen verführt zu haben. Mir tut der Mann sehr leid, und ich glaube nicht, daß er die ganze Schuld trägt. Ich entschließe mich, vor die Leute hinzutreten und eine Verteidigungsrede für ihn zu führen. Schließlich weiß ich, daß das Mäd-

Abbildung 10

Abbildung 9

chen trotz seiner Jugend ziemlich raffiniert ist und das Ganze provoziert hat. Dazu kommt, daß der Mann kein schönes Heim hat und daß er dem reinen Bett und dem kleinen Mädchen darin einfach nicht widerstehen konnte. Also trägt er nur die halbe Schuld. Die Frauen um mich herum sind entsetzt, daß ich ein solches ›Scheusal‹ verteidigen und in Schutz nehmen will. Aber ich weiß, daß ich dies unbedingt machen muß und daß es recht ist.«

Nach 120 Psychotherapiestunden trennte sie sich von ihrem Manne und lebte allein in einem Appartement-House. Sie wollte nun endlich – zum ersten Mal – ihr eigenes Leben genießen. Erstmals konnte sie sich andern jungen Leuten anschließen und die Freizeit ohne düstere Gedanken und Phantasien verbringen. Die Angstneurose schien überwunden, die Patientin brach die Analyse mit der Begründung ab, sie wolle von jetzt an ihr Dasein selbständig zu führen versuchen.

Ihre Freiheit und Selbständigkeit dauerte indessen nur so lange, als sie von ihrem Mann in Ruhe gelassen wurde. Dieser geriet zunehmend in Schulden, mußte die eigene Wohnung aufgeben und nistete sich kurzweg wieder bei der Patientin ein. Annemarie wurde ihre Schuldgefühle gegenüber dem von ihr verlassenen Ehegatten nicht los, gab schließlich ihre so geliebte Stelle auf und folgte ihm, als er versetzt wurde, in eine andere Stadt. Im *Traum* erlebt sie ihren Mann, wie er in einem schlammigen Gelände am Boden liegt, von Kot bedeckt. »Ich schaue voll Schreck dieses Gesicht an und denke, daß er wohl tot ist. Aber dann bewegen sich seine Augenlider. Ich weiß, daß ich ihn unbedingt sofort aus dem Schlamm herausziehen muß, damit er nicht darin erstickt. Mir graut jedoch so vor ihm, daß ich mich abwende und ein paar Kinder in der Nähe rufe. Dann gehe ich weg.«

In die gleiche Zeit fällt eine Operation, die Annemarie körperlich gut übersteht, von der sie aber »seelisch« doch zurückgeworfen wird. Zufolge der Rekonvaleszenz ist sie erst recht an das Bett und an ihren Mann gebunden – prompt treten auch die Angstzustände nachts wieder auf. Diese zeigen jetzt in noch gefährlicherem Maße als früher einen claustrophobischen Charakter. Sobald sie allein in ihrem Zimmer weilt, wirkt die Finsternis »einfach entsetzlich beängstigend. Ich hatte ständig das Gefühl, diese drohende, unheimliche Finsternis hocke auf meiner Brust und ersticke mich langsam. Die grauenhaftesten Dinge malte ich mir aus, die sich da im Dunkeln verstecken konnten.« Als ihr Mann schließlich mit ihr ein altes und seit Jahren verlassenes Patrizierhaus bezog, konnte sie ihre Angst »fast kaum mehr beschreiben«. »Ich war von morgens 7 bis abends 6 Uhr allein und hatte Angst« – schrieb sie uns in einem Brief. »So oft mich die Beine trugen, machte ich die Runde durch's Haus und alle fünf Minuten schlich ich ins Treppenhaus und horchte angestrengt nach oben und unten, ob nicht etwas herangetappt komme. Ich war überzeugt, daß das Haus ideal sei für einen schaurigen Tod und wartete einfach immer auf das Gräßliche.« Erst allmählich und nach Wiederaufnahme der psychotherapeutischen Sitzungen gewöhnte sich Annemarie ans Alleinsein in den leeren schweigenden Räumen. Heute hat sie ihr jetziges Heim bereits wieder sehr gerne. Eine neue Beschäftigung ermöglichte ihr zudem, sich von ihrem Alleinsein zu befreien: sie führt jetzt in ihrem Haus eine vielbesuchte Kunstgalerie, eine Tätigkeit, die sowohl ihren Neigungen und Fähigkeiten entspricht als auch ihrem Leben einen neuen Sinngehalt bietet.

Die Angst Annemaries war die Angst eines kleinen Kindes vor dem Drohenden, Unheimlichen der Welt. Dieses Drohende bildete in ihrer Kindheit der Vater, zu dem sie in einem zwiespältigen Verhältnis stand. Sie liebte und fürchtete ihn; der Vater war grob und kalt; der einzige Beweis von »Liebe« bestand in einer inzestuös-sexuellen Annäherung. Annemarie erwartete von den Männern kein anderes Gebaren als jenes ihres Vaters. Da sie einen Vater suchte, nahm sie auch die sexuellen Ansprüche der Männer in Kauf, ja, die erotische Beziehung wurde ihr überhaupt der Weg zum Manne. Man könnte uns sagen, Annemarie habe sich an ihren Vater in ödipaler Weise triebhaft gebunden gefühlt und diesen »Ödipuskomplex« auf ihre späteren Bekanntschaften »übertragen«. Der von Selbstbestrafungsimpulsen durchsetzte Ödipuskomplex würde in ihr die Angst erzeugen – damit wäre auch die Erklärung für Annemaries Angstneurose zur Hand. Allein wir finden bei der Patientin keine Anhaltspunkte dafür, daß sie ihre Gefühle gleichsam von ihrem Vater abgelöst und auf einen andern Mann, etwa den Bankdirektor oder ihren ersten Analytiker »übertragen« hätte. Wohl aber ist sie in ihrer ganzen Entfaltung, auch in der Übernahme eigener Verantwortlichkeit und Schuld auf der Stufe ihres Kindseins stecken geblieben. Wie rührend nimmt sie doch im Traum 6 den Mädchenverführer in Schutz, dabei das »verführte« Mädchen selbst in Schuld versetzend. Darin lag zugleich ihre eigene Schuld: sich nicht das angeeignet zu haben, was ihr existentiell als Möglichkeit offenstand.

C. Das psychotische Weltverhältnis

Angst und Angstabwehr treffen wir als Psychotherapeuten nicht nur bei Neurotikern und Süchtigen an, sondern in besonders erschreckender Weise auch bei Psychotikern, insbesondere bei Schizophrenen. Allzu häufig wird aber versäumt, auch dem Wesen dieser Angstsymptomatik nachzuforschen. Dort, wo die Psychose lediglich als ein naturwissenschaftlich erfaßbares Körper-(Gehirn-)Phänomen betrachtet wird, kann auch das therapeutische Vorgehen sich lediglich auf Symptombeseitigung beziehen. Zweifellos hat in diesem Bereich die Psychopharmakologie Hervorragendes geleistet. Trotzdem trat das Krankheitsbild schon in den Indikationsbereich der Psychotherapie zu dem Zeitpunkt, als E. Bleuler den nosologischen Übergang von der Dementia praecox Kraepelins zur Schizophrenie vollzog.

Es war bereits Bleulers Überzeugung, daß die Schizophrenie nicht eine einheitliche Krankheit sei, sondern zumindest von der persönlichen Psychologie des Patienten mitbestimmt werde. Während er jedoch in seinen, der Freudschen Psychoanalyse entlehnten Erklärungsversuchen vor den primären Symptomen haltmachte, ging sein damaliger Schüler C. G. Jung einen Schritt weiter und versuchte, die *ganze* Krankheit psychologisch zu erfassen.

Die Freudsche Theorie der Schizophrenie gründet in der Hypothese, die Psychose sei die Folge einer Übermacht des Es, wodurch das Ich gezwungen würde, sich »von einem Stück der Realität« zurückzuziehen. Die Psychose verleugne die Realität und suche dieselbe zu ersetzen. Während die Neurose den Konflikt zwischen dem Ich und seinem Es darstelle, bedeute die Psychose den analogen Ausgang einer solchen Störung in den Beziehungen zwischen Ich und Außenwelt. Es war auch Freuds Verdienst, auf die psychodynamischen Einflüsse der latenten Homosexualität hinsichtlich der Entstehung des Paranoids hingewiesen zu haben.[284]

Wenn Freud auch 1905 schon die Möglichkeit einer psychoanalytischen Behandlung der Psychosen vorausahnte[285], so zählte er sie 1922 doch nicht zum Indikationsgebiet der Psychoanalyse.[286]

Inzwischen ist die Schizophrenie Behandlungsgut der analytisch orientierten Psychotherapie geworden, wobei allerdings die Technik weitgehend modifiziert werden mußte. Bahnbrechend wurden die das »Unbewußte« des Kranken direkt ansprechende Therapie von J. N. Rosen sowie die »réalisation symbolique« von M. A. Sechehaye. Besonders eingehend haben sich auch Fromm-Reichmann, Sullivan und Jones mit der psychoanalytischen Behandlung schizophrener Krankheitsbilder befaßt, ferner sei auf die Arbeiten von Brody und Redlich, Benedetti und Müller hingewiesen. Die Arbeitshypothesen dieser Therapeuten beruhen auf der Annahme, daß Schizophrene in der Kindheit besonders einschneidenden seelischen Traumata unterworfen waren. Dem Therapeuten fällt die Aufgabe zu, dem Kranken jene Liebe und Fürsorge zukommen zu lassen, die ihm in der Kindheit versagt war. »Der Therapeut hat die Rolle eines der Eltern, vor allem der Mutter, zu übernehmen, die den in seinen infantilen Ängsten lebenden Kranken vor dem Verhungern, dem materiellen und emotionellen Darben, der Bedrohung mit Verstoßung und Verdammung schützt und ihm so die Notwendigkeit entzieht, sich in schizophrenem Erleben mit seiner Existenzbedrohung auseinanderzusetzen. Der Therapeut muß sich mit einer ähnlichen emotionellen Hingabe, die man für die eigenen Kinder aufbringt, dem Kranken widmen und ihm dabei in manchen pflegerischen Belangen näher treten, als es sonst in der Medizin üblich ist.«[287] Welchen persönlichen Einsatz und äußeren Aufwand eine derartige Behandlung erfordert, läßt sich kaum ermessen. Der Schizophrene fühlt sich von der Umwelt ausgestoßen und mißverstanden, seinen eigenen triebhaften Impulsen hilflos ausgeliefert. Er entwickelt Abwehrmechanismen, Wahnideen, Halluzinationen, Stereotypien, wobei sein pathologisches Verhalten den Umgang mit den Mitmenschen weitgehend verunmöglicht. So ist es auch nicht überraschend, daß der Schizophrene im Gegensatz zum Neurotiker eine psychotherapeutische Behandlung nicht als Wohltat empfindet, sondern lediglich als Einbruch in sein Sicherungssystem. Der neurotische Kranke wünscht den Kontakt mit dem Arzt auch dann, wenn (unbewußte) innere Widerstände eine solche Begegnung erschweren, während sich Schizophrene oft mit aller Kraft dagegen wehren, so daß der Arzt »den Kontakt als eigentliches therapeutisches Werkzeug erst erschaffen muß«. Nicht selten stellen dann die Schizophrenen an den Arzt grenzenlose Forderungen, bei deren Nichterfüllung der Patient sich einmal mehr zurückgestoßen fühlt, »sofern es nicht gelingt, ihn erleben zu lassen, daß er trotz notwendiger Versagungen eben doch angenommen ist«.[288] Den Sinn der schizophrenen Symptome hat mit besonderer Deutlichkeit J. Wyrsch[289] beschrieben. Er wurde inspiriert durch die psychiatrisch-anthropologischen Forschungen von Ludwig Binswanger und seiner Schule, die einen wertvollen Zugang zum Verständnis der Schizophrenen eröffneten.

Stand bisher die Psychopathologie den Erscheinungsformen der Schizophrenie psychologisch weitgehend ratlos gegenüber, indem sie dieselben lediglich nach Symptomen und Verlaufsformen gliederte, nahm die neue Forschungsrichtung den Kranken dermaßen ernst, daß der Arzt mit ihm sprechen konnte wie mit einem Gesunden. Das Gespräch mit dem Schizophrenen ist ungezwungen und unvoreingenommen. Es wird streng darauf verzichtet, »krankhafte Ausführungen daraufhin zu untersuchen, ob sie bizarr, unzusammenhängend, absurd, alogisch oder sonst abwegig seien«; vielmehr versucht der Therapeut zu verstehen, »auf was für eine Erlebniswelt sie hinweisen, und wie diese Welt sich gestaltet und in einzelne Welten zerfällt«.[290] Die »bildlichen« Darstellungen spielen eine größere Rolle als in der Psychopathologie. Binswanger[291] beschrieb die Einengung, Vergruftung und Vererdung der Erlebniswelt einer Kranken und deren Versinken aus einer »ätherischen Welt« in eine »Sumpf- und Lochwelt«, eine Patientin Kuhns sprach von einer »Welt der Germanen«, womit sie den Wald meinte, und von einer »Welt der Römer«, welche die Straße bedeutete.[292] Aus den Schilderungen der Kranken selbst werden ihre Wahnideen und Sinnestäuschungen sinngemäß verstanden.

Der *daseinsanalytische* Zugang zur Welt der Schizophrenen wird besonders eindrücklich von M. Boss an der Behandlung einer Kranken aufgewiesen, die, selber Fachärztin für Psychiatrie, mit 36 Jahren an einem schizophrenen Verfolgungswahn erkrankte. Jeglicher Versuch, die Gesichts- und Gehörshalluzinationen dieser Kranken als bloße Sinnestäuschungen ohne Wirklichkeitswert oder gar als Folge von Stoffwechselveränderungen zu verstehen, ja auch alle psychologischen Erklärungsversuche scheiterten an der Überzeugung der Patientin, daß die Realität ihres Erlebens ganz anderer Art sei. Der Kranken war es nie gelungen, sich die gefühlsmäßigen, leiblich-sinnlichen Liebesmöglichkeiten als die ihren anzueignen. Zum eigentlichen Menschsein gehört aber die Aneignung aller dem Menschen gegebenen und sein Wesen ausmachenden Verhaltens- und Erschließungsmöglichkeiten dem ihm Begegnenden gegenüber; so ist auch die Leiblichkeit ein Teilphänomen des In-der-Welt-Seins und muß als solche wissentlich übernommen werden. Die Kranke Boss' hatte nicht nur alle sinnlich-erotischen Beziehungsmöglichkeiten von sich ferngehalten; auch deren Abwehr entsprang »durchaus nicht eigener, wissentlicher Entscheidung«. Vielmehr war der Druck der elterlichen Atmosphäre weiterhin wirksam. »Folgerichtig konnten von der Kranken die derart radikal abgewehrten, noch nicht angeeigneten, ›draußen‹, noch außer sich gelassenen Beziehungs- und Erschließungsmöglichkeiten mitsamt den in ihrem Lichte erscheinenden menschlichen und umweltlichen Phänomenen, wie auch das entsprechende, bloß andressierte Abwehrverhalten immer nur von einer unheimlichen, fremden ›Geisterwelt‹ her vernommen werden, in Gestalt jener Phänomene eben, die die Psychiatrie ›Halluzinationen‹ zu nennen pflegt. All das, was die Kranke selbst zu erblicken sich geweigert hatte, glotzte sie nun als ›halluzinatorische‹ Fratzen an und spionierte sie bis in ihre verborgensten Kammern hinein aus.«[293]

Die Erschließungsmöglichkeiten des sinnlich-erotischen Liebesverhaltens konnten von der Kranken nur in der Form psychotischer »Sinnestäuschungen« ausgetragen werden, was auf ein besonders intensives, ja vollständiges »Sichverschließen« und »Sich-nicht-in-Anspruch-nehmen-Lassen« dieser Erscheinungen betrachtet werden muß.[294]

Die Uneigentlichkeit des Daseins erlebten wir auch bei einer jugendlichen Tochter eines in hohen diplomatischen Diensten stehenden staatlichen Funktionärs. Das Mädchen wurde uns wie ein Findelkind vor die Türe gelegt. Die Eltern hatten mit ihm gerade einen Ferienaufenthalt in der Schweiz beendigt, als sie fanden, ihre Tochter sei derart unausstehlich und zwängerisch, daß sie nicht ins Ausland mitgenommen werden könne. Wohl hatte man für sie ein Zimmer in einem Mädchenheim reserviert; eine diesbezügliche Rückfrage ergab jedoch, daß die Klosterfrauen, die Odette von früher her kannten, nicht gewillt waren, das Mädchen weiterhin zu beherbergen. Die Eltern selbst entzogen sich jeglicher Verantwortung für ihr Kind und flogen an ihren Bestimmungsort hinter den Eisernen Vorhang. Odette blieb mit ihrem einzigen Begleiter, einem Plüschbären, der so groß war wie sie selbst, im Sprechzimmer des Arztes zurück.

Das Symptombild der Kranken war nicht derart ausgeprägt, daß die Hospitalisierung in einer geschlossenen Heilanstalt erforderlich gewesen wäre. Sich selbst überlassen wäre aber das Mädchen Gefahr gelaufen, völlig zu verwahrlosen oder gar der Prostitution zu verfallen, da sie in ihrer undifferenzierten und infantilen Triebhaftigkeit jedem Manne das zu geben gewillt war, was er von ihr verlangte. Sollte nun eine psychotherapeutische Behandlung die psychologischen Hintergründe des krankhaften Daseins unserer Patientin aufdecken, nachforschen, warum sie mit ihren 19 Jahren noch nicht reifer war als ein 5jähriges Kind? Verschiedentliche vorausgehende psychiatrische Bemühungen hatten dem Mädchen keine Klärung, vielmehr Verwirrung gebracht. Es sprach nur über »Sexualität« und »Psychologie«. In der ersten Viertelstunde erwähnte sie beiläufig und ungefragt, daß sie mit 9 Jahren von einem arabischen Hausangestellten vergewaltigt worden sei. Ferner äußerte sie massive lesbische Phantasien, wobei sie andeutete, sie sei von einer Tante mißbraucht worden.

Odette lebte in einer Welt, in der sie nicht zu Hause war. Von den Eltern verstoßen, von männlichen Freunden mißbraucht, von Kameradinnen wegen ihrer kindlichen Naivität und Hilflosigkeit abgelehnt, aus einem katholischen Schwesternheim wegen ihrer »sexuellen Frühreife« verwiesen, konnte eine dieser kümmerlichen Lebensgestaltung Rechnung tragende Psychotherapie vorerst in nichts anderem bestehen, als sie in einem familiären Heim aufnehmen zu lassen, wo sie gemeinsam mit 4 anderen Kindern zwischen 4 und 12 Jahren wieder Kind sein durfte.

Es gäbe vieles über das Krankheitsbild Odettes zu berichten. Wie sie beispielsweise rohes Fleisch, das für die Katze bestimmt war, aß; oder daß sie sich mit Farben wie ein Indianer auf dem Kriegspfad bemalte und so durch die Straßen des Städtchens zog. Oder wie sie im Spiel mit brennenden Zündhölzern beinahe einen Hausbrand verursachte. Unmotiviertes hebephrenes Lachen wechselte mit ängstlichen Verstimmungen und Depersonalisationsgefühlen. »Quand je fais les choses, ce n'est pas moi qui les fais.« Bei belanglosen Geräuschen hörte sie ihren Namen rufen, und über ihre Gedanken klagte sie: »Je n'ai pas de suite dans mes pensées, ça pense tout à la fois.«

Besser als Worte zu schildern vermögen, kommt die Welt unserer Patientin in ihren spontanen Zeichnungen zum Ausdruck. Sah Odette schon im Rorschach'schen Formdeutversuch massenhaft Totenköpfe und Geister, so muten uns auch die skurrilen und bizarren Malereien *(Abb. 11)* wie Darstellungen aus einer Geisterwelt an. In dem Maße, wie es dem Therapeuten gelang, diese Welt der Kranken sich zugänglich zu machen und in ihr Aufnahme zu finden, verloren die Geister bald ihre Dämonenhaftigkeit und Bedrohlichkeit, um mehr kindlich-märchenhaften Gestalten und bunten Tierfiguren *(Abb. 12)* den Platz zu räumen. *Abb. 13* zeigt bereits ein beginnendes Keimen und Grünen jener Welt, die, durch Bäume ohne Wurzeln und Kronen, an Totensäulen erinnernd, dargestellt, leblos erstarrt war.

Nie wird solches aber geschehen, wenn das Weltverhältnis des Schizophrenen lediglich als uneinfühlbar und verrückt, infantil oder regrediert beurteilt und der Kranke demzufolge aufgefordert wird, dieses Verhalten aufzugeben. Nur in der daseinsgemäßen Offenheit und Gewährung menschlicher Verhaltensweisen finden auch psychotische Menschen den Weg von der Uneigentlichkeit ihres Daseins zur normgemäßen Erfüllung desselben. Wenn für die Behandlung neurotischer Menschen die Grundhaltung der »vorspringenden« Fürsorge (Heidegger) genügt, dann muß bei den Psychosen nicht selten die Fürsorge auch »einspringender« Art sein, wie dies bei der Behandlung Odettes zum Ausdruck kam. So wie wir einem Kinde gegenüber uns in der Erziehung »vorausspringend« – das heißt die eigene Reifung und Entwicklung fördernd – als auch »einspringend« – das heißt liebevoll umsorgend und behütend – verhalten, so sind wir auch dem Geisteskranken gegenüber zu diesem doppelten Verhalten verpflichtet. Nicht das Wissen um psychologische Zusammenhänge und deren Aufdeckung allein helfen dem Kranken, sondern jene Haltung des Therapeuten, die schon Esquirol vom Arzte postulierte: »Il faut aimer les aliénés pour être digne et capable de les servir.«

D. Angst und Angstabwehr bei Psychopathen

Psychopathen sind die Stiefkinder der Psychotherapie; nur gelegentlich wird in der psychoanalytischen Kasuistik von Behandlungserfolgen berichtet. Zu den Psychopathen rechnen wir vor

Abbildung 11

Abbildung 12

Abbildung 13

allem jene Menschen, die, obwohl nicht in medizinischem Sinne geisteskrank, doch pathologische Persönlichkeitsvarianten aufweisen, welche zu Asozialität und Kriminalität führen. Die Grenze zwischen dem Erscheinungsbild der Psychopathien und den Charakterneurosen kann nicht scharf gezogen werden. Bei beiden Krankheitsbildern stehen die *charakterlichen Veränderungen* im Vordergrund. M. Bleuler wies zwar darauf hin, daß erworbene körperliche und psychische Krankheiten Persönlichkeitsbesonderheiten setzen können, die sich von einem ererbten Charakter nicht unterscheiden lassen. Zum klassischen Begriff der Psychopathie gehört aber jener der »Konstitution«, der »Vererbung«, was zur Auffassung führte, solche anlagemäßigen Krankheiten seien psychotherapeutisch nicht angehbar. Danach würden alle hyperthymischen, depressiven, selbstunsicheren, fanatischen, stimmungslabilen, geltungsbedürftigen, gemütlosen, willensarmen, asthenischen und explosiven Psychopathen (K. Schneider) oder die schizoiden, cycloiden und epileptoiden Typen, aber auch die abnorme Erregbarkeit, die Haltlosigkeit, Geltungssucht, Empfindsamkeit, Gemütskälte und Verschrobenheit (Bleuler) nicht zum Indikationsgebiet der Psychotherapie gehören. Trotzdem hat die Psychoanalyse dieses scheinbar gesicherte konstitutionelle Gefüge ins Wanken gebracht, indem sie auch beim Psychopathen psychische »Mechanismen« aufdeckte, denen psychotherapeutisch durchaus beizukommen ist.

Von analytischer Seite befaßten sich insbesondere W. Reich, F. Alexander, P. Greenacre, W. Bromberg, O. Fenichel, H. Deutsch, F. W. Wels, und M. Klein[295] mit dem Problem der Psychopathien. P. Parin[296] weist auf den besonderen Aspekt der Abwehrmechanismen bei der psychoanalytischen Behandlung psychopathischer Persönlichkeiten hin. Psychopathen halten keine Spannungen aus, sie erzwingen sich die unmittelbare Befriedigung ihrer Triebbedürfnisse, weshalb sie häufig asozial werden. Der Psychopath greift in seiner Aggressivität nicht primär die Gesellschaft an, sondern lediglich reaktiv, indem er von ihr in seinem Streben nach Befriedigung gestört wird. Er ist oft bindungsunfähig und scheint »gewissenlos« zu sein. Er kann gleichsam über sein »eigenes Gewissen springen«. Parin beschreibt sechs Abwehrmechanismen, die gegen das vom Psychopathen gefürchtete Über-Ich gerichtet sind. Das Über-Ich des Psychopathen »wurzelt noch tiefer im Es als das des Neurotikers. Die Abwehr, die sonst den primären Triebregungen gilt, kann ohne große Umstellung gegen die Ansprüche eines solchen Über-Ich wirken. Unbewußte Gewissensangst und Schuldgefühl bis zur Vernichtung werden, so gut es geht, abgewehrt«. Bei den Psychopathen richtet sich das Ich mit seiner Abwehr nicht gegen das Es wie beim Neurotiker, sondern gegen das Über-Ich. Wenn Triebregungen abgewiesen werden, wird diese Versagung mit Aggressivität beantwortet. »Mit seiner besonderen Feigheit, Unverschämtheit, Kühnheit und Frechheit, dem Lügen, Betrügen, und allem polymorph kriminellen und perversen Agieren schaltet der Psychopath die Außenwelt und die warnende Stimme des Über-Ich aus und vermeidet den Zusammenbruch. Er handelt mit dem Mut unbewußter Verzweiflung.« Wir würden sagen, der Psychopath sei in ganz besonderem Ausmaße nicht zu sich selbst gekommen, sein Leben vollziehe sich »draußen«, bei den anderen, und sei von den anderen her bestimmt. Da solches Verhalten dem ursprünglichen Menschsein widerspricht, ist auch die Auflehnung gegen diese anderen verständlich. Der Psychopath ist ein Rebell, dessen Rebellion in Verkennung der Versklavung durch sein eigenes »Fremd-Ich« gegen die Gesellschaft gerichtet ist.

Das psychotherapeutische Verhalten bei der Behandlung psychopathischer Charakterstörungen weicht insofern von der Therapie der Neurotiker ab, als in vermehrtem Maße wie bei den Psychosen neben der »vorausspringenden« Fürsorge ein »einspringendes« Verhalten erforderlich ist. Ein analytisches Gewähren kann dem Kranken derart zur Gefahr werden, daß nicht nur der Fortgang der Analyse, sondern auch sein Leben in Frage gestellt wird. Die Aggressivität beispielsweise kann bei dem zu Kurzschlußhandlungen neigenden Psychopathen zu Mord und Totschlag, im milderen Falle zu Körperverletzungen und anderen kriminellen Handlungen führen. Die Suizidgefahr ist bei Psychopathen größer als bei Neurotikern. Auch kann die Neigung zur unmittelbaren Triebbefriedigung zu sexuellen Ausschreitungen führen. Da die Geschlechtlichkeit des Psychopathen sich ebensowenig zur vollen Reifung entfalten konnte wie die gesamte Persönlichkeit, sind auch die Austragmöglichkeiten sexueller Wünsche dementsprechend unreif. Exhibitionismus, Unzucht mit Kindern, sado-masochistische Praktiken, Vergewaltigungen kommen bei Psychopathen gehäuft vor. Es gehört deshalb zum psychotherapeutischen Vorgang, daß der Psychopath vor sich selber geschützt werden muß.

Ein dreißigjähriger lediger Angestellter wurde von seinem Vater in die Sprechstunde gebracht, weil er zu alkoholischen Exzessen neigte, in denen er es nicht unterlassen konnte, sich an das Steuer seines Autos zu setzen. Der Therapeut sah sich in die Lage versetzt, entweder dem autoritären Vater (den der Kranke haßte) recht zu geben, der kurzerhand seinem Sohne die Fahrbewilligung entzog, oder dem Patienten, der sich durch den väterlichen Eingriff ungerecht bestraft fühlte und für sich u. a. auch die Freiheit des Autofahrens beanspruchte; Gino machte sich mehrerer Verkehrsdelikte im Rausche schuldig. Mit fast mathematisch berechenbarer Regelmäßigkeit trank er sich alle drei bis vier Wochen einen bombenmäßigen Rausch an, bis er jeweils völlig erschöpft nach Hause gebracht wurde oder auf dem Polizeiposten landete. Der Vater beklagte sich, sein Sohn komme nachts spät nach Hause, er halte sich in Wirtschaften auf, trinke und berausche sich und bleibe oft an Samstagen von zu Hause fern. Gino bestätigte im allgemeinen die Angaben seines Vaters und ergänzte sie dahin, daß er sich selbst seine Trunksucht nicht erklären könne, besonders deshalb nicht, weil er früher ein ganz solider Bursche gewesen sei. Vor einigen Jahren habe er sich in den USA aufgehalten und dort erstmals am »Festen« Freude bekommen. Während er sich in New York sehr frei gefühlt habe, sei es ihm zu Hause zu eng geworden, weshalb er sich von Zeit zu Zeit Luft verschaffen müsse.

In der Einsicht, daß der Patient, sich selbst überlassen und von der elterlichen Gewalt zu wenig gemeistert, gesundheitlich, körperlich und seelisch zunehmend verwahrlosen würde, entschloß sich Gino zu einer durchgreifenden therapeutischen Behandlung. Er kam regelmäßig und pünktlich zu den angesetzten Zeiten, und es schien zunächst, daß ihm diese Aussprachen über manche Konflikte und Schwierigkeiten hinweghalfen. Allerdings war deutlich zu bemerken, daß Gino stets Mühe hatte, sich selbst und dem Therapeuten offen zu begegnen; es wurde sichtbar, daß er nicht nur vieles verschwieg, sondern überdies dazu neigte, in seinen Beschreibungen und Angaben nicht ehrlich zu sein. Weil er während mehrerer Wochen aus eigenem Antrieb auf jeglichen Alkohol- und Nikotingenuß verzichtet hatte, wurde damals den Eltern empfohlen, ihm in seinem Tun und Lassen möglichst viel Freiheit zu gewähren. Wie jedoch vorauszusehen war, konnte es sich bei dem freiwilligen Alkoholverzicht um keine Wunderheilung handeln; noch während der Behandlungszeit wurde der Patient wieder rückfällig und mußte, da er in angetrunkenem Zustand sein Fahrzeug geführt hatte, eine Haftstrafe von 14 Tagen absitzen. Er, der sonst immer versuchte, seine »Begegnungen mit der Polizei« und seine Rauschexzesse zu bagatellisieren, anerkannte diesmal selbst die Schuldhaftigkeit und nahm die Notwendigkeit einer Bestrafung ohne jeglichen Widerspruch auf sich. Leider brach damit auch vorübergehend die psychotherapeutische Behandlung ab, da der Patient, offenbar durch diesen Rückfall entmutigt, den Glauben an eine Heilungsmöglichkeit aufgab.

Die Familien- und Lebensgeschichte erhellt die Entstehung dieser Störungen. Gino machte dazu folgende Angaben: Er ist der zweite Sohn seiner Eltern und entstammt einer gut bürgerlichen und braven Familie, deren Angehörige durchwegs rechtschaffene und tüchtige Berufsleute – mütterlicherseits Bauern – waren. Der Großvater väterlicherseits hatte sich vom Hilfskapitän bei der Bodenseeflotte zum Textilfärber und im Laufe der Zeit zuletzt zum Färber- und Appreteurmeister emporgearbeitet. Dessen Sohn, der Vater des Patienten, gilt als tüchtiger kaufmännischer Prokurist in der Textilindustrie. Er war zwar immer sehr nervös gewesen, streng in seinen ethischen und moralischen Auffassungen, autoritär in der Erziehung seiner Kinder, aber gütig und gerecht. Die Mutter des Patienten leidet an einem erhöhten Blutdruck, verbunden mit Kopfschmerzen und Schwächeanfällen. Über seinen um fünf Jahre älteren Bruder führt Gino aus, daß dieser früher eine Zeitlang »auch so über die Schnur geschlagen habe«, bis eine Erkrankung an Tuberkulose und schließlich die Heirat ihn »geheilt« hätten. Dieser Bruder, vor dem Gino als Knabe stets Angst hatte, den er jedoch zugleich bewunderte, hat heute einen verantwortungsvollen Posten bei der gleichen Firma, in der auch Gino angestellt ist.

Als Gino vier Jahre alt war, verlegten seine Eltern ihren Wohnsitz von einem Bauernhof in eine mittelgroße Stadt, in welcher er seine Schulzeit mit Erfolg absolvierte. Die Lehrlingszeit und erste Anstellung in einer anerkannten Firma verliefen zunächst unauffällig. Schließlich wurde er nach den USA versetzt, wo er sich während eindreiviertel Jahren als kaufmännischer Angestellter in der New Yorker Filiale betätigte. 1954 wurde Gino –

sehr gegen seinen Willen und anscheinend auch gegen die ursprüngliche Planung – von seiner Firma zurückgerufen, um die Stellung seines Bruders, der inzwischen erkrankt war, als Betriebsleiter zu übernehmen.

Zu seiner inneren Entwicklung äußerte sich der Patient folgendermaßen: »Was meine Erziehung anbelangt, so darf ich diese als eher streng bezeichnen. Bis zu meinem 18. Lebensjahr war ich ein richtiger ›Stubenhocker‹. Ich habe nie Alkohol getrunken, noch habe ich geraucht. Erst im letzten Lehrjahr lernte ich einige Berufskollegen kennen, mit denen ich mich jeweils am Wochenende traf. In dieser Lebensperiode habe ich begonnen, das Leben von der vergnügten Seite anzusehen. Wir verbrachten jeden Samstagabend auf heitere und lustige Weise, wo selbstverständlich der Alkohol nie fehlte. Es kam jedoch nie zu ausgelassenen Festen, wir hatten es immer recht gemütlich.« Er habe sich in der Enge des häuslichen Milieus nie wohl gefühlt, auch sei er beispielsweise sexuell nie aufgeklärt und »in diesen Dingen« völlig unwissend gewesen. Erst in Amerika habe er begonnen, sich erstmals frei zu fühlen und die Freiheit auch in vollen Zügen zu genießen. Um so mehr habe es ihn enttäuscht, als er wegen einer Erkrankung seines Bruders nach Hause zurück mußte. Er habe wohl immer wieder versucht, sich der häuslichen Atmosphäre und der strengen patriarchalischen Autorität anzupassen, doch sei ihm dies, nachdem er das freie und unbeaufsichtigte Leben in Übersee kennengelernt hatte, nicht mehr völlig gelungen. Wurde er bereits durch die Verständnislosigkeit seiner Eltern während seiner Sturm- und Drangperiode enttäuscht, so folgten noch weitere Kränkungen, zum Beispiel, als er nach der Genesung seines Bruders dessen Stelle wieder aufgeben mußte und als ein Liebesverhältnis bei dem im Umgang mit Frauen äußerst Ungeschickten in die Brüche ging. Nun suchte und fand er Anschluß bei seinen Trinkkollegen, bei denen er sich dadurch beliebt machte, daß er in großzügiger Weise die Zechen bezahlte.

Dem Patienten gelang es immer wieder, zeitweilig ganz dem Alkohol zu entsagen und wie ehemals den braven und folgsamen Sohn zu spielen – Perioden, die dann zumeist explosionsartig mit einem Rausch endeten. Je nach seiner Stimmungslage genügten oft nur geringe Mengen Alkohol, um ihn vollständig betrunken zu machen, ein Phänomen, das bei solch infantilen und psychopathischen Persönlichkeiten bekannt ist. Im Rausch wurde Gino meistens aggressiv und bösartig, häufig auch einfach überheblich und großtuerisch, dann wieder stumpf und schläfrig.

Bei unserem Kranken handelte es sich um eine haltarme, willensschwache, zudem triebgehemmte und ängstliche psychopathische Persönlichkeit, jedoch nicht um einen primär trunksüchtigen oder chronisch alkoholisch verwahrlosten Menschen. Seine Trunk-»Sucht« entsprang vielmehr psychologisch verständlichen Motiven, nämlich dem Bestreben, sich von seiner Beengtheit zu lösen, die autoritätsgebundene Angst vor der Realität des Lebens zu betäuben und schließlich einem intensiven Kontaktbedürfnis, das für den im Grunde vereinsamten Patienten von besonderer Bedeutung war. Er erweckte denn auch in nüchternem Zustand, trotz der äußerlich zur Schau getragenen Höflichkeit und seinen guten Umgangsformen, eher den Eindruck einer autistischen, schizothymen Persönlichkeit.

Im Vordergrund stand die enorme Angstintensität, welche der Patient zu bewältigen hatte. Sie machte es verständlich, daß ihm seine Auseinandersetzungen zu Hause, der Abbruch einer intimen Beziehung mit einem Mädchen und schließlich eine gegen ihn erhobene Vaterschaftsklage so zugesetzt haben. Eventuell hätte diese Angst durch eine zwanghafte Abwehr zurückgehalten werden können, jedoch reichten dazu die Kräfte des Patienten zur Zeit nicht aus. Er hatte zu wenig Kontakt mit der eigenen Tiefe, konnte innerlich nur begrenzt verarbeiten, weil ihn zu viel Angst erfüllte, aber auch, weil er anlagemäßig ein sinnenhafter, emotional ansprechbarer Mensch war, der ohnehin zu Verstimmungen neigte. Der Patient geriet in eine innere Unsicherheit und Gehemmtheit hinein und wurde von Isolierungsgefühlen geplagt. Er wurde der Realität gegenüber unsicher, zweifelte auch an sich selber und verlor so den Halt. Weil er der Anlage nach weich und sensibel beeindruckbar war, vermochte er dieser Konfliktlage wenig entgegenzusetzen. Dadurch geriet er in die Gefahr der Haltlosigkeit. Sie zeigte sich in der Art, wie er sich zum Trinken verleiten ließ: zunächst regte sich die Neigung, Kontakt zu suchen, besonders in Zeiten, in denen er sich einsam fühlte oder von etwas bedrückt wurde. Indessen verfügte er über zu wenig Kraft und Reife, um der Neigung aktiv Raum zu schaffen, beispielsweise sich eine intime Beziehung zu suchen; dies konnte er um so weniger, als der in ihm tief verwurzelte und anerzogene moralische Kodex einer solchen Beziehung von vornherein enge

Grenzen setzte. Im Kreise seiner Trinkkameraden fand er die Nähe und die Selbstbestätigung, zumal dann, wenn er in großzügiger Weise jeweils die Zeche bezahlte. Allerdings spielte auch hier die auf männliche Personen bezogene Autoritätsangst mit. Die Aufforderung zum Trinken nahm für ihn Befehlscharakter an. Eine Abweisung hätte sowohl die Autoritätsangst als auch die Angst vor Kontaktverlust bestärkt. Eine ausreichende Abwehr gelang ihm nicht. Der Kranke geriet in einen haltlosen Zustand mit unangepaßten affektiven Handlungstendenzen, die einesteils aggressiven Charakter annahmen, andernteils in eine distanzlose »Identifizierung« mit seiner Umgebung mündeten. Er war dann im höchsten Grade suggestibel, ließ sich leicht zu irgend etwas verleiten, so auch zum Autofahren, ohne sich Rechenschaft von seinem Handeln abzulegen.

Auch nach Wiederaufnahme der Psychotherapie fiel die hochgradige Armut an innerem Halt beim Patienten auf. Er wurde wieder straffällig, weil er sich von Kameraden zum Zechen und Autofahren verführen ließ. Schließlich konnte die Alkoholsucht nur durch eine radikale Entwöhnungskur in einer geschlossenen Anstalt behoben werden. Ein gewisser psychotherapeutischer Erfolg war insofern zu verzeichnen, als Gino sich vom Elternhause entfernte und an einem neuen Ort Heim und Arbeit suchte.

Die Haltarmut der Psychopathen allgemein besteht in einer ungenügenden Beharrlichkeit und Stetigkeit der Strebungen und des Willens, woraus eine mangelhafte Widerstandsfähigkeit gegen ablenkende Einflüsse resultiert. Alle primitiv-triebhaften Versuchungen, die schon normalerweise am stärksten ablenken, stellen die größten Verführungen dar, denen der Haltarme oder Haltlose in einer übermäßigen Weise immer von neuem erliegt. Daraus resultiert die mangelnde Ausdauer, die Bestimmbarkeit, die Verführbarkeit und Unzuverlässigkeit des haltlosen Menschen, seine Unfähigkeit, ein Willensziel über längere Zeit konsequent zu verfolgen, weil er immer wieder den Triebregungen, seien es sexuelle Perversitäten oder Trunksucht, nachgibt. Es ist, wie wenn seiner Persönlichkeit ein fester Kern fehlen würde, so daß seine Strebungen keine solide Verankerung haben (Binder). Zwar werden immer wieder neue, im Moment ehrlich gemeinte, gute Vorsätze gefaßt, die sich infolge neuer, lebhaft ansprechender, aber oberflächlicher Gefühle sehr leicht in immer neue Besserungsschwüre hinein steigern, von denen er im Moment selbst überzeugt ist, die er aber nie zu halten vermag.

Derart schwere charakterliche Veränderungen können nicht lediglich als Erziehungs- und Milieuschädigungen bezeichnet werden; vielmehr dürfte eine abnormale, psychopathische Veranlagung mitverantwortlich sein. Allerdings gilt auch hier, was beispielsweise M. Bleuler zur alten psychiatrischen Streitfrage über Konstitution und Milieueinflüsse sagte: daß nämlich diese Fragestellung primär schon auf der falschen Vorstellung beruhe, Vererbtes und Erworbenes könne mit Sicherheit getrennt werden. In Wirklichkeit sind nämlich beide untrennbar miteinander verflochten.[297] Während früher viele charakterlichen Eigenheiten als ererbt galten, weil man sie bereits bei den Eltern oder zumindest in der weiteren Verwandtschaft antraf, spricht man heute von *Symptomtradition* (Mitscherlich) oder *Empathie* (Sullivan), wobei dem Einfluß des Milieus gegenüber der erbbiologischen Veranlagung der Vorzug gegeben wird. Gewisse Symptome, Krankheitsbilder oder Charaktereigenschaften der Eltern werden von den Kindern nachvollzogen (was bei Stief- und Adoptivkindern nachweisbar ist). H. K. Knoepfel bezeichnet die »erbliche Belastung« als ein ominöses und nutzloses Wort, da für jeden Menschen, auch den Psychopathen, »eine Chance zur eigenen Gestaltung besteht, sofern der Mensch sich damit auseinandersetzen will. Die Diskussion um Vererbung und Milieu hat einmal mehr bestätigt, daß menschliches Schicksal nicht automatisch abläuft, sondern vom Menschen mitgestaltet wird.«[298]

Nur allzuoft wird das Kriterium der »Konstitution« dazu mißbraucht, um den psychotherapeutischen Nihilismus zu verschleiern; die Psychotherapie der Psychopathen stellt an den Arzt wie an den Kranken weit größere Anforderungen als jene der Neurosen. Die »Vererbung« oder »Konstitution« soll ent-schulden; sie nimmt dem Therapeuten wie dem Patienten jene Verantwortung ab, die dem Menschen durch die Forderung nach wissentlicher Übernahme seines Menschseins gegeben ist. Daß jedoch auch dem Psychopathen diese Möglichkeit zur Verantwortung und Schuldbewältigung gegeben ist, beweisen psychotherapeutische Erfolge, wie sie Häfner[299] u. a. aufzuweisen haben. Den von Häfner analysierten Psychopathen eignet als gemeinsames Merkmal, daß sie sich »in den Grenzen der mitweltlichen Ordnung nicht zur Verwirklichung ihres überantworteten Seinkönnens«[300] zu entfalten vermögen. Häfner spricht von einer abgewandelten Ordnung des Mitseins beim Psychopathen, die sich dergestalt äußert, daß infolge der Eigenmächtigkeit des Kranken das »Selbstseinkönnen des anderen« nicht aufgenommen werden kann, während in der Neurose noch eine Entfaltung »in den Grenzen mitweltlicher Ordnung« möglich ist. Psychopathen sind mit ihrer Fassade, das heißt, mit ihrer Fehlhaltung identisch, während die Neurotiker mit ihrer Fehlhaltung oder »mit den sich ständig meldenden unerfüllten Ansprüchen« im Konflikt liegen. Wir möchten hinzufügen, daß die Verfehlung in der Selbstverwirklichung beim Psychopathen sich bedeutend einschneidender und umfassender zeigt als beim Neurotiker. Wenn wir oben ausführten, der Psychopath werde in weit stärkerem Maße als der Neurotiker von »außen« her bestimmt, dann ist dies kein Widerspruch zur Auffassung Häfners von der Eigenmächtigkeit psychopathischer Fehlhaltungen. Der Psychopath lehnt gewiß den »anderen«, inklusive die Gemeinschaft, als mitmenschlichen Bezug ab. In dieser Ablehnung offenbart sich jedoch gerade die hochgradige Abhängigkeit von jenem »anderen«, von der Gemeinschaft. Diese Abhängigkeit und Uneigentlichkeit führt erst zu den bekannten psychopathischen »Durchbruchhandlungen«, welche in des Wortes eigenster Bedeutung den gewaltsamen Versuch zur Befreiung andeuten. H. Kunz wies in diesem Zusammenhang auf den bekannten circulus vitiosus des destruktiven Elementes aller menschlichen Maßlosigkeiten hin: »Sie führen zu Schuldgefühlen und Gewissensbissen, zu deren Betäubung die Maßlosigkeiten noch gesteigert werden.«[301] Psychopathen kennen wohl Schuldgefühle, der Anruf des Gewissens aus der existentiellen Schuld heraus ist jedoch bei ihnen durch die »Fassade« verdeckt.

E. Angst und Schuld als Hintergrund psychosomatischer Krankheit

Der Begriff der Psychosomatik ist unglücklich gewählt und führt zu Mißverständnissen. »Psychosomatik« setzt die hypothetische Annahme voraus, der Mensch bestehe einerseits aus einer Psyche und andererseits aus einem Körper (Soma). Es ist daher nicht verwunderlich, wenn die einen »Psychosomatik« so definieren, daß auf Grund eines psychischen Konfliktes oder krankhaften Erlebnisses eine körperliche Krankheit entstehe, während die anderen glauben, jede neurotische Erkrankung, die auch körperliche Symptome bewirke, beziehungsweise körperliche Begleiterscheinungen zeige, sei psychosomatisch. In Tat und Wahrheit sind grundsätzlich alle Krankheiten psychosomatischer Natur, insofern nämlich, als bei jeder Erkrankung der ganze Mensch, also auch sein Leib, in Mitleidenschaft gezogen ist. Während die psychoanalytische Schule, insbesondere unter Führung von Alexander und French, die psychosomatischen Erkrankungen mit dem Begriff der Konversion[302] in Zusammenhang bringen, hat die daseinsanalytische Forschung seit Boss nachgewiesen, daß dieser Erklärungsversuch am wesentlichen Problem vorbeisieht. In daseinsgemäßer Sicht kann es sich bei einer psychosomatischen Erkrankung nie um die »Konversion« eines psychischen Inhaltes in ein körperliches Symptom handeln. Daher ist auch der Begriff der Psychogenese und der funktionellen Erkrankung fallen gelassen worden. »Mensch sein« – sagt Boss – »ist ein Sein von solcher Art, daß sich jedes menschliche Selbst ganz ursprünglich als die lebensgeschichtliche Entfaltung in die ihm möglichen Weltbezüge hinein vollzieht und in ihnen sich ständig durchhält.«[303] Das heißt aber auch, daß die *»gesamte Leiblichkeit des Menschen schlechthin unmittelbar in seine Weltoffenheit«* hineingehört. *»Sie ist gar nichts anderes als deren auf leibliche Weise sich zeigender Bereich.«*

Unter psychosomatischen Krankheiten im engeren Sinne verstehen wir solche, bei denen organisch-pathologische Befunde erhoben werden, ohne daß jedoch die üblichen medizinisch-somatischen Therapien allein eine Heilung herbeiführten. »Der Arzt spürt, daß eine Genesung von einer tiefgreifenden Umstimmung der ganzen Wesensverfassung des Kranken begleitet werden müßte.«[304] Für Beispiele psychosomatischer Erkrankungen sei u.a. auf die Einführungen in die psychosomatische Medizin von M. Boss[305] und G. Schwöbel[306] verwiesen. Bekannt sind psychotherapeutische Erfolge vor allem bei der *essentiellen Hypertonie,* bei den *entzündlichen* und *ulcerösen Erkrankungen (Asthma bronchiale)*[307, 308], *bei der Fett-* und *Magersucht*[309], ferner bei einer Anzahl gynäkologischer und dermatologischer Erkrankungen. Auch die *Unfall-Anfälligkeit* gewisser Menschen ist »psychosomatisch«. »Certain people are prone to have more accidents than others, not because they are clumsy or absentminded, but because of the total structure of their personality. The accident-prone person is essentially a rebel; he cannot tolerate even selfdiscipline.«[310] Psychosomatische Probleme in der Chirurgie wurden in einem von der französischen Gesellschaft für psychosomatische Medizin veranstalteten Kolloquium in der Medizinischen Fakultät in Paris erörtert.[311]

Die Behandlungstechnik psychosomatischer Erkrankungen muß oft weniger orthodox-analytisch gestaltet werden. Häufiger als bei den Neurosen sensu strictu sieht sich der Psychotherapeut genötigt, die Abstinenzregel zu lockern, seinen Einsatz aktiver zu gestalten. Beispielsweise wird der Psychotherapeut bei der Behandlung eines Hypertonie-Kranken den Blutdruck selbst kontrollieren, er wird sich bei einem Magendarm-Patienten um die Diät kümmern. Psychosomatische Krankheiten können lebensgefährlich sein, was z. B. jenen Psychotherapeuten nur zu bekannt ist, die sich mit der Anorexia nervosa befaßt haben. Der Psychotherapeut muß deshalb fähig sein, Notsituationen zu erkennen und die nötigen Maßnahmen anzuordnen. P. B. Schneider fordert in diesem Sinne, daß der Psychotherapeut einer akuten Entwicklung (asthmatischer Anfall) und dem Notfall (Magenblutung) »die Stirne bieten« könne.[312] Er muß unseres Erachtens aber auch einer übertriebenen Ängstlichkeit des Patienten die Stirne bieten können – was nur dann möglich ist, wenn seiner Haltung ein fundiertes medizinisches Wissen zugrunde liegt.

Die Krankheit ist jedem Menschen ein individuelles, gesondertes, allein zu ihm gehörendes Anliegen; nie sind zwei Menschen in ihrer Krankheit und Not völlig gleich – trotz scheinbar gleicher Symptomatik. Damit ist auch die Aufgabe des Psychotherapeuten festgelegt: nämlich hinter das Symptom, hinter die Krankheit bis zum Menschen selbst vorzudringen. F. Meerwein wies darauf hin, es gebe Patienten, die körperliche Klagen vorbringen, welche durch die erhobenen körperlichen Befunde nicht oder nur ungenügend erklärt werden können. Es macht dabei den Anschein, als ob »hinter« der vordergründigen Krankheit ein anderes Leiden, eine irgendwie geartete Lebenskrise stecke, die die Kranken vor uns und vor sich selber verheimlichen möchten. Da sie sich trotzdem als behandlungsbedürftig erleben, ›bieten sie dem Arzt eine Krankheit an‹ (Balint), an der zu leiden keine wertmäßige Deklassierung mit sich bringt, wie sie dies von ihrem eigentlichen Leiden befürchten. Die Tatsache, daß ein stellvertretendes Leiden ›angeboten‹ wird, ist den Kranken im allgemeinen nicht voll bewußt.[313] Das Krankheitsangebot darf nicht mit der Krankheit selbst identifiziert werden. Die Fälle, in denen im Verlaufe einer Psychotherapie das Krankheitssymptom relativ rasch verschwindet, um dem eigentlichen Leiden des Patienten freien Raum zu gewähren, sind bekannt.

Ruth, ein 22jähriges Mädchen, litt seit vier Jahren an »unerträglichen« Kopfschmerzen, die sie ununterbrochen Tag und Nacht begleiteten. Sie sei nie beschwerdefrei, gab die psychasthenische Patientin an. Neurologisch konnten bei ihr keine pathologischen Befunde erhoben werden, außer Anzeichen einer vegetativen Dystonie. Eine organische Genese ihrer Kopfschmerzen wurde medizinisch ausgeschlossen. Schon die anamnestische Angabe der intervallosen Natur der Cephalea läßt bekanntlich meistens auf eine funktionelle Genese schließen (hirnorganische Kopfschmerzen sind fast immer von beschwerdefreien Intervallen unterbrochen). Die Patientin brachte also ihre *Kopfschmerzen als Krankheitsangebot* in die ärztliche Sprechstunde. War diese Cephalea aber wirklich ihre Krankheit? Ruth gab an, seit einem Jahr schlucke sie erfolglos »über eine Schachtel Saridon« täglich, kombiniert mit etwa drei Tabletten Treupel. In ihrer Tasche fanden sich mehrere Originalpackungen Saridon, Treupel und Kafa. Erst das Versagen jeglicher Therapie, die lediglich auf ihr Krankheitssymptom gezielt war, bewog sie, einen »Nervenarzt« aufzusuchen.

Die Lebensgeschichte war äußerlich unauffällig. Das Mädchen stammte aus gut bürgerlichen Verhältnissen. Der Vater litt an einer Halbseitenlähmung, die Mutter – dies mag für die Symptomwahl der Patientin von Bedeutung sein – seit Jahren an Migräne. Während nun eine ältere Schwester Gelegenheit erhielt, Medizin zu studieren, blieb unsere Patientin kaufmännische Angestellte und mußte ihr Leben in Büros verbringen. Bei der körperlichen Untersuchung fiel auf, daß Ruth am Rücken rote Streifen hatte, deren Herkunft sie hartnäckig verschwieg. Sie habe »jemandem« versprochen, nichts darüber zu sagen! Sie habe Angst. Schließlich gestand das Mädchen, daß sie ihren ganzen Verdienst einem verheirateten Mann »gelehnt« hatte, der ihr das Geld nicht zurückerstattete. Sie geriet dann selbst in Schulden, die ihr Vater schließlich bezahlte, was ihre Schuldgefühle noch steigerte.

Wir beobachten immer wieder, daß Menschen, die »ein Geheimnis wahren« oder »über etwas nicht sprechen können«, etwas »für sich behalten müssen«, häufig an Kopfschmerzen leiden. Sie versuchen zumeist, etwas Gemüthaftes intellektuell, verstandesmäßig zu unterdrücken. So ist auch bei unserer Patientin der Kopfschmerz erklärlich aus der Spannung zwischen rationalen Überlegungen (»verschweigen, weil versprochen«) und gefühlhaft Erlebtem (beispielsweise konnte sie sich über die vermutlich bestehenden sexuellen Beziehungen zu diesem Manne nie äußern). Ihr Kranksein war nicht die Cephalea, sondern *eine von Angst und Schuldgefühlen durchsetzte innere Unordnung.* Die Spannung, in der sie lebte, konnte durch Analgetica nicht behoben werden!

Eine andere Patientin brachte als Krankheitsangebot körperliche Beschwerden, verbunden mit hochgradiger Süchtigkeit mit. Zwei Jahre lang nahm die 25jährige Kinderpflegerin täglich Pyramidontabletten zu sich, bis sich ein quälender Pruritus mit Bläschenbildung am Rücken und an den Händen einstellte. Ferner traten Parästhesien und hochgradige Obstipation, Hand- und Fußschweiß mit Kältegefühl, Schwindel, rasche Ermüdbarkeit auf. Die ängstliche Patientin hatte sich an ihrem Arbeitsort unglücklich gefühlt, es jedoch nicht gewagt, von sich aus eine Änderung herbeizuführen. Dann stellten sich bei ihr Kopfschmerzen ein, denen sie mit Hilfe von Arzneimitteln beizukommen suchte. Der uns die Kranke zuweisende Arzt schrieb in seinem Zeugnis, die Krankheit der Patientin bestehe in »angeblichen« Kopfwehattacken; dieses »angeblich« soll nicht ein Mißtrauen gegenüber den Angaben der Kinderpflegerin ausdrücken. Wir zweifeln keinen Augenblick daran, daß sie tatsächlich Schmerzen im Kopf verspürte; jedoch wäre es wohl falsch, diese vasomotorische Cephalea als eine primäre Krankheit und die Sucht gleichsam als sekundär aufgepfropft anzusehen. Vielmehr erleben wir bei den süchtigen Patienten immer wieder, daß sich (gleichsam zur Rationalisierung des Bedürfnisses nach Mitteln) die Schmerzen eben einstellen. Wir kannten einen morphinistischen Chirurgen, der während längerer Operationen plötzlich heftigste Zahnschmerzen bekam, die eine sofortige Morphin-Injektion notwendig machten! Dabei waren seine Zähne zahnärztlich vollständig saniert. Wohl nirgends wird der Selbstbetrug des Süchtigen so offensichtlich wie in der angeblichen Schmerzbekämpfung. Die Schmerzen werden nämlich keineswegs bekämpft, sondern vom Patienten in den Dienst genommen, um sich selbst – und der Welt

– die Zufuhr von Arzneimitteln »plausibel« zu machen. Erstens wird der Süchtige ihnen zufolge zu einem Kranken, der Anrecht auf Mitleid und ärztliche Hilfe hat. Da diese aber in einem solchen Fall versagen muß, ist es verständlich, daß der Patient zur (pharmakologischen) Selbsthilfe schreitet. Damit legitimiert er sich auch öffentlich – besonders wenn er die Schuld auf die Ärzte abwälzen kann, die ja nicht »herausfinden«, woher seine Schmerzen rühren! Zweitens aber, und das dürfte ebenso wichtig sein, entsprechen die Schmerzen dem Strafbedürfnis des Süchtigen, womit auf einer anderen Ebene doch wieder das (nicht ganz verdrängbare) Schuldgefühl neutralisiert wird.

Die beiden Beispiele zeigen uns, daß hinter den Krankheitssymptomen oft ein ganz anders geartetes Krankheitsbild, eine viel tiefere Problematik steckt, als man zunächst anzunehmen geneigt wäre. Die ganzheitliche Betrachtung in der Psychotherapie heißt jedoch nicht, daß wir das Krankheitsangebot des Patienten völlig übersehen oder mißachten dürften. Es ist für die Beurteilung eines Kranken nicht gleichgültig, welcher Art die Beschwerden sind, unter denen er leidet, welcher Art die Klagen sind, die er vorbringt. *Das Krankheitsangebot gibt dem Psychotherapeuten bereits wesentliche Auskunft über den Patienten.* Somit müssen wir uns immer auch mit jenem Anliegen des Kranken beschäftigen, das er mit sich bringt, seiner *Krankheit.* Hier hat sich im Laufe der Zeit eine gewisse Klassifizierung ergeben. Die den Therapeuten und Forscher brennend interessierende Frage nach der *Krankheitswahl* und *Symptomwahl* ist noch weitgehend ungelöst. Trotz statistischer und kasuistischer Forschung ist es bisher nicht gelungen, bestimmte lebensgeschichtliche Erlebnisse für ein bestimmtes Krankheitsbild verantwortlich zu machen. Verschiedene Autoren vertreten zwar einen solchen Standpunkt. Beispielsweise wurde behauptet, die Ulcuskrankheit sei auf frühkindliche Verdrängung oral-rezeptiver Triebe zurückzuführen. Eine derartig postulierte Organwahl ist jedoch nichts anderes als eine (vorläufig) unbewiesene Theorie. »Was sichert denn die Hypothese« – fragt Boss in seiner Kritik –, »daß es in diesen, wie in allen sogenannt typischen Fällen, gerade die verdrängten oder zurückgedrängten passiv-rezeptiven Strebungen seien, die eine übersteigerte Magenfunktion im Gefolge hätten und nicht die sichtbare selbstgewollte oder erzwungene Hyperaktivität?«[314]

Wir stellten uns bei der Behandlung eines *Schreibkrampfes*[315] die Frage, ob aus der Lebensgeschichte des Kranken Anhaltspunkte für die Entstehung und Organwahl des schreibverkrampften Menschen erhältlich wären. Trotz einer mehrere Jahre dauernden intensiven Psychotherapie, in deren Verlauf wir sehr wesentlichen Einblick in das lebensgeschichtliche Schicksal dieses Kranken erhielten, konnten wir die Fragestellung nicht klären, ohne den uns unmittelbar ansprechenden Phänomenen durch ein kausalgenetisches Denken Gewalt antun zu müssen.

Der Vater von Othmar war ein triebhafter, brutaler Alkoholiker, im Rausche gewalttätig und verletzend. Die Mutter konnte in ihrer Passivität und hilflosen Unterwürfigkeit den Kranken auch nicht stützen, weil sie sich in der Auseinandersetzung mit dem Vater aufrieb. Die erste Folge davon war eine hochgradige frühkindliche Angst, zu der sich ein (nicht intellektuelles, sondern affektives) Versagen in der Schule bei einem tyrannischen Lehrer gesellte. Othmar versuchte, die Angst zu überwinden, indem er ein Musterschüler wurde. Zwar gelang ihm dadurch ein »Waffenstillstand« mit dem Lehrer, von seinen Mitschülern aber wurde er geächtet und gemieden. Die Berufswahl Othmars entsprach seiner pedantisch-verkrampften Persönlichkeit, die er im Gegensatz zur Unordentlichkeit seines Vaters entwickelt hatte. Er wurde Buchhalter, wodurch die Schrift besondere Bedeutung erhielt. Sie ist in diesem Berufe nicht nur Kommunikationsmittel, sondern lebensnotwendige Erwerbstätigkeit, Ausdruck der Verantwortung und des Erwachsenseins. Othmar war dadurch überfordert, war er doch auf der Entwicklungsstufe eines Schuljungen steckengeblieben.

Die autoritätsschwangere und angstbesetzte häusliche und schulische Atmosphäre wurde betont durch eine puritanisch-frigide, alle Triebhaftigkeit ablehnende Erziehung, die den Kranken nach der Pubertät zu einer Überwertung alles Geistigen führte, so daß er schließlich dem Leben und seinen äußeren Anforderungen fremd gegenüberstand, innerlich vereinsamte und echter mitmenschlicher Beziehung unfähig wurde. Othmar besaß keine Freunde; seine künftige Lebensgefährtin lernte er durch ein Heiratsvermittlungsbüro kennen. Auch da beschränkte sich der Kranke lange Zeit auf eine triebverneinende, schöngeistige Beziehung. Die in der Analyse erstmals entblößte Angst vor der Triebhaftigkeit, vor seinen eigenen Triebkräften, vor der echten menschlichen Begegnung, vor der »Übertragung«, zeigte sich in seinen Träumen, äußerte sich vor allem aber in einer »analytischen« Trotzhaltung und intellektuellen Besserwisserei. Aus dieser Angst heraus verstanden wir auch seine Krampfhaltung. Ein Sich-gehen-Lassen hätte für ihn ein Ausgeliefert-Sein bedeutet. Die Krampfhaltung allein ermöglichte es ihm, der Musterschüler zu bleiben, der sich die Zuneigung des »Lehrers« (nämlich der in seinem Innern als »Über-Ich« noch funktionierenden Autorität) sichern konnte.

Die anamnestischen Daten, die wir bei Othmar gewinnen konnten, decken sich im wesentlichen mit jenen Angaben, die R. Zimmert statistisch bei 48 Schreibkrampfpatienten erheben konnte. Wir treffen aber die gleichen anamnestischen Angaben auch bei anderen Neuroseformen an, so daß zwingende Schlüsse hinsichtlich der Symptomwahl nicht möglich sind. Wir kennen Homosexuelle, Angstneurotiker, Hypertoniker, ja Schizophrene mit dem gleichen Familienbild, Zwangsneurotiker, Kranke mit spastischen Darmbeschwerden mit der gleichen Lebensgeschichte.

Als spezifisches Charakteristikum der schreibkrampfkranken Persönlichkeit wird die Tendenz »zum Betrug«, zum Selbstbetrug und zur Verheimlichung angegeben, die gehäuft vorkommen soll. Zimmert fand diese Tendenz bei allen seinen Kranken vor. Er schreibt: »Der Symptombeginn hängt häufig mit Betrugsversuchen zusammen. Das Symptom selbst drückt trotzige Ablehnung aus. Wenn jemand nicht schreiben will, so kann er das Schreiben offen verweigern. Der Schreibkrampfpatient aber tut so, als ob er schreiben wolle, macht sogar vermehrte Anstrengungen und zeigt damit: ›Ich strenge mich an, ich kann nichts dafür, daß es nicht geht.‹ M. Seiff sieht dies analog zu einer Form kindlichen Trotzes: Ein kleines Kind sitzt auf dem Topf und preßt und preßt, der Kopf läuft ihm rot an, aber es preßt so, daß nichts ins Töpfchen fällt. Ähnlich wie bei der Defäkation hinterläßt der Mensch auch beim Schreiben Spuren, er ›verewigt‹ sich. Beim Schreibkrampfpatienten liegt wahrscheinlich ein Kontrast zwischen Großbewegung und Kleinbewegung vor. Großbewegungen kann man nicht vermeiden, wenn man in einer Gemeinschaft lebt. Nur in der Kleinbewegung ist es möglich, etwas zu verheimlichen.«[316]

Die Tendenz zur Verheimlichung, zum »Betrug«, finden wir zu

Beginn der Symptombildung auch bei unserem Patienten. Der Schreibkrampf stellte sich erstmals ein, als Othmar bei Klausurarbeiten in der Schule abzuschreiben versuchte. Er hatte sich zu Hause sogenannte »Spickzettel« angefertigt, die er auf seinem Schreibpult unter dem Löschblatt versteckte. Zu seiner Angst vor dem schulischen Versagen, der Angst vor dem autoritativen Lehrer, gesellte sich nun die Angst vor dem »Entdecktwerden«. Er wurde beim heimlichen Abschreiben aufgeregt, »die Hand schlug (ihm) aus«.

Finden wir beim Schreibkrampfkranken eine Persönlichkeit vor, welche in ganz besonderem Maße der Versuchung zum Selbst- und Fremdbetrug erliegt, so kommt umgekehrt bei Menschen, die sich und andere betrügen oder Tendenzen zur Verheimlichung aufweisen, der Schreibkrampf nur in seltensten Fällen vor, ja bei den meisten neurotischen Erkrankungen häufen sich die eben genannten Neigungen; der Schreibkrampf jedoch beschränkte sich auf 0,87 Prozent.[317] Damit sei lediglich darauf hingewiesen, *daß der Schreibkrampfkranke zwar ein Mensch mit erhöhter Bereitschaft zur »Verheimlichung« und zum »Betrug« ist, daß der anamnestische Aufweis solcher Neigungen, solcher Bereitschaft, aber keine Schlüsse auf die Symptomwahl zuläßt.*

Freud sah in der Schreibhemmung, wie in jeder Hemmung, eine Funktionseinschränkung des Ichs, wobei der »Grund hierfür in einer überstarken Erotisierung der bei diesen Funktionen in Anspruch genommenen Organe«, hier der Finger, zu suchen sei. »Wir haben ganz allgemein die Einsicht gewonnen, daß die Ichfunktion eines Organs geschädigt wird, wenn seine Erogenität, seine sexuelle Bedeutung, zunimmt. Es benimmt sich dann, wenn man den einigermaßen skurrilen Vergleich wagen darf, wie eine Köchin, die nicht mehr am Herd arbeiten will, weil der Herr des Hauses Liebesbeziehungen zu ihr angeknüpft hat. Wenn das Schreiben, das darin besteht, aus einem Rohr Flüssigkeit auf ein Stück weißes Papier fließen zu lassen, die symbolische Bedeutung des Koitus angenommen hat...«, dann wird es unterlassen, »weil es so ist, als ob man die verbotene sexuelle Handlung ausführen würde. Das Ich verzichtet auf diese ihm zustehenden Funktionen, um nicht eine neuerliche Verdrängung vornehmen zu müssen, um einem Konflikt mit dem Es auszuweichen«.[318] Auf den Symbolgehalt des Schreibens, wie ihn Freud sieht, sei hier nicht eingegangen; in der Praxis finden wir tatsächlich bei Schreibverkrampfungen häufig sexuelle Hemmungen. Wie wäre es wohl anders möglich, nachdem der Schreibkrampf ja nicht ein isoliertes Symptom, sondern Ausdruck einer im Ganzen verkrampften Persönlichkeit darstellt? Unser Patient führte ein streng jungfräuliches Leben. Onanieimpulse waren bei ihm während der Pubertät im Keime erstickt worden. In der Erinnerung blieb ihm jedoch, daß er zur Zeit des erstmaligen Auftretens der Schreibstörungen unter »ekelhaften« Phantasien sexuell-sadistischer Art gelitten hatte. In seinen Tagträumen kehrte die Vorstellung immer wieder, weibliche Geschlechtsteile würden mit Nadeln durchstochen. Mit 15 Jahren war ihm an Weihnachten in einer Schachtel verschlossen ein »trockenes« Aufklärungsbüchlein übergeben worden, dessen Inhalt bei ihm »ein glühendes Interesse für diese Dinge erweckte, ohne die Möglichkeit, der Sache näher zu kommen«. Der damals eintretende Stimmbruch wurde vom Lehrer »nicht anerkannt« – er mußte weiterhin Sopran singen. Die wachsende Schambehaarung reduzierte der Patient mit einer Schere. Zu den bereits genannten sexuellen Phantasien gesellten sich solche, in denen Frauen nackt ausgezogen und gepeitscht wurden. An den Spielereien und Neckereien seiner Schulkameraden mit den Mädchen war er uninteressiert. Nur einmal konnte er es »nicht verklemmen«, einen »gewaltigen Griff nach einer gut entwickelten Jungmädchenbrust« zu tun, wonach ihn längere Zeit ein »schlechtes Gewissen« plagte. Othmar erklärte, er sei eben »durch einen Engpaß von moralischen Grundsätzen durchgeschleust« worden – er sei »in ein Trückli hineingezwängt worden, und wenn man auf der anderen Seite vom Trückli herauskommt, dann hat man eben eine konfektionierte Form«.

Diese »konfektionierte Form« scheint uns für den Schreibkrampfkranken von wesentlicher Bedeutung zu sein: aus ihr heraus werden sowohl die sexuelle Beengtheit und Verschrobenheit wie auch die motorische Verkrampfung verständlich. Wir sehen in der lebensgeschichtlich erhellten Triebfeindlichkeit des Patienten nicht den Grund für seine neurotische Symptomwahl, wie es etwa dem kausalen Denken der Psychoanalyse Freuds entsprechen würde[319], sondern lediglich die eine Seite, die eine Verhaltensweise einer Persönlichkeit, zu der die Schreibverkrampfung gehört. Die Symptomwahl eines Patienten läßt keine zwingenden Rückschlüsse auf die lebensgeschichtliche Entwicklung zu, wie auch aus lebensgeschichtlichen Daten keine schlüssigen Hinweise auf die Krankheitswahl gewonnen werden können. Wenn das Krankheitssymptom, die vom Patienten angebotene Krankheit, dennoch nicht bedeutungslos ist, dann deshalb, weil sie uns wichtige Hinweise auf die Persönlichkeit des Neurotikers, auf dessen Verhältnis beziehungsweise Mißverhältnis zur Welt und zum Mitmenschen, letztlich zu sich selber gibt. Als Beispiel sei wiederum Othmar erwähnt: er wirkte körperlich wenig männlich, sondern eher feminin, steif und verkrampft, bewegungsarm und linkisch. Seine sprachliche Ausdrucksweise war verschroben, die Art des Gesprächs räsonnierend und intellektualisierend. Während sich in seinen Träumen ein reiches und inhaltlich buntes Material offenbarte, blieb das »bewußte« Gespräch des Patienten um so farbloser. Er erlebte die Analyse zunächst wie seinerzeit die Schule als einen Zwang und glaubte, er müsse sich gegen den Analytiker so wehren wie damals gegen Lehrer und väterliche Autorität. Charakteristisch für ihn war, daß er sich nicht nur »unbewußt«, sondern in vollem Bewußtsein weigerte, der analytischen Grundregel der »völligen Offenheit« Folge zu geben. Eine solche Offenheit hätte ja nicht nur dem Therapeuten gegolten, sondern ihm selber.

Dieser Schreibkrampfpatient erinnert uns in vielem an jenen Kranken, den Boß als sado-masochistischen Erich Klotz beschrieb, wenngleich die Symptomwahl eine wesentlich andere ist. Zwar finden wir auch bei Othmar sadistische Züge, doch blieb deren Austrag im Gegensatz zu Klotz in der tagträumerischen Phantasie stecken. Das Dasein Othmars wurde durch die brutale Zügellosigkeit eines alkoholsüchtigen Vaters in ängstliche Grundstimmung präformiert. Dauernde Verletzungen zwangen die zarte, feminine und empfindsame Knabenseele zur Errichtung eines schützenden Panzers. Die autoritative Vergewaltigung durch den Schullehrer mit jener Überbetonung des Intellektes war noch weniger dazu angetan, diesen Panzer zu schmelzen. Die einzige Hilfe in der Angstbewältigung fand Othmar im metikulösen Arbeitseinsatz, der ihn vom Musterschüler zur konfektionierten Buchhalterform führte. Wie Erich Klotz erstarrte auch die Daseinsgestalt Othmars dermaßen, daß sein Leben nicht ein primäres Mit-Dasein verwirklichte, sondern in der Einsamkeit des Heimatlosen und Vereinzelten in einer Welt des Verstandes und nicht des Herzens versandete. Wie Klotz war auch Othmar »auf rein persönlich-egoistische Standpunkte und auf ein bloß zweckhaftes Handeln eingezwängt, abgeschnitten sowohl von seiner Mitwelt als auch von der Eigenwelt seiner Gefühle und von seinem Daseinsgrund«.[320] Er war getrennt von der Welt seiner eigenen Gefühle, um sich von der Welt der Dinge, des beruflichen Vorwärtskommens, des Geldes (Buchhalter!) bestimmen zu lassen. Bezeichnend war die Angst vor der liebenden Haltung, vor dem Einbruch der Triebhaftigkeit, des Gefühles in seine intellektualistische Welt! Daher aber auch die erstaunte Frage: »Was will denn der Sexus von mir?« mit der er jeglichen geschlechtlichen Anspruch seines Leibes von sich wies. Die Schulaufgaben waren ihm wichtiger als die Spielereien mit den Mädchen, die Atmosphäre im Geschäft wurde »sachlich«.

Die eingeengte und angstbesetzte Welt Othmars kam in seinen *Träumen* anschaulich zum Ausdruck. Er träumte einmal von einem Käfig, in welchem »ein Wesen gleich einem Menschen männlichen Geschlechts... aber ein Wesen unter der Menschenwürde« eingesperrt war. In einem anderen Traum wurde der Träumer in einem zoologischen Garten von einem Löwen angegriffen, wobei er selbst »hinter Gittern« gefangen und jeglicher Fluchtweg verbaut war. Wieder ein anderes Mal mußte Othmar träumend eine Schar »leichter« Mädchen zähmen, sie wie eine Schafherde durch enge Gassen vor sich hertreiben und jedes Ausbrechen dieser »minderen Subjekte« in Seitenstraßen verhindern. Er erlebte sich im Traume eingezwängt in einen »engen Kanal«, in den nur von ferne ein leichter Lichtschimmer eindrang. Die Angst vor seiner – im Verlaufe der Analyse sich meldenden und nach Freiheit drängenden – Triebhaftigkeit erlebte Othmar im Traume auch dergestalt, daß er vom Straßenrand aus eine Musikgesellschaft vorbeiziehen sah, die vergeblich versuchte, dem Taktstock des Dirigenten folgend, eine Symphonie zu spielen. Die Musik entsprach denn eher dem Tohuwabohu einer fastnächtlichen »Guggenmusik« als dem strengen Wohlklang klassischer Tonkunst. In einem anderen Traume mußte der Lehrer bei einer Gesangstunde auf seine Dirigententätigkeit verzichten, damit der Patient überhaupt mitsingen konnte. Diese Träume wurden von Othmar nicht befreiend erlebt, sondern in ängstlicher Verstimmung.

Die *Grundbefindlichkeit* des »verkrampften« Daseins unseres Patienten weist darauf hin, daß Othmars Existenz *auf Angst und Abwehr gestimmt war.* Triebhaftigkeit, Gefühl, menschliches

Empfinden und Liebesfähigkeit waren bei ihm wohl vorhanden, jedoch von einem intellektualistischen Panzer umgeben. Die existentielle Not dieses Menschen war so groß, daß jeglicher revolutionäre Ausbruch aus dem rationalistischen Gefängnis im Keime ersticken mußte. Othmar hätte ebensogut die Symptomwahl der »sexuellen Perversion« treffen können, wenn nicht seine ganze Triebhaftigkeit gewaltsam und unerbittlich in statu nascendi erdrosselt worden wäre. Statt dessen trat die Störung dort auf, wohin sich Othmar geflüchtet hatte, nämlich im Beruf.

Die *Schrift* dient der Mitteilung. Mitteilen heißt, daß ich etwas mit einem anderen teile. Dieses »etwas« ist ein Teil von mir, ich teile mich also einem andern mit oder ich teile mich mit einem andern. Mit-teilung bedeutet demnach primär offen sein für einen anderen. Othmar jedoch war verschlossen. Diese Verschlossenheit hat der Schreibkrampfkranke beispielsweise mit dem Stotterer gemeinsam. Während aber das gesprochene Wort im heutigen Gebrauch weniger verpflichtend ist als früher, hat die Schrift an Bedeutung gewonnen. Das Geschriebene ist festgelegt, dauerhaft. Ein bloß gesagtes Wort kann später vergessen, geleugnet, umgedeutet, abgewandelt werden. Nicht so das Geschriebene. »Geben Sie mir das schriftlich«, verlangen die Menschen voneinander, wenn sie eine Aussage festnageln wollen. Durch den Winkelmannschen Versuch kann aufgezeigt werden, daß Schreibbewegungen von Kranken relativ mühelos ausgeführt werden können, wenn angenommen werden kann, die Schrift hinterlasse keine Spuren. Der Versuch besteht darin, daß Patienten aufgefordert werden, mit einem Bleistift ohne Mine auf einem Blatt Papier zu »schreiben«, in Unkenntnis der Tatsache, daß sich unter der Schreibvorlage ein Durchschlagpapier befindet. Zimmert schreibt, daß unter dieser Voraussetzung nur bei einem geringen Teil der Patienten ein Schreibkrampf auftrete. Schon beim normalen Schreiben mit einem Bleistift sind bekanntlich die Schreibstörungen geringer als mit Tinte, da letztere mehr Spuren hinterläßt. Die Schrift ist im allgemeinen offizieller als die Sprache. Wichtige Unterschriften, die Bestand haben sollen, müssen mit Tinte gegeben werden. »In der Folklore spielt die schriftliche Unterzeichnung eines Paktes mit dem Teufel im Zusammenhang mit einem Betrugsmotiv eine Rolle. Das magische Element ist in diesen Erzählungen gelegentlich noch verstärkt dadurch, daß mit einer körpereigenen Flüssigkeit, meist mit Blut, unterschrieben wird. Der Name als Zauberding kann schlechter geschrieben werden. Auch gesunde Menschen scheuen sich oft vor der Fixierung eines Tatbestandes. Man kann von einem Schriftstück nie voraussehen, in wessen Hände es einmal kommen wird. Es gibt viele Geheimschriften, jedoch nur rudimentäre Versuche einer Geheimsprache. Man nimmt instinktiv an, daß der Inhalt eines niedergeschriebenen Satzes wesentlicher sei als eine beiläufige Bemerkung.«[321]

Wir erwähnten, daß unser Patient sein Krankheitssymptom dort erlebte, wohin er sich geflüchtet hatte, nämlich in der Welt seiner beruflichen Tätigkeit. Das Schreiben hatte für ihn nicht nur die Bedeutung der Mitteilung, sondern es war seine berufliche Tätigkeit. Durch seine Schreibstörung wurde er zeitweise arbeitslos. Bezeichnenderweise stellte sich der Krampf auch dann ein, als der Kranke anstelle des Blei- oder Tintenstiftes die Schreibmaschine benützte. Gelegentlich wird Schreibkrampfpatienten empfohlen, den Beruf zu wechseln, da das Symptom lediglich Ausdruck einer Berufsunzufriedenheit oder einer falschen Berufswahl sei. Solche Ratschläge sind kaum anders zu bewerten, als wollte man einem sexuell impotenten Ehemann die Scheidung von seiner Frau empfehlen oder einem Agoraphoben Bettruhe verordnen. Gewiß mag die Berufswahl unseres Patienten neurotisch gewesen sein; der Schreibkrampf war jedoch nicht die Folge davon, sondern entsprach höchstens gleichen Motiven, der perfektionistischen Neigung zu peinlicher Genauigkeit. Othmar war ein Buchhalter nicht nur im Geschäft, sondern auch im Herzen.

So schien uns das Beispiel des Schreibkrampfes besonders geeignet, die Bedeutung der Symptomwahl, des Krankheitsangebotes, für die Erfassung der Persönlichkeit des Patienten aufzuzeigen. Unser Wissen um die Krankheits- und Symptomwahl ist noch mangelhaft und bedarf weiterer Forschung. Der Weg vom Symptom führt nicht einfach zurück zu lebensgeschichtlichen Ereignissen. Auch eine »symbolische« Deutung, wie etwa jene, daß motorische Innervationsstörungen Äquivalente erotisch-orgastischer Entspannung seien, genügt nicht. Freud selbst mußte vor dem Problem der Krankheitswahl kapitulieren wie jede Forschung, die nicht von einem daseinsgemäßen Verständnis der menschlichen Ganzheit getragen ist. Zur Frage nach der Neurosenwahl meinte Freud, daß »nur ein einziger allgemeiner Satz« gesichert sei. »Wir unterscheiden die für die Neurosen in Betracht kommenden Krankheitsursachen in solche, die der Mensch ins Leben mitbringt, und solche, die das Leben an ihn heranbringt, konstitutionelle und akzidentelle, durch deren Zusammenwirken erst in der Regel die Krankheitsverursachung hergestellt wird. Nun besagt der eben angekündigte Satz, daß die Gründe für die Entscheidung der Neurosenwahl durchwegs von der ersteren Art sind, also von der Natur der Dispositionen, und unabhängig von den pathogen wirkenden Erlebnissen.« Dispositionen sind psychoanalytischer Auffassung gemäß Entwicklungshemmungen. »Bei der Frage, welche Faktoren solche Störungen der Entwicklung hervorrufen können, macht aber die psychoanalytische Arbeit Halt und überläßt dies Problem der biologischen Forschung.«[322]

Wenn wir von Krankheitswahl *(Neurosenwahl)* oder Symptomwahl (die psychosomatische Medizin spricht von *Organwahl*) sprechen, dann meint die »Wahl« nicht eine freie Entscheidung des Patienten für diese oder jene Neurosenform. Vielmehr »legen doch alle neurotischen Erscheinungen schon an sich Zeugnis dafür ab, daß ein Mensch gerade wesentlicher Stücke seiner Wahlfreiheit verlustig ging, daß er ›geleibt‹ wird, wo er sich selbst vollziehend leben sollte«.[323] Unser Patient »leibte« sein neurotisches Weltverhältnis in einer muskulären Verkrampfung der rechten Hand. Er *»hatte«* nicht einen Schreibkrampf, wie man etwa eine entzündete Appendix oder Gallensteine »hat«. Der schreibkrampfkranke Mensch *ist* seine Krankheit, er ist in einem verkrampften, eingeengten, rudimentären Weltbezug steckengeblieben. Die rechte Hand verkrampft sich, wenn sie nicht gelokkert sein *darf*. Sie verkrampft sich wegen der Angst des Kranken vor dem Ausschlagen; sie wird »im Zügel« gehalten, gezähmt. Unser Patient hat den Weltbezug des aggressiven »Schlagens« nie gelebt. Einmal gelang ihm »ein gewaltiger Griff« nach einer Mädchenbrust, dessen Kühnheit ihn jedoch zutiefst erschreckte; sonst fühlte er sich bedrängt und unterdrückt. Nicht nur das kräftige Zupacken der Hände, die Abwehr, das Zurückschlagen, waren ihm verwehrt, auch die Möglichkeit der zärtlichen Handbewegung des Streichelns und Liebkosens mußte er sich vorenthalten. Die existentielle Verfassung dieses Menschen offenbart sich, wie bei so vielen Kranken, ausdrücklich in seinem Krankheitsangebot.

Handbewegungen, in erhöhtem Maße das Schreiben, enthalten

immer noch und in weit höherem Maße als die »inneren« Organe eine Beziehung zur Umwelt. Ihre Störungen werden deshalb im Gegensatz zu den »organneurotischen« Veränderungen als »hysterische« Neuroseformen gedeutet. »Im hysterischen Symptom leibt zwar ein Mensch gewisse Melodien seines Existierenkönnens ebenfalls nur noch, wie im organ-neurotischen Leiden. Aber als *Hysteriker* leibt er sie immerhin noch in Gestalt von *Gebärden,* wenn auch sinnverhüllter, selbstverlorener Gebärden. In Gebärden jedoch geschieht immer noch ein Gebären, ein Austragen existentieller Möglichkeit innerhalb einer Sphäre offensichtlich noch umweltbezogener, daher »›ausdrucksvoller‹ und ›eindrucksvoller‹ ›sprechender‹ Aktionen«.[324] Auch in den organneurotischen Symptomen verliert das Existieren keineswegs den Charakter des Zu-den-Dingen-oder-Mitmenschen-Seins, doch ist es viel stärker verhüllt. Nicht dieser oder jener Weltbezug ist somit verantwortlich, ob die *»Neurosenwahl«* hysterischer oder organneurotischer Art ist, sondern lediglich der Grad der Abwehr, die Verdeckung notwendigerweise wissentlich auszutragender menschlicher Verhaltensweisen. Zu den hysterischen Neuroseformen gehören in ausgesprochenem Maße die sogenannten »Bewegungsneurosen«, die hysterischen Lähmungen, aber auch die mannigfaltigen Tic-Erscheinungen, das Stottern, der Schreibkrampf. Anders verhält es sich bei der sogenannten *»Organwahl«,* wo »primär immer ein bestimmter Weltbezug, jener nämlich, in dem die Existenz eines Menschen gerade aufgeht, der auch die Art des ›Leibens‹ im ganzen bestimmt, so daß stets jene Leibbezirke in dessen Austrag vorwalten, die ihm zugehören, die er vielmehr leiblicherweise selbst ist«[325], ausschlaggebend wird. Somit kann die Organwahl unseres Kranken alle jene Organe treffen, welche die Leiblichung des mitmenschlichen Weltbezuges, die Offenheit menschlichen Liebenkönnens darstellen: Herz, Kreislauf, Sexualität, kaum aber den Magendarmtrakt oder andere Organe, die dem Weltverhältnis des Aus- oder Abstoßens oder Zurückhaltens zugehören. Da unser Patient seine »Liebes- und Kontakt«behinderung demonstrativ zum Ausdruck bringen mußte, da er dazu ein Publikum brauchte, da seine mitmenschlichen Beziehungen noch nicht völlig verbaut waren, trug sich sein Kranksein in der »hysterischen« Neurosenform des Krampfes aus. Die Psychotherapie eröffnete ihm den Weg zur wissentlichen Übernahme seines eigentlichen Selbstseinkönnens. Mit dem Abbau seiner Fremdbestimmung, ja gerade in der Auflehnung gegen den Analytiker, in der Anerkennung der ihm eigenen und zugehörigen liebenden und aggressiven Impulse stellte sich bei Othmar ein neues Verhältnis zu seinem Leibe und zu den Dingen dieser Welt ein. Es erstaunt nun nicht zu hören, daß durch die sich intensiv ereignende Liebe, die zur Heirat führte, auch der bisher so verkrampfte Leibbezug sich lösen konnte.

Othmar war Buchhalter. »Eigentlich« wollte er einen anderen Beruf wählen, aber sein Vater bestimmte es so, und er fügte sich. Der Vater war nun allerdings alles andere als ein Buchhalter; seinem Dasein gebrach es an ordnender Genauigkeit und peinlich-exakter Zuverlässigkeit. Er lebte als ein verwahrloster Trinker, der die Familie vernachlässigte, tyrannisierte und an den Rand des wirtschaftlichen Ruins brachte. In seinen Tobsuchtsanfällen und Räuschen bedrohte er Leib und Leben seiner Frau und Kinder. Der Patient wurde Hörzeuge fürchterlicher Szenen und auch brutaler sexueller Angriffe des Vaters auf die Mutter.

Zwei Eigenschaften Othmars resultierten in der Folge aus diesen Erlebnissen: Einmal wurde er ein anankastisch-pedantischer Buchhalter, wobei dies nicht nur sein Beruf blieb, sondern seine ganze Lebenshaltung mitprägte. Alles war bei ihm eingeteilt, berechnet, verbucht. Kein Wunder, daß seine mitmenschlichen Beziehungen dabei verkümmerten. Insbesondere vertrug er sich schlecht mit all denen, die ein freieres oder ungeordneteres Leben führten als er. Am Arbeitsplatz, an welchem seine Genauigkeit zwar geschätzt wurde, fiel er bald durch eine nörglerische und reformatorische Tätigkeit auf, wobei er sehr unkameradschaftlich vorging. Kaffeepausen wurden abgeschafft, jede Verzögerung der Arbeit, ja sogar die bisher üblichen Plaudereien unter den Mitangestellten rigoros abgelehnt. Zu seiner Pedanterie gesellte sich eine hochgradige Triebablehnung. Beziehungen zu Mädchen waren ihm fremd. Jegliche sexuelle Betätigung, »ob in Gedanken, in Worten oder Taten«, lehnte er ab. Als er schließlich fand, es »gehöre« zum Leben, daß man heirate, und er durch ein vermittelndes Heiratsbüro ein Mädchen kennenlernte, blieb die Beziehung während langer Zeit auf der Stufe intellektualistischer und schöngeistiger Diskussionen stehen.

Dieser Mann war – obwohl er es nicht wußte und auch in der Analyse erst spät einsah – vollständig dem Bannkreis seines Vaters verfallen, wenn auch im Protest. Die Auflehnung bleibt ja stets nur eine scheinbare Befreiung, nie eine echte. Protest bedeutet ebensosehr Abhängigkeit wie Unterordnung. Wenn also der Patient der väterlichen Unordentlichkeit das Prinzip der Ordnung gegenüberstellte, wenn er die Triebhaftigkeit des Vaters mit seiner eigenen Triebfeindlichkeit beantwortete, so war er auf seine Art von den gleichen Kräften fasziniert und gefangen wie sein Erzeuger. Trotz seiner moralischen Entrüstung über dessen »unmoralisches« Leben blieb er immer noch in stärkstem Maße an seinen Vater verhaftet. Damit wurde er in zweierlei Hinsicht schuldig: einmal daß er – aus Protest – Lebensmöglichkeiten von sich fernhielt, ablehnte und verdammte, die in ihm, obzwar verborgen, nicht minder wirksam blieben wie bei seinem Vater; dann aber vor allem deswegen, weil seine Auflehnung gegen den letzteren ihm keine Befreiung und Selbstwerdung ermöglichte.

»Eigentlich« hätte sich Othmar, äußerlich und scheinbar in jeder Beziehung ein Ausbund von Tugendhaftigkeit – er hatte nie etwas zu beichten, da er ja gegen keine Gebote verstieß –, völlig schuldlos fühlen müssen. Er war sich auch keiner Schuld bewußt! Die Schuld trug höchstens sein Vater! Und doch stellte sich ein schwerer Schreibkrampf ein, der ihn nicht bloß beruflich behinderte, sondern in ihm zudem Minderwertigkeitsgefühle, Angst und Menschenscheu erzeugte. Auch dies schob Othmar seinem Vater in die Schuhe. Es brauchte eine mehrjährige Analyse, bis die eigene Schuldhaftigkeit vom Patienten akzeptiert werden konnte und er einsah, daß er die Ablösung von der väterlichen Vergewaltigung infolge seines darin gelegenen Schuldigseins nicht vollziehen konnte. Erst von da an vermochte er auch die »anderen«, bisher vergrabenen Möglichkeiten als die seinen anzuerkennen und sich anzueignen. Sein Verhältnis zur Freundin wurde menschlicher, die Verkrampfung der Lebenshaltung und das asoziale Verhalten ließen nach, und Othmar konnte heiraten.

Eine wesentliche Frage drängte sich während der Analyse immer wieder auf: warum er wohl die genannte Lebenshaltung als die einzig mögliche bejahen konnte. Stets lautete die Antwort darauf: »weil es mein Vater so verlangte«, oder: »weil ich es so gelernt habe«, oder: »die Schuld daran hat mein Vater«, oder: »weil ich mich nicht wehren konnte«. Es fiel Othmar nicht auf, daß seine Schwester, die unter den gleichen Verhältnissen mit ihm zusammen aufgewachsen war, eine ganz andere Verarbeitung jener Erlebnisse zustande brachte und viel freier wurde als er. Hier zeigte sich, daß das Bewußtwerden und die Wiederholung frühkindlicher Erfahrungen beim Patienten überhaupt keine Wandlung seiner neurotischen Verkrampftheit zustandebrachten. Erst die beharrlich wiederholte Zurückweisung auf sich selbst, die ständige Frage, warum er denn »jetzt« noch an diesem oder jenem Einfluß seines Vaters festhalten müsse und was ein solches Verhalten in bezug auf seine eigene Reifungsmöglichkeit bedeute, eröffnete ihm die Möglichkeit zur Übernahme eigener Verantwortlichkeit und damit auch der Schuld.

2. Die psychotherapeutische Begegnung mit Schuld und Schuldgefühlen

Die Schuldgefühle begegnen uns in der psychotherapeutischen Praxis täglich, und es gibt wohl kein Krankheitsbild und keinen Therapieverlauf, in welchem die Konfrontation mit dem sich in tiefer Schuld wähnenden Kranken nicht zum eindrücklichsten menschlichen Erlebnis gehörte. Es entspricht jedoch der Individualität des neurotischen (und gesunden) Menschen, die Schuldgefühle in verschiedener Form und Stärke zu erfahren und dem Psychotherapeuten demgemäß in unterschiedlichen Varianten anzubieten. Beispielsweise können sie bei der endogenen Depression das Krankheitsbild vollständig beherrschen. Der Depressive überhäuft sich mit schwersten Selbstvorwürfen, seine seelische Verfassung wird durch Selbstanklagen und Selbstbeschuldigungen gekennzeichnet, welche dem »Durchschnittsmenschen« (speziell den Angehörigen) in ihren Manifestationsweisen und Ausmaßen unverständlich erscheinen. Schwermütige Psychotiker halten sich für verantwortlich für das Unglück ihrer Familie, den Tod ihrer Angehörigen, ja für den Ausbruch von Weltkriegen. Meerwein wies darauf hin, daß den scheinbaren Anlaß zu solchen Schuldgefühlen oft die kleinsten Bagatellvergehen liefern, die in den äußersten Fällen als »Sünde wider den Heiligen Geist« erlebt und für die als Strafe Armut, Krankheit und ewige Verworfenheit erwartet würden. Auffällig bleibt »auf den ersten Blick das eklatante Mißverhältnis zwischen dem sozialen Gewicht der angeblich begangenen Tat, dem Grund des Schuldgefühles und der Höhe der zu erwartenden Strafe«[326], wobei das daran geknüpfte subjektive Leiden den Menschen in tiefste Vereinsamung und schmerzliche Verzweiflung treibt. In der für den Außenstehenden uneinsichtigen Inbezugsetzung des Schuldgefühles mit einer vermeintlichen Schuld, in der Diskrepanz zwischen der faßbaren juristischen oder moraltheologischen Schuld und dem davon völlig unabhängigen Schuldgefühl enthüllt sich die Tatsache, daß dieses dem »eigenen Lebensgrund« des Menschen zugehört und letztlich stets einer »existentiellen Schuld« entspricht.

Weniger offen als bei den Depressiven treten uns die Schuldgefühle beim Angstneurotiker entgegen, wobei wir immer wieder erstaunt sind, wie raffiniert sie sich gegenseitig »substituieren« lassen, was zur Fehlmeinung verleiten könnte, die vordergründigen Schuldgefühle als für ein Krankheitsbild bestimmend verantwortlich zu machen, ohne den eigentlichen Ort der Schuld des Patienten erreicht zu haben. Es geht in der Psychotherapie nicht darum, Schuld einfach »weg-zu-erklären«. Wolff betont in seinem Buch »Psychologie und Sittlichkeit«, daß die anthropologischen Tatsachen ersten Ranges wie Schuld und Reue ernst zu nehmen seien, allerdings ohne zu moralisieren. Die sittlichen Urteile sollen vom Analytiker gar nicht in ihrer moralischen Qualität bewertet, sondern auf die ihnen zugrunde liegenden Einstellungen hin analysiert werden. »Denn das moralische Urteil läßt man am besten stehen oder sich selbst korrigieren, auch wo man es nicht teilen kann.« Die Psychotherapie wirke mit anderen Mitteln in der gleichen Richtung wie das tragische Drama, die Philosophie, die Seelsorge und die Theologie.[327]

Es ist hier nicht möglich, den Formenreichtum der Schuldgefühle im psychiatrischen Geschehen erschöpfend zu behandeln. Wir haben Schuldgefühle bei Süchtigen (Alkoholiker) kennengelernt, und wir wissen, daß sie auch den Zwangsneurosen und den depressiven Psychosen ihr Gepräge verleihen. Wir möchten hier zwei Kranke erwähnen, bei denen sich Schuldgefühle in einer Weise äußerten, wie wir es in der psychotherapeutischen Sprechstunde häufig antreffen. Es handelt sich bei beiden um Jugendliche, die in streng religiösem Milieu erzogen wurden und durch das zumal dem Seelsorger bekannte Onanieproblem in schuldhafte Konflikte gerieten, wobei sich ihre Neurose jedoch in unterschiedlicher Weise äußerte.

F. Moralische Schuld oder existentielle Selbstverfehlung?

Beim ersten Patienten handelt es sich um einen 22jährigen Maschinenschlosser, der an Minderwertigkeitsgefühlen, Angstzuständen, chronischen Magenstörungen und allgemeiner Lebensunsicherheit litt. Er könne seinen Freunden und Bekannten nicht mehr gegenübertreten, möchte am liebsten eine dunkle Brille tragen, damit er die andern beobachten könnte, ohne sich selbst in die Augen blicken zu lassen. Er sei schreckhaft und träume nachts stets von Katastrophen. – Auf die Lebens- und Krankheitsgeschichte dieses Patienten und auf die psychotherapeutische Behandlung sei hier im einzelnen nicht eingegangen. Wir möchten lediglich aufzeigen, in welcher Form uns hier die Schuldgefühle begegnen. Schuldgefühle, mit deren geradezu wollüstig ausgekosteten schriftlichen Schilderung der Patient wuchtig in die psychotherapeutische Behandlung einbrach.

»Mit fünf Jahren« – so schrieb er – »begannen auch die ersten Verfehlungen meines Lebens. Dieselben waren vorerst sexueller Natur. Eine um sechs Jahre ältere Schwester machte mich zum Zeugen der mutuellen Onanie, welche sie mit einer Jugendgespielin vor meinen Augen vornahm. Sie manipulierten an mir herum, was ich verständnislos geschehen ließ. Daß die Sache schlecht sein müsse, wurde mir aber schon damals bewußt. Die Versicherung meiner Schwester, mich totzuschlagen, wenn ich etwas ausplaudere, verfehlte nicht ihre Wirkung.« – Im Alter von zehn Jahren begann Arthur sich homosexuell und masturbatorisch zu betätigen, was er in seinem Schreiben als »schwerste sittliche Verfehlungen« bezeichnete. »Ich war mir damals der Schwere der Delikte noch nicht bewußt« – erklärte er weiter –, »von ihren Folgen ganz zu schweigen... Unter keinen Umständen hätte ich meinen Eltern etwas von meinen Verirrungen erzählt, denn unbarmherzige Strafe wäre sicher die Folge gewesen. Es kam die Zeit meiner ersten Beichte. Der Ortspfarrer, ein sehr strenger, aber gerechter Mann, bereitete uns auf jenes Sakrament vor. Als er die Unkeuschheit behandelte, wurde ich mir plötzlich mit Schrecken bewußt, daß auf meiner Kinderseele bereits schwere Todsünden lagen... Ich befürchtete Strafe von diesem Mann, glaubte auch, daß er meinen Vater benachrichtigen würde, und so verschwieg ich bei der ersten und auch bei den folgenden Beichten meine sich immer und immer wiederholenden Verirrungen. Mit jeder ungültigen Beichte wuchs mein Schuldbewußtsein – und es wuchs noch mehr, als ich anfing, meinem Vater aus der Ladenkasse kleinere Geldbeträge zu entwenden, um mir Süßigkeiten zu kaufen... Dann kam die Aufklärung über sexuelle Dinge seitens einiger Schulkameraden. Sie erfolgte auf so gemeine Art, daß ich mich sogar von meiner Mutter zu distanzieren begann... ich betrieb immer mehr Selbstbefriedigung. Von meinen Eltern und auch vom Pfarrer wurde ich gezwungen, häufig zur Beichte und zur Kommunion zu gehen. So häufte sich Gottesraub auf Gottesraub, und die Schuld wurde immer größer. Ich versuchte, das Schuldgefühl zu verdrängen, indem ich mir einredete, unsere Religion sei nur Aberglaube oder eine rein menschliche Erfindung. Das Gewissen aber ließ mir keine Ruhe. Tag und Nacht wurde ich von Zweifeln gepeinigt. Beten konnte ich nicht mehr, obwohl ich mir im geheimen das Walten eines unsichtbaren Schöpfers eingestehen mußte. Die Folge war ein trauriges, unfrohes Wesen, ohne Halt und Ziel.« –

Eine Erkrankung an Lungentuberkulose faßte Arthur als Strafe für seine »Ausschweifungen« auf. Obwohl es ihm dann später gelang, bei einem verständigen Pfarrer eine Beichte abzulegen, wurde er seine Schuldgefühle nicht los. Erst im Verlauf der psychotherapeutischen Behandlung zeigte sich, wie vordergründig auch hier die Schuldgefühle waren und daß sich hinter ihrer Fassade eine Persönlichkeit verbarg, deren Anerkennung dem Patienten erheblich schwerer fiel als das zunächst täuschende, mit etwas viel Vehemenz vorgetragene »Schuldbekenntnis«.

Gegensätzlich zur eben geschilderten Selbstbeschuldigung ließen sich die Schuldgefühle bei unserem nächsten Patienten erst im Laufe der Behandlung ans Tageslicht, d. h. ins Bewußtsein bringen, aus dem sie seit langem verdrängt worden waren.

Der 31jährige Kaufmann war sich keines Vergehens, keiner Schuld bewußt. Er lebte in völlig geordneten Verhältnissen als Junggeselle bei seinen Eltern, fügte sich als braver Sohn deren Anordnungen, ging regelmäßig in die Kirche und galt als ein Mustersohn. Schon von seinem Vater hatte er gelernt, nichts zu tun, das »aus dem Rahmen fällt«, sparsam zu sein und allen Leuten recht zu geben. Von der Mutter übernahm er eine gewisse religiöse Starrheit und ein germanisch-stures Pflichtgefühl. Über sexuelle Probleme wurde in der Familie nicht gesprochen. Alle Geschwister des Patienten waren hochbegabt, aber auch gehemmt.

Hermann kam in die Sprechstunde, weil er menschenscheu geworden ist. Er getraute sich kaum noch ins Geschäft, wurde zitterig und errötete, wenn man ihn ansah. Mädchen gegenüber war er befangen, bei Vorgesetzten fing er an zu stottern. Auf der Straße hatte er das Gefühl, als ob ihm alle Leute nachschauten.

Im Laufe der Behandlung stellte sich heraus, daß der Patient nachts im Schlaf onanierte. Er war überzeugt, daß seine Hemmungen darin ihren Ursprung hätten, weil man ihm seine nächtlichen Verfehlungen ansehe. Dabei seien es ja gar keine Verfehlungen – es passiere nachts, dafür oder dagegen könne er nichts tun. Der in der Pubertätszeit stehengebliebene junge Mann fand selbst den Grund für seine Verfassung. Als Knabe begann er zu onanieren, wobei die Masturbation ihm als eine schwere Schuld vorkam, zu der er sich bekennen konnte und die er auch fleißig beichtete. In der wohlmeinenden – jedoch unglücklich sich auswirkenden – Absicht, dem Jüngling seine Schuldenlast zu erleichtern, teilte ihm der Beichtvater mit, die Onanie kurz vor dem Einschlafen geschehe ja wahrscheinlich nicht mehr im Zustande voller Zurechnungsfähigkeit und sei daher keine schwere Sünde im Sinne des Gesetzes. Es ist wohl begreiflich, daß sich unser Patient eine solche Gelegenheit nicht entgehen ließ, der Onanie in sünden- und schuldloser Weise freien Lauf zu lassen. Nachts onanierte er, tagsüber übte er sich in Tugend und Willenskraft, die erst den Mann als ehrenhaft erscheinen lassen.

Die Folgen dieses Selbstbetruges ließen denn auch nicht auf sich warten. Die tief ins Innere verdrängten Schuldgefühle äußerten sich zunächst nur in vegetativen Störungen und leichteren neurotischen Erscheinungen. Hermann konnte über die »anderen« Sünder herfallen, das Verhalten der heutigen Jugendlichen kritisieren, sich selbst als einen Vorkämpfer für Sittlichkeit und Ordnung propagieren – bei ihm selbst herrschte jedoch alles andere als Ordnung. Nicht einmal die von ihm so oft in den Mund genommene »moralische Sittlichkeit« vermochte er bei sich selbst zu finden. Zu dem Eingeständnis seiner eigenen Schuldhaftigkeit, seines Auch-schlecht-sein-Könnens konnte er sich nicht durchringen. Er wollte lieber vor der Welt gut als vor sich selbst schlecht dastehen – wobei er stets von neuem vergaß, daß die Wertzuteilung von »gut« oder »schlecht« auch wesentlich von ihm selbst abhing. R. Tanco Duque wies auf die Rolle des menschlichen Sublimierungsprozesses und der sozialen Wert-

Ideale bei der Entstehung von Schuldgefühlen hin. »Jede Übertretung dieses sublimierenden Strebens... ist Quell für normale Schuldgefühle.«[328]

Dieses letzte Beispiel zeigt, wie die Verdrängung des Schuldgefühls zu einem circulus vitiosus führt, insofern sie das Schuldgefühl geradezu provoziert – oder wie v. Siebenthal sagt: »...die Verdrängung ist der erste Schritt zur Selbstverfehlung, die erste Ablehnung der Wahrheit über sich selbst ist die erste Selbstverdunkelung, der erste Selbstbetrug.«[329]

Die Psychoanalyse brachte wohl erstmals die Erkenntnis, daß das Bewußtwerden verdrängter Schuldgefühle eine Voraussetzung zur Heilung neurotischer Phänomene bildet. Der Analytiker begegnet nicht nur »bewußten«, sondern auch »verdrängten, unbewußten« Schuldgefühlen, von denen wir wissen, daß sie den Menschen zutiefst beunruhigen, oft jedoch sowohl dem Fachmann wie dem Laien völlig unverständlich und »sinnlos« erscheinen. Es ist Freuds Verdienst, die Mechanismen ihrer Verdrängung aufgedeckt und auf deren Beziehung zum Kranksein hingewiesen zu haben. »Man kommt endlich zur Einsicht« – sagt er –, »daß es sich um einen sozusagen »moralischen« Faktor handelt, um ein Schuldgefühl, welches im Kranksein seine Befriedigung findet und auf die Strafe des Leidens nicht verzichten will. An dieser wenig tröstlichen Aufklärung darf man endgültig festhalten. Aber dieses Schuldgefühl ist für den Kranken stumm; es sagt ihm nicht, daß er schuldig ist... sondern krank. Dies Schuldgefühl äußert sich nur als schwer reduzierbarer Widerstand gegen die Herstellung. Es ist auch besonders schwierig, den Kranken von diesem Motiv seines Krankbleibens zu überzeugen; er wird sich an die näherliegende Erklärung halten, daß die analytische Kur nicht das richtige Mittel ist, ihm zu helfen.«[330]

Das Anliegen Freuds und der Psychoanalyse geht nun nicht dahin, den Menschen von einer bewußten Schuld zu befreien und ihn überhaupt für das Gefühl der Schuldhaftigkeit unempfindlich, immun zu machen. Zilboorg und andere Schüler Freuds wiesen den solches behauptenden Vorwurf stets mit der Bemerkung zurück, der psychoanalytische Begriff des Schuldgefühls beziehe sich wesentlich auf die neurotische, unbewußte, irrationale und irrealistische Schuld, welche den Menschen in die Krankheit treibt. Der Psychotherapeut verhält sich jedoch in seiner Beurteilung der Schuldgefühle – auch wenn es sich um begründete, objektivierbare und bewußte Schuldgefühle handelt – weder als der richtende und strafende Exponent der Gesetzgebung noch als der wertende oder entwertende Vertreter der öffentlichen Meinung. Er kann es nicht, will er seiner Aufgabe als Helfer des Kranken gerecht werden. Diese Haltung brachte der Psychoanalyse den Ruf einer einseitig individualistischen Doktrin ein, vielleicht nicht ganz zu Unrecht. Jedoch dürfte es kaum möglich sein, sie aufzugeben, solange nicht die Thematik von Schuld und Strafe innerhalb der Gesellschaft eine grundlegende Revision erfahren hat.

Auch in der Auffassung der sogenannten »unbewußten, verdrängten« Schuldgefühle gehen die Meinungen des Laienbeobachters und des Psychotherapeuten diametral auseinander. Jeder Angehörige, Freund oder Verwandte eines geisteskranken oder neurotischen Menschen neigt dazu, krankhaft erscheinende Schuldgefühle als Unsinn, Torheit, Spinnerei abzutun – zumindest als etwas, wofür man nicht verantwortlich ist, über das man hinweggehen kann, das man sogar von sich weisen muß. Die sogenannte Schuld wird bagatellisiert, lächerlich gemacht, »dem Kranken ausgeredet«, zerredet, zerpflückt und vernichtet. Man versucht, den kranken, von Schuldgefühlen gequälten Menschen seiner Verantwortlichkeit zu entheben, ihn zu entlasten. Damit wird aber gerade jener Prozeß in Gang gesetzt, der den Neurotiker noch tiefer in seine Neurose verstrickt, weil er sich in seiner Not unverstanden und in vermehrtem Maße als Außenseiter der Gesellschaft fühlt.

Wie verhält sich nun der Psychotherapeut in dieser Situation? In der ihm eigenen Sprache bemerkte Freud in »Das Ich und das Es«, der Kampf gegen das Hindernis des unbewußten Schuldgefühles werde »dem Analytiker nicht leicht gemacht«. Man kann direkt nichts dagegen tun, indirekt nichts anderes, als daß man langsam seine unbewußt verdrängten Begründungen aufdeckt, wobei es sich allmählich in bewußtes Schuldgefühl verwandelt.«

Diese Bemerkung Freuds könnte der Idee Vorschub leisten, das Wissen als solches würde dem seelisch Kranken genügen, sich seiner Schuldgefühle zu entledigen. Indessen gestand Freud selbst, daß er »in intellektualistischer Denkeinstellung das Wissen der Kranken um das von ihnen Vergessene allzu hoch eingeschätzt« habe. Nicht das Nichtwissen an sich sei das pathogene Moment, sondern die Begründung des Nichtwissens in inneren

Widerständen, welche das Nichtwissen zuerst hervorgerufen haben und es jetzt noch unterhalten. In der Bekämpfung dieser Widerstände liege die Aufgabe der Therapie ... Wäre das Wissen (an sich) für den Kranken so wichtig, so müßte es zur Heilung hinreichen, wenn der Kranke Vorlesungen anhöre oder Bücher lese. Diese Maßnahmen hätten aber ebensoviel Einfluß auf die nervösen Leidenssymptome wie die Verteilung von Menükarten zur Zeit einer Hungersnot auf den Hunger. Der Vergleich, so sagt Freud, sei sogar über seine erste Verwendung hinaus brauchbar, denn die vorzeitige Mitteilung des Unbewußten an den Kranken habe regelmäßig die Folge, daß der Konflikt in ihm verschärft werde und die Beschwerden sich steigern. Freud verlegte also den Hauptakzent vom »Wissen« auf die »Widerstände«, die seinerzeit das Nichtwissen verursacht haben, und betonte, daß das Agieren in der Psychoanalyse vorerst wichtiger sei als das Erinnern, oder wie Boss formuliert: der Analysand reproduziere das Vergessene und Verdrängte seiner Lebensgeschichte zunächst »nicht als Erinnerung, sondern als Tat, er wiederhole es, ohne natürlich zu wissen, daß er es wiederhole. Der Analysierte erzähle zum Beispiel nicht, er erinnere sich, daß er trotzig und ungläubig gegen die Autorität der Eltern gewesen sei, sondern vorerst benehme er sich in solcher Weise gegen den Arzt. So wiederhole er alles an Hemmungen, unbrauchbaren Einstellungen und pathologischen Charakterzügen in der Beziehung zum Analytiker.«[331]

G. Zwangsneurose, Schuldangst, Hoffnungslosigkeit

Die hohlwangige, blasse, 53jährige Frau mit ihren strengen und fast ausdrucksleeren Gesichtszügen erinnerte mich an das Bild einer in herbstlich-winterlichem Frost erstarrten und leblosen Natur. In kurzen, knappen Worten und mit monotoner Stimme erzählte sie mir von ihrem Aufenthalt in einer psychiatrischen Anstalt, deren Direktor sie bei der Entlassung »zur Nachbehandlung« an mich wies.

Ihr Leben sei verpfuscht – erklärte die Patientin.[332] Sie sei moralisch wertlos, sexuell abnormal und habe keine Gefühle für ihre Mitmenschen. Sie lebe ein Leben, das eher dem Tod gleiche. Sie erlebe weder Freude noch Leid – höchstens noch Haß und Eifersucht gegen jene, die noch lieben oder leiden können. Der Aufenthalt in der Heilanstalt sei auf sie eindruckslos geblieben. Er habe in ihr höchstens noch das Wissen um die Fruchtlosigkeit jeglicher ärztlicher Bemühungen verstärkt. »Mir ist nicht mehr zu helfen – auch Sie werden nichts ausrichten«, sagte die Patientin.

Der Eindruck dieser ersten Stunde mit Anna ist heute schwer zu beschreiben. Drohte über all dieser menschlichen Trostlosigkeit – die sich durch eine äußerlich zur Schau getragene Apathie und motorische Bewegungslosigkeit zeigte – das Damoklesschwert einer schleichend verlaufenden, chronischen Psychose? Oder war hinter dieser Front der Hoffnungslosigkeit und Resignation doch ein menschlicher Notschrei nach Erlösung zu hören?

In der Nervenheilanstalt, welche die Patientin zweimal während mehrerer Monate beherbergte, wurde die Diagnose »Depressiv-ängstliches Syndrom bei Psychopathie« gestellt. Die Patientin behauptete, sie sei geisteskrank, wobei die Annahme einer schizophrenen Erkrankung auch ärztlicherseits ernstlich erwogen wurde, unterstützt durch die Tatsache einer erheblichen familiären Belastung: die Mutter der Patientin war dreimal wegen endogener Depressionen interniert, eine Cousine war jahrzehntelang in einer geschlossenen Heilanstalt, ein Bruder der Patientin ist ängstlich und schwernehmend, und ein zweiter Bruder starb in einer nervenärztlichen Privatklinik, wo er ebenfalls wegen Depressionen mit Versündigungsideen und Schuldgefühlen interniert worden war.

Die Besprechungen mit Anna während der ersten Stunden – in deren Verlauf ich die Lebensgeschichte der Patientin kennenlernte – gaben mir die Überzeugung, daß wir es hier nicht mit einer manifesten Psychose, sondern eher mit einer *schweren Zwangsneurose* zu tun haben, zu der sich dann später im Verlauf der Analyse deutlich hysterische Züge gesellten.

Anna befand sich mit der Welt in ewigem Streit und Hader. In ihrem äußeren Lebensbereich zeigte es sich vor allem darin, daß sie ihren zutiefst erlebten Haß alle jene fühlen ließ, denen es scheinbar besser ging als ihr, die sich ihres Lebens erfreuen konnten und die nicht so wie sie ein griesgrämiges und finsteres, durch keinen Sonnenstrahl erhelltes Dasein führten; ferner gegen alle jene, von denen sie annahm, daß sie mit Gott und der Welt in Übereinstimmung lebten. Sie war eifersüchtig auf jeden und jede, belästigte ihre Bekannten mit anonymen Telefonanrufen, wobei sie jeweils wahre und unwahre Anschuldigungen gegen die betreffende Person nicht zu unterscheiden wußte; sie stritt sich zu Hause mit ihrem Bruder und veranlaßte Szenen, daß sogar die Nachbarn auf sie aufmerksam wurden. Die Ärzte spielte sie gegeneinander aus; gleich verfuhr sie mit ihren Beichtvätern; sie besuchte während längerer Zeit gleichzeitig verschiedene Beichtväter, um deren ihr auferlegtes Strafmaß vergleichen zu können. Besonders eindrücklich war die völlig negative Haltung der Patientin der Psychotherapie gegenüber, wobei sie sich erst einmal mit der Person des Analytikers auseinandersetzte, um ihm deutlich vor Augen zu führen, wie wenig sie von ihm halte. Während dreier Jahre verging keine psychotherapeutische Sitzung, in der Anna nicht die Autorität des Analytikers, seinen guten Willen, ihr zu helfen, und seine Fähigkeit, zu ihrer Heilung beizutragen, in Frage stellte. Monate- und jahrelang tauchte mit fast gesetzmäßiger Regelmäßigkeit immer wieder ihr Vorwurf auf: »Sie können mir nicht helfen, mir ist überhaupt nicht zu helfen.« Trotzdem gehörte es auch zur Zwangshaltung von *Anna,* daß sie regelmäßig und nie eine Minute zu spät in der Sprechstunde erschien, ja, daß sie ihr ganzes Leben auf die – meistens dreimal wöchentlichen – Psychotherapiestunden ausrichtete und es beispielsweise nicht einmal mehr wagte, an den Tagen, an denen sie den Analytiker aufsuchen sollte, Besuche zu empfangen, aus Angst, sie würde am rechtzeitigen Erscheinen verhindert werden.

Die *Vereinsamung,* in der sich die Patientin befand und die sie bald selbst als eine *Hölle auf Erden* bezeichnete, wurde ihr zunehmend bewußt und führte oft zu wochenlang anhaltenden schwersten depressiven Verstimmungen.

Die Lebensgeschichte der Patientin entspricht in ihrer *Kälte und Trostlosigkeit* ganz dem Zustandsbild, das sie beim Beginn der Behandlung bot. *Anna* wurde in Südfrankreich als Tochter eines Weinhändlers geboren. Sie war vierjährig, als ihr Vater wegen eines Schlaganfalles mit der Familie in die Heimat zurückkehrte. In einer größeren Stadt der Zentralschweiz wuchs sie mit ihren zwei um wenige Jahre älteren Brüder auf, war jedoch schon als Kind unfroh, zurückhaltend, nervös und ängstlich. Sie konnte nie mit ihren Puppen spielen, da sie Angst vor Puppen hatte. Eine Puppe habe einmal den Kopf verloren, und das habe sie sehr erschreckt. An ihren *Vater* knüpfte die Patientin nur wenige und dann gefühlsmäßig sehr ambivalente Erinnerungen. Sie liebte und fürchtete ihn, besonders nachdem er sie, die damals im

Schulalter stand, einmal küßte, so daß sie »etwas empfand«, das sie heute als »sexuelle Erregung« bezeichnet. Der Vater erholte sich nie mehr richtig nach seinem Schlaganfall und starb zehn Jahre später an den Folgen einer Lungenentzündung. Anna war damals vierzehnjährig.

War die Kindheit *Annas* neben der Krankheit des Vaters auch durch die dauernden Streitigkeiten mit ihren Brüdern, mit denen sie in einem denkbar schlechten Verhältnis lebte und die ebenso neurotisch verbildet waren wie sie, gekennzeichnet, so scheint doch über der ganzen Kindheit und Jugendzeit der Patientin vor allem *die Starre und Gefühlskälte ihrer Mutter* als dominierendes Erlebnis haftengeblieben zu sein. Noch während der Behandlung durchfuhr es die Patientin eiskalt, wenn sie an ihre Mutter dachte, an eine Mutter, die nichts Mütterliches an sich hatte, zu der sie nie in eine innere Beziehung kam. *Anna* war kaum achtzehnjährig, als ihre *Mutter wegen einer offenbar endogenen Depression in eine Nervenheilanstalt eingewiesen* werden mußte. Von der damaligen Internierung habe sich die Mutter nie ganz erholt, und sie mußte in späteren Jahren noch zweimal wegen des gleichen Leidens hospitalisiert werden. Die Patientin, die keinen Beruf erlernt hat, führte zum Teil mit ihrer Mutter, zum Teil allein den Haushalt für die Familie. Beide Brüder und sie selbst blieben unverheiratet. Mit dem älteren Bruder, der einen akademischen Beruf ausübt, selber sehr ängstlich und schwernehmend ist, lebte sie zusammen. Die Mutter starb 1933 und der jüngere Bruder 1949, nachdem er – wie bereits bemerkt – wegen Depressionen mit Versündigungsideen und Schuldgefühlen nach einem Schlaganfall in eine Nervenheilanstalt eingewiesen werden mußte.

Anna schien sich erstmals mit zirka zwanzig Jahren, äußerlich wenigstens, aus der Einsamkeit ihres Haushaltes etwas zu lösen. Sie nahm als Couleurdame einer Studentenverbindung an mehreren Anlässen teil, verliebte sich zeitweise und kurzfristig in verschiedene junge Männer ihres Bekanntenkreises, wobei es jedoch nie zu längeren, intensiven Beziehungen kam. Die jeweiligen Bekanntschaften gingen kaum über einen harmlosen Flirt hinaus; vor intimen, erotischen Beziehungen hatte sie Angst. Ihre sexuelle Entwicklung blieb auf dem Niveau der Pubertätszeit stecken, so daß sie nie die Grenze der mutuellen, onanistischen Handlungen überschritt. Die Patientin selbst erzählt, daß sie im Grunde immer Angst gehabt hätte vor jedem Geschlechtsverkehr und daß diese Angst sie wohl vor einer Heirat zurückgehalten habe. Sie hatte sich zweimal, zum Teil auf Drängen der Mutter hin, mit dem gleichen Manne verlobt, wobei jedoch von beiden Seiten die Verlobung einer gesellschaftlichen Verpflichtung weit eher als einer gegenseitigen Zuneigung entsprang und jeweils nur von kurzer Dauer war.

Es ist auffallend, daß Anna, die an sich in einem sozial gehobenen Milieu lebte, in ihren Beziehungen zu Männern sehr wenig wählerisch war. Ihr Bekanntenkreis umfaßte Friseurlehrlinge, italienische Carabinieri, Oberkellner und Kapellmeister. Endlich unterhielt sie zwischen ihrem fünfunddreißigsten und achtunddreißigsten Lebensjahr mit einem um viele Jahre jüngeren Studenten ein Verhältnis. Dieser litt ebenfalls unter häufigen Depressionen und beging mit zweiundzwanzig Jahren Selbstmord, was die Patientin in ihren *Schuldgefühlen* noch bestärkte. Kurz vor ihrer manifesten Erkrankung unterhielt sie noch eine Bekanntschaft mit einem um wenige Jahre älteren Vetter, der sie dann doch verließ, als er merkte, daß Anna außer Liebkosungen und gelegentlicher mutueller Onanie keine sexuellen Beziehungen wünschte.

Im Alter von zwanzig Jahren begann die Patientin bereits ihre Bekannten und Verwandten mit quälender Eifersucht zu verfolgen. Von dieser Zeit an schrieb sie häufig anonyme Briefe, besonders an Freundinnen, von denen sie wußte, daß sie mit irgendeinem Manne Beziehungen unterhielten. Sie versuchte, diese Beziehungen zu zerstören, indem sie übelstes Geklatsche weitergab. Sie schrieb aber auch anonyme Briefe an ihren Hausarzt, ja sogar an sich selbst, um den Verdacht von sich zu lenken. In der gleichen Zeit begann sie auch dem Bruder aus seiner Tasche Geld zu entwenden, obwohl sie es an sich nicht nötig hatte, da sie finanziell gut gestellt war. Schließlich nahm sie auch Leuten, bei denen sie in Stellung war (sie betätigte sich zeitweise im Ausland als Kindermädchen), Freundinnen, ja sogar der Mutter kleinere Geldbeträge. Es ist kaum erstaunlich, daß diese Patientin, die in ihrem selbstquälerischen, unzufriedenen, zwanghaften Verhalten weder zu ihren Eltern und Geschwistern, noch zu ihren Freunden und Bekannten je ein menschliches Verhältnis finden konnte, verbitterte und sich immer mehr in ihre eigene Unzufriedenheit verstrickte. Sie erkrankte mit sechsunddreißig Jahren an einem Basedow und hielt sich längere Zeit in Höhenkurorten auf.

Im gleichen Jahr erlitt sie durch einen Unfall beim Eislaufen eine Schenkelhalsfraktur des rechten Oberschenkels. Es entwickelten sich bei ihr Schuldgefühle, die ihrerseits wiederum zu zwanghaften Beichten und zu zwangshaften Geständnissen führten. Nach dem Tode ihres Bruders, den sie im Leben gehaßt hatte, verbohrte sie sich in das Studium der Bibel. Sie empfand es als ungerecht, daß sie in eine Religion hineingeboren worden war, die von ihr Rechenschaft für ihr Tun und Handeln forderte, während es jene Menschen, die ohne Religion keine Schuld haben, viel besser hätten als sie. Sie begann den Gott zu hassen, der sie wegen ihrer Vergehen bestrafen könnte.

Es ist nicht weiter verwunderlich, daß besonders in der Anfangszeit der analytischen Behandlung bei dieser schwersten Zwangsneurose vor allem die *analen Phantasien* und Mechanismen in den Vordergrund traten. Sowohl in ihren Gedanken wie in ihren Träumen offenbarte sich die zwanghafte Tendenz, alles was sie bewußt als schmutzig oder dreckig abzulehnen versuchte, hervorzuheben. So bereitete es ihr eine peinvolle Lust, Worte wie »Furzen«, »Seichen«, »Arschloch«, usw., in ihre Gespräche einzuflechten, doch war es aber nicht etwa so, daß die Patientin sich in Freiheit oder sogar mit Freude mit ihrer Leiblichkeit auseinandersetzen konnte, sondern es bereitete ihr Mühe und große Überwindung, über diese »kotigen« Dinge zu sprechen. Dieses zwanghafte Sich-Beschäftigen mit Schmutz und Kot aber trat nicht während der Analysestunden zu Tage, sondern die Patientin wurde auch zu Hause, in ihrer Wohnung, auf der Straße, ja überall von Schmutz und Dreck verfolgt – und selbst in ihren Träumen blieb sie davon nicht verschont. Sie träumte öfters, sie müßte sich selbst, ihre Wohnung, ja auch meine Praxis von Schmutz reinigen, sie müßte waschen, putzen, abstauben und aufräumen. In einem Traum urinierte sie in ein Zimmer und mußte dies beschämt einem Geistlichen gestehen – in einem andern Traum ließ sie ihren Kot im Bett und mußte vom Analytiker gereinigt werden. Sie selbst sagte, ihr ganzes Leben sei für sie ein Kampf gegen den Schmutz gewesen.

In ihren *sexuell gefärbten Phantasien* stellte sich Anna vor, sie würde mit dem Therapeuten geschlechtlich verkehren; auch glaubte sie, alle Männer denen sie auf der Straße begegne, würden durch ihren Anblick in sexuelle Erregung geraten. Sie begann, häufiger als in früheren Jahren zu onanieren, empfand aber

– wie sie sagte – nicht die geringsten Schuldgefühle, denn sie selbst fand, nachdem sie schon gestorben und in der Hölle sei, könne sie ohnehin nicht mehr sündigen.

Anna lag zu Hause wieder beschäftigungslos herum, überließ sämtliche Arbeiten ihrer Spettfrau und grübelte tagsüber vor sich hin. Eine schwere Erkrankung der Spettfrau (Brustkrebs) regte sie nicht besonders auf, denn sie glaubte, ihr Zustand sei ja viel fürchterlicher und es gäbe keine Krankheit, die mit der Hölle, in der sie lebe, verglichen werden können. Jede aufkommende Gefühlsregung wurde rasch unterdrückt. *Anna* selbst gab an, sie befinde sich in einer Art Dämmerzustand. Als ihr Bruder an einem Herzinfarkt erkrankte, ärgerte sie sich nicht wegen der Schwere der Erkrankung oder der Todesgefahr, sondern weil ihr die Erkrankung des Bruders mehr Pflichten auferlegte und weil sie sich ihm, mit dem sie fast in ewigem Streit lebte, hilfreich zeigen sollte. Schließlich versuchte sie mit der Behauptung, es gehe ihr trotz der Psychotherapie nicht besser, den Kontakt mit der Kirche – den sie verloren hatte – wiederherzustellen. Sie schrieb z. B. einer Missionskongregation einen Brief, worin sie bat, daß Millionen Neger für sie beten sollten. Sie erhielt in etwas derber, aber gutgemeinter Art die Antwort zurück, eine gründliche Beichte würde ihr mehr helfen.

Anna jedoch wußte es besser; sie gehöre eben nicht zu jenen, von denen Christus sagte: »Ihrer ist das Himmelreich.« Sie sei unrettbar der ewigen Verdammnis verfallen, sie lebe nicht mehr, sie sei bereits gestorben und befinde sich in jener *Hölle,* aus der es kein Entrinnen mehr gäbe. Sie begründete die Höllenstrafe mit ihrer Lieblosigkeit gegenüber den Menschen, mit ihrer Kälte und schließlich mit ihrem Haß gegen Gott und die Welt. In ihrer verzweifelten und hoffnungslosen Situation klammerte sie sich nicht etwa an jene Stellen der Schrift, aus denen sie Hoffnung auf Erlösung erwarten konnte, sondern sie suchte überall aus der christlichen Glaubenslehre das heraus, was sie in ihrer Überzeugung von der ewigen Verdammnis bestärkte, wobei es ihr nicht schwerfiel, solche Literatur in ausgiebigem Maße zu finden.

Anna wirkte immer gespannt und gequält. Auf der Couch lag sie in steifer, unbeweglicher Haltung und brachte mit monotoner, affektloser Stimme ihre Klagen vor. Ihre Träume – deren ich über dreihundert gesammelt habe – brachte sie meist fein säuberlich als Aufsatz geschrieben mit und erzählte sie genau dem geschriebenen Wortlaut nach. Die *Traumwelt* der Patientin unterschied sich nicht von ihren bewußten zwanghaften Vorstellungen – auch der Inhalt der Träume kreiste um ihr unglückliches Dasein. Auffällig war vor allem die Beziehungsarmut zu Menschen und Dingen, wie sie beispielsweise im *Traum von den »verblühten Rosen«* zum Ausdruck kam, den mir die Patientin wie folgt aufschrieb und wiedererzählte:

»Es war in D., ich war dort in einer Art Spital, um etwas zu lernen. Es war aber nur etwas Halbes. Ich ging an die Schifflände, um meinen Vetter und einen Herren aus L. zu sehen, wollte aber von *Ihnen* nicht gesehen werden. Ich stellte mich so auf, daß die Leute, die vom Schiff und von der Eisenbahn kamen, an mir vorüber mußten. Ich war zwischen zwei hohen Schneemauern. Ich sah aber weder meinen Vetter noch den Herrn, der mit der Eisenbahn hätte kommen müssen. Ich ging zurück in das Spital in das Dreierzimmer im obersten Stock, wo ich mit zwei andern schlief. Mein Bett hatte noch den Bettüberwurf. Die anderen beiden, ich weiß nicht, wer sie waren, lagen schon im Bett, obwohl es noch nicht Abend war. Auf meiner Bettdecke waren in einer Vase drei verblühte Rosen. Die Vase stand auf einer Papierserviette, auf der viel geschrieben stand. Ohne zu lesen, wußte ich, daß das der Dank eines jungen Bekannten war, der bei uns übernachtet hatte. Da kam mein Vetter herein, ich wußte, daß er im Gang war, als ich ins Zimmer ging. Ich sagte zu ihm, daß die Blumen von seinem Sohne seien, ich sagte es, ohne zu lügen, wußte aber, daß sie von dem anderen Jüngling waren. Er sagte, das sei nicht mehr als recht. Ich sah, daß er eine neue Kleidung hatte. Sie war ihm zu klein. Ich zupfte am oberen Teil, der eine Art Pullover war, aber durch das Ziehen nicht länger wurde. Dann gab er uns eine dicke Röhre, an der rechts und links etwas angebracht war, wo heiße Luft ausströmte. Wir sagten ihm, wir hätten es warm genug. Er aber sagte, das sei zum Herrenhosen aufbügeln.«

In diesem Traum wird einerseits wohl die Sehnsucht der Patientin nach mitmenschlichen Beziehungen (Abholen von Freunden, Blumen, Dankbarkeit) offenbar, anderseits zeigt er jedoch deutlich die Resignation (Krankenhaus, verblühte Rosen) und kalte Atmosphäre (Schneemauern) sowie die Schwierigkeiten der Kontaktaufnahme (die Menschen gehen an ihr vorbei) – um nur einige Gedanken aus der Fülle der Traumassoziationen herauszugreifen. Am wesentlichsten scheint mir jedoch jene Stelle zu sein, wo Anna sich gleichsam vor ihrem Analytiker versteckt – ist sie doch noch weit davon entfernt, sich selbst sich und dem Therapeuten offenbaren zu können.

Schließlich gelang es Anna doch, in ihren Träumen hin und wieder eine gewisse menschliche Wärme durchschimmern zu lassen; beispielsweise als sie träumte, der Therapeut würde an einem festlichen Anlaß einem Kind einen Blumenstrauß schenken – oder in einem anderen Traum, in welchem sie dessen Mutter begegnete und mit einem kleinen Knaben, einem Enkel, spazierengehen durfte. Endlich konnte sie es sich sogar im Traum gestatten, den Analytiker bei sich zu Hause zum Tee einzuladen. Weniger gut schien ihr die Wiedervereinigung mit Gott zu gelingen, wie folgender »Kommunionstraum« zeigt:

»Ich stand mit Leuten, die ich nicht kannte um einen Altar, wo eine Messe gelesen wurde. Als ich hinsah, war der Pfarrer plötzlich verschwunden. Ich sagte zu den Nebenstehenden, daß es alle hörten, da stimme etwas nicht, da sei etwas passiert. Da kam aus der Sakristei ein anderer Priester, der nur eine Art Hemd anhatte mit viereckigem Ausschnitt und breiten Achselträgern. Er teilte die Hostien aus, d. h. er warf sie einfach hin und sie fielen ins Leere. Ich sagte zu den Nebenstehenden, daß es alle hörten, belehrend, und ich fühlte mich sehr wichtig dabei, das sei nicht normal, das sei schizophren.«

Mit fortschreitender Behandlung lockerte sich der zwanghafte Charakter ihrer Persönlichkeit etwas. Sie wies immer mehr *hysterische Züge* auf, und ihr »Gequält-Sein« wirkte nicht immer echt. Als dann endlich während mehrerer Stunden eine richtige Stagnation eintrat und die Analysandin lediglich noch vor sich hinjammerte, wurde es auch offenbar, daß ihr diese Hölle, in der sie lebte, zu einem relativ angenehmen Wohnsitz geworden war. Die Erkenntnis, daß ihr dieses nunmehr freiwillige Verweilen in der Hölle auch sehr viel Angenehmes bieten könne – daß sie diese Hölle benütze, um sich jeglicher Verantwortlichkeit zu entziehen – daß sie diese Hölle benütze, um ihren Haßgefühlen sich selbst und der Welt gegenüber völlig freien Lauf zu lassen –, bewirkte eine *wesentliche Wendung im Verhalten der Patientin.* Nachdem sie jahrelang mit dem Analytiker im Kampf gelegen hatte und nachdem sich die analytische Tätigkeit mehr oder weniger darauf beschränkte, diese Aggressivität zu erdulden und anzunehmen und der Patientin auf der ihr einzig möglichen Ebene zu begegnen, löste sich der Bann allmählich nach ca. dreihundert analytischen Stunden, und sie begann die Umwelt wieder zu erfühlen. Eine Genitalblutung, die wegen Krebsverdachtes bei ihr eine kurzfristige Hospitalisierung nötig machte, brachte ihr zum ersten Male richtig die *Todesangst* zum Bewußtsein. Diese Angst wurde ihr besonders deshalb zum Erlebnis, weil sie sich erstmals eines Gefühls bewußt wurde, das sie als »normal« empfand. Es gelang ihr nach etwa dreihundertfünfzig Analysestunden, sich mit ihrem Bruder auszusöhnen. Ihre Fraulichkeit, deren Ausdruck nicht mehr lediglich die sexuelle Befriedigung oder der Wunschtraum einer Heirat war, fand ihre Erfüllung darin, daß sie zunächst einmal ihr eigenes Heim völlig umgestaltete und sich wesentlich im Haushalt betätigte. Als ihre Beziehungen zu den Menschen wieder menschlicher wurden, fand sie eine Stelle bei einer älteren Dame, die sie seither in aufopfernder Weise pflegt und betreut. Ihre ganze äußere Erscheinung hat sich geändert. Machte sie früher einen selbstquälerischen, unzufriedenen und hypochondrischen Eindruck, so gelang es ihr nun, fröhlicher zu erscheinen. *Anna* konnte sich erstmals in ihrem Leben glücklich fühlen. Dort, wo früher eisige Kälte und Gefühlsarmut herrschte, zeigte sich nach über fünfhundert Analysestunden – die Möglichkeit der Wärme und des gefühlhaften Erlebens. Die Patientin konnte traurig sein und weinen, sie konnte aber auch froh sein und lachen. Der gequälte, starre Gesichtsausdruck wich einem freundlichen Lächeln, die Haltung war weniger steif als früher und die Sprache gelöster. *Anna* fühlte sich – ihren eigenen Worten gemäß – aus ihrer Hölle erlöst.

Angst, Schuld und Krankheit

Angst und Schuld sind innig miteinander verbunden. Sie können nicht gesondert behandelt und erforscht werden. Schuldig ist jeder Mensch von seiner Geburt an, insofern als er in seinem Dasein zeitlebens aufgerufen bleibt zu jener Selbstverwirklichung, die erst im Streben zur Erfüllung gelangen kann. Je entfernter ein Mensch dieser seiner Selbstverwirklichung steht, desto schuldiger ist er. Die Schuld kann unbemerkt an ihm vorbeigehen, sie muß ihn nicht unbedingt belasten. Es gibt Menschen, die in der Geborgenheit religiöser oder staatlicher Institutionen nie an ihre

Ur-Schuld erinnert werden oder die das Gefühl der Schuldhaftigkeit mittels einer scheinbaren »Gewissenhaftigkeit« aufheben; andern gelingt es, die aufkeimende Schuld zu ersticken. Es sind jene selbstgerechten und »unschuldigen« Menschen, welche an ihrer Kalt- und Hartherzigkeit selbst zwar nicht leiden, aber um so mehr andere leiden lassen.

Jene andern indessen, die noch eine Spur Menschlichkeit bewahrt haben, können dem Rufe ihres existentiellen Gewissens nicht entgehen. Es ist die Angst, die den Menschen immer wieder auf sich selbst verweist und ihn an seine Schuld erinnert. Angst bedeutet jedoch auch Krankheit, ob sie nun in der akzentuierten Form als Angstneurose oder als angstverdrängende Neurose erlitten wird. Nur so läßt sich ihr tieferer Sinn verstehen: im Anruf an die eigene Fehlhaltung und damit an das sichselbstverfehlende Dasein.

Wie kann die Psychotherapie in des Menschen ureigenstes Problem der »Selbstverwirklichung« eingreifen? Woher nimmt sie die Berechtigung zu solchem Tun, und auf welche Weise geschieht dieser Eingriff? Der Psychotherapeut erfüllt im Grunde keine andere Aufgabe, als sie jedem Menschen aufgetragen ist. Je schon bei den Menschen und Dingen dieser Welt sein, heißt zugleich, Verantwortung übernehmen. Was bedeutet Verantwortung? Antwort-geben auf den Anruf des Gewissens! Verantwortung ist Verpflichtung im Miteinandersein, weil Menschsein immer schon das Mitmenschsein einschließt; daseiend sind wir auch ständig an der Welt mitschuldig. Die Grundprobleme des Menschen erweisen sich demnach als mitmenschlich. Der Sinn der Menschwerdung liegt nicht in der Vereinzelung, sondern in deren Überwindung. Die Welt ist nicht »Objektwelt«, welcher der Mensch als Subjekt gegenübersteht und die er nach »Innen« projiziert. Deshalb ist auch das Arzt-Patient-Verhältnis nie lediglich »Übertragung« oder »Projektion«, sondern von Anbeginn an echte Beziehung. In diesem Sinne darf gesagt werden, daß weder die Freudsche primär-autoerotisch-narzißtische Psyche, welche sich die Außenwelt erst sekundär aneignet, noch die Jungsche These, derzufolge die Mitwelt eine Projektion von archetpyischen Inhalten darstellt, dem eigentlichen menschlichen Wesen gerecht werden.

Der Psychotherapeut ist seiner Aufgabe, den Mitmenschen helfend beizustehen, aus zwei Gründen besonders verpflichtet. Einmal in seiner Berufung als Arzt, der die Hilfe nicht bloß als menschliche Pflicht auffaßt, sondern dieselbe noch zusätzlich zur be-ruf-lichen Aufgabe macht; dann aber auch insofern, als ihm auf Grund seiner eigenen Reifung in der Lehranalyse jene Sicht zuteil wurde, die dem Menschen nur selten gewährt wird. Darin liegt – schon nach Freuds genialer Einsicht – der wesentliche Grund der Forderung nach einer eigenen Analyse als Voraussetzung zur Psychotherapie. Die Technik könnte schlimmstenfalls aus Büchern oder durch Kontrollanalysen erlernt werden. Wie vermöchte aber ein Psychotherapeut in heilbringender Weise bei seinem Kranken zu sein, wenn er selbst um seine eigene »Krankheit« nicht wüßte? Viel wichtiger als die psychoanalytische Technik – deren Bedeutung wir allerdings nicht unterschätzen wollen – bleibt derjenige, der sie handhabt. Der Psychotherapeut muß »Übertragung« und »Widerstand« am »eigenen Leibe« erfahren haben, um ihren eigentlichen Sinn zu verstehen. Deshalb muß auch der Patient zunächst die Möglichkeit haben, am Therapeuten all das nachzuvollziehen, wozu ihm sein bisheriges Leben keine Gelegenheit bot. Fehlte ihm der Vater, so muß ihm der Therapeut zum »Vater« werden können; desgleichen muß dieser auch die Rolle der Mutter annehmen, ihm Bruder, Schwester, Lehrer und Seelsorger sein. Das alles sein können, ohne der Gefahr der Selbstüberschätzung zu erliegen, unter Verzicht auf narzißtische Befriedigung, bildet wohl das höchste Anfordernis an den Psychotherapeuten. Er wird geliebt und gehaßt, je nach den Möglichkeiten seines Patienten. Dieses auszutragen und dem Kranken die Möglichkeit zu gewähren, ohne Gefahr des Mißverstandenwerdens seine ganze Welt offen auszubreiten, ist seine Verantwortung. Die Welt offen legen heißt zugleich sich entblößen, sich preisgeben, sich des Schutzes begeben, sich ausliefern, was alles mit Angst verbunden bleibt, die stets auch eine Angst vor dem Ent-decktwerden ist. Ent-deckt wird aber die Schuld.

An den Widerständen des Menschen gegen die Psychoanalyse können wir u. a. das eigentliche Wesen der Angst ergründen. Sie kann groteske Formen annehmen, wenn man etwa an die merkwürdigen Reaktionen denkt, welche die Erwähnung eines »Psychiaters« in der Öffentlichkeit hervorruft. Der Psychiater ist noch vielerorts – trotzdem er scheinbar »gesellschaftsfähig« geworden ist – ein unheimlicher Mensch, der einen »durchschaut«, demaskiert; auch Psychologen sind unheimliche Menschen.

»Wenn sie einen durchschauen und geheime Motive unseres Handelns und unserer Gefühle entdecken? Wenn sie Tendenzen der unbewußten Sexualität, der getarnten perversen Anlagen oder eines überdimensionierten Geltungsdranges mit Röntgenblick erkennen und schonungslos aufdecken? Wenn sie jahrelang verdrängte Komplexe ins helle Licht des Bewußtseins heben und selbst die vor dem eigenen Ich sorgfältig gehüteten minderwertigen Triebregungen diesem Ich als unbestreitbare Tatsache vor Augen halten, und umgekehrt edle Verhaltensweisen und eifrig praktizierte Tugenden plötzlich mit einem schwarzen Fragezeichen versehen? Muß man da nicht Angst und vielleicht sogar ein starkes Unbehagen empfinden vor einer Analyse, die keinen Halt kennt vor jenen liebevoll gehätschelten kleinen Selbsttäuschungen, die das Lebensglück mancher (vielleicht sehr vieler!) Menschen ausmachen? Oder wenn das feingesponnene Gewebe der großen Lebenslüge mehr und mehr durchlöchert wird?«[333]

Ausweichmöglichkeiten sind genug vorhanden. Zunächst wird der Psychiater entwertet, degradiert. Wohl kaum ein Berufsstand ist so sehr der üblen Nachrede ausgesetzt wie der des Psychiaters. Sein berufliches Können wird angezweifelt, sein persönliches Leben vom moralischen oder religiösen oder wirtschaftlichen Gesichtswinkel aus verurteilt. Gesetzgebung und Öffentlichkeit überwachen ihn mit scharfen Augen und verdammen jeden angeblichen oder tatsächlichen Fehltritt, weshalb es von ihm spöttisch heißt, er stehe dauernd mit einem Bein in der Zeitung, mit dem andern im Gefängnis. Der Psychiater liefert auch eine beliebte Witzfigur; denn das Lachen bleibt eine der besten Möglichkeiten, der Angst auszuweichen. Bietet der Witz an sich schon eine ausgezeichnete Abwehrreaktion (Freud[334], Redlich[335]), so der »psychiatrische« Witz in besonderem Maße. Neben solchen mehr oder weniger bewußten Abwehrmitteln der Angst vor der Psychiatrie gibt es andere Maßnahmen jener Menschen, welche sich mit der »Gefahr« gleichsam anfreunden wollen. Es sind Leute, die nicht genug »in Psychologie machen« können, jeden Vortrag eines Psychologen oder Psychiaters aufsuchen, jeden psychologischen Artikel lesen und diskutieren und sich für alles, was »mit der Seele« zu tun hat, interessieren. Wie sehr indessen ein derart intellektualisierendes Verhalten nichts anderes als eine Abwehr und diese Abwehr nichts anderes als Angst verrät, kann jeder erfahrene Psychotherapeut an Hunderten von Beispielen seiner Praxis nachweisen.

Die Angst vor der Psychotherapie ist nicht etwa der Ausdruck einer »primitiven« Menschlichkeit oder gar eines mangelhaften Intellektes. Sie kann jeden treffen, unbeschadet seines geistigen Niveaus. Sie bleibt überall, trotz der Rationalisierung der Argumente, ein ausschlaggebender Faktor. Wir kennen hervorragende Forscher, deren Einstellung zur Psychoanalyse im Grunde nicht über den Widerstand eines einfachen Neurotikers hinausgekommen ist, obzwar sie ihre Haltung in (fast) einleuchtender Weise zu rechtfertigen verstehen. Wir denken beispielsweise an Klages[336], der die Psychoanalyse – für ihn identisch mit »Seelenauflösung«! – als einen geistesgeschichtlich unglaubwürdigen »Bastard aus einer noch unglaubwürdigeren Mißheirat« bezeichnet, »der Mißheirat nämlich von Herbarts Vorstellungsatomistik und Nietzsches Philosphie der Selbsttäuschung«. In der gleichen Anmerkung schreibt Klages etwas später: »Zum richtigen Psychoanalytiker ist man keimplastisch vorbestimmt wie zum strenggläubigen Christen.« Tramer[337] wies denn u. a. anhand einiger Aussagen in Lessings Autobiographie nach, daß Klages' vernichtender und ungerechter Kritik an der Psychoanalyse rassenbiologische (antisemitische) Tendenzen zugrunde liegen. – Auch der Philosoph Jaspers glaubte sich dazu berufen, eine Attacke gegen die Psychoanalyse zu reiten, die aber kaum mehr Anspruch auf Wissenschaftlichkeit und Kenntnis des Problems erheben dürfte als die pamphletischen Angriffe von L. Klages. Die Schweizerische Ärztezeitung[338] veröffentlichte einen Aufsatz K. Jaspers': »Der Arzt im technischen Zeitalter«, in welchem u. a. folgende Sätze stehen: »Innerhalb dessen aber, was unter den Namen Psychoanalyse, Tiefenpsychologie, Psychosomatik geht, ist etwas anderes entstanden. Es läßt sich kaum definieren, am einfachsten: das, was von Freud herkommt, der als der gemeinsame Ahnherr verehrt wird.« Wissen wir nun also, daß, nach Japsers, Psychotherapie einfach das ist, was von Freud herkommt, dann wäre Freud selbst wahrscheinlich post mortem höchst erstaunt, zu hören: »In der Therapie wird eine Glaubensmeinung den gebändigten Seelen aufgezwungen« oder gar: »In der Lehranalyse geschieht die unbewußt raffinierte Einprägung eines Glaubens durch die Exerzitien, die unerschütterlich befestigten, was durch sie in einer Umkehr stattgefunden hat.« Und jenen Psychotherapeuten, die gar »dem Patienten ein persönlicher, mit ihm existierender Mensch sein« wollen, wirft Jaspers vor, »die Maskerade eines liebenden Kampfes soll zum Erwachen der Existenz im Patienten führen – gegen Honorar. Aber geplante Kommunikation muß zu einem Talmigebilde werden.« Jaspers mußte sich denn auch von einem Kollegen eine Antwort gefallen lassen, die an Deutlichkeit nichts zu wünschen übrigließ.[339]

Inwiefern die Angst eines Analysanden durch fehlerhaftes Verhalten des Analytikers »begründet« sein kann, wie es beispielsweise von Görres[340] eingehend geschildert wird, ist nicht Anliegen unserer Darstellung.[341] Ein Analytiker könnte – unter Verletzung der analytischen Grundregeln – das Vertrauen seines Patienten mißbrauchen; er könnte einem sexuell-triebhaften Wunsche entsprechen, einer Verführung erliegen; er könnte eine scheinbar gesicherte weltanschaulich-religiöse Position ins Schwanken bringen. V. v. Weizsäcker machte einmal den treffenden Ausspruch, es verlohne sich wenig, auf Einschränkungen, Bemängelungen und Verunglimpfungen der Psychoanalyse einzugehen, da sie meistens von Personen stammten, die sich um die Behandlung kranker Menschen gar nicht bemühten oder welche die Psychoanalyse gar nicht aus eigener Arbeit kennen, also mit leichtfertigem Dilettantismus urteilen, etwa wie der Besucher eines Variétés, der bekannt gibt, welche Nummern ihm nicht gefallen haben. »Wenn die Psychoanalyse schadet, dann war sie gar nicht angewendet. Und wenn sie gut ist, dann ist sie auch wahr. – Ein Ergebnis dieser Untersuchung ist auch, daß man die Wahrheit nicht teilen kann. Wenn man die Courtoisie aufbringt, der Psychoanalyse ein Streben nach Wahrheit zuzugestehen, dann kann man nicht Wert und Unwert der Psychoanalyse unterscheiden, sondern nur Erfolg und Erfolglosigkeit ihres Strebens.«[342] Analytische Fehlhandlungen sind nicht anders zu bewerten als Kunstfehler anderer Ärzte. Trotzdem würde kein Mensch das aufrichtige Bemühen der Medizin in Frage stellen, bloß weil einzelne Ärzte versagen.

Damit, daß ein Mensch sich einem Analytiker anvertraut, hört für jenen die Verantwortlichkeit für sein Tun keineswegs auf. Es wäre ein Irrtum zu glauben, mit Beginn einer Analyse verlagere sich die Verantwortung für das weitere Schicksal ausschließlich auf die Seite des Analytikers, obwohl dies von den meisten Neurotikern – und noch mehr von ihren Angehörigen – zunächst so aufgefaßt wird. Tritt ein Analytiker nicht als Richter oder Strafender bei einer von aggressiven Impulsen gequälten Patientin auf, so ist er von nun an »schuld«, wenn sie aggressiv agiert. In anderen Fällen muß die Analyse verantwortlich sein für eine Verschlechterung der ehelichen Beziehungen oder für die (zumeist längst fällige) Auflehnung der Kinder gegen die elterliche Autorität. Der Patient muß indessen allmählich lernen – und ohne diese Erkenntnis führt eine Analyse nie zum Ziel –, auch den psychotherapeutischen Prozeß als einen Teil seiner eigenen Verantwortung zu übernehmen; dazu gehört stets auch die Erschütterung eines zu vertrauensseligen Abhängigkeitsverhältnisses zum Analytiker, denn Abhängigkeit bedeutet immer Verlust der Selbstverwirklichung. Daher kann eine Analyse nie beendet werden, ohne daß sich der Patient die eigenständige und freie Möglichkeit der Selbstbestimmung erarbeitet hat. So wichtig es ist, daß der an sich selbst verzweifelte und unsichere Mensch vorübergehend am »Vorbild« des Analytikers Geborgenheit, Liebe und Halt finden kann, so unumgänglich ist es auch, daß er nicht an diese »Leitlinie« fixiert bleibt. Deswegen kann »nur der, welcher die eigenartige Überschätzung des Arztes und das gläubige Anhangen an die von ihm vertretene Lehre überwindet,... zu einer neuen, vollkommeneren Daseinsgestalt gelangen, um die es in der Psychotherapie eigentlich geht und die die Voraussetzung für eine wirkliche Heilung ist«.[343] Der Weg zu einer solchen Überwindung führt zur Tat, indem der Patient im Sinne Kierkegaards sich selber wählt. Dann erst wird »...das Individuum seiner selbst bewußt als dieses bestimmten Individuums, mit diesen Neigungen, diesen Trieben, diesen Leidenschaften, unter dem Einfluß dieser Umgebung, als dieses bestimmten Produkts eines bestimmten Milieus. Wer seiner selbst so bewußt wird, übernimmt das alles in seine Verantwortung. Er zögert nicht, ob er das einzelne mitnehmen soll oder nicht, denn er weiß, daß etwas weit Höheres verlorengeht, wenn er es nicht tut. Auf diese Weise erkennt das ethische Individuum sich selbst, aber diese Erkenntnis ist nicht eine Kontemplation (so würde das Individuum sich bloß nach seiner Notwendigkeit erfassen), vielmehr besinnt es sich auf sich selbst, und das ist eine Handlung, weshalb ich auch mit Absicht nicht von einem Sich-selbst-Erkennen geredet habe, sondern von einem Sich-selbst-Wählen.« Sich selbst wählen besagt aber, die volle Verantwortlichkeit übernehmen für ein Dasein, als

In-der-Welt-sein und Mit-sein. Sich-selbstvergessend in einer narzißtisch-egoistischen Seinsweise aufgehen, schließt ebenfalls Schuld ein. Der Mensch hat »die Autorität einer fraglosen Tradition unwiederbringlich verloren« (Bally). »Herausgelöst aus diesen Gehäusen, zu heimatlosen Einzelnen befreit, sind wir der Angst und der Einsamkeit ausgesetzt. Das ist unser Verlust. Was wir aber gewonnen haben, ist die Erkenntnis, daß wir, jenseits aller Tradition, wesentlich Mitmenschen sind. Der Liebe, als der impulsiven, leidenschaftlichen Zuwendung zum Nächsten gehorchend, entdeckt sich das verzweifelnde Individuum als Mitmensch, der nur dank der Gemeinschaft Individuum sein kann.«[344]

Wie begründen wir die These, derzufolge gerade in der Angst des Menschen vor der Psychologie, vor der Psychiatrie und Psychotherapie ihr eigentliches Wesen offenbar werde? Diese Frage beantworten heißt, dem Menschen eine Tendenz zuschreiben, sich nicht entdecken zu lassen. Angst vor dem Psychiater ist Angst vor dem Entdeckt-werden. Die Psychoanalyse wird von vielen mit der Begründung abgelehnt, sie sei eine Bloßstellung der intimsten Sphären, ein distanzloses Eindringen in Persönlichstes. »Bloß«stellen hat indessen neben dem Sinn des Abstreifens alles Verhüllenden überdies die Bedeutung des Zur-Schau-Gestellt-Seins und des Sich-schämen-Müssens. Allein nur dort hat der Mensch Angst vor der Bloßstellung, wo er im Grunde etwas verbergen muß. Verbergen heißt zugleich ablehnen, nicht anerkennen, sich genieren, heißt auch unehrlich sein. Unehrlich sein bezüglich seiner selbst kann Uneigentlich-Sein, Eigentlich-nicht-sich-selbst-Sein bedeuten. Wer aber nicht sich selbst ist, verfehlt sein Selbst, bleibt sich selbst etwas schuldig. Er bleibt un-wahr. Psychotherapie aber ist die Suche nach Wahrheit. Unwahrheit ist Schuld. Daher verbirgt sich letztlich in jeder Angst eine Angst vor der Anerkennung der Schuld. Ein Mensch, der um seine existentielle Schuld weiß, sie bejaht und das ihm Mögliche unternimmt, um jene Schuld zu reduzieren, der dem Anruf des Gewissens gehorcht, auf den prometheischen Versuch der Auflehnung gegen die Schuldhaftigkeit verzichtet, benötigt die Angst nicht, auch nicht angesichts des Todes. Denn ihn ihm lebt an ihrer Stelle das Vertrauen, die Hoffnung.

Wie steht der Mensch zu seiner Krankheit? Realisiert sie lediglich eine schicksalsmäßige, unbeeinflußbare Beeinträchtigung des Daseins? Oder ist sie die sichtbar gewordene Strafe für moralische Verfehlungen? Dokumentiert sich darin der Zorn einer Gottheit oder eine menschliche Schwäche?

H. Die Schulderfahrung beim Depressiven

Es gibt eine »Krankheit, nicht krank sein zu können«. Gemeint wird damit eigentlich die »Schuld«, nicht krank sein zu können. Fluch vor und Abwehr der Krankheit kann schuldhaft sein, so wie diese umgekehrt nicht »schuldlos« entsteht. Um diese scheinbar paradoxe Behauptung zu erläutern, sei ein Kranker erwähnt, der an einer *depressiven Verstimmung* litt. Der Patient, ein 57jähriger Arzt, ursprünglich rumänischer Abstammung, später in die USA ausgewandert, verfiel plötzlich, mitten in der Arbeit seiner Landpraxis, in eine schwere Depression mit Verfolgungs- und Beziehungsideen. Suizidale Absichten führten zu einer Internierung in eine nordamerikanische Privatklinik. Dr. Georgu freilich hielt sich nicht für krank. Er wolte arbeiten und konnte nicht verstehen, weshalb man ihn davon abhalte. Wohl jedoch hielt er sich für schuldig. Diesem Schuldgefühl entsprach ein Strafbedürfnis, das ihn überall Polizisten oder Richter, Spione und Einbrecher vermuten ließ. Er sah sich bereits im Gefängnis, verurteilt, bestraft, hingerichtet. Das Kranksein schien ihm selbst eine Flucht zu sein; also mußte er sich auch hier stellen. Er durfte gar nicht krank sein, denn für das Erkranken kann man ja nichts; allein er konnte doch etwas für seinen Zustand! Als Arzt war ihm in seinem Leben nie die Idee gekommen, daß mit der Krankheit eine Verantwortung verbunden sein könnte; sie blieb für ihn etwas Schicksalhaftes, Unausweichliches. Die Aufgabe seines ärztlichen Handelns erschöpfte sich in der Hilfe und der Linderung – vielleicht spielte noch in geringem Maße der Versuch mit, gegen die Kräfte des Schicksals anzutreten. Diesen Kampf wider Krankheit und Tod, gegen angeblich Sinnloses führte er seit über 30 Jahren. Er galt als gewissenhafter Arzt, der Tag und Nacht für seine Patienten bereitstand, und dennoch vermochte er selbst seine Krankheit, sein Krank-sein-Können nicht zu akzeptieren. Er rebellierte dagegen und verstrickte sich zunehmend in Schuld. Seine depressive Verstimmung gewann zusehends einen psychotischen Charakter. Erst als es gelang, den Patienten zu jener Krankheitseinsicht, die nicht Resignation, sondern Integrierung bedeutet, zu bringen, konnte der Heilungsprozeß in Gang kommen.

Mit welchem Grund können wir behaupten, daß dieser Patient, der vermutlich durch die Nichtannahme seiner Krankheit schuldig wurde, bereits an der Entstehung derselben mitverantwortlich war? Wie konnte ein solcher Mensch, der nichts als seine Pflicht tat, krank und in seinem Kranksein schuldig werden? Die Lebensgeschichte zeigte uns, daß er – wie seine Frau uns sagte – »the most perfect man« war. Sein Leben bestand aus der Hingabe an seine Patienten. Die Gattin vergötterte er. Seine sexuelle Entwicklung war unauffällig. Dr. Georgu trank keinen Alkohol, er rauchte nicht; Geld spielte über das hinaus, was er zu einem standesgemäßen Einkommen brauchte, keine Rolle. Alles in allem ein braver Landarzt.

Und doch war er sich gerade dadurch, daß sein Leben in der Arbeit aufging, etwas schuldig geblieben und damit für sein »Krankwerden« verantwortlich. Diese Schuld lag in dem oben erwähnten »nichts als«! In der psychiatrischen Expoloration tauchte ein Bruder des Patienten auf, der ein ihm fremdes, entgegengesetztes Leben führte, sich etwas gönnte, das Leben genoß – mit dem jedoch Dr. Georgu seit 20 Jahren aus eben diesem Grunde jeglichen Kontakt abgebrochen hatte. Er vermochte bei seinem Bruder nicht eine Lebensführung zu akzeptieren, die er sich selbst unter größten Opfern versagen mußte!

Anders liegen die Schuldverhältnisse bei einem südamerikanischen Millionär, der sein Leben lang nach Ruhm, wirtschaftlichem Luxus und triebhafter Freiheit strebte, schließlich aber in eine schwerste Depression verfiel. Sein Geld gestattete ihm, weltweite Reisen zu unternehmen und die teuersten Ärzte zu konsultieren. Gerade bei ihm blieb jedoch eine Psychotherapie aussichtslos, weil er zu keinem Zeitpunkt bereit war, in der Depression zu verweilen und sein inneres Ohr der Stimme seines Gewissens zu leihen. Seine Forderung war auch in der Krankheit kurz und geschäftlich: Heilen Sie mich so schnell wie möglich! So torkelte er von Elektroschock zu Elektroschock und merkte nicht, daß er als Mensch zu einem bloß noch genuß- und arbeitsfähigen Wesen schrumpfte, das weder Schuld noch Verantwortung zu ertragen bereit war.

Nicht krank sein konnte auch jener 30jährige Sohn einer wohlhabenden nordamerikanischen Familie, der in seinem Leben weder Arbeit noch Pflichten gekannt hatte. Sein Leben führte ihn auf Vergnügungsreisen per Schiff, Flugzeug oder Auto über die ganze Welt. Begleitet von Frauen, die er meistens in irgendeiner Bar oder einem Nachtlokal aufgriff, lebte er sein Leben »in Saus und Braus«. Eigene Yacht, eigene Häuser auf allen Kontinenten, Freunde und Freundinnen, und doch war er allein. Vor dieser Einsamkeit hatte er Angst. Denn in der Sinnlosigkeit seines Daseins vermochte er mit seinen Mitmenschen keine echte Beziehung herzustellen. Die Achtung der Freunde erwarb er sich durch ein riesenhaftes Vermögen und seine finanzielle Großzügigkeit. Die Frauen interessierten ihn lediglich als sexuelle Spielgefährten. Jedesmal wenn eine Beziehung menschlich und verpflichtend zu werden drohte, verfiel er in eine tiefe Depression. Zeitweise war er hospitalisiert, mehrmals versuchte er auf psychoanalytischem Wege aus seinen Verstimmungen herauszukommen. Regelmäßig jedoch scheiterte die Psychotherapie dann, wenn sein Verhältnis zum Analytiker für ihn »gefährlich« wurde. Den Schritt zur Mitmenschlichkeit und damit zur Übernahme von Verantwortung und Schuld konnte er nicht tun, weil zwischen dem, was er bisher war und was er werden sollte, eine riesige Kluft bestand, ein Niemandsland, das er nicht zu betreten wagte. So wie er jeweils seine Freundschaften brüsk abbrach, brach er die Analyse ab, wobei er zumeist spontan auch seine Depressionen los wurde. Daß er nie – auch nicht während einer über zwei Jahre dauernden analytischen Behandlung – bereit war, sein Kranksein als Notwendigkeit und Mahnruf anzuerkennen, versteht sich bei diesem bloß oberflächlichen Genüssen nachjagenden Mann von selbst. Es gibt kaum ein Psychopharmakon, das er sich nicht heimlich beschaffte, um seine »Leidenszeiten« abzukürzen.

Diese Fälle führen uns zurück zur prinzipiellen Frage der Verflochtenheit von Schuld und Krankheit. Zunächst sei hier noch einmal festgehalten, daß »Schuld« unter verschiedenen Aspekten betrachtet werden kann. Wenn wir von Krankheit und Schuld sprechen, dann meinen wir nicht die Schuld in »moralischem« Sinne. Der rumänische Arzt war gewiß moralisch »unschuldig«, der südamerikanische Millionär lebte, von den ethischen Normen her beurteilt, sicher alles andere als schuldlos, und dennoch liegt dessen Schuld in bezug auf sein Kranksein nicht im moraltheologischen Sektor. Das gleiche gilt für unseren jungen Weltenbummler. Die Schuld im psychotherapeutischen Sinne ist durchwegs eine existentielle Schuld. Immer und besonders dann, wenn ein Mensch wesentlichen Bezirken seines Selbst-Seins die Daseinsberechtigung abspricht, wird er schuldig. Wenn beispielsweise Bodenheimer schreibt, es liege »wohl im Wesen der ärztlichen und psychotherapeutischen Haltung, daß die Gesinnung des Psychotherapeuten und daß die Art des ärztlichen und psychotherapeutischen Kontaktes entschuldend und auch entschuldigend«[345] seien, dann trifft das ausschließlich auf die Schuld im moraltheologischen oder im juristischen Sinn zu. Die Frage, ob eine solche Haltung des Therapeuten erlaubt und begründbar sei, haben wir bereits in dem Sinne beantwortet, daß der Arzt in jedem Falle als Arzt dem Menschen zu dienen hat, nicht irgendeiner »Allgemeinheit«. Diese apodiktisch scheinende Behauptung mag fragendes Erstaunen, Betroffenheit oder heftige Ablehnung hervorrufen. Sie darf indessen nicht mißverstanden werden. Unter der »Allgemeinheit« verstehen wir hier nicht die »andern« Menschen, sondern lediglich das Kollektiv als gesellschaftliche Institution, mag dieser ein religiöser oder rechtlicher Charakter eignen. Der im Dienste einer das individuelle Menschsein zurückstellenden Institution stehende Arzt geht der ehrenhaften Bezeichnung des Jatros, des Heilenden verlustig. Er ist höchstens noch ein Funktionär mit medizinischen Kenntnissen.

E. Weigert bezeichnet die Angst als ein Gefahrensignal, das drohende Vereinsamung und Verlust des Vertrauens anzeigt. »Die gleichbleibende feste Freundlichkeit gegenüber den Ängsten des Patienten kann seine Widerstände, seine Scheu, sein Mißtrauen wie auch seine beleidigenden Angriffe überwinden. Aber der Mut des Therapeuten muß echt und überzeugend sein. Der Patient ist vielen Nachahmungen von Vertrauen, geheucheltem Liebesversprechen und Verfälschungen der Wahrheit ausgesetzt gewesen. Er mag selbst stürmisch um falsche Versicherungen bitten zur Stütze seiner defensiven Selbstsucht. Es ist wichtig, daß der Therapeut für das tief verdrängte Bedürfnis nach Vertrauen empfänglich ist bei einem Minimum von vorgefaßten Meinungen und ohne moralisches Vorurteil. Sentimentale Sympathie und moralisches Vorurteil dienen den eigenen egozentrischen Ansprüchen des Therapeuten. Nur durch vorbehaltlose Offenheit kann der Therapeut wahrhaftige Enthüllungen erhalten und dem Patienten helfen, seine verschütteten Möglichkeiten des Vertrauens wieder zu entdecken.«[346] Und weiter: »Eine auf Vertrauen gegründete Beziehung beseitigt nicht die existentiellen Schuldgefühle. Aber diese existentielle Schuld ist keine verdammende Niederlage. In der Ich- und Du-Beziehung kann Schuld ehrlich als lebensschädigendes Ereignis angeschaut werden. Die Schuld kann überwunden werden, wenn sie in echter Demut erlebt werden kann, und diese Demut wächst nur in der Atmosphäre des Vertrauens. Der Psychotherapeut, der die Schuldgefühle eines einsamen Menschen behandelt, muß unterscheiden zwischen den Wunden und Narben eines verwundeten Narzißmus und realistischer existentieller Schuld. Sein Vertrauen zu der offenbarenden Wahrheit einer schöpferischen Beziehung bewahrt ihn vor den Irrwegen persönlicher Vorurteile und falscher Tröstungen. Sein Vertrauen kann den Mut des Kranken stählen, seine Mißerfolge ehrlich zu durchschauen, seine eigenen ethischen Entscheidungen zu treffen und die Ursprünglichkeit wiederzufinden, die er in seiner Einsamkeit teilweise verloren hat.«[347]

Wir haben immer wieder die liebende Haltung des Psychotherapeuten gegenüber der wertenden (moraltheologischen) und richtenden (juristischen) Stellungnahme hervorgehoben. Diese liebende Haltung erscheint, wenn man das menschliche Wesen bedenkt, selbstverständlich. Nur in ihr bleibt der Mensch dem Mitmenschen zugewendet. Die Angst, so sagten wir, wächst auf dem Boden der Lieblosigkeit. Wie anders könnte sie behoben werden als durch Liebe? Bodenheimer postuliert für den Psychotherapeuten, der »in einer willkürlich gesetzten und nicht aus der Spontaneität des Zufalls erwachsenen Beziehung Liebe will walten lassen«, eine vermittelnde Instanz. »Denn das Erwachen und die Übung von Liebe ist ein einmaliger, an die Begegnung zweier oder weniger Menschen gebundener, der Willkür entzogener und deswegen der therapeutischen Begegnung vieleicht nicht zugänglicher und einer therapeutischen Situation unter Umständen nicht gefügiger Vorgang. Wo Liebe, der Spontaneität und dem Zufall entrissen, zu einem Medium der Begegnung werden soll, muß sie mit Hilfe eines sie tragenden Elementes übermittelt werden.«[348] Ein solches Element könne durch ein Philosophem oder ein religiöses Bekenntnis erfüllt sein. Uns scheint jedoch diese Interpretierung der psychotherapeutisch gespendeten Liebe nicht dem Wesen der psychotherapeutischen Haltung zu entsprechen. Der Psychotherapeut bedarf in der Beziehung zum Kranken keiner »vermittelnden Instanz«; er benötigt weder ein Philosophem noch ein spezifisches konfessionelles Bekenntnis. Auch bleibt das Postulat der »Spontaneität« und des »Zufalls« eine ungebührliche Beschränkung der Liebe, umgreift sie doch viel mehr als nur die Begegnung zweier oder weniger Menschen! Sie ist in der Fürsorge, sogar im Be-sorgen je schon enthalten, entspringt der Sorge und ist also wesenhaft dem Dasein zu eigen, weshalb sie keiner Vermittlung bedarf. Hingegen ist der Psychotherapeut selbst »Vermittler« von Liebe und Verständnis, und nur insoweit er bereit bleibt, es zu sein, ist er auch Psychotherapeut. Dies stellt an ihn hohe Anforderungen, nicht etwa weltanschaulicher Art, wie es von Nuttin[349] u. a. verlangt wird, sondern rein menschlicher Natur. Mowrer spricht von »personal maturity«[350], Jaspers betont, der Arzt gewinne »erst auf Grund seiner ständigen Selbsterhellung mit der Distanz zu sich selbst und zum Kranken zugleich seine Reife«. Die Gegenwart einer Persönlichkeit und deren Wille zum Helfen sei nicht nur wohltuend. »Das Dasein eines vernünftigen Menschen mit der Kraft des Geistes und der überzeugenden Wirkung eines unbedingt gütigen Wesens weckt im anderen, und so auch im Kranken, unberechenbare Mächte des Vertrauens, das Lebenwollens, der Wahrhaftigkeit, ohne daß darüber ein Wort fällt. Was der Mensch dem Menschen sein kann, erschöpft sich nicht in Begreiflichkeiten.«[351]

In der »Unbedingtheit« der ärztlichen Güte und Liebe liegt das Geheimnis psychotherapeutischen Handelns. Gewiß, der Kranke erfährt auch im täglichen Leben eine liebevolle Geborgenheit, jedoch zumeist unter bestimmten Bedingungen: in der Religion, insofern er sich an die kirchlichen Gebote hält; im Staat, insofern er den staatlichen Gesetzen gehorcht; in der Familie, in der Ehe, im Geschäft, im Freundeskreis, insofern er sich den andern »anpassen« kann. Liebe und Güte sind im Grunde genommen viel seltener und weniger »spontan«, als gemeinhin angenommen wird. Der Vater liebt den Sohn, wenn und insoweit dieser ihm gehorcht; die Braut liebt den Bräutigam, wenn und so lange er sie liebt und ihr treu bleibt. Die Freundschaft dauert so lange, als der Freund dem Freunde gefällig ist. Daraus entspringt die Bereitschaft, alles Unangenehme, Böse, Niedrige, das man bei den Eltern, Verwandten, Vorgesetzten und Freunden so klar sieht, aus dem Bewußtsein zu verdrängen, weil es mit der Liebe nicht kompatibel ist. In der Psychotherapie erlebt mancher neurotische

Mensch erstmals, daß Liebe nur dann echte Liebe sein kann, wenn sie sich nicht an Bedingungen knüpft. Sie stellt keine Ware dar, die man gegen gute Taten oder Gegenliebe »eintauscht«, vielmehr bleibt sie ein Geschenk, das freiwillig und selbstlos und ohne Gegenwert gegeben wird. Nur auf diesem Boden kann der Kranke dem Analytiker mit jener Offenheit begegnen, die es ihm ermöglicht, sich wiederum sich selbst und den Mitmenschen zu öffnen. In ihr auch ereignet sich die Auseinandersetzung des Patienten mit seiner Angst und Schuld, letztlich mit seiner »Krankheit«.

Über den »Sinn« der Krankheit ist schon viel geschrieben worden. Seitdem der Krankheitsbegriff aus der naturwissenschaftlichen Verengung befreit wurde, schlug das Pendel auf die »Gegenseite« philosophischen Denkens um. Bereits die christliche Lebensauffassung spricht von der Leidensbereitschaft; ferner von der Demut, Krankheiten als gottgewollte Bürde auf sich zu nehmen; sogar vom Sinn der Krankheit als Sühne für begangene Sünden. Jores soll in seiner Rektoratsrede in Hamburg erklärt haben, »Krankheit ist Folge der Sünde«, sie trete ein zum »Heil der Seele« und »zum Reifwerden«.[352] Es herrscht weithin die Ansicht, Krankheit »müsse für etwas gut« sein; wen Gott besonders liebe, dem schicke er Not und Krankheit. Nuttin spricht von den Motiven, »die jemanden zur großmütigen Annahme einer Prüfung oder eines Leidens führen« und beansprucht dies als ein zentrales Anliegen christlicher Lebenshaltung.[353] Allen »Sinn«gebungen der Krankheit liegt deren Verknüpfung mit der Schuld zugrunde, wobei sie oft genug in einer Form gestiftet wird, die wir nicht kritiklos hinnehmen dürften. Die Krankheit soll danach nämlich als Strafe eine Folge der Schuld, der Sünde, nicht jedoch als solche selbst eine Schuld sein. Jores verleiht dieser Ansicht Ausdruck, wenn er von der tragischen Schuld spricht, die nach christlicher Lehre darauf beruht, daß die Welt »gefallen« ist. »Mit jener Übertretung eines klaren Gebotes Gottes durch das ersten Menschenpaar ist die Sünde und als ihre Folge die Krankheit in die Welt gekommen und hat sich von Generation zu Generation als Erbsünde fortgepflanzt.«[354] Uns scheint, wir wüßten doch zu wenig vom Menschen, um derartiges über ihn und seine Krankheit behaupten zu können. Das Mensch-Sein trägt schon immer auch die Möglichkeit des Erkrankens in sich. Ob dies ein Verhängnis des verwegenen Wunsches, »wie Gott zu sein«, also eine Folge der Erbsünde sei, mögen die Theologen entscheiden. Allein, es darf mit Bestimmtheit gesagt werden: Krankheit beruht nicht auf der persönlichen Sündhaftigkeit des Menschen, der gegen den Dekalog verstößt. »Weder der Dieb noch der Mörder werden als Folge ihrer Taten krank. Dieser Umstand hat es immer mit sich gebracht, daß das Thema Krankheit und Schuld von Laien und Ärzten als völlig abwegig empfunden wurde. Die Psychotherapie kennt sogar den entgegengesetzten Tatbestand; es gibt neurotische Störungen, die durch falsche oder mindestens übertriebene Schuldgefühle gegenüber dieser Art des moralischen Gewissens entstehen können.«[355] Im übrigen ist es eine bekannte Tatsache, daß in diesem »Tal des Jammers« die »Unschuldigen« eher noch mehr leiden müssen als die »Sünder«.

Das Schuldproblem ist in der Neurosenlehre zu einem zentralen Anliegen geworden, so daß sich der Psychotherapeut damit sowohl in theoretischer Hinsicht wie auch in der praktischen Arbeit am Kranken ernsthaft auseinandersetzen muß. Fromm[356], Caruso[357], Maeder[358] und andere Forscher widmeten ihm hervorragende Studien. Buber nennt es eine psychotherapeutische Fehlmeinung, daß man »seiner Aufgabe als Arzt schuldiger Menschen durch das bloße Hinwegräumen von Schuldgefühlen gerecht werden« könne.[359] Dahingegen wirft Reisner in »Krankheit und Gesundung« den Psychotherapeuten vor, sie entschuldigten Krankhaftes mit Erlebnissen in der Kindheit, statt daß sie den Kranken mit seiner Schuld konfrontierten.[360] Häfner betont, Schuldfreiheit gebe es »nur um den Preis einer Verweigerung des Gewissensrufs, also mit dem Opfer eines Selbstverlusts ...«, und Frankl spricht vom Ziel der Psychotherapie »auf Verantwortung hin«. Kuhn schreibt, das Streben, »ein schuldfreies Selbst zu werden«, stehe »in der Versuchung, sich in das Streben zu verkehren, lieber kein Selbst zu sein«.[361]

Ist es nicht gerade die Psychotherapie, die heute unsere technisierte positivistische Welt wieder auf das Menschsein zurückweist, nicht auf Grund einer Psychologisierung, sondern in der Besinnung auf seine »Metaphysik«? »Es gibt kein Menschsein ohne Metaphysik«, sagt Rorarius und beruft sich dabei auf »die größten Denker«, allen voran Plato.[362] Die Befreiung der Medizin aus der Befangenheit in technischen und rein naturwissenschaftlichen Kategorien führte zunächst, angeregt durch v. Weizsäcker, zur Auffassung, die Entstehung und Art der Krankheit könne in ihrem »Hic et nunc« sinnvoll aus der jeweiligen Lebensgeschichte des Kranken verstanden werden.[363] Das bringt indessen auch die Gefahr der »Entschuldigung« gemäß der populären Auffassung des »comprendre c'est pardonner«, auf die wir schon hingewiesen haben, mit sich. Krankheit ent-schuldigt in unserer zivilisierten Kulturepoche. Der Kranke gilt als der Behinderte, Unterlegene, Benachteiligte; daher ist er weniger verantwortlich für sein Tun und Handeln, seine Taten sind entschuldigt. Er bedarf der Hilfe und des Schutzes, ebenso ist ihm das Mitleid gewiß. Wir haben gesehen, daß sowohl die Religion wie das Recht dem Kranksein in der Beurteilung der Schuldhaftigkeit Rechnung trägt. Desgleichen steht die öffentliche Meinung auf seiten des Kranken. Welche Erleichterung gewährt es den Angehörigen eines Verbrechers, zu wissen, daß ihr Sohn, Bruder oder Vater seine Taten in »unzurechnungsfähigem« Zustande verübt habe. Der Vater eines wegen Verkehrsstörung straffällig gewordenen Sohnes verlangte die psychiatrische Feststellung von dessen Unzurechnungsfähigkeit in der Überzeugung, sein Sohn sei geisteskrank. Dessen »Geisteskrankheit« äußerte sich jedoch lediglich darin, daß er die »Manie« hatte, sich eingewachsene Barthaare auszurupfen!

Es bleibt des Menschen Bemühung, sich von Schuld zu befreien, sie abzuwerfen, sich zu ent-lasten. In diesem Bestreben kommt ihm die Krankheit zu Hilfe. Erfährt er sie nicht an sich, sondern am Mitmenschen, so entschuldigt er im Grunde sich selbst, indem er den andern entschuldigt. Wie fragwürdig ein solches Verhalten aber ist, zeigt sich in der Arzt-Patienten-Beziehung am deutlichsten. Ist der Leidende an seinem Kranksein schuldlos, unverantwortlich, dann stellt er, wie Bodenheimer richtig bemerkt, auch keinen vollwertigen Partner mehr dar. Wir möchten noch einen Schritt weitergehen und sagen, ein voll »ent-schuldeter« Kranker könne vom Arzte nicht anders behandelt werden als etwa ein Haustier vom Tierarzt. Dabei machen wir die Unterscheidung, die wir bei Jores finden, nicht mit, wonach es »spezifisch menschliche« Krankheiten gebe und solche, die, obwohl »tierischer« Natur, auch den Menschen betreffen könnten. Alle Krankheiten des Menschen sind »spezifisch menschlich«. Er kann niemals einfach biologisch erkranken. Selbst an einer Infektionskrankheit oder »organischen« Degeneration erkrankt stets der Mensch und nicht bloß sein Gewebe. Wir begrenzen hier die Schuldfrage auf das neurotische Geschehen und damit auf das psychotherapeutische Vorgehen. Anscheinend setzt sich nicht allein bei den Ärzten, sondern bereits beim Publikum die Erkenntnis durch, daß der Neurotiker an seinem Kranksein mitschuldig sein könnte. Allerdings zwingt uns die wissentliche Annahme der Schuldhaftigkeit der Kranken zu einer Revision unserer Einstellung zur Schuld. Es geht, wohlverstanden, nicht darum, diese durch eine »Psychologisierung« zu entgiften, vielmehr verwirklicht sich die Neubesinnung darin, dem Kranken in seinem Schuldig-sein zu begegnen und ihm beizustehen, es auszuhalten und auszutragen. Der Arzt hat nichts zu tun mit Vergebung oder Bestrafung; er kann seinen Kranken nur in dessen Vorhaben bestärken, seine Schuld mit all den möglichen Konsequenzen auf sich zu nehmen. »Vor diesem Aspekte äußert Schuld sich nicht mehr als der Übel größtes; indem der von außen Entschuldete seiner Schuld die Stirn bietet, hat er sich erst zur vollen Würde zurückgefunden.«[364]

In kaum einem Krankheitsbild kommt das Schuldproblem so deutlich zur Sprache wie in der Depression. Die Schuldgefühle des Depressiven entsprechen zwar meistens nicht der eigentlichen Schuld (in neuerer Zeit wies z. B. Tournier auf das Vorhandensein echter und falscher Schuldgefühle beim Neurotiker hin)[365], doch wäre es gewiß falsch, sie deshalb als irreal und bedeutungslos beiseite zu schieben. Es mag zum Beispiel den Kindern sinnlos erscheinen, wenn ihre Mutter, die ein Leben lang eine getreue Dienerin der Kirche war, an ihrem Lebensabend, von religiösen Verschuldungs- und Versündigungsideen verfolgt, in eine schwere Depression verfällt. Wer aber sagt uns, daß diese »Versündigung« nur Einbildung sei, daß jenen Ideen keine Berechtigung zukomme? Wer bezeugt uns, daß das praemorbide Leben der Patientin wirklich *echt* religiös war? Meerwein bemerkt, es bedürfe »der Anerkennung eines grundsätzlichen Schuldigseins und eines dem Menschen wesensmäßig zugehörigen Gefangenseins innerhalb der Schuld, um dem Schulderleben des Melancholikers gerecht werden zu können«.[366] Darin liegt nämlich gerade die Schuld des Depressiven, daß er sein Schuldig-sein-Können im Grunde ablehnt. Wir nannten diesen Teufelskreis seine Selbstverfehlung.

Wenn deshalb Kierkegaard und Thomas v. Aquin die Schwermut beziehungsweise die »Tristitia« als »Todsünde« bezeichnen, dann meinen sie zweifellos dasselbe wie wir, wenn wir Melancholie[367], Depresssion, Schwermut[368], Verzagtheit, Hoffnungslosigkeit und Verzweiflung als Schuld deuten. Sie verweist uns erneut auf die ursprüngliche Frage nach dem Sinn des Krank-seins. Denn gerade der Übernahme der Schuld muß ein Menschenverständnis zugrunde liegen, das alles übersteigt, was wir in der täglichen Hast und im Getriebe unseres kleinlichen Diesseits-Bezuges erfahren. Es wird von der ständigen Vergegenwärtigung unseres Daseins als eines Seins zum Tode bestimmt. Nirgends werden wir immer wieder derart eindrücklich an dieses Sein zum Tode erinnert wie in der Krankheit. Sie soll der Anstoß sein, diesen Gewissensruf zu vernehmen. Der Mensch ist aufgerufen, seinem Dasein jene Möglichkeiten zu eröffnen, die ihn nicht in die Angst, vielmehr in voller Verantwortlichkeit und Übernahme der Schuld zum Tode führen.

Nachwort zur zweiten Auflage

Das Fragen nach der Bedeutung von Angst und Schuld für die Wesenserfassung des Menschen und damit ineins für die Psychotherapie unserer neurotischen Welt, hat seit Erscheinen der Erstausgabe dieses Buches keineswegs an Aktualität verloren. Wir leben in einer Zeit der Angst und des Zwanges, in einer Zeit der zunehmenden Sinnentfremdung des Daseins, der Langeweile und Sucht, der paranoiden und allergischen Überempfindlichkeit, der hektischen Kontaktsuche und Beziehungsarmut. Die Zunahme neurotischer Weltverhältnisse geht aber einher mit einer immer stärker werdenden Forderung nach *Freiheit.*

Sich mit der Freiheit des Menschen auseinanderzusetzen bedeutet aber, sich der Angst stellen und die immer präsente Schuld anzuerkennen. »Die Angst offenbart das Nichts«, sagt Heidegger.[369] In der Angst ist einem unheimlich. Es bleibt kein Halt. Die Angst läßt uns schweben, »weil sie das Seiende im Ganzen zum Entgleiten bringt« und wir selbst inmitten des Seienden uns mitentgleiten. »Die Angst verschlägt uns das Wort. ..... Daß wir in der Unheimlichkeit der Angst oft die leere Stille gerade durch ein wahlloses Reden zu brechen versuchen, ist nur der Beweis für die Gegenwart des Nichts. Daß die Angst nur das Nichts enthüllt, bestätigt der Mensch selbst unmittelbar dann, wenn die Angst gewichen ist. In der Helle des Blickes, den die frische Erinnerung trägt, müssen wir sagen: wovor und warum wir uns ängstigten, war ›eigentlich‹ – nichts. In der Tat: das Nichts selbst – als solches – war da.«[370] In der Angst jedoch geschieht keineswegs eine Vernichtung oder Verneinung des Seienden an sich. In der »hellen Nacht des Nichts der Angst« entsteht erst die ursprüngliche Offenheit des Seienden als eines solchen: »daß es Seiendes ist – und nicht Nichts«.[371] Die Angst also bringt das Dasein vor sich selbst. Ohne ursprüngliche Offenbarkeit des Nichts, ohne dieses Hinaussein über das Seiende, das Heidegger die Transzendenz nennt, gibt es kein Selbstsein und keine Freiheit.

Diese ursprüngliche Angst hat jedoch nichts zu tun mit der recht häufigen Ängstlichkeit, die eher zur alltäglichen Furchtsamkeit vor diesem oder jenem gerechnet werden muß. Sie ist demgegenüber eher selten, weil das Nichts uns allzuhäufig in seiner Ursprünglichkeit verstellt ist, da wir uns »in bestimmter Weise an das Seiende verlieren«. Die ursprüngliche Angst wird im Dasein zumeist niedergehalten. Sie ist da, schläft aber; sie kann jedoch jeden Augenblick im Dasein erwachen. »So endlich sind wir, daß wir gerade nicht durch eigenen Beschluß und Willen uns ursprünglich vor das Nichts zu bringen vermögen. So abgründig gräbt im Dasein die Verendlichung, daß sich unserer Freiheit die eigenste und tiefste Endlichkeit versagt«.[372]

H. Müller-Eckhardt hat in einem Aufsatz »Die Zwangsneurose als Pantomime des Nichts« wie vor ihm Dostojewskij und Kierkegaard auf die Zusammenhänge von Angst- und Zwangsphänomenen hingewiesen. »Es ist ganz unzweifelhaft, daß es eine allgemeine Angst und einen allgemeinen Zwang gibt, die sich in jedem Menschen befinden, sozusagen in jedem Menschen in Bereitschaft liegen.« Die bloße Existenz des Menschen in der Welt bedeutet Angst und Zwang, so daß beide Phänomene »im Licht jenes unabweisbaren Schicksals des Menschen« gesehen werden müssen: »der fortgesetzten und ununterbrochen existentiellen Selbstsetzung«.[373]

Angstneurose und Zwangsneurose sind aber auch Mittel zur *Angstlinderung*. In der Angstneurose stehen Angstvorstellungen bereits im Dienste der Angstabwehr, weil sie oft mit ganz banalen und grotesk-unglaubwürdigen Inhalten an Stelle der eigentlichen, z. B. zerstörenden Schuldangst arrangiert werden.[374] Die Angst, die uns im alltäglichen Leben und in der psychotherapeutischen Analyse begegnet, ist erst möglich aufgrund der existentiellen »Angsttatsache« oder Angstfähigkeit des Menschen. Das Zwangsphänomen verweist dagegen auf den ständigen Konflikt des Menschen mit der Freiheit, auf den Versuch des Menschen, der Freiheit, die er als Bedrohung empfindet, zu entfliehen. Existenz bedeutet Wagnis und Gefahr zugleich, die Verpflichtung, sich stellen zu müssen. Dies aber ist eine Frage des Gewissens und der existentiellen Schuld. Die Unfähigkeit, sich selbst setzen zu können, sich selbst setzen zu wollen, führt zur »Seinslosigkeit« (Müller-Eckhardt), oder besser gesagt, zur »Seinsvergessenheit« (Heidegger). Die ekstatische Gebärde des unschöpferischen zwanghaften Tuns verharrt im Nichts, während echtes schöpferisches Tun aus dem Nichts Sein schafft. Zwischen dem angst- und zwangsneurotischen, von Schuldangst besetzten Geschehen und dem seinsvergessenen Dasein des Menschen in der modernen Zivilisation lassen sich Vergleiche ziehen. »Dostojewskij sieht im

Ästhetizismus des modernen Menschen eine Seelentragödie, bei der dem Leben des Menschen der eigentliche Sinn verlorenging und doch weitergelebt wird, als ob nichts geschehen sei. Zum einzigen Lebensinhalt wird das Auskosten irgendeines Lebensgefühls. Hier erscheint das Pascalsche Divertissement, das ständig die Aufgabe hat, die unheimliche Langeweile zu dämpfen und erträglich zu machen. Dieses Divertissement entspricht dem Heideggerschen alltäglichen Dahintreiben in der Verlorenheit des Seienden, jenem schattenhaften Sein, das mit dem Menschen keinen wesentlichen Bezug mehr hat.«[375] Die »unheimliche Stille des Nichts« wird im Dasein des modernen Menschen durch ein wahlloses Tun unterbrochen. So lebt auch der neurotische Mensch unserer Zeit ein uneigentliches Leben. Er flieht aus der Angst und aus der Furcht mitten in sie hinein. Das Gefühl der existentiellen Schuld, des Versagens vor dem Eigentlichen, zu dem wir in unserer Existenz aufgerufen sind, übersteigt das ethische Wissen und läßt sich auch soziologisch nicht weginterpretieren, erklärte Häfner auf einer Seminartagung für Psychotherapeuten der evangelischen Akademie in Berlin. Das Bewußtsein, schuldig zu sein, leistet jedoch etwas Positives, nämlich die »Beförderung des Bewußtseins zum Gewissen« (Ricœur).[376]

Die *medizinische* und *psychologische* Therapie haben es nicht unterlassen, Mittel und Möglichkeiten bereitzustellen, Angst- und Schuldgefühle zu bannen. 1967 befaßte sich die World Psychiatric Association in London mit dem Problem der Angst. Das Symposium war durch den Versuch gekennzeichnet, die Angst »psychophysiologisch« und »neurophysiologisch« in den Griff zu bekommen. Soziologische Aspekte und die Verhaltensforschung, Erbfaktoren und Gehirnvorgänge wurden bemüht. Die therapeutischen Vorschläge umfaßten dementsprechend ein ganzes Spektrum von der psychopharmakologischen Anwendung von MAO-Inhibitoren über Verhaltenstherapie, Psychotherapie, Beeinflussung des Milieus bis zum neurochirurgischen Eingriff. Obrador empfahl bei medikationsresistenter Dauerangst die bimediale Leukotomie, die orbitale Rindenunterschneidung, die Cingulektomie und Thalatomie sowie die Topektomie oder Unterschneidung der Convexität! Nach Eysenck ist der Schmerz als ursprünglicher »Trieb« der Angst zu betrachten. Neutrale, den Schmerz begleitende Reize führen zu Furchtreaktionen, die ihrerseits sekundär den Angsttrieb auslösen. Die Experimentalpsychologie hat denn auch ein Modell des Angstverhaltens erarbeitet, das darin besteht, mit Hilfe verschiedener Reize bei gesunden und kranken Versuchspersonen Angst zu erzeugen. In einem anderen Verfahren wird der Nachweis von möglichen Funktions- oder Reaktionsunterschieden bei unterschiedlichen Gruppen zu führen versucht, wobei vor allem die Tätigkeit des autonomen Nervensystems untersucht wird. Reiz-Reaktion und Lernprozeß liegen diesen Theorien zugrunde. Der therapeutische Optimismus der naturwissenschaftlichen Denkweise findet seinen Niederschlag in dem Ausspruch Delgados: »Die Kenntnis der intracerebralen Mechanismen der Angst und Furcht wird die Einrichtung einer rationelleren pharmakologischen und psychiatrischen Behandlung vieler leidender Patienten ermöglichen und wird uns helfen, das steigende Ausmaß an Angst in unserer Zivilisation zu verstehen und zu lindern.«[377]

Die *aktive* Angst führt zu muskulären Spannungszuständen, Tachykardie, beschleunigter Atmung und Panikreaktionen (zwecklose Agitation). *Passive* Angst dagegen ruft statt einer Kampfsituation Fluchtreaktionen mit Verlangsamung der Atem- und Herztätigkeit sowie gelegentlicher muskulärer Paralyse (Totstellreflex) hervor. Elektrische Reizung des Hypothalamus bewirkt die gleichen haemodynamischen Verlagerungen, so daß angenommen wird, die Angst sei zentral im limbischen System repräsentiert. Die Fluchtreaktion soll auf einer Bahn übermittelt werden, die vom Hippocampus bis zu den prämotorischen und motorischen Rindenarealen verläuft.

Darüber hinaus gibt es noch eine »Chemie der Angst«. Das Limbische System, der Hypothalamus und die Formatio reticularis enthalten große Mengen an Noradrenalin und Serotonin. Noradrenalin soll als Erregungsüberträger in den Strukturen fungieren, welche die Angstreaktionen übermitteln.

Derartige Untersuchungen sind wohl von großer Bedeutung für die Entwicklung psychotroper Medikamente, vor allem von Antidepressiva und Anxiolytica. Es darf aber dabei nicht übersehen werden, daß weder die Hirnanatomie noch die Chemie je imstande sein werden, das Wesen der Angst zu ergründen. Zur Angst gehört ein *Wovor* und ein *Worum*. Das Erkennen dieses Wovor und Warum der Angst ist aber nicht ein naturwissenschaftlich erfaßbarer Vorgang; sonst müßten wir den Gehirnzellen selbst zubilligen, daß sie um ihre eigene Existenz und die ihr drohenden Gefahren wüßten. Ein solches Wissen ist aber nur dem Menschen als ek-statisches Dasein,nicht einer Zelle oder einem Zellverband gegeben. Die Gehirnphysiologie und die Chemie können uns demzufolge lediglich über die leiblichen Bedingungen und Begleiterscheinungen bei der Entstehung der Angst Auskunft geben.

Ähnlich verhält es sich bei der *Lerntheorie.* Auch das Lernen ist nur möglich aufgrund einer primären Offenheit des Daseins allem Begegnenden gegenüber. In solcher Offenheit gehen dem Menschen die Bedeutsamkeiten und Verweisungszusammenhänge des ihm Begegnenden auf. So dürften auch die Erfolge der Verhaltenstherapie durchaus verständlich werden. Der Lernprozeß besteht nämlich gerade darin, daß sich der Mensch in immer stärkerem Maße der Angst stellt. Sich-der-Angst-Stellen meint aber in eins, das, was bedrohlich erscheint, näherkommen zu lassen. In diesem Näherkommen geht dessen Sinn und Bedeutung auf. Dadurch tritt es aus der Unkenntnis in die Erkenntnis, aus der Unvertrautheit in die Vertrautheit. Mißtrauen wird zu Vertrauen, Abwehr wird durch Hingabe und Geschehen-Lassen, Spannung und Flucht durch Gelassenheit ersetzt.

Anläßlich des zweiten Symposiums des Weltverbandes für Psychiatrie über die Angst (Melbourne 1969) wurde u. a. die Behauptung aufgestellt, die Wechselbeziehungen zwischen Angst und Neurose seien weitaus geringer als es die klassische Betrachtungsweise lehre. Die Ansicht, wonach die Angst das zentrale Problem der Neurose sei, müsse einer weitgehenden Korrektur unterzogen werden (Castell und Scheier). Das Kopfzerbrechen, das sich die Psychiater um die Angst machten, scheine alles in allem übertrieben (James). Der Patient werde allzuoft umbekümmert sediert, beruhigt und von der Angst befreit. Die Menge der auf einer Spitalabteilung verwendeten Medikamente nehme mit dem Grad der Angst zu, die das ärztliche Personal empfinde.

Mit der Angst des Arztes selbst wird nun allerdings nicht so sehr der Psychotherapeut als vielmehr der Allgemeinpraktiker und nichtpsychiatrische Spezialist konfrontiert. Cramond wies auf die Diskrepanz im Image des Arztes als allmächtigem, umsorgendem Vater hin, der über jeden Zweifel und jede Angst erhaben ist – und der Wirklichkeit des ärztlichen Alltags, in welcher der Arzt zumindest mit der realistischen *Situationsangst* konfrontiert ist. Als besonders ausgeprägte Angstquellen erwiesen sich diagnostische und therapeutische Schwierigkeiten, wobei die Angst bei Chirurgen und Anästhesiologen auch bei Testbefragungen signifikant stärker war als bei den anderen Ärzten. Die Frage, wie sich die Ärzte mit ihren Angstgefühlen auseinandersetzten, wurde dahin beantwortet, daß sie zu Abwehrreaktionen wie Leugnen, Unterdrückung und Verdrängung der Angst griffen. Schwierige, angsterzeugende Fälle werden oft anderen Ärzten überwiesen.

Die Angst des Arztes bleibt nicht ohne Auswirkung auf die Gestimmtheit der Patienten, so wie auch die Ängstlichkeit des Kranken den Arzt beeinflußt. Patientenangst begegnet jedoch dem Allgemeinpraktiker zumeist in anderer Form als dem Psychiater. Im Verlauf schwerer Krankheiten, vor operativen Eingriffen und Explorationen, bei Impfungen und medikamentösen Behandlungen. Eine zweite Gruppe von Patienten konfrontiert den Arzt mit der Angst in »psychologischen« Situationen. Der Arzt wird nicht selten als Ratgeber bei persönlichen, familiären oder beruflichen Konflikten zugezogen. Schließlich aber wird der Arzt auch psychotherapeutisch beansprucht bei der großen Zahl »funktionaler Syndrome«.[378]

Auf die Angst der unheilbar Kranken haben wir in anderem Zusammenhang hingewiesen. Die Angst ist vor allem auch mit falschen Vorstellungen über die Krankheit verbunden. Bessere Kenntnis der Krankheit verringert die Angst, allzu gründliches Wissen verstärkt sie (Leigh). Die Angst bleibt aber auch nicht ohne Einfluß auf den Heilungsprozeß. Überstarke Angst führt bei vielen Operierten zu einer verzögerten Rehabilitation. Das gleiche gilt für Coronarpatienten, besonders aber für psychosomatisch Kranke.

Dem Arzte stehen verschiedene Verhaltensmöglichkeiten der Patientenangst gegenüber zur Verfügung. Guyotat hat sie eindrucksvoll aufgezeigt. Der Arzt wird sich, je nach seiner eigenen Persönlichkeit, dieser oder jener Methode bedienen. Die therapeutische Haltung zur Angst kann nämlich nicht einfach erlernt werden. »Es ist viel einfacher, Richtlinien für die Behandlung eines Herzinfarktes aufzustellen als für das Verhalten gegenüber der Angst.« Dieses Verhalten hängt davon ab, wie der Arzt seine eigene Angst zu meistern weiß, welchen Einfluß Kollegen und Bekannte auf ihn ausüben, sowie von gesellschaftlichen und kulturellen Strukturen. Wie verhält »man« sich gegenüber einer schweren Krankheit? Das Wort »Krebs« wird in den USA anders bewertet als in Europa. »Allgemein läßt sich sagen, daß eine Gesellschaftsgruppe zur Behandlung der Angst gleichzeitig rationale und irrationale Methoden einsetzt, welche untereinander parallellaufen. So geht der Aufschwung der Psychopharmaka, deren Effekt erwiesen ist, Hand in Hand mit einem gesteigerten Bedürfnis nach Mysteriösem und Phantastischem. Dabei kann es vorkommen – sowohl beim Individuum als auch bei einer ganzen Gruppe – daß die durch einen Tranquilizer geheilte Angst auf einer anderen Ebene wieder erscheint.«[379]

An Behandlungsverfahren werden angeboten: das Ableitungsverfahren (Katharsis), das direktive Verfahren, Suggestionsmethoden, Hypnose, das aktivistische und das explikative Verhalten sowie das Verschreiben von Tranquilizern. Der aktivistische Arzt wird der Angst des Patienten mit großer Betriebsamkeit begegnen: Verschreibung von Medikamenten in großer Zahl, Physiotherapie, Massagen, praktische Ratschläge, Hinzuziehung von Kollegen etc. Das explikative Verhalten findet sich vorwiegend bei Spezialärzten (Kardiologen!). Das Geheimnisvolle der Krankheit soll entlarvt werden.

Wenn nun die Angst sich in vielfältiger Weise nicht nur als allgemeinmenschliches Problem zeigt, sondern in verschiedensten Formen und Ausmaßen sowohl Psychiater, Psychologen wie praktische Ärzte beschäftigt, so verhält es sich mit der *Schuld* und mit den *Schuldgefühlen* nicht wesentlich anders, wenn auch weniger spektakulär. In massiver Form, wie bereits beschrieben, treten sie uns vor allem bei schweren Depressionen entgegen. Dort allerdings sind sie oft so uneinfühlbar, daß sie kurzerhand als »Krankheitssymptome« imponieren und demzufolge nicht ernstgenommen werden; Symptome, die nicht auf ihren Sinngehalt befragt, sondern als Begleiterscheinungen der Grundkrankheit gedeutet werden. Der praktische Arzt und häufig auch der Psychiater begnügen sich deshalb mit der zumeist medikamentösen Therapie der Depression. In der psychiatrischen Literatur wird denn auch die Schuld sehr viel seltener abgehandelt und diskutiert als die Angst. Auch haben sich unseres Wissens weder die Hirnphysiologie noch die Chemie mit Schuld und Schuldgefühlen befaßt. Es gibt kein spezifisches Psychopharmakon zur Beschwichtigung des Gewissens.

Wenn sich die Ärzte vornehmlich um die Auseinandersetzung mit der Schuld drücken, so werden die theologischen Seelsorger um so mehr mit ihr konfrontiert. In diesem Bereich treffen sich denn auch Analyse und Theologie. In einem ausgezeichneten Referat hat A. Kündig auf die Bedeutung des »simul justus et peccator« bei Luther für die Psychotherapie hingewiesen. Für Luther ist der Mensch auf ein Heil angewiesen, das von außen kommt, da er von sich aus nichts vermag. Insofern der Mensch jedoch immer wieder versucht, durch Befolgung der weltlichen Gebote sich selbst gerecht zu werden, muß er erfahren, daß ihn dies in eine existentielle Notlage bringt, in welcher er nur noch verzweifelt nach Hilfe rufen kann. Indem es Luther um die Heilsvermittlung durch das Sakrament ging, sah er die Notwendigkeit auf dem Gebiet der Seelsorge in der cura generalis und nicht in der cura specialis.

In der Psychotherapie hingegen geht es um den Einzelnen, »der sich als Einzelner erfährt, der das ihm eigenst aufgegebene Selbstsein als seine Lebensmöglichkeit erfährt und sein Leiden als ein sich in seinem Selbstsein hemmendes Moment versteht«. Die Psychotherapie ist demnach im Bereich der cura specialis zu sehen. Wenn in der Theologie die Heilsvermittlung durch das Sakrament in der cura generalis geschieht, so geht es in der Psychotherapie um die individuelle Erfahrung. Der Mensch erfährt sich als unfrei, als einer, der seine ihm gegebenen Möglichkeiten brach liegen ließ, der »unterwegs ist auf das hin, was er seinem Wesen nach ist«. Wo der Mensch dem Anruf nicht Folge leistet, sein Selbstsein zu verwirklichen, wird er schuldig. Im Laufe einer Psychotherapie geht dem Menschen die Gewißheit seines Schuldigseins auf – sein Ge-Wissen –. Nicht die übernommenen Gesetze und Verbote der Gesellschaft machen die Erfüllung seines Lebens aus, sondern das Ergreifen seiner Daseinsmöglichkeiten, auch wenn er ihnen nur annähernd entsprechen kann. »Annähernd« deshalb, weil sich der Mensch als *Endlicher* erfährt. Die Freiheit, zu der er aufgerufen ist, hat Grenzen. In der Psychotherapie geschieht die Erprobung der Freiheit und die Erfahrung der Grenzen.

Bereits 1947 betonte Boss in seiner Antrittsrede an der Universität Zürich, daß die daseinsanalytischen Erkenntnisse nicht nur zu theoretischen Modifikationen unseres Krankheitsverständnisses zwingen, sondern auch für die psychotherapeutische Praxis von ausschlaggebender Bedeutung sind.[380] Zunächst allerdings schien es, als ob die Daseinsanalyse sich nur oder vorwiegend im theoretischen Überbau von der Psychoanalyse abhebe; immer mehr aber zeigte sich, daß Theorie und Praxis nie gänzlich voneinander getrennt werden können. Somit ist es auch für die praktische Ausübung der Psychotherapie nicht gleichgültig, welches Menschenverständnis die Grundlage einer Heilbehandlung bildet.

Zunächst muß die Frage geklärt werden, welches das Ziel einer psychotherapeutischen Kur sein könne. Je nachdem, ob sich in der Neurose lediglich eine Funktionshemmung, eine Leistungseinbuße oder gar ein sinnloser krankhafter Zustand äußert oder ob ihr eine sinnvolle Aufgabe im menschlichen Reifungsprozeß zugedacht wird, muß auch die psychotherapeutische Zielsetzung eine verschiedene sein. Am deutlichsten kommt der Unterschied daseinsanalytischer und psychoanalytischer Zielsetzung in der Auseinandersetzung mit dem Problem der Schuld zum Ausdruck. Die naturalistischen Psychologien, zu denen auch die psychoanalytische Theorie gehört, behaupten, es gebe überhaupt kein echtes ursprüngliches Schuldig-Sein des Menschen. Es gebe nur subjektive Schuldgefühle, die dem Menschen bloß von außen, von seiten seiner Erzieher, geprägt worden seien. Deshalb gelte es, den neurotischen Menschen durch den psychoanalytischen Abbau der übermäßig entwickelten Schuldgefühle seine Freiheit zurückgewinnen zu lassen. Die Daseinsanalyse dagegen weist auf den unmittelbar aufzuzeigenden Sachverhalt hin, daß Schuld ebenso wie Angst wesensmäßig zum Menschsein gehören. In daseinsanalytischer Sicht ist und bleibt der Mensch wesensmäßig schuldig, und dies auf zweifache Weise. In jedem seiner gegenwärtigen Augenblicke schuldet er seinem Dasein noch die Ausstrahlung aller auf ihn zukommenden Aufgaben seiner Zukunft. Zudem vermag er jeweils immer nur, sich in die Verwirklichung nur einer seiner Lebensmöglichkeiten einzulassen, und schuldet deshalb den Austrag aller übrigen, ihm auch gegebenen existentiellen Möglichkeiten. Dieses existentielle Schuldig-Sein ist grundverschieden von jedem bloß neurotischen Schuldgefühl. Zwischen Geburt und Tod, diesen beiden Polen menschlicher Existenz, so führten wir bereits aus, ist der Mensch berufen und aufgefordert, sein In-der-Welt-Sein lichtend, das heißt offen auszutragen, sich zu entfalten und sich die ihm einwohnenden Möglichkeiten als seiner Existenz zugehörig anzueignen. Alle »moralischen« und alle »krankhaften« Schuldgefühle liegen im wesensmäßigen Schuldigsein des Menschen im Sinne eines unentrinnbaren Zurückbleibens hinter dem Vollzug aller welterschließenden Lebensmöglichkeiten zurück. Es kann also niemals Ziel einer Psychotherapie sein, alle menschliche Schuld aus der Welt zu schaffen und dem Menschen Schuldlosigkeit in Aussicht zu stellen. Aus der Natur des Menschen selbst heraus entspräche solches einer Utopie. Vielmehr ist es das Anliegen der Daseinsanalyse, den Menschen erkennen zu lassen, was er seinem eigenen Wesen an Tun und Lassen schuldet und zu verantworten hat. Die Therapie hat den Neurotiker wieder – oder erstmals – für den Ruf seines eigensten Gewissens hellhörig werden zu lassen, eines Gewissens, das wesentlich mehr ist als nur Repräsentant eines ihm von außen aufgezwungenen Über-Ichs.

Der Neurotiker macht sich der Unterschlagung wesentlicher Lebensbereiche schuldig. »Solche Unterschlagung« – sagt Boss – »erfährt ein nicht defekt veranlagter Mensch in Gestalt mahnender, bohrender Schuldgefühle und Gewissensbisse. Sie rufen ihn zu einem Besser- und Ganz-Werden auf, um so dringender, je mehr er bisher hinter der Erfüllung seines Lebens zurückblieb.« Ein solches Besserwerden versteht jedoch der Neurotiker immer nur in einem noch rigoroseren Befolgen der ihm seit früher Jugend eingehämmerten, wesensfremden Gebote und Verbote. Er bemüht sich deshalb, seine als sündhaft mißverstandenen Lebensmöglichkeiten noch radikaler zu verleugnen, und vergrößert dadurch seine eigentliche menschliche Schuld, er »bleibt immer weiter hinter der Erfüllung seines Hüteramtes« zurück.[381]

Der Mensch ist seinem Wesen gemäß schuldig und bleibt es bis zu seinem Tode. Nicht eher hat sich sein Wesen erfüllt, als bis alle Erschließungsmöglichkeiten seiner Existenz ausgetragen und die erscheinenden Weltbereiche aufgegangen sind. Indessen vermag der Mensch sich dem Anspruch des ihm Begegnenden und auf ihn Zukommenden auch zu verschließen. Gerade die Möglichkeit, diesem Anspruch der Dinge entweder entsprechen oder sich ihm entziehen oder verweigern zu können, macht den Grundzug der menschlichen Freiheit aus. Übernimmt er aber frei sein Schuldig-Sein den ihm gegebenen Lebensmöglichkeiten gegenüber, entscheidet er sich in diesem Sinne zu einem Gewissen-Haben und einem ihm gemäßen Gebrauchen-lassen-Wollen, dann erfährt er das wesensmäßige Schuldig-Sein nicht länger als Schuldenlast und Schuldenbedrückung. »Last und Bedrückung werden in der beglückenden Bereitschaft überwunden, sich vorbehaltlos allen Phänomenen als ihr lichtender Erscheinungs- und Entfaltungsbereich und als ihr Hüter zur Verfügung zu stellen. Zugleich erschließt sich dem Menschen von dem Angesprochen- und Aufgerufen-Sein von all dem her, das im Lichte seiner Existenz zum Vorschein kommen will, die unausschöpfbare Sinnhaftigkeit seines Daseins. Von ihm her bestimmt sich auch von selbst das ›moralische‹ Verhalten des Menschen, ohne daß an sein Tun erst nachträglich noch irgendwelche in der Luft hängenden ethischen Werte herangetragen werden müßten.«[382]

Daß existentielles Schuldig-Sein den bedrückenden Aspekt eines Mangels verliert, kann niemals dadurch geschehen, daß lediglich verdrängte, durch lebensgeschichtliche Erfahrungen bewirkte »Vorstellungen und Affekte« wieder dem Bewußtsein zugeführt werden. Vielmehr muß in der Psychotherapie eine Umstimmung stattfinden, die den Neurotiker erfahren läßt, daß nicht nur Angst, sondern auch Vertrauen, nicht nur Schuld, sondern auch Freiheit und Verantwortung das Dasein durchwalten können. Solche Umstimmung geschieht jedoch nur in einer mitmenschlichen Beziehung zwischen Analytiker und Patient, in der von seiten des Arztes auf jedes theoretische Psychologisieren verzichtet und allen Phänomenen ihr Eigensein gewährt wird.

1 S. z. B. E. Blum: Aus der psychoanalytischen Behandlung einer Erythrophobie. In: Der Psychologe, Bd. VI, 1954, S. 275ff.
2 J. Lopez-Ibor: Normale Angst und krankhafte Angst. In: Topical Problems of Psychotherapy 3. Basel, 1960, S. 48ff.
3 Vortrag am Zürcher Institut für ärztliche Psychotherapie, 1959.
4 E. Bleuler: Lehrb. d. Psychiatrie, 7. Aufl., Berlin, 1943, S. 395.
5 S. Freud: Vorlesungen zur Einführung in die Psychoanalyse. G. W. XI, S. 413.
6 Blakiston's New Gould Medical Dictionary nennt 217 Phobien!
7 O. Pfister: Das Christentum und die Angst. Zürich, 1944.
8 S. in diesem Zusammenhang: O. Liebeck: Das Unbekannte und die Angst. Leipzig, 1928.
9 U. Schwarz: Die Angst in der Politik. In: Die Angst, Studien aus dem C. G. Jung-Institut. Zürich, 1959, S. 118.
10 E. L. Herbert: Die Anwendung von Gruppen-Verfahren in der Lehrerbildung. Psyche XIV, S. 318.
11 C. Malaparte: »Kaputt«. Neapel, 1944. Zit. n. U. Schwarz, a.a.O. S. 120.
12 U. Schwarz: a.a.O. S. 125.
13 Iwan Iljin: Welt vor dem Abgrund. Zit. nach U. Schwarz: a.a.O. S. 126.
14 a.a.O. S. 139.
15 H. Hediger: Die Angst des Tieres. In: Die Angst, Studien aus dem C. G. Jung-Institut. Zürich, 1959. S. 15.
16 S. Freud: a.a.O. S. 408f.
17 L. Braun: Herz und Angst. Zit. n. Hediger, a.a.O. S. 31.
18 B. Staehelin: Gesetzmäßigkeiten im Gemeinschaftsleben schwer Geisteskranker. Schweiz. Arch. Neurol. Psychiat. 72, 1953, S. 277-298.
19 H. Hediger: a.a.O. S. 27.
20 a.a.O. S. 16/17.
21 K. Schmid: Hochmut und Angst. Zürich, 1958.
22 P. Dürrenmatt: Die Angst als treibende Kraft in der Politik. In: Die Angst und ihre Überwindung, Schwarzenburg.
23 W. Daim: Die kastenlose Gesellschaft. München, 1960.
24 S. de Madariaga: Von der Angst zur Freiheit. Bern, 1959, S. 27/28.
25 Hermann Hesse: Das Glasperlenspiel. Zürich, 1943, Bd. I, S. 31ff.
26 Time 1961, Nr. 31.
27 Über larvierte und abartive Angstzustände bei Neurasthenie. Zbl. f. Nervenheilk., 1893.
28 Darwin: Der Ausdruck der Gemütsbewegungen bei den Menschen

und den Tieren, Stuttgart, 1872.

29 A. Mosso: Die Furcht. Leipzig, 1889.

30 Hoche: Pathologie und Therapie der nervösen Angstzustände. Dtsche Zschr. f. Nervenheilk., Bd. 41, 1911.

31 E. Störring: Zur Psychopathologie und Klinik der Angstzustände. Berlin, 1934, S. 16/17.

32 H. Zbinden: Lebensängste des Alltags. In: Die Angst und ihre Überwindung, Schwarzenburg, S. 19.

33 H. Haching: Jenseitsangst und Wandertrieb. Tages-Anzeiger Zürich, 1961, Nr. 74.

34 O. Pfister: a.a.O. S. 176/177.

35 G. Condrau: Das Erlebnis der Hölle im psychotherapeutischen Geschehen. Jahrb. f. Psychologie, Psychotherapie u. med. Anthropologie 8, 1961, S. 124ff.

36 J. Rudin: Psychotherapie und Religion. Olten, 1960, S. 149.

37 Pohle: Lehrbuch der Dogmatik. Paderborn, 1933, Bd. III, S. 678.

38 a.a.O. S. 667.

39 Vgl. T. Bovet: Die Angst vor dem lebendigen Gott. Bern, 1948.

40 O. Pfister: a.a.O. S. 155.

41 R. Otto: Reich Gottes und Menschensohn, 2. Aufl., 1940, S. 57.

42 O. Pfister: a.a.O. S. 157.

43 S. Daim: Umwertung der Psychoanalyse. Wien, 1951.

44 O. Pfister: a.a.O. S. 189.

45 C. Tresmontant: Paulus in Selbstzeugnissen und Bilddokumenten, Reinbek, 1960, S. 139.

46 O. Pfister: a.a.O. S. 202.

47 a.a.O. S. 206.

48 a.a.O. S. 229.

49 J. Rudin: a.a.O. S. 149ff.

50 O. Pfister: a.a.O. S. 297.

51 a.a.O. S. 299.

52 M. Werner mißt dem Klostererlebnis Luthers für dessen spätere Entwicklung eine zentrale Bedeutung bei. Luthers Persönlichkeit bildete in ihrer faszinierenden Genialität den Grundstoff vieler psychiatrischer und psychologischer Essays, wobei von namhaften Psychiatern (z. B. E. Kretschmer) besonders die manisch-depressive Anlage mehrmals hervorgehoben wurde. Man kann sich fragen, ob durch eine solche psychopathologische Analyse nicht die Verdienste einer Persönlichkeit vom Format Luthers geschmälert werden. Wir sind der Ansicht, daß dies nicht der Fall ist, sondern daß gerade durch die psychologische Bewertung einer Persönlichkeit deren Lebenswerk einem besseren Verständnis zugeführt werden kann. Völlig einig gehen wir mit M. Werner, wenn er schreibt: »Der traditionelle Widerstand protestantischer Lutherbiographen gegen jede Aner-

kennung von seelisch Krankhaftem bei Luther beruht auf dem Mißverständnis, als müßten solche Feststellungen im Leben geschichtlich bedeutsamer Persönlichkeiten an und für sich schon eine Herabwürdigung in irgendwelchem Sinne bedeuten. Aber zum Wesen echter menschlicher Größe von geschichtlicher Bedeutung gehört keineswegs das bloße schicksalhafte Verschontsein von seelischen Leiden. Vielmehr reift die Persönlichkeit zu geschichtlich bedeutsamer Höhe allermeist eben erst durch Leiden hindurch. Sie verwirklicht ihre höchsten Möglichkeiten durch die Art und Weise, wie sie sich durch Leiden hindurchkämpft.« (Psychologisches zum Klostererlebnis Martin Luthers. Schweiz. Zschr. f. Psychologie, 1948, Bd. VII, S. 3.)

Eine ausführliche psychoanalytische Studie über Luther veröffentlichte E. H. Erikson. In entscheidenden Lebenslagen war Luther häufig von panischer Angst befallen. In einem solchen Angstzustand (während eines Gewitters) beschloß der spätere Reformator, entgegen dem Willen seines Vaters, Mönch zu werden und sein Leben Gott zu weihen. Bei seiner ersten Messe erlebte er wiederum einen Angstanfall – während sein Vater vor Wut tobte. Erikson bezeichnete diese Anfälle als »Identitätskrisen«. Bereits früher einmal, im Jahre 1500 (also fünf Jahre vor seinem Entschluß, ins Kloster einzutreten), soll er eine solche Angst-Krise oder – wie Erikson sagt – »Ich-Krise« erlebt haben, als er in der Kirche auf die Knie sank und schrie: »Non sum, non sum«. (E. H. Erikson: Young Man Luther. A Study in Psychoanalysis and History. New York 1958.)

53 H. Thielicke: Theologische Dimensionen der Angst. In: Angst und Schuld. Hrsg. v. Wilh. Bitter. Stuttgart, 1959, S. 23.

54 Zit. n. Thielicke: a.a.O. S. 30/31.

55 a.a.O. S. 33.

56 a.a.O. S. 35.

57 H. U. von Balthasar: Der Christ und die Angst. Einsiedeln, 1953, S. 55/56.

58 a.a.O. S. 10.

59 X. v. Hornstein: Von der Angst unserer Zeit. Frankfurt, 1954, S. 29.

60 H. U. v. Balthasar: Der Christ und die Angst. Einsiedeln, 1953, S. 13.

61 a.a.O. S. 16.

62 a.a.O. S. 59.

63 E. Mounier: Angst und Zuversicht des XX. Jahrhunderts. Heidelberg, 1955, S. 12.

64 a.a.O. S. 7.

65 A. Künzli: Die Angst als abendländische Krankheit. Zürich, 1948, S. 3.

66 S. Kierkegaard: Abschließende wissenschaftliche Nachschrift, 2. Teil. G. W. Düsseldorf, 1958, 16. Abt., S. 17.
67 Geismar: Sören Kierkegaard. S. 216. Zit. n. Künzli: a.a.O. S. 26/27.
68 a.a.O. S. 270.
69 E. Przywara: Das Geheimnis Kierkegaards. München, 1929, S. 171 ff.
70 W. Nigg: Religiöse Denker. Bern, 1942, S. 92.
71 E. Brunner: Offenbarung und Vernunft. Zürich, 1941. Zit. n. Künzli: a.a.O. S. 26/27.
72 A. Künzli: a.a.O. S. 79, S. 169, S. 174, S. 182, S. 191.
73 a.a.O. S. 272 und S. 275.
74 S. Kierkegaard: Die Tagebücher. Ausgew. und übers. von Th. Haekker, Innsbruck, 1923, Bd. I, S. 349.
75 a.a.O. S. 214.
76 Zit. n. Sborowitz: Beziehung und Bestimmung. Psyche, 1948/49, S. 41.
77 S. Kierkegaard: Nero und die Schwermut. Psyche, 1948/49, S. 321 ff.
78 L. Rinser: Felix Tristitia. In: Erbe und Auftrag. Beuron, 1961, S. 13.
79 S. Kierkegaard: a.a.O. S. 325.
80 S. Kierkegaard: Der Begriff Angst. G. W. Düsseldorf, 1958, S. 51.
81 S. Kierkegaard: Nero und die Schwermut. a.a.O. S. 323.
82 S. Kierkegaard: Die Krankheit zum Tode. G. W. Düsseldorf, 1957, S. 17.
83 a.a.O. S. 81.
84 a.a.O. S. 80.
85 A. Künzli: a.a.O. S. 53.
86 a.a.O. S. 55.
87 Zit. n. A. Künzli: a.a.O. S. 53.
88 S. Kierkegaard: Der Begriff Angst. S. 58.
89 a.a.O. S. 47.
90 A. Künzli: a.a.O. S. 112.
91 J. Neumann: Die Entstehung des Selbst aus der Angst. In: Angst und Schuld. Hrsg. v. W. Bitter, Stuttgart, 1959, S. 124. Siehe auch: H. Adler-Vonessen: Angst in der Sicht von S. Kierkegaard, S. Freud und M. Heidegger. Psyche, 1971, S. 692-715.
92 S. Kierkegaard: a.a.O. S. 11, S. 68, S. 80.
93 a.a.O. S. 71 ff.
94 S. Kierkegaard: Die Krankheit zum Tode. S. 8 ff.
95 S. Kierkegaard: Der Begriff Angst. S. 71 ff.
96 a.a.O. S. 61.
97 S. Kierkegaard: Die Krankheit zum Tode. S. 18.
98 M. Wandruszka: Was weiß die Sprache von der Angst? In: Angst und Schuld. Hrsg. v. W. Bitter. Stuttgart, 1959, S. 19 ff.
99 S. Kierkegaard: Der Begriff Angst. S. 120 ff.

100 a.a.O. S. 128.
101 a.a.O. S. 129.
102 a.a.O. S. 123.
103 S. Freud: Vorlesungen zur Einführung in die Psychoanalyse. G. W. XI, S. 141.
104 a.a.O. S. 412.
105 a.a.O. S. 414.
106 a.a.O. S. 415.
107 a.a.O. S. 422.
108 S. Freud: Formulierungen über die zwei Prinzipien des psychischen Geschehens. G. W. VIII, S. 231.
109 S. Freud: Einige Charaktertypen aus der psychoanalytischen Arbeit. G. W. X, S. 365.
110 S. Freud: Jenseits des Lustprinzips. G. W. XIII, S. 60.
111 a.a.O. S. 40.
112 S. Freud: Hemmung, Symptom und Angst. G. W. XIV, S. 160.
113 S. Freud: G. W. XIII, S. 288.
114 S. Freud: G. W. XIV, S. 160.
115 a.a.O. S. 121.
116 a.a.O. S. 166ff.
117 Begriff und Funktion der Angst, Psyche XIII, S. 808.
118 Zschr. f. Psychosomat. Med. 6, 4, S. 254ff.
119 G. Bally: Die Psychoanalyse S. Freuds. Hdb. Neurosenlehre und Psychotherapie III, München und Berlin, 1959, S. 93.
120 a.a.O. S. 94.
121 B. Sommer: Über neurotische Angst- und Schuldgefühle. In: Angst und Schuld. Hrsg. v. W. Bitter. Stuttgart, 1959, S. 41.
122 A. Künzli: »Wo Scham zur Angstneurose ausartet, da wurde vom Intellekt her die Sexualität vergewaltigt.« a.a.O. S. 113.
123 S. Freud: Angst und Triebleben. Neue Folge der Vorlesungen zur Einführung in die Psychoanalyse. Ges. W. XV, S. 90. – Gefahrensituationen erzeugen immer aggressive Strebungen, so daß J. Flescher daraus folgert, die Angst sei ein Ersatz für aggressive Strebungen, die wegen der Furcht vor Vergeltung nicht zur Ausführung gelangen können (J. Flescher: A Dualistic Viewpoint on Anxiety. J. Am. Psychoanal. Ass. III, 1955, S. 415. Zit. n. W. Loch: Begriff und Funktion der Angst in der Psychoanalyse. Psyche XIII, S. 805). Nach H. Nunberg sind aggressive Triebe eine Quelle der Angst, soweit sie in sadomasochistischer Weise zur Auswirkung gelangen, während M. Klein in ihren Anschauungen auf Abraham zurückgeht und schon 1924 die Zusammenhänge zwischen Kannibalismus, Angst und Schuld in der oralen Phase erkannt hatte. Aber sie geht weit über diese Auffassung hinaus, und unter Zuhilfenahme der Todestrieb-Theorie Freuds meint sie, Angst sei letztlich bedingt durch die vom

Todestrieb dem Organismus drohende Gefahr (Loch: a.a.O. S. 805). W. Loch versucht nun, D. Rapaports Darstellung (On the Psycho-Analytic Theory of Affects. Int. J. Psycho-Analysis XXXIV, 1953, S. 177) folgend, den Widerspruch, »in den wir jetzt durch das Nebeneinanderbestehen der beiden Auffassungen – Angst = transformierte Libido und Angst = transformierte Aggression – geraten sind«, zu lösen, indem er die Angst zur Affekttheorie Freuds in Beziehung setzt. Dabei zeige sich, daß die Angst als Affektzustand von vorneherein auf kongenitale Abfuhrbahnen und Schwellenreize angewiesen sei. Im Stadium der hypothetischen Primärprozesse, in dem die Triebe nach sofortiger Entladung streben, entstehe der Angstaffekt dann, »wie wiederum alle anderen Affekte auch, wenn das reale Triebobjekt abwesend ist und eine unmittelbare Entladung der anwachsenden Triebenergien nicht möglich ist«. Schließlich erhält die Angst eine Signalfunktion (»die Affekte werden auf diesem Wege gezähmt, d. h. ihre Entladung wird immer weniger dringlich, und außerdem erfolgt eine Verwandlung ihres Charakters«), »womit sie zugleich in den Dienst der inneren und äußeren Realitätsprüfung genommen wird«. Zusammenfassend folgert Loch: Immer, wenn ein Zustand von hochgespannter Erregung hervorgerufen werde, der als Unlust verspürt wird, erfolge eine Lähmung des Lustprinzips. Es resultiere ein traumatisches Moment, ein »Zustand der Hilflosigkeit«, der »Gegenstand der Angst« (Freud). Dem »Gegenstand der Angst« korrespondiere also die »Größe der Erregungssumme« (a.a.O. S. 807).

124 B. Sommer: a.a.O. S. 42.

125 a.a.O. S. 43.

126 S. Freud: Zwangshandlungen und Religionsübungen. G. W. VII, S. 135.

127 E. Blum: Freud und das Gewissen. In: Das Gewissen. Studien aus dem C. G. Jung-Institut. Zürich, 1958, S. 174.

128 S. Freud: Totem und Tabu. G. W. IX, S. 26.

129 a.a.O. S. 85.

130 G. Caruso: Person und Gewissen. Jahrb. Psychologie und Psychotherapie. 1954, S. 351.

131 W. Stekel: Nervöse Angstzustände und ihre Behandlung. Wien, 1921, S. 5.

132 L. Szondi: Triebpathologie. Bern, 1952, S. 488.

133 C. G. Jung: Aion. Zürich, 1951, S. 58ff.

134 W. Bitter: Angst und Schuld. Stuttgart, 1959, S. 181.

135 C. G. Jung: Das Gewissen in psychologischer Sicht. In: Das Gewissen. Studien aus dem C. G. Jung-Institut, Zürich, 1959, S. 195.

136 E. Spengler: Das Gewissen bei Freud und Jung. Zürich, 1964.

137 W. Bitter: a.a.O. S. 171.

138 Nunberg unterscheidet zwischen biologischer und psychologischer Angst. M. Schur schreibt, die Angst sei »eine Reaktion auf eine traumatische Situation oder auf eine Gefahr, sei sie gegenwärtig oder antizipiert. In dieser Reaktion haben wir zu unterscheiden zwischen dem Affektzustand Angst, der eine Ich-Reaktion darstellt, und den Entladungsphänomenen, die Es-Manifestationen sind« (The Ego and the Id in Anxiety. The Psychoanalytic Study of the Child XIII, London, 1958, S. 217. Zit. n. W. Loch: a.a.O. S. 811). Loch erwähnt ferner einige Autoren, die den Namen »Angst« nur für die Signalangst, »die, energetisch gesehen, einen Spannungscharakter hat, und für die ihr entsprechenden Erlebnisse reservieren«, wie E. Zetzel (The Concept of Anxiety in Relation to the Development of Psychoanalysis. J. Amer. Psychoanal. Ass. III, 1955), P. Greenacre (The biologic Economy of Birth. In: The Psychoanalytic Study of the Child I, London, 1945), C. Brenner (Addendum to Freuds Theory of Anxiety. Int. J. Psychoanal. 34, 1953), L. Rangell (On the Psychoanalytic Theory of Anxiety. J. Amer. Psychoanal. Ass. III, 1955) und René Spitz (Die Entstehung der ersten Objektbeziehungen. Stuttgart, 1957). Szekely spricht von einer ererbten Furchtreaktion (L. Szekely: Biological Remarks on Fears Originating in Early Childhood. Int. J. Psychoanal. 35, 1954), ebenso G. Heilbrunn (The Basic Fear. J. Amer. psychoanal. Ass. III, 1955). I. Ramzy und R. S. Wallerstein bringen die Angst in Zusammenhang mit dem Schmerz (Pain, Fear, and Anxiety. The Psychoanalytic Study of the Child XIII, London, 1958). Der Schmerz als Ausgangspunkt für die Angst wurde aber bereits von Fenichel erwähnt: The pain of the unavoidable early traumatic states, still undifferentiated and therefore not yet identical with later definite affects, is the common root of different later affects, certainly also of anxiety« (O. Fenichel: The Psychoanalytic Theory of Neurosis. New York, 1954. S. 42), während für E. Jones die Angst ein Abwehrmechanismus (Angst, Schuldgefühl und Haß. Int. Zeitschr. f. Psychoanal. XVI, 1930, S. 17) ist, wie übrigens auch für Anna Freud (s. Loch a.a.O. S. 813). Die Angstneutralisierung soll nach O. Fenichel in zwei Formen geschehen: einmal, indem die Angst zur *Lustangst* wird, dann aber durch Abhängigkeit, Liebe oder sexuelle Haltungen (Defense against Anxiety particularly by Libidinization. Int. Zschr. f. Psychoanal. XX, 1934, S. 476).

139 R. May: The Meaning of Anxiety, New York, 1950. S. 140. In diesem Zusammenhang muß noch Rado genannt werden, für den die Angst zunächst eine Überwältigung des Ich durch den Masochismus (Kastrationsangst bei Frauen), später ein Kriterium der »Notfallfunktion« war (S. Rado: Psychoanalysis of Behaviour. New York, 1956. S. 134ff.)

140 K. Horney: New Ways in Psychoanalysis. New York, 1939, S. 82.
141 H. S. Sullivan: Conceptions of Modern Psychiatry. Washington, 1947, S. 6ff.
142 E. Fromm: Escape from Freedom. New York, 1941, S. 29.
143 a.a.O. S. 186.
144 M. Klein: Zur Psychogenese der manisch-depressiven Zustände. Psyche XIV, S. 256.
145 M. Klein: Die Psychoanalyse des Kindes. Wien, 1932, S. 166.
146 M. Klein: Die Bedeutung der Symbolbildung für die Ichentwicklung. Psyche XIV, S. 242.
147 M. Klein: On the Theory of Anxiety and Guilt. In: Development in Psycho-Analysis. London, 1952, S. 271.
148 a.a.O. S. 291.
149 M. Klein: Die Bedeutung der Symbolbildung für die Ichentwicklung. a.a.O. S. 243.
150 a.a.O. S. 244.
151 G. Marcel: Der Mensch als Problem. Frankfurt, 1956, S. 147.
152 W. Loch: a.a.O. S. 815.
153 E. R. Zetzel: Zum Krankheitsbild der Depression. Psyche XIV, S. 649.
154 M. Klein: Zur Pathogenese der manisch-depressiven Zustände. Psyche XIV, S. 258. – Eine interessante Darstellung der »Trennungsangst« findet sich auch bei J. Bowlby (Psyche XV, S. 411ff.), der sich mit den Ideen M. Kleins, E. Jones', E. Kris' u. a. auseinandersetzt.
155 G. Benedetti: Die Angst in psychiatrischer Sicht. In: Die Angst. Studien aus dem C. G. Jung-Institut, Zürich, 1959, S. 162. P. Matussek hob bei der *Angst der Schizophrenen* besonders die Angst vor der Bindung hervor (Die Angst in der schizophrenen Psychose. Zeitschrift für Psychosomat. Med., 6. Jhg., 1. H., S. 10ff.).
156 Vgl. M. Selvini-Palazzoli: Emaciation as Magic Means for the Removal of Anguish in Anorexia Mentalis. Acta Psychother. et Psychosom. Vol. 9, 1961, S. 37ff.
157 Im *psychosomatischen Geschehen*, sagt Elhardt, wird der psychische Erlebnisanteil der Angst aus dem bewußten Erleben eliminiert, während für den somatischen Anteil der Angst solche Ausschaltungsmöglichkeiten oft nicht vorhanden sind. (S. Elhardt: Angst und psychosomatisches Geschehen. Zschr. f. Psychosomat. Med., Jhg. 6, H. I, S. 16ff.) Sogar bei den »organischen« progressiven Muskeldystrophien konnte der Einfluß der Angst nachgewiesen werden (H. J. Baltrusch: Der mögliche Einfluß emotionaler und sozialer Faktoren auf die Entwicklung und auf den Verlauf von progressiven Muskeldystrophien. Zschr. f. Psychosomat. Med., Jhg. 6, 3. H., S. 165ff.). Held z. B. betonte die Rolle der Angst bei der Entstehung des Geburtsschmerzes. (E. Held: Die Stellung des Geburtsschmerzes im

Schmerzsystem. Schw. Med. Wschr., 1951, 10, 227.)
158 R. May: a.a.O. S. 182.
159 F. Riemann: Grundformen der Angst und die Antinomien des Lebens. München und Basel, 1961, S. 119.
160 V. E. v. Gebsattel: Die Phobische Fehlhaltung. Hdb. Neurosenlehre und Psychotherapie. München und Berlin, 1959, Bd. II, S. 103.
161 M. Boss: Sinn und Gehalt der sexuellen Perversionen. 1. Aufl. Bern, 1947, S. 17.
162 v. Gebsattel: a.a.O. S. 105.
163 a.a.O. S. 105.
164 M. Boss: Psychoanalyse und Daseinsanalytik. Bern, 1957, S. 90.
165 a.a.O. S. 91/92.
166 V. E. v. Gebsattel: a.a.O. S. 107.
167 a.a.O. S. 112.
168 a.a.O. S. 121f.
169 M. Heidegger: Sein und Zeit. 8. Aufl. Tübingen, 1957, S. 140/141.
170 a.a.O. S. 142.
171 M. Wandruszka: Was weiß die Sprache von der Angst? In: Angst und Schuld. Hrsg. v. W. Bitter. Stuttgart, 1950, S. 15.
172 a.a.O. S. 21.
173 W. Schwidder: Angst und Neurosestruktur. Zschr. f. Psychosom. Med., 1960, S. 93.
174 S. dazu u. a. J. Amstutz: Die Bedeutung der Angst für das Menschenleben. In: Die Angst und ihre Überwindung. Schwarzenburg, S. 6.
175 G. Benedetti: Die Angst in psychiatrischer Sicht. In: Die Angst. Studien aus dem C. G. Jung-Institut, Zürich, 1959, S. 15.
176 W. Schwidder: a.a.O. S. 93.
177 W. v. Siebenthal: Schuldgefühl und Schuld bei psychiatrischen Erkrankungen. Zürich, 1956, S. 176.
178 M. Heidegger: a.a.O. S. 188.
179 W. v. Siebenthal: a.a.O. S. 93.
180 K. Greitbauer: Begegnungen mit dem Nichts. Die Alpen, 1959, 4. H., S. 289.
181 H. Gartmann: Über die Angst beim Fliegen. Mschr. Psych. u. Neur. Bd. 125, 1953, S. 394.
182 J. K. Hall behauptet in einem G. Zilboorg gewidmeten Essay: »Every one fears death. The bravest man would not deny it. In all those conditions that are commonly spoken of as nervousness, the fear of death is the basic feature.« (Fear of Death. Southern Medicine & Surgery, Vol. 106, No. 6, 1944.)
183 M. Heidegger: a.a.O. S. 189. Wir werden bei der Besprechung der neurotischen Angst darauf zurückkommen.
184 A. Jores: Lebensangst und Todesangst. In: Die Angst. Studien aus

dem C. G. Jung-Institut, Zürich, 1959, S. 177.
185 a.a.O. S. 181.
186 a.a.O. S. 182.
187 a.a.O. S. 183/184.
188 K. Rahner: Schuld und Schuldvergebung als Grenzgebiet zwischen Theologie und Psychotherapie. In: Schriften zur Theologie, Einsiedeln, 1960, Bd. II, S. 279.
189 a.a.O. S. 281f.
190 F. Kluge – A. Goetze: Etymologisches Wörterbuch der deutschen Sprache. Berlin, 1951, S. 698.
191 L. Kunz: Das Schuldbewußtsein des männlichen Jugendlichen. Luzern, 1949, S. 5.
192 J. G. und W. Grimm: Deutsches Wörterbuch. Leipzig, 1899, 9. Bd., S. 1870ff.
193 R. Eisler: Wörterbuch der philosophischen Begriffe. Berlin, 1927-1930.
194 L. Kunz: a.a.O. S. 6.
195 I. Rudin: Das Gewissen in katholischer Sicht. In: Das Gewissen. Studien aus dem C. G. Jung-Institut, Zürich, 1958, S. 144.
196 a.a.O. S. 147.
197 a.a.O. S. 150.
198 a.a.O. S. 156.
199 a.a.O. S. 162.
200 L. Weber: Schuld und Sühne in der Sicht der katholischen Moraltheologie. Vortrag.
201 Zit. n. L. Weber.
202 Zit. n. L. Weber.
203 L. Weber.
204 L. Weber.
205 K. Engisch: Die Lehre von der Willensfreiheit in der strafrechtsphilosophischen Doktrin der Gegenwart. Berlin, 2. Aufl., 1965 und »Um die Charakterschuld«, Mschr. f. Kriminologie, 1967, S. 108ff.
206 O. A. Germann: Das Verbrechen im neuen Strafrecht. Zürich, 1942, S. 62.
207 a.a.O. S. 63.
208 P. Plaut: Der Sexualverbrecher und seine Persönlichkeit. Stuttgart, 1960, S. 320.
209 M. Bleuler: Wesen und Behandlung der Unzurechnungsfähigkeit. Vortrag. S. auch M. Bleuler: Richter und Arzt. Schweiz. Zschr. f. Strafrecht, 1944, H. 1.
210 S. auch G. Zilboorg: A Step toward Englightened Justice. The University of Chicago Law Review 22, 2, 1955; The Role of the Psychiatrist as an Expert Witness in Criminal Court. Bull. of the New York Academy of Medicine, 32, 3, 1956; The Contribution of Psy-

cho-Analysis to Forensic Psychiatry. The Int. J. of Psycho-Analysis. XXXVII, IV-V, 1956.
211 K. Schneider: Die Beurteilung der Zurechnungsfähigkeit. Stuttgart, 2. Aufl., 1953.
212 S. W. Engel: Zur Metamorphose des Rechtsbrechers. Grundlagen einer Behandlungslehre. Stuttgart, 1973.
213 M. Boss: Grundriß der Medizin und der Psychologie. 2. Aufl. Bern, Stuttgart, Wien, 1975, S. 574.
214 S. Spanoudis: Langweiligkeitsneurose. In: G. Condrau: Medard Boss zum siebzigsten Geburtstag. Huber, Bern, Stuttgart, Wien, 1972, S. 143.
215 G. Condrau: Aufbruch in die Freiheit. Wien, 1972, S. 123ff.
216 S. Freud: Die Abwehrneuropsychosen. G. W. I, S. 61f. Siehe auch: M. Klein: On the Theory of Anxiety and Guilt. In: Developments in Psycho-Analysis. London, 1952.
217 S. Freud: Vorlesungen zur Einführung in die Psychoanalyse. G. W. XI, S. 344.
218 S. Freud: Das Ich und das Es. G. W. XIII, S. 264f.
219 a.a.O. S. 264.
220 E. Blum: Freud und das Gewissen. In: Das Gewissen. Studien aus dem C. G. Jung-Institut, Zürich, 1959, S. 181.
221 S. Freud: Tatbestandsdiagnostik und Psychoanalyse. G. W. VII, S. 13f.
222 S. Freud: Bemerkungen über einen Fall von Zwangsneurose. G. W. VII, S. 399f.
223 E. Blum: a.a.O. S. 181f.
224 S. Freud: Das Ich und das Es. G. W. XIII, S. 265.
225 F. Tramer: Friedrich Nietzsche und Sigmund Freud. Jahrb. f. Psychologie, Psychotherapie und Medizinische Anthropologie. 7. Jhg., 1960, S. 327.
226 S. Freud: Jenseits des Lustprinzips. G. W. XIII, S. 32.
227 S. Freud: Zwangshandlungen und Religionsübungen. G. W. VII, S. 135.
228 S. Freud: Das Ich und das Es. G. W. XIII, S. 279.
229 a.a.O. S. 280ff.
230 a.a.O. S. 263.
231 S. Freud: Hemmung, Symptom und Angst. G. W. XIV, S. 147.
232 S. Freud: Das Unbehagen in der Kultur. G. W. XIV, S. 483.
233 a.a.O. S. 485f.
234 a.a.O. S. 491f.
235 a.a.O. S. 494.
236 a.a.O. S. 503.
237 G. Bally: Das Schuldproblem und die Psychotherapie. Schw. Arch. Neur. Psych., Bd. LXX, 1952, S. 238.

238 H. Binder: Zur Problematik von Gemüt und Gewissen. Studia Philosophica, Bd. XIX, 1959, S. 62.
239 M. Nachmansohn: Gewissen und Aufgabe. Vortrag. Siehe auch: M. Nachmansohn: Wesen und Formen des Gewissens. Wien, 1937.
240 M. Heidegger: a.a.O. S. 28.
241 a.a.O. S. 282.
242 a.a.O. S. 285ff.
243 a.a.O. S. 288.
244 a.a.O. S. 269.
245 a.a.O. S. 296.
246 H. Häfner: Schulderleben und Gewissen. Stuttgart, 1956.
247 G. Bally: a.a.O. S. 238.
248 A. R. Bodenheimer: Beitrag zum Schuldproblem. Schw. Arch. Neur. Psych., Bd. 83, 1959, S. 39.
249 G. Bally: a.a.O. S. 228.
250 a.a.O. S. 232.
251 a.a.O. S. 233.
252 A. Maeder: Der Psychotherapeut als Partner. Zürich, 1957, S. 7.
253 W. v. Siebenthal: a.a.O. S. 23ff.
254 ANIMA, Heft 4, 1952, S. 294 und Geist und Leben, Heft 2, 1953, S. 136ff.
255 M. Boss: Psychoanalyse und Daseinsanalytik. Bern, 1957, S. 134.
256 Papstansprache vom 14. 3. 1952. Schweiz. Kirchenzeitung, Nr. 40, 1952.
257 G. Bally: Schuld und Existenz. In: Wege zum Menschen, 1960, S. 308.
258 Heidegger, zit. n. Bally: a.a.O. S. 310.
259 G. W. Hegel: Ästhetik I, Bd. XII, S. 257.
260 G. Bally: a.a.O. S. 313.
261 Handschrift aus dem 6. Jahrhundert, die große Teile der vier Evangelien und der Apostelgeschichte enthält. Diese Handschrift befand sich seit dem 9. Jahrhundert in Lyon, wurde bei der Plünderung des Irenäusklosters von Hugenotten entwendet und kam in die Hände von Theodor Beza, einem Freund und Nachfolger Calvins, der sie der Bibliothek Cambridge schenkte. Dieser Codex D enthält einige Stellen, die in keiner anderen Handschrift vorkommen. Sie wurden deshalb nicht in den üblichen Text aufgenommen.
262 M. Boss: Lebensangst, Schuldgefühle und psychotherapeutische Befreiung. Bern und Stuttgart, 1962.
263 S. dazu: H. Häfner, Schulderleben und Gewissen. Stuttgart, 1956.
264 a.a.O. S. 19.
265 Demgegenüber betont H. Göppert, die Angst sei »das zentralste Symptom der Neurose«, auch wenn sie nicht immer offen zutage liege, sondern sich oft erst im Zuge der Analyse offenbare. »Es ist

die Angst vor der Angst, die sie dem Blick des Arztes und dem Selbsterleben des Kranken verstellt.« (Psychotherapie der Angst. In: Jahrb. f. Psychologie, Psychotherapie und Med. Anthropologie. 7. Jhg., 1960, S. 214.)

266 H. Häfner: a.a.O. S. 27.

267 a.a.O. S. 180.

268 v. Siebenthal: a.a.O. S. 78.

269 P. Matussek: Süchtige Fehlhaltungen. Hdb. Neurosenlehre und Psychotherapie, München und Berlin, 1959, Bd. II, S. 189.

270 M. Bleuler: Iatrogene Geistesstörungen. Praxis, 1961, 12, S. 251.

271 W. v. Siebenthal: a.a.O. S. 62/63.

272 a.a.O. S. 81.

273 R. Brun: Allgemeine Neurosenlehre. Basel, 1942, S. 77.

274 S. Freud hat in einer Abhandlung »Zur Kritik der ›Angstneurose‹«, G. W. I, S. 355 ff., die bereits 1895 geäußerten kritischen Bedenken L. Löwenfelds zu widerlegen versucht.

275 S. Freud: Über die Berechtigung, von der Neurasthenie einen bestimmten Symptomenkomplex als »Angstneurose« abzutrennen. G. W. I, S. 338.

276 S. Freud: Abriß der Psychoanalyse. Schriften aus dem Nachlaß. G. W. XVII, S. 108.

277 W. Stekel: Nervöse Angstzustände und ihre Behandlung. Wien, 1921, S. 35.

278 V. E. v. Gebsattel: a.a.O. S. 115.

279 Zit. n. v. Gebsattel: a.a.O. S. 110.

280 W. Bitter: Angst und Schuld in theologischer und psychotherapeutischer Sicht. Stuttgart, 1959, S. 68 ff.

281 F. Baumeyer: Zur Symptomatologie und Genese der Agoraphobie. Zschr. f. Psychosomat. Medizin. 6. Jhg. S. 231 ff.

282 a.a.O. S. 240.

283 M. Balint: Angstlust und Regression. Stuttgart, 1960.

284 S. Freud: Psychoanalytische Bemerkungen über einen autobiographisch beschriebenen Fall von Paranoia (Dementia Paranoides). (Der Fall Schreber) G. W. VIII, S. 240 ff.

285 S. Freud: Über Psychotherapie. G. W. =, S. 2.

286 S. Freud: »Psychoanalyse und Libidotherapie«. G. W. XIII, S. 211 ff.

287 M. Bleuler: Forschungen und Begriffswandlungen in der Schizophrenielehre 1941-1950. In: G. Benedetti, M. Bleuler, H. Kind und F. Mielke: Entwicklung der Schizophrenielehre seit 1941. Basel/Stuttgart, 1960, S. 49/50.

288 H. K. Knoepfel: Einfache Psychotherapie für den Hausarzt. Bern und Stuttgart, 1961, S. 89.

289 J. Wyrsch: Die Person des Schizophrenen. Bern, 1949.

290 M. Bleuler: a.a.O. S. 31.

291 L. Binswanger: Der Fall Ellen West. Eine anthropologisch-klinische Studie. Schw. Arch. Neur. u. Psych., 1944, 53, 255 u. 54, 69.
292 R. Kuhn: Daseinsanalyse eines Falles von Schizophrenie. Mschr. Psych. u. Neur. 1946, 112, 233.
293 M. Boss: Martin Heidegger und die Ärzte. a.a.O. S. 287.
294 Vergleiche hierzu M. Boss: Psychotherapeutischer Beitrag zur Schizophrenielehre, u. a. Vorträge im Congress Report, II. Int. Congress für Psychiatrie, Zürich, 1959.
295 S. dazu: B. Joseph: Über einige Persönlichkeitsmerkmale des Psychopathen. Psyche XV, 1961, 132ff.
296 P. Parin: Die Abwehrmechanismen der Psychopathen. Psyche XV, 1961, 322ff.
297 M. Bleuler: Gedanken zur heutigen Schizophrenielehre. Wiener Schr. f. Nervenheilk. u. d. Grenzgebiete, 3/4, 270, 1953.
298 H. K. Knoepfel: a.a.O. S. 72.
299 H. Häfner: Psychopathen. Daseinsanalytische Untersuchungen zur Struktur und Verlaufsgestalt von Psychopathien. Berlin, 1962.
300 a.a.O. S. 192ff.
301 H. Kunz: Zur Frage nach dem Wesen der Norm. Psyche VIII, 1954/55, S. 362.
302 Alexander and French: Studies in Psychosomatic Medicine. New York, 1948.
303 M. Boss: Einführung in die psychosomatische Medizin. Bern und Stuttgart, 1954, S. 208.
304 F. Meerwein: a.a.O. S. 497.
305 M. Boss: a.a.O.
306 G. Schwöbel: Psychosomatische Medizin. Zürich, 1961.
307 B. Staehelin: Allergie in psychosomatischer und soziologischer Sicht. Stuttgart, 1961.
308 B. Stokvis: Allergie als psychosomatisches Problem. Acta Psychother. et Psychosomatica, 1961, 9, 5, 368.
309 D. Heydt-Gutscher: Psychotherapie einer Magersüchtigen. Zschr. Psychosomat. Med., 1960, 6, 2, 77 u. 6, 3, 185ff.
310 F. Alexander: Psychosomatic Medicine. New York, 1950, S. 209/211.
311 Zschr. Psychosomat. Med., 1960, 7, 1, 68ff.
312 P. B. Schneider: Quelques problèmes concernant la psychothérapie des maladies psychosomatiques. Acta Psychother. et Psychosomat., 9, 2/3, 1961, 147–154.
313 F. Meerwein: ïber die Führung des ersten Gespräches. Schweiz. Med. Wschr. 18, 1960, 497ff.
314 M. Boss: a.a.O. S. 165.
315 G. Condrau: Psychotherapie eines Schreibkrampfes. Zschr. f. Psychosomat. Med. 7, 1961, 255-267.

316 R. Zimmert: Über Schreibkrampf. Zschr. Psycho-somat. Med. 5, 1959, 252.
317 R. Zimmert: a.a.O. S. 178.
318 S. Freud: Hemmung, Symptom und Angst. G. W. XIV, S. 116.
319 Nach R. Brun werden bei den »Beschäftigungskrämpfen« (Schreibkrampf, Klavierspieler-, Geigerkrampf usw.) »psychische Konfliktsituationen bei der Erhebung der Anamnese als wesentlich mitwirkende Ursachen neben dem Überanstrengungsmoment niemals vermißt«. Allgemeine Neurosenlehre. Basel, 1942, S. 46.
320 M. Boss: Sinn und Gehalt der sexuellen Perversionen. Bern, 3. Aufl. 1966, S. 82ff.
321 R. Zimmer: a.a.O. S. 252.
322 S. Freud: Die Disposition zur Zwangsneurose. Ein Beitrag zum Problem der Neurosenwahl. G. W. VIII, S. 442/443.
323 M. Boss: a.a.O. S. 90.
324 a.a.O. S. 76.
325 a.a.O. S. 91.
326 F. Meerwein: Überlegungen zum Schuldproblem bei Depressiven. Protokolle und Bericht d. Schweiz. Ges. f. Psychiatrie. Zürich, 1959, S. 35.
327 K. Wolff: Psychologie und Sittlichkeit. Stuttgart, 1958, S. 149.
328 R. Tanco Duque: Schuldgefühl und soziale Entfremdung. Zschr. f. Psychosomat. Med., 1960, S. 190.
329 W. v. Siebenthal: Schuldgefühl und Schuld bei psychiatrischen Erkrankungen. Zürich, 1956, S. 59.
330 S. Freud: Das Ich und das Es. G. W. XIII, S. 279.
331 M. Boss: Psychoanalyse und Daseinsanalytik. Bern, 1957, S. 12.
332 Siehe Anm. 35.
333 I. Rudin: a.a.O. S. 28.
334 S. Freud: Der Witz und seine Beziehung zum Unbewußten. G. W. XI.
335 F. Redlich: The Inside Story. New York, 1953.
336 L. Klages: Die Grundlagen der Charakterkunde. Bonn, 1948.
337 F. Tramer: a.a.O. S. 328.
338 Schweiz. Ärztezeitung Nr. 43/44 und 45, 1959.
339 Schweiz. Ärztezeitung Nr. 51, 1959.
340 A. Görres: Methode und Erfahrungen der Psychoanalyse. München, 1958.
341 Siehe dazu: H. Heigl: Die Gegenübertragungsangst und ihre Bedeutung. Zschr. f. Psychosomat. Med., 1959, S. 29 und F. Riemann: Bedeutung und Handhabung der Gegenübertragung. Zschr. f. Psychosomat. Med., 1959, S. 223.
342 V. v. Weizsäcker: Wert und Unwert der Psychoanalyse. Schweiz. Rundschau, 1948, S. 723/724.

343 G. Bally: Das Schuldproblem und die Psychotherapie. a.a.O. S. 235.
344 a.a.O. S. 237.
345 A. R. Bodenheimer: a.a.O. S. 41.
346 E. Weigert: Einsamkeit und Vertrauen. Psyche XIV, S. 541/542.
347 a.a.O. S. 543/544.
348 A. R. Bodenheimer: a.a.O. S. 41.
349 J. Nuttin: Psychoanalyse und Persönlichkeit. Fribourg, 1956, S. 83ff.
350 O. Mowrer: Journal of Consulting Psychology, 1951, S. 274.
351 K. Jaspers: Die Idee des Arztes. Schweiz. Ärztezeitung, 1953, 27, S. 257.
352 Zit. n. K. Jaspers: a.a.O. S. 255.
353 J. Nuttin: a.a.O. S. 142.
354 A. Jores: Der Mensch und seine Krankheit. Stuttgart, 1956, S. 83.
355 a.a.O. S. 77f.
356 E. Fromm: Psychoanalyse und Ethik. Zürich, 1954.
357 J. Caruso: Psychoanalyse und Synthese. Wien, 1952.
358 A. Maeder: Wege zur seelischen Heilung. Zürich, 1955.
359 M. Buber: Schuld und Schuldgefühle. Heidelberg, 1958, S. 18.
360 E. Reisner: Krankheit und Gesundung. Berlin, 1957, S. 178f.
361 H. Häfner: Schulderleben und Gewissen. Stuttgart, 1956. S. 178f.
362 W. Rorarius: Sinn der Krankheit. In: Wege zum Menschen. 1958, S. 289f.
363 a.a.O. S. 293.
364 A. R. Bodenheimer: a.a.O. S. 46.
365 P. Tournier: Echtes und falsches Schuldgefühl. Zürich und Stuttgart, 1959.
366 F. Meerwein: a.a.O. S. 37.
367 H. Tellenbach: Gestalten der Melancholie. Jahrb. Psychol., Psychother. und Med. Anthropologie, 1960, S. 10.
368 L. Rinser: Felix Tristitia. In: Erbe und Auftrag. Benediktinische Mschr. 1961, 1, S. 11.
369 M. Heidegger: Was ist Metaphysik? Frankfurt a. M., 1965, S. 9.
370 a.a.O. S. 10.
371 a.a.O. S. 11.
372 a.a.O. S. 15.
373 In: A. Sborowitz / E. Michel: Der leidende Mensch. Personale Psychotherapie in anthropologischer Sicht. Düsseldorf, 1960, S. 343.
374 a.a.O. S. 344.
375 a.a.O. S. 350.
376 P. Ricœur: Phänomenologie der Schuld. Zit. nach G. Mainberger: Die Freude des Ja in der Trauer des Endlichen. Orientierung, 36, 1972, S. 193.
377 J. Delgado: Gehirnschrittmacher. Frankfurt a. M., 1971, S. 121f.

378 J. Guyotat: Praktischer Arzt und Patientenangst. Literarischer Eildienst Roche 36, 1968.

379 a.a.O. S. 3.

380 M. Boss: Vom Weg und Ziel der tiefenpsychologischen Therapie. Psyche, 1948, S. 321.

381 M. Boss: Lebensangst, Schuldgefühle und psychotherapeutische Befreiung. Bern und Stuttgart, 1962.

382 a.a.O. S. 51f.

Namenregister

st 265 Fritz Rudolf Fries, Der Weg nach Oobliadooh
Roman
232 Seiten
Die jungen Leute, die diesen Roman bevölkern, leben im Leipzig der fünfziger Jahre. Sie hängen ihren eigenen Sehnsüchten nach und pfeifen auf die strengen Riten der Gesellschaftsordnung. Sie folgen der Verführung des Westens, der sich ihnen in Oobliadooh, einem Schlager von Dizzy Gillespie entnommen, symbolisiert. Doch kehren sie bald von ihrem Ausflug zurück.

st 266 Walter Höllerer, Die Elephantenuhr. Roman
Vom Autor gekürzte Ausgabe
336 Seiten
»Höllerer schreibt einen stellenweise furios zeit- und gesellschaftskritischen Roman über das Deutschland dieser Jahre, mit bemerkenswerten Kapiteln über das Verhältnis der beiden Staaten in Deutschland oder über die Identitätsneurose in beiden Teilen Berlins, mit satirisch funkelnden Skizzen über die Zustände an den Universitäten . . .« *Rolf Michaelis*

st 267 Ernst Penzoldt, Die Kunst, das Leben zu lieben und andere Betrachtungen
Ausgewählt von Volker Michels
144 Seiten
Diese Auswahl aus den Bänden *Causerien* und *Die Liebende* versammelt 25 Betrachtungen von zeitloser Aktualität. Zwei Jahrzehnte nach Penzoldts Tod erinnert der Band damit an einen in der Literatur unseres Jahrhunderts nicht eben häufigen Autorentypus, der bei aller Sympathie für das Rebellische, bei allem Spott gegen das Inhumane, Routinierte und Überlebte, bei allem Esprit und übermütigem Witz nie das Naheliegende übersehen oder es einer Tendenz zuliebe unterdrückt hat.

st 268 Materialien zu Alfred Döblin
›Berlin Alexanderplatz‹
Herausgegeben von Matthias Prangel
272 Seiten
Döblin hatte seinen größten Erfolg mit dem 1929 erschienenen *Berlin Alexanderplatz* (Bibliothek Suhrkamp 451). Zu diesem Buch stellt der Materialienband Doku-

st 253 James Joyce, Briefe
Ausgewählt aus der dreibändigen, von Richard Ellmann edierten Ausgabe von Rudolf Hartung
Deutsch von Kurt Heinrich Hansen
272 Seiten
Der Herausgeber dieses Bandes war bestrebt, die Auswahl aus der riesigen Korrespondenz so vorzunehmen, daß alle wesentlichen Problemkreise und die wichtigsten menschlichen Beziehungen angemessen repräsentiert wurden.
»Die Briefe bilden eine Art Ergänzung zum Schöpfungskomplex des großen irischen Schriftstellers, ja, man könnte sagen, sie verstünden sich fast als Kommentar dazu.« *Werner Helwig*

st 254 Ödön von Horváth, Die stille Revolution
Kleine Prosa
Mit einem Nachwort von Franz Werfel. Zusammengestellt von Traugott Krischke
106 Seiten
Auch mit diesen kurzen, zum Teil skizzenhaften und fragmentarischen Arbeiten erweist sich Horváth als ein scharfsinniger Kritiker nicht nur seiner, sondern auch unserer Zeit, der – vorausahnend – das bereits gestaltet hat, was uns heute bewegt.

st 255 Hans Erich Nossack
Um es kurz zu machen. Miniaturen
Zusammengestellt von Christof Schmid
120 Seiten
Nossack ist ein Meister der kurzen Form. Seine Erzählungen und Romane enthalten eine Vielzahl in sich geschlossener Miniaturen. Solche Etüden und Miniaturen, die bisher nicht, an apokryphen Plätzen oder in Sammelbänden veröffentlicht waren, sammelt der vorliegende Band. Diese kurzen Texte, geschrieben in den Jahren zwischen 1946 und 1974, vermitteln in Minutenbildern Quintessenzen einer langen literarischen Biographie.

st 257 Thomas Bernhard, Die Salzburger Stücke
Der Ignorant und der Wahnsinnige.
Die Macht der Gewohnheit
202 Seiten
Thomas Bernhards »Salzburger Stücke« sind über den äußeren Anlaß hinaus – sie wurden in Salzburg uraufgeführt – sowohl inhaltlich als auch formal an die Stadt und ihre Festspiele gebunden. Eine musikalisch-künstlerische Tätigkeit auszuüben, sie perfekt auszuüben, das ist das Thema, das Bernhard in beiden Stücken anschlägt. Die künstlerische Perfektion als Kompensation für die Unvollkommenheit der Welt, als Kontrapunkt der Notwendigkeit zum Tode ist es, die Bernhard in seinen Figuren thematisiert.

st 258 Peter Handke, Falsche Bewegung
Filmbuch
84 Seiten
Handke erzählt in seinem Filmbuch, frei nach Goethes »Wilhelm Meisters Lehrjahre«, eine klassische Entwicklungs- und Bildungsgeschichte.
»So genau sind noch nie die Neurosen der siebziger Jahre beschrieben worden, die Zweifel an der Veränderbarkeit statischer Verhältnisse durch politische Aktion, die resignativen Skrupel in bezug auf eine ordentliche Beschreibung unordentlicher Verhältnisse.« *Die Zeit*

st 259 Franz Xaver Kroetz, Gesammelte Stücke
504 Seiten
Inhalt: Wildwechsel; Heimarbeit; Hartnäckig; Männersache; Lieber Fritz; Stallerhof; Geisterbahn; Wunschkonzert; Michis Blut; Dolomitenstadt Lienz; Oberösterreich; Maria Magdalena; Münchner Kindl.
»Es ist grandios, wie Kroetz in den unprätentiösen Dialekt-Dialogen immer an den richtigen Stellen das Richtige sagen läßt.« *FAZ*

st 260 Peter Suhrkamp. Zur Biographie eines Verlegers in Daten, Dokumenten und Bildern
vorgelegt von Siegfried Unseld unter Mitwirkung von Helene Ritzerfeld
246 Seiten
Am 1. Juli 1950 gründete Peter Suhrkamp seinen eigenen Verlag. Aus Anlaß des 25jährigen Bestehens wurden Zeugnisse und Dokumente, Daten und Bilder seines Lebens und seiner Arbeit gesammelt. Aus den Mosaiksteinen dieses Bandes ergibt sich der Weg Peter Suhrkamps, der unbeabsichtigt und doch konsequent zu seinem Ziele führte: »mein Beruf – dieser schöne Verlegerberuf«. Seine Biographie ist ein Stück Zeit-, Literatur- und Verlagsgeschichte.

st 262 Herbert Achternbusch, Happy
oder Der Tag wird kommen. Roman
170 Seiten
»Das ist ein Heimat- und Familienroman, ein Reis roman, eine Geschichte über das Lieben und ein Bu über das Kino ... Ein Heimatroman über eine Heima die einem Angst macht – und ein Reiseroman von Reis dorthin, wo die Geschichten einfacher, klarer, schön sind. Reisen mit dem Kopf: von Bayern nach Bali od zum Sambesi oder Reisen in eine noch traumhaft Traumwelt – ins Kino, in den Western. Und immer w der Herbert Achternbusch und die Liebe: es sind schönsten, spukhaftesten, verworrensten Liebesgeschi ten, die er bisher geschrieben hat.« *Die Zeit*

st 263 Adolf Muschg, Im Sommer des Hasen. Roman
318 Seiten
»Die Geschichte enthält Momente von ungewöhnli psychologischer Finesse und Töne, die innig und niemals innerlich sind ... Abermals erweist es sich, man eine erotische Geschichte deutlich und genau zählen kann, ohne deshalb indiskret oder gar brut wirken.« *Marcel Reich-Ranicki*

st 264 Hermann Kasack, Fälschungen. Erzählung
256 Seiten
Kasack erzählt die Geschichte einer Kunstfälschun ein deutscher Industrieller und Sammler zum Opfer Die Konsequenz, die der Sammer für sich aus der rung zieht, daß niemand mehr ein verläßliches Gefü die alten Kunstwerke besitzt, ist zugleich eine inner terung: ihm wird die Lebensfälschung sichtbar, selbst unterlag.

mente der Entstehung und Wirkung zusammen. Neben Vorformen, Passagen früherer Fassungen des Werks und dem vollständigen Hörspieltext stehen Selbstzeugnisse des Autors, zeitgenössische Rezensionen und wissenschaftliche Arbeiten, die den derzeitigen Forschungsstand umreißen sollen.

st 269 Fritz J. Raddatz. Traditionen und Tendenzen.
Materialien zur Literatur der DDR. Erweiterte Ausgabe
2 Bde., zus. 814 Seiten
»Der Raddatz« (*Peter Wapnewski* in der *Zeit*) gilt als verläßlichste, brauchbarste Information über die DDR-Literatur wie zugleich als kritisch-selektive Analyse eines kenntnisreichen Literaturhistorikers. Raddatz hat seine Studie auf den neuesten Stand gebracht, die Bibliographie wurde erweitert und erfaßt die Primär- und Sekundärliteratur bis 1975. Was hier vorliegt, ist Lesebuch und Arbeitsmaterial zugleich.

st 270 Erhart Kästner, Der Hund in der Sonne
und andere Prosa
Aus dem Nachlaß
Herausgegeben von Heinrich Gremmels
160 Seiten
Alle Bücher Kästners sind byzantinischen Mosaiken vergleichbar, und so bot sich an, die literarischen Fragmente ebenfalls mosaikartig zu ordnen. *Im ersten Teil* geht es um Begriffe wie Wissenschaft, Technik, Verbrauch, also um Kästners leidenschaftlichen Umgang mit dem Wesen der modernen Zivilisation. *Im zweiten Teil* folgen wir ihm auf das Erlebnisfeld zwischen Vergangenheit und Zukunft, geschichtlicher, also erlebter und gemessener, also abstrakter Zeit bis hin zu den Grenzproblemen des Todes. *Im dritten Teil* kommt der Zeitgenosse ins Bild in seinen verschiedenen Aspekten als Habenichts, Wohlständler, Langweiler, als Schweiger, Künstler, Einsiedler. Nicht Modelle des täglichen Lebens sind gemeint, sondern Symbolgestalten des Zeitgeistes.

st 271 Jurek Becker, Irreführung der Behörden. Roman
250 Seiten
»Der wieder, besonders im skurrilen oder grotesken Detail, einfallsreiche Erzähler legitimiert den Anspruch,

einer der besten Erzähler deutscher Sprache zu sein.«
Rolf Michaelis

Für diesen Roman erhielt Becker den Bremer Literaturpreis 1974.

st 273 Stanislaus Joyce, Meines Bruders Hüter
Mit einem Vorwort von T. S. Eliot und einer Einführung von Richard Ellmann. Deutsch von Arno Schmidt
348 Seiten
Stanislaus Joyce hat bis zu seinem Tode an diesem Erinnerungsbuch geschrieben, in dem er die Dubliner Jugendjahre dieses großen irischen Dichters abschildert, gemeinsam erlebte und gemeinsam durchlebte Jahre, in denen sich Geist, Weltansicht und Genie von James Joyce herausbildeten. Er hat ein Werk geschaffen, das durch lebendige Fülle des Details, durch Humor und Bitterkeit, durch schriftstellerischen Glanz an die Seite der Bücher des Bruders tritt und selbst ein bedeutendes Stück Literatur geworden ist.

st 274 Hermann Hesse, Narziß und Goldmund
Erzählung
324 Seiten
»Diese Erzählung wetteifert nicht mit der Reportage, kümmert sich nicht um Aktualität, kitzelt nicht mit politischer Tendenz, verrücktem Getu oder Pikanterie, sondern ist – im besten Sinne des Wortes – Poesie, unzeitgemäße Poesie!« *Max Herrmann-Neiße*

st 275 The Best of H. C. Artmann
Herausgegeben von Klaus Reichert
394 Seiten
Von allen deutschen Autoren, die nach 1945 zu schreiben begannen, ist Artmann ohne jeden Zweifel der vielseitigste, originellste und erfinderischste. So wie Artmann in fast allen Gattungen gearbeitet hat, so hat er seine Quellen seine Herkunft überall: in der Artusepik, in barocker Schäferpoesic, in den Wörterbüchern und Grammatiken von gut zwei Dutzend Sprachen, in Irland und im England des Sherlock Holmes, bei Villon und dem Wiener Vorstadtdialekt. Lorca, Gomez de la Serna, den Surrealisten und Dadaisten, in den Detektivheftchen der 20er Jahre und den Comic strips von damals bis heute.

st 276 Basis. Jahrbuch für deutsche Gegenwartsliteratur. Band 5
Herausgegeben von Reinhold Grimm und Jost Hermand
238 Seiten
Ohne methodisch starr festgelegt zu sein, sucht *Basis* eine Literaturbetrachtung zu fördern, die an der materialistischen Grundlage orientiert ist. *Basis* erscheint einmal im Jahr und bringt Essays, Interviews und Rezensionen zur deutschsprachigen Gegenwartsliteratur.

st 277 Max Frisch. Andorra. Stück in zwölf Bildern
132 Seiten
Die Kernzelle von *Andorra* findet sich in Max Frischs *Tagebuch* als Eintragung des Jahres 1946. Andorra ist der Name für ein Modell: Es zeigt den Prozeß einer Bewußtseinsveränderung, abgehandelt an der Figur des jungen Andri, den die Umwelt so lange zum Anderssein zwingt, bis er es als sein Schicksal annimmt. Dieses Schicksal heißt in Max Frischs Stück »Judsein«.

st 278 Czesław Miłosz, Verführtes Denken
Mit einem Vorwort von Karl Jaspers
256 Seiten
Miłosz, zwar nicht Kommunist, aber zeitweilig als polnischer Diplomat in Paris, beschreibt die ungeheure Faszination des Kommunismus auf Intellektuelle. Er stellt sich als Gegenspieler marxistischer Dialektiker vor, deren Argumente von höchstem Niveau und bezwingender Logik sind. Was der konsequente totalitäre Staat dem Menschen antut, zeigt Miłosz in einer Weise, die den Menschen am äußersten Rand einer preisgegebenen Existenz wiederfindet. Von solcher Vision beschreibt der Autor ohne Haß, wenn auch mit satirischen Zügen, die Entwicklung von vier Dichtern, die aus Enttäuschung, Verzweiflung, Überzeugung oder Anpassung zu Propagandisten werden konnten.

st 279 Harry Martinson, Die Nesseln blühen
Roman
320 Seiten
Dieser Roman des Nobelpreisträgers für Literatur 1974 erzählt die Geschichte einer Kindheit. In fünf Kapiteln stehen sich Menschen in der Unordnung von Zeit und selbstgerechten Gewohnheiten gegenüber. Von der Kin-

derversteigerung geht der Weg Martin Tomassons durch die Schemenhöfe der Furcht, des Selbstmitleids und der Verlassenheit, bis ein fremder Tod ihn aus dieser Scheinwelt stößt. Zuletzt kommt Martin als Arbeitsjunge ins Siechenheim. In dieser Welt des Alterns, der Schwäche, der Resignation regiert der schmerzvolle Friede der Armut. Martin klammert sich an Fräulein Tyra, die Vorsteherin. Ihr Tod liefert ihn endgültig dem Erwachen aus.

st 280 Robert L. Heilbroner, Die Zukunft der Menschheit
Aus dem Amerikanischen von Nils Thomas Lindquist
128 Seiten
Der Ausblick in die Zukunft der Menschheit: sprunghaftes Wachstum der Bevölkerung; verschärfte Polarisierung zwischen Arm und Reich, die zur *ultima ratio* einer atomaren Erpressung der Überflußgesellschaften durch die Habenichtse führen könnte. Wo die Warnungen des »Club of Rome« und der »Blueprints for Survival« stehenbleiben, geht Heilbroner in seiner illusionslosen Analyse, aber auch in seinen politischen Konsequenzen weiter.

st 281 Harry Martinson, Der Weg hinaus
Roman
362 Seiten
Dieser Band setzt die Geschichte des Martin Tomasson fort. Das ist Martins Problem: die Bauern, bei denen er als Hütejunge arbeitet, beuten seine Arbeitskraft aus. Er wird mit Gleichgültigkeit behandelt, die Gleichaltrigen verhöhnen ihn mit kindlicher Grausamkeit. Ihm bleibt nur die Flucht ins »Gedankenspiel«, in eine Scheinwelt, aufgebaut aus der Lektüre von Märchen und Abenteuergeschichten. Die Zukunft, von der Martin sich alles erhofft, beginnt trübe: der Erste Weltkrieg ist ausgebrochen. Der Dreizehnjährige schlägt sich bettelnd durchs Land, um zur Küste zu kommen. Immer in Gefahr, aufgegriffen zu werden, erreicht er zu guter Letzt eine der Seestädte.

st 284 Ernst Fischer, Von Grillparzer zu Kafka
Sechs Essays
284 Seiten
Der Band enthält sechs kritische Essays des Literaten

Fischer: Grillparzer, Lenau, Nestroy, Kraus und Musil, im besonderen aber Kafka werden dem Vorurteil der Bürgerlichkeit wie dem der Entartung entzogen, damit in der Freilegung ihre Bedeutung zu erkennen und ihr Verdienst im Blick marxistischer Theorie zu analysieren ist.

st 285 Kurt Weill, Ausgewählte Schriften
Herausgegeben mit einem Vorwort von David Drew
240 Seiten
Dieser Band druckt Weills eigene in wichtigen Musikzeitschriften veröffentlichte Beiträge wieder ab. Darüber hinaus bringt er zum ersten Mal eine Auswahl aus etwa 400 Artikeln, die Weill in den Jahren 1925–1929 für die Berliner Wochenzeitschrift *Der Berliner Rundfunk* schrieb. Diese Aufsätze zum Thema Rundfunk sind eine wichtige Ergänzung zu den theoretischen Aufsätzen, in denen Weill sich zu Funktion und Wirkung des Musiktheaters in einer modernen Gesellschaft äußert und die Aspekte seiner Zusammenarbeit mit Georg Kaiser, Bertolt Brecht und Caspar Neher untersucht.

st 286 Max Frisch, Mein Name sei Gantenbein
Roman
292 Seiten
Der Roman spiegelt die Verschiebung von Realität und Phantasie im Bannkreis einer Situation, die die erprobte Rolle eines Menschen in Frage stellt, sein Ich freilegt. Die Geschichten des Buches sind nicht Geschichten im üblichen Sinn, es sind Geschichten wie Kleider, die man probiert. Es sind Rollen, Lebensrollen, Lebensmuster, die die Wirklichkeit erraten haben.
»Der Rückzug vom Menschen auf die Spielfigur, der das ästhetische Signum dieses Buches ist, hat dem Autor zu einer neuen Souveränität verholfen.« *Günter Blöcker*

st 287 Horst Bingel
Lied für Zement. Gedichte
Mit einem Nachwort von Karl Krolow
94 Seiten
Karl Krolow sagt zu diesen Gedichten: sie sind »auf den Augenblick und für den Augenblick (und seinen Ab-

grund)« geschrieben. Der Eigenart der knappen Äußerung, des sprachlichen Kürzels entspricht die Absicht: Rebellion gegen konventionelle Denkschemata, Desillusionierung.

st 288 Erich Heller. Nirgends wird Welt sein als innen
Versuche über Rilke
150 Seiten
Inhalt: Die Reise der Kunst ins Innere; Rilke und Nietzsche. Mit einem Diskurs über Denken, Glauben und Dichten; Rilke in Paris. »Erich Hellers literarische Essays üben seit vielen Jahren eine geheimnisvolle Faszination auf seine Leser aus. Wie er seine Themen anzupacken versteht, das deutet auf eine unendliche eindringliche, schmeichelnde, schöne und sichere Stimme hin – mit der Verführungskraft der Authentizität.« *Bücherkommentare*

st 289 Jean Rudolf von Salis, Rilkes Schweizer Jahre
Ein Beitrag zur Biographie von Rilkes Spätzeit
316 Seiten
Aus dem Zusammentreffen des Autors mit Rilke 1924 in Muzot ergab sich in wiederholten Begegnungen und einem Briefwechsel eine Beziehung, die bis zu Rilkes Tod anhielt. In der Diskussion, wie die heute einsetzende Rilke-Renaissance sich mit der Besonderheit, Unverwechselbarkeit, Isoliertheit der Rilkeschen Lyrik auseinandersetzen und wie sie von neuem aufgenommen wird, kann dieser Band einen wertvollen Beitrag leisten.

st 290 Rilke heute. Beziehungen und Wirkungen
Herausgegeben von Ingeborg H. Solbrig und Joachim W. Storck
331 Seiten
Die hier versammelten Arbeiten gruppieren sich um ästhetische Einzelprobleme, um rezeptionsästhetische und komparatistische Fragen, endlich um allgemein literarhistorische Aspekte und die damit zusammenhängende politische-gesellschaftliche Wirkung. Damit wird ein breites Spektrum von wissenschaftlicher Relevanz erfaßt, werden auch gelegentliche Konfrontationen gegensätzlicher Thesen und Lösungsversuche nicht vermieden. Gerade dies kommt einer getreuen Spiegelung der gegenwärtigen Forschungssituation zugute.

st 291 Hermann Hesse, Die Märchen
Zusammengestellt von Volker Michels
282 Seiten
Dieser Band versammelt erstmals alle Märchen Hesses. Sowohl die frühe, erstmals 1920 unter dem Titel *Märchen* publizierte Sammlung als auch die späteren, in verschiedenen Büchern verstreuten Märchen aus dem *Fabulierbuch* (1935), den Sammelbänden *Traumfährte* (1945), *Krieg und Frieden,* sowie einige bisher noch kaum bekannte, zu Hesses Lebzeiten noch nicht in seine Bücher aufgenommene Stücke ergänzen diese Sammlung.

st 292 Lillian Hellman, Eine unfertige Frau
Ein Leben zwischen Dramen
Aus dem Englischen von Kyra Stromberg
Mit Abbildungen
288 Seiten
Der Lebensbericht der berühmten Theaterautorin, Harvardprofessorin und erfolgreichen Journalistin Lillian Hellman beginnt mit einer faszinierenden Schilderung ihrer Jugend zwischen New York und New Orleans. Sie beschreibt ihre ersten Jahre in einem New Yorker Verlagshaus, ihren Aufenthalt in Spanien während des Bürgerkriegs, in Rußland während des 2. Weltkriegs. Temperamentvoll beschreibt die Autorin ihre Begegnungen mit großen Namen: Dorothy Parker, Nathanael West, Ernest Hemingway, Scott Fitzgerald, Dashiell Hammett, Norman Mailer, Louis Aragon, Sergej Eisenstein.

st 293 Gustav Regler, Das Ohr des Malchus
Eine Lebensgeschichte
528 Seiten
An allen Fronten, wo in geistiger Auseinandersetzung oder mit der Waffe in der Hand das Schicksal unseres Jahrhunderts bestimmt wurde, ist der Journalist und Schriftsteller Gustav Regler dabei gewesen. Er ging auf die Barrikaden, kämpfte in der Spartakistenzeit und in der Räte-Republik. Er teilte die Illusionen des Sozialismus und des Kommunismus. Mit der Beschreibung seines Lebens schildert Regler eine Fülle von Personen und Bewegungen, die er gekannt hat: Stefan George, Karl Wolfskehl, Maxim Gorki, André Malraux, Ernest Hemingway, Ludwig Renn, um nur einige zu nennen.

st 294 Marieluise Fleißer, Eine Zierde für den Verein. Roman vom Rauchen, Sporteln, Lieben und Verkaufen
206 Seiten
Ihren einzigen Roman, 1931 unter dem Titel *Mehlreisende Frieda Geier* erschienen, hat Marieluise Fleißer 1972 neu bearbeitet und ihm den Titel *Eine Zierde für den Verein* gegeben. In der vermeintlichen Idyllik einer deutschen Provinz in den Jahren vor 1933 sucht Gustl Amricht, Zigarrenladeninhaber und Schwimmphänomen, die Nähe von Frieda Geier, erobert und heiratet sie. Aber an der Selbständigkeit Friedas prallen »die natürlichen Machtmittel des Mannes« ab, sie läuft ihm davon.

st 295 Wolfgang Hildesheimer, Paradies der falschen Vögel
Roman
172 Seiten
Guiskard, der König der Fälscher, erfindet den Maler Ayax Mazyrka und auch einen Kunsthistoriker, der die Biographie des Malers schreibt. Die Hauptwerke Mazyrkas werden zu den begehrtesten Objekten des internationalen Kunsthandels, und der phantasiebegabte Fälscher bringt es zum Kultusminister.

st 298 Julio Cortázar, Das Feuer aller Feuer
Erzählungen
180 Seiten
Der große argentinische Schriftsteller Julio Cortázar ist, wie Jorge Luis Borges, Schöpfer einer »phantastischen Literatur«, und so sind auch die Erzählungen zu lesen. Er umkreist das Drama, das sich durch die Bedrohung verborgener Wirklichkeiten entzündet, um sich im Wirklichen abzuspielen, und mit geradezu tödlicher Sicherheit berührt Cortázar die Dimensionen des Wunderbaren und Unheimlichen.

Alphabetisches Gesamtverzeichnis der suhrkamp taschenbücher